Jogo, Teatro & Pensamento

Coleção Estudos
Dirigida por J. Guinsburg

Equipe de realização – Tradução: Karen Astrid Müller e Silvana Garcia; Revisão: Dainis Karepovs e Plinio Martins Filho; Produção: Ricardo W. Neves e Sergio Kon.

Richard Courtney

JOGO, TEATRO & PENSAMENTO
AS BASES INTELECTUAIS DO TEATRO NA EDUCAÇÃO

Título do original
Play, Drama & Thought – The Intellectual Background to Drama in Education

Copyright © Cassel & Collier Macmillan Publishers, Ltd. 1968, 1974

Dados Internacionais de Catalogação na Publicação (CIP)
(Câmara Brasileira do Livro, SP, Brasil)

C893J
4.ed.

Courtney, Richard
    Jogo, teatro & pensamento : as bases intelectuais do
teatro na educação / Richard Courtney ; [tradução, Karen
Astrid Müller e Silvana Garcia]. – São Paulo : Perspectiva,
2010 (Estudos ; 76)

    Tradução de: Play, drama & thought: the intellectual
background to drama in education.
    Inclui bibliografia
    1ª reimpressão da 4ª edição de 2010
    ISBN 978-85-273-0245-6

    1. Teatro na educação. I. Título. II. Série.

105616.	CDD: 372.66
	CDU: 373.5:792

29.10.10	12.11.10	022558

4ª edição – 1ª reimpressão

Direitos reservados em língua portuguesa à
EDITORA PERSPECTIVA LTDA.
Rua Augusta, 2445, Cj.1
01413-100 São Paulo SP Brasil
Tel.: (11) 3885-8388
www.editoraperspectiva.com.br

2022

Sumário

Prefácio à Edição Brasileira XI
Agradecimentos XV
Introdução XIX

Primeira Parte: JOGO, TEATRO E FILOSOFIA
EDUCACIONAL

1. O TEATRO E A HISTÓRIA DO PENSAMENTO
EDUCACIONAL 3
O MUNDO ANTIGO (*Platão — Aristóteles —
O Pensamento Romano*) 4
O PERÍODO MEDIEVAL 8
A RENASCENÇA (*O Teatro na Educação —
Filósofos & Estudiosos*) 10
O PERÍODO NEOCLÁSSICO (*O Teatro na Edu-
cação — Pensadores & Estudiosos*) 13
O PERÍODO ROMÂNTICO (*Os Filósofos & o
Pensamento — O Pensamento Educacional*) 16

2. TEATRO, JOGO E EVOLUÇÃO 19
A TEORIA DE SCHILLER-SPENCER (*Schiller-
Spencer*) 19
A TEORIA DO INSTINTO (*Karl Groos & "Pré-
exercícios" — Pré-exercício & Educação — A
Teoria da Catarse — A Subseqüente Teoria do
Instinto*) 24
TEORIAS FISIOLÓGICAS (*A Teoria da Recrea-

VIII   JOGO, TEATRO & PENSAMENTO

ção — *A Teoria do Relaxamento* — *A Teoria da Recapitulação* — *A Subseqüente Teoria Fisiológica* — *A Teoria Genética*) 31

3. TEATRO E JOGO NA EDUCAÇÃO MODERNA 41
ESTÁDIOS EM EDUCAÇÃO PEDOCÊNTRICA (*"Aprender Fazendo"* & *"Aprender Atuando"* — *Educação através do Jogo* — *Teatro Hoje*) 41
FORMAS DE ABORDAGEM DRAMÁTICA DA EDUCAÇÃO (*O Play Way (O Método Dramático)* — *Teatro Criativo* — *Movimento Criativo* — *Linguagem Criativa* — *O Teatro Escolar*) 44
EDUCAÇÃO DRAMÁTICA (*A Base Filosófica* — *O Âmbito da Educação Dramática* — *A Disciplina Intelectual da Educação Dramática*) 53

Segunda Parte: JOGO, TEATRO E O INCONSCIENTE

4. O JOGO DRAMÁTICO E ELEMENTOS DE PSICANÁLISE 65
ESCOLAS DE PSICOLOGIA "PROFUNDA" (*As Teorias Fundamentais de Freud* — *Adler* — *Jung*) 65
PENSAMENTO SIMBÓLICO 73
A PSICANÁLISE BRITÂNICA (*J. A. Hadfield*) 75

5. JOGO DRAMÁTICO E PSICOTERAPIA INFANTIL 79
FREUD & OS MECANISMOS DO JOGO (*Catarse* — *Repetição*) 81
OS ELEMENTOS DA LUDOTERAPIA 81
ESCOLAS DE PSICOTERAPIA (*Anna Freud* — *Margaret Lowenfeld* — *Erik Erikson* — *Terapia Não-Diretiva* — *Melanie Klein* & *"A Escola Inglesa"*) 83
O FENÔMENO DO *ACTING-OUT* 91
SUMÁRIO 94

6. PSICODRAMA 97
CRIATIVIDADE E ESPONTANEIDADE (*Técnicas de Psicodrama* — *Sociodrama*) 98
IMPLICAÇÕES PARA A EDUCAÇÃO 104

7. O INCONSCIENTE E O TEATRO 109
ESTÉTICA & CRIATIVIDADE (*Freud* — *Schneider* — *Ehrenzweig* — *Ernst Kris* — *A Relação entre Jogo e Arte*) 109
O ARTISTA NO TEATRO (*O Ator* — *O Dramaturgo* — *O Produtor* & *Diretor Artístico*) 117

SUMÁRIO IX

A PLATÉIA *(Freud — Schneider — Ernst Kris — A Resposta a uma Peça — O Teatro Popular)* 121

Terceira Parte: JOGO, TEATRO E SOCIEDADE

8. TEATRO E ANTROPOLOGIA SOCIAL 135
ASPECTOS PSICOLÓGICOS *(Freud — Jung — Otto Rank — Teorias Culturalistas da Personalidade — Neofreudianos)* 135
ASPECTOS ANTROPOLÓGICOS *(Estudos Comparativos entre Culturas — Róheim e Outros — O Pensamento da Criança e o Homem Primitivo)* 143

9. ORIGENS SOCIAIS DO TEATRO ...., 159
A ABORDAGEM SOCIOLÓGICA 1. *As Origens e Desenvolvimento do Jogo Dramático — 2. O Templo e os Primórdios do Teatro — 3. O Surgimento do Teatro — 4. A Herança Dramática Comunal — 5. Teoria Dramática* 159
O TEATRO DO SELVAGEM — 1 *(Homem, o Caçador — Mimese & Dança Dramática)* 162
O HOMEM PRIMITIVO & OS PRIMÓRDIOS DO TEATRO — 2 *(Homem, o Agricultor — O Mito Ritual — Mitos Rituais do Oriente Próximo — A Dança Dramática — O Templo)* 165
O SURGIMENTO DO TEATRO: GRÉCIA — 3 *(O Teatro Grego — Dança Dramática Grega)* 170
O TEATRO DENTRO DE UMA CULTURA ESPECÍFICA: EUROPA MEDIEVAL 174
1. *Origens e Desenvolvimento do Jogo Dramático* 174
(a). *Crenças Populares e Seu Conteúdo Dramático* 174
(b). *Jogos Rituais* 177
2. *O Desenvolvimento do Teatro Religioso* 181
(a). *Os Primórdios* 181
(b). *Teatro de Igreja (Templo) Medieval* 181
3. *O Aparecimento do Teatro* 184
ORIGENS SOCIAIS DO TEATRO EM OUTRAS CULTURAS *(China — Japão — Índia — Sudeste Asiático — Américas Central e do Sul — Teatro Ídiche)* 185
OUTROS ASPECTOS DA ABORDAGEM SOCIOLÓGICA *(Educação e Resíduos Dramáticos)* 190

10. O TEATRO E O GRUPO 195
O GRUPO & O JOGO DRAMÁTICO *(Características Básicas dos Grupos — O Grupo & Educação Dramática — Sociometria — Dinâmicas de Grupo & Terapia de Campo — Objetivo de Grupo — Psicoterapia de Grupo)* 195
A PLATÉIA 205

X   JOGO, TEATRO & PENSAMENTO

11. PSICOLOGIA SOCIAL E TEORIAS GERAIS
    DO JOGO 209
    ABORDAGENS AMERICANAS (*Lehman &
    Witty*) 209
    JOGO COMO COMPENSAÇÃO (*Jane Reaney —
    S. R. Slavson*) 211
    O JOGO COMO AUTO-EXPRESSÃO 213

Quarta Parte: TEATRO, PENSAMENTO E LINGUAGEM

12. IMITAÇÃO, IDENTIFICAÇÃO E TEORIA DOS
    PAPÉIS 221
    TEORIA DA APRENDIZAGEM (*Condicionamen-
    to Clássico — Aprendizagem Instrumental — Evo-
    luções*) 221
    IMITAÇÃO (*Imitação e Condicionamento — Mil-
    ler & Dollard — C. W. Valentine — O. H. Mowrer
    e a Teoria do Duplo-Fator*) 224
    IDENTIFICAÇÃO (*Imitação e Identificação —
    A Identificação Defensiva e Desenvolvimentista de
    Freud — Identificação Desenvolvimentista e Teoria
    da Aprendizagem — Identificação Defensiva e Teo-
    ria da Aprendizagem — Sumário*) 229
    TEORIA DOS PAPÉIS (*Sarbin — Imitação, Identi-
    ficação e Terapia dos Papéis*) 233

13. PENSAMENTO 239
    COGNIÇÃO (*Conceitos — Conceito e Símbolo*) 239
    PENSAMENTO CRIATIVO (*O Processo Criativo
    — Criatividade e Inteligência — Jogo e Criatividade
    — A Cinética e Outras Técnicas*) 241
    APRENDIZAGEM DE MEMÓRIA 248

14. PENSAMENTO E LINGUAGEM 255
    PSICOLINGÜÍSTICA (*Linguagem e Conceito —
    Behaviorismo e Linguagem — Psicanálise e Lin-
    guagem*) 255
    ANTROPOLOGIA E LINGUAGEM 261

15. O PENSAMENTO E A LINGUAGEM DAS
    CRIANÇAS 267
    PIAGET (*Estádios de Desenvolvimento — Assimi-
    lação e Acomodação — Jogo — Imitação — Sim-
    bolismo Cognitivo*) 267
    A RELAÇÃO ENTRE FALA & PENSAMENTO
    (*Maturação — Abordagens Soviéticas — Implica-
    ções para Educação*) 273

    CONCLUSÃO 281

    BIBLIOGRAFIA E REFERÊNCIAS 289

Prefácio à Edição em Língua Portuguesa

Este livro foi pela primeira vez editado na Inglaterra em 1968. Esta é a tradução da terceira edição revisada de 1974, que permanece substancialmente a mesma, tendo sofrido somente pequenas revisões. Foi originalmente escrito para estudantes da Grã-Bretanha. Desde então tem sido amplamente usado em todos os países que falam a língua inglesa. Fico contente ao saber que esta obra agora será acessível a todos aqueles que falam a língua portuguesa.

Curiosamente este livro tem sido tratado diferentemente nos vários países. Na Inglaterra foi utilizado como apoio teórico para a disciplina conhecida como Teatro na Educação: o jogo dramático espontâneo é uma atividade comum nas escolas de primeiro grau e também em algumas do segundo grau; em 1968, um terço de todos os professores em formação poderiam ter um título em Teatro na Educação. Este livro foi utilizado de maneira idêntica na Australásia onde o Teatro na Educação ocupa posição semelhante, havendo entretanto variações consideráveis quanto à jurisdição do ensino. Na Grã-Bretanha e na Australásia, conseqüentemente, este livro tem sido utilizado pelos atuais professores, professores graduados e universitários, proporcionando um subsídio teórico para seu trabalho.

Fato diferente ocorre nos Estados Unidos onde o Teatro na Educação não é comumente considerado como uma disciplina. Nas escolas de primeiro grau alguns professores usam simplesmente o teatro espontâneo em salas de aula; entretanto, aqueles preparados na área conhecida como

XII   JOGO, TEATRO & PENSAMENTO

Teatro Criativo e Teatro de Crianças elaboram improvisações a partir de estórias conhecidas para uma eventual montagem no palco. No segundo grau, os programas escolares podem ser mais propriamente rotulados de Arte Teatral, e os alunos são preparados para uma apresentação. Também isto está mudando. Um número crescente de professores de todos os níveis de ensino está considerando o teatro espontâneo como um meio efetivo de aprendizagem — tanto para o conteúdo das matérias quanto para a própria vida. Como resultado, este livro continua sendo amplamente lido nos Estados Unidos.

No Canadá — sempre uma curiosa mistura de influências da Inglaterra, França e Estados Unidos — as coisas variam de província para província. Contudo, tem havido um rápido incremento na utilização do teatro espontâneo em todos os níveis escolares na última década. Isto pode ser constatado por alguns excelentes documentos oficiais de currículos publicados recentemente pelos governos provinciais: *Drama in the Elementary Language Arts* (Halifax, New Scotia, 1972); *Drama: Grades 8 and 9* (Victoria, B. C., 1977, 1978); e *Dramatic Arts: Intermediate and Senior Divisions* (Toronto, Ontário, 1979). Também pode ser visto nas manifestações de níveis colegial e universitário. Em 1968, na Universidade de Victoria, B.C., introduzi Teatro Desenvolvimentista como estudo acadêmico para adaptar as estruturas nas universidades norte-americanas. Teatro Desenvolvimentista foi especificamente definido como *o estudo* do desenvolvimento do desempenho humano. Neste sentido deveria ser distinguido (embora nele baseado) do *uso* do teatro espontâneo na vida, arte e educação. Cada um, evidentemente, complementa o outro. O conceito de Teatro Desenvolvimentista cresceu rapidamente. Existem atualmente programas semelhantes de graduação nas Universidades de Calgary, McGill e Montreal (em francês). Existem também cursos extracurriculares em vários colégios e universidades. Desde 1974, generalizei esta abordagem para todas as artes no Ontario Institute for Studies in Education, onde alunos podem obter graus de mestrado e doutorado em artes no currículo de educação e arte-terapia.

Convenientemente, portanto, o conteúdo deste livro pode ser ajustado a diferentes estruturas educacionais. Isto foi por mim experienciado quando lecionei em cada um dos países acima mencionados; e alunos recentemente graduados (não somente de países de língua inglesa, mas também do Brasil, Argentina, Quênia, Botswana, Japão, China e outras regiões), asseguraram-me de que assim sucede. Estou

PREFÁCIO À EDIÇÃO EM LÍNGUA PORTUGUESA   XIII

confiante, portanto, de que este livro vai ser tão útil nos países de língua portuguesa quanto o foi em outras partes.

Este livro enfatiza que o teatro espontâneo, livremente improvisado por crianças e estudantes, é uma *maneira fundamental de aprendizagem*. Este lhes permite confrontar os problemas da existência e fazer as modificações em sua mente que são necessárias *para ele*. Isto deveria ser o suporte de todos os programas e currículos porque, pela sua força motivadora e sua possibilidade de transferência para todas as áreas, é uma atitude humana básica para criar o significado da existência. O texto demonstra que não é uma maneira tão nova e radical de abordagem de educação como parece à primeira vista. Mas, este parecer foi assegurado por muitos pensadores — e por uma grande variedade de doutrinas — dos gregos aos nossos dias. Surge então a questão: Por que está demorando tanto a ser implementado junto a todas as crianças do mundo?

Agradecimentos

O autor e editores desejam agradecer, pela permissão para a reprodução de material com os direitos reservados, a:

Addison-Wesley, Reading, Mass., pelos quatro extratos de "Role Theory", de T. R. Sarbin in *Handbook of Social Psychology, I*, editado por Gardner Lindzey (1954); George Allen & Unwin Ltd, pelos sete extratos de *Psychoanalytic Explorations in Art* de Ernst Kris, e por dois extratos de "Psychoanalysis and Anthropology" de Géza Róheim in *Psychoanalysis Today*, editado por S. Lorand; Associated Book Publishers Ltd, por um extrato de *Child Treatment and the Terapy of Play* de L. Jackson e K. M. Todd (Methuen & Co. Ltd); Basic Books Inc., por nove extratos de *Creativity in the Theater* de Philip Weissmann, e por cinco extratos de *Collected Papers of Sigmund Freud*, editado por Ernest Jones, publicados nos Estados Unidos pela Basic Books Inc., New York, 1959; Dr. Gregory Bateson, Dra. Margaret Mead e à New York Academy of Sciences, pelos quatro extratos de *Balinese Character*, de G. Bateson e M. Mead; Beacon House Inc., pelos quatorze extratos de *Psychodrama*, vol. I, do Dr. Jacob Moreno; The University of Chicago Press, pelos três extratos de *Language and Culture*, editado por H. Hoijer; Heinemann Educational Books Ltd, pelos três extratos de *The Education of the Poetic Spirit* de Marjorie Hourd, e William Heinemann Medical Books Ltd, pelos três extratos de *An Introduction to the Work of Melanie Klein* de Hanna Segal; The Hogarth Press, pelos dois extratos de *Developments in Psichoanalysis*, editado por Joan Rivière (1952), e por um

XVI JOGO, TEATRO & PENSAMENTO

extrato de *The Riddle of the Sphinx* de Géza Róheim (1934); The Hogarth Press e International Universities Press Inc., pelos três extratos de "Psychoanalysis and Anthropology" de Géza Róheim in *Psychoanalysis and the Social Sciences,* I (Imago, 1947); Holt, Rinehart & Winston Inc., pelos três extratos de *Social Learning and Personality Development* de A. Bandura e R. H. Walters; International Universities Press Inc., pelos três extratos de "The Oedipus Complex, Magic and Culture", de Géza Róheim in *Psychoanalysis and the Social Sciences, II* (1950), por extratos de "Circuses and Clowns", de S. Tarachow in *Psychoanalysis and the Social Sciences, III* (1951), pelos dois extratos de "A Psychoanalytic Study of the Fairy Tale", de E. K. Schwartz in *The American Journal of Psychotherapy* (1956, 10), por três extratos de Mark Kanzer, retirados do *The Journal of the American Psychoanalytic Association*, e pelos quatro extratos de *The Psychoanalyst and the Artist,* de D. E. Schneider; Alfred A. Knopf Inc., pelo extrato de *Moses and Monotheism,* de Sigmund Freud, publicado nos Estados Unidos por Alfred A. Knopf Inc., New York; The Liveright Publishing Corporation, pelo extrato de *Beyond the Pleasure Principle,* de Sigmund Freud, publicado nos Estados Unidos pela Liveright Publishers, New York; Norton & Company Inc., por extratos de *An Outline of Psychoanalysis* e *New Introductory Lectures* de Sigmund Freud, publicado nos Estados Unidos por W. W. Norton & Company Inc., New York; Penguin Books Ltd, pelos extratos de *Dreams and Nightmares* de J. A. Hadfield, e de *Group Psychotherapy* de S. H. Foulkes e E. J. Anthony; Prentice-Hall International Inc., pelos três extratos de *Language and Thought* de John B. Carroll, Copyright © 1964 de Prentice-Hall Inc., Englewood Cliffs, N. J.; *The Psychoanalytic Quarterly*, pelos quatro extratos de "Psychopathetic Characters on the Stage (1904)" de Sigmund Freud, pelo extrato de "On preconscious mental processes" de Ernst Kris, e pelos três extratos de "A note on Falstaff" de Franz Alexander; The Rationalist Press Association Ltd, pelos dois extratos de *Myth and Ritual in Dance, Game and Rhyme* de Lewis Spence (C. A. Watts & Co. Ltd); The Ronald Press Company, pelos cinco extratos de *The Theory of Play* de Elmer D. Mitchell e Bernard S. Mason, Revised Edition Copyright 1948 The Ronald Press Company, New York; Routledge & Kegan Paul Ltd, e Norton & Company Inc. New York, pelos cinco extratos de *Play, Dreams and Imitation in Childhood* de Jean Piaget; Sigmund Freud Copyrights Ltd, James Strachey e a Hogarth Press Ltd, pelos extratos de *An Outline of Psychoanalysis* (S.E. 23), *Be-*

AGRADECIMENTOS XVII

yond the Pleasure Principle (S. E. 18), *New Introductory Lectures* (S.E. 22), *Moses and Monotheism* (S.E. 23), *Collected Papers V, Humour* (S. E. 2ᴸ , *Collected Papers IV, "Creative Writers and Day Dreaming"* (S.E. 9), na Edição Standard de *The Complete Psychological Works of Sigmund Freud;* John Wiley & Sons Lₐ, pelos quatro extratos de *Learning Theory and the Symbolic Process* de O. H. Mowrer, pelos cinco extratos de *Thought and Language* de L. S. Vygotsky, e por um diagrama de "Language Development in Children" de D. McCarthy in *Manual of Child Psychology,* editado por L. Carmichael.

O extrato de "Libidinal Development as reflected in play", de Lili E. Peller, é uma reprodução do *Psychoanalysis,* vol. 3, n. 3, Primavera 1955, como cortesia dos editores de *The Psychoanalytic Review* e do National Psychological Association for Psychoanalysis Inc., New York, N. Y.

para Rosemary

Introdução

Por que você ensina meu filho a fazer teatro?, perguntou um dos pais. "Eu não quero que ele vá para o palco."

"Mas, nem eu quero."

"Então, por que você não lhe ensina algo importante — como matemática ou redação?"

Há alguns anos, este tipo de oposição à Educação Dramática, por parte dos pais, era considerável. Existe ainda hoje, mas não se compara ao que foi vinte anos atrás. Está fundamentada em interpretações errôneas. Em primeiro lugar, a idéia de que forçando a criança a fazer contas e a redigir estamos provendo sua educação. Temos de convencer os pais de que matemática e redação são melhor assimilados quando a criança *deseja* fazê-lo; se conseguirmos obter a mesma vitalidade de que a criança dispõe em seus momentos de recreação e canalizá-la para suas lições, teremos a base de uma verdadeira e permanente educação. Em segundo lugar, a idéia de que a Educação Dramática é um "treinamento para o palco". Não o é. Em essência, a Educação Dramática é a criança jogando dramaticamente. Ocorre quando os garotos estão brincando na rua de "mocinho e bandido", ou quando uma menininha conversa com suas bonecas enquanto as veste. Com crianças de 6 anos de idade, a professora toca um tamborim e lhes pergunta o que esse som as faz recordar: trens, talvez — então, somos todos trens, movendo-nos juntos, imitando seus movimentos e ruídos. Às crianças de 12 anos podemos pedir que inventem seu próprio jogo (improvi-

XX JOGO, TEATRO & PENSAMENTO

sar), concentrando-se no clímax; estaremos ainda mantendo os elementos do jogo dramático, mas agora canalizando-
os para o uso criativo da forma. Com os de 14 anos, talvez, estaremos trabalhando no palco (ou não necessariamente), mas, em essência, estaremos ainda pedindo à criança para *jogar* dramaticamente.. Quando o "teatro" aparece, ocorre acidentalmente. Portanto, devemos fazer a distinção entre certos termos:

teatro: representar perante uma platéia;

jogo: atividade a que nos dedicamos simplesmente
porque a desfrutamos;

jogo dramático: jogo que contém personificação e/ou
identificação;

*jogo de regra**: formalização do jogo em modelos com
regras.

A Educação Dramática está baseada no jogo dramático que é adotado em uma escola visando favorecer o desenvolvimento da criança.

Mas, como, precisamente, o "teatro" entra nesse esquema? A maioria das crianças, na adolescência, necessita
do "teatro" para seu natural jogo de faz-de-conta. O professor permite que isso aconteça como e quando a criança
o solicite. Não estamos, porém, deliberada e metodica-
mente introduzindo a criança na técnica do palco. Isso
pode acontecer com adultos — não com crianças. À medida que os estudantes se desenvolvem, o "teatro" entra
cada vez mais na Educação Dramática, até que, uma vez
no Colégio ou Universidade, o "teatro" se tenha mesclado
com o jogo dramático. Podemos, portanto, distinguir os
seguintes estágios da Educação Dramática:

primário (5 — 11 anos): jogo dramático;

secundário (11 — 18 anos): jogo dramático combinado
com "teatro";

terciário (18 + anos): "teatro" baseado no jogo dramático.

(Estas divisões são muito aproximadas e variam consideravelmente de criança para criança). Mas, essencialmente,
COMEÇAMOS COM A CRIANÇA. Não principiamos

---

* Para diferenciar entre *play* e *game*, optamos, na tradução, por
jogo e *jogo de regra*, respectivamente. (N. das T.)

INTRODUÇÃO XXI

com a idéia de para onde esta forma de educação nos está conduzindo porque, se o fizéssemos, estaríamos impondo nossas idéias à criança; preferivelmente, começamos com cada criança individualmente, vendo-a trabalhar dramaticamente e tentando conduzi-la gradativamente — no seu próprio passo e no seu próprio tempo. A diferença entre essas duas abordagens pode ser observada na atitude com relação ao "teatro": na primeira, a criança é instruída em técnica teatral, dicção, movimentação de cena, e assim por diante, de acordo com um programa específico — estes elementos são ensinados em idades e graus de aptidão específicos, considerados "adequados" por um adulto; na segunda, a criança joga dramaticamente e é introduzida em habilidades técnicas específicas, como e quando necessitá-las para seu próprio desenvolvimento pessoal.

Em uma situação escolar, devemos distinguir entre os dois principais componentes da Educação Dramática:

1. *Método Dramático*: a utilização do jogo dramático na aprendizagem de várias disciplinas (experiência e conhecimento de história, geografia, matemática, etc.);

2. *Teatro como tal*: jogo dramático com fim em si mesmo, voltado apenas para o desenvolvimento pessoal da criança, e como disciplina independente no currículo; e aqui encontramos os vários elementos da matéria:

> *improvisação* (teatro criativo).
> *movimento criativo,*
> *discurso criativo,*
> e, com estudantes mais velhos,
> *teatro* (ou teatro escolar).

Esta maneira de encarar a educação é relativamente nova, tendo-se desenvolvido natural e paulatinamente, e está na corrente principal do pensamento moderno europeu. Suas origens, na filosofia, se remetem a Platão, Aristóteles, Rebelais e Rousseau. Fundamenta-se tanto na antropologia e psicologia sociais quanto na psicanálise e psicoterapia infantil. Origina-se, em parte, nas modernas teorias do conhecimento, nas teorias behavioristas da imitação, na psicolingüística e na psicologia do desenvolvimento de Piaget. Neste contexto, é o centro da educação criativa moderna: dela brotam todas as artes e todos os métodos científicos se desenvolvem através dela.

XXII JOGO, TEATRO & PENSAMENTO

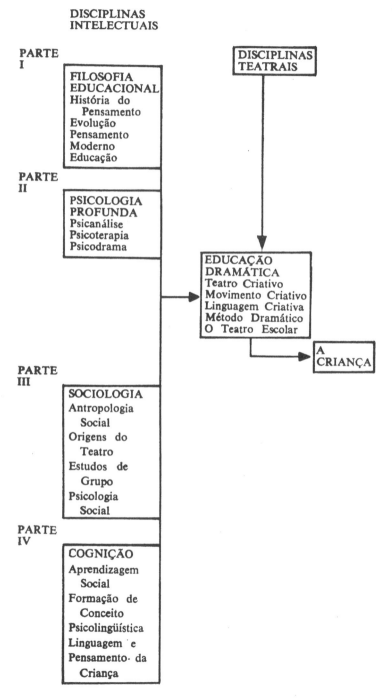

Fig. 1. EDUCAÇÃO DRAMÁTICA & DISCIPLINAS INTELECTUAIS CORRELATAS

Primeira Parte

Jogo, Teatro e Filosofia Educacional

1. O Teatro e a História do Pensamento Educacional

A característica essencial do homem é sua imaginação criativa. É esta que o capacita a dominar seu meio de modo tal que ele supera as limitações de seu cérebro, de seu corpo e do universo material. É este "algo mais" que o distingue dos primatas superiores.

A imaginação criativa é essencialmente dramática em sua natureza. É a habilidade para perceber as possibilidades imaginativas, compreender as relações entre dois conceitos e captar a força dinâmica entre eles. A criança em desenvolvimento tem um primeiro ano de vida que é essencialmente motor; e então — com algumas crianças isso acontece de maneira súbita — ocorre a mudança: passa a jogar, desenvolve seu humor, finge ser ela mesma ou outro alguém. A criança passou por outras mudanças anteriormente, algumas extremamente importantes, mas este é o desenvolvimento específico que difere o homem de outras criaturas vivas — a habilidade para compreender o ponto de vista de outrem, perceber em uma situação suas possibilidades cômicas, perceber as qualidades inerentes a duas diferentes idéias e a possível *ação* entre elas. Fingir ser outra pessoa — atuar — é parte do processo de viver; podemos "fazer de conta", fisicamente, quando somos pequenos, ou fazê-lo internamente quando somos adultos. Atuamos todos os dias: com nossos amigos, nossa família, com estranhos. A imagem mais comum para esse processo é "a máscara e a face": nosso verdadeiro "eu" está escondido por muitas "máscaras" que assumimos durante o decorrer de cada dia. Atuar é o método pelo qual convivemos com o

4 JOGO, TEATRO & PENSAMENTO

nosso meio, encontrando adequação através do jogo. A criança pequena, ao deparar-se com algo do mundo externo que não compreende, jogará com isso dramaticamente até que 'possa compreendê-lo. Podemos observá-la assim atuando várias vezes ao dia. À medida que ficamos mais velhos, o processo se torna cada vez mais interno, até que, quando adultos, passa a ser automático e jogamos dramaticamente em nossa imaginação — a tal ponto, inclusive, que podemos nem mesmo perceber que o fazemos.

Logo, o processo dramático é um dos mais vitais para os seres humanos. Sem ele seríamos meramente uma massa de reflexos motores, com poucas qualidades humanas.

Cada época e cada sociedade desenvolve sua própria forma de educação. Em contraposição à Igreja medieval que desenvolveu um sistema educacional voltado para a manutenção do sacerdócio, e ao sistema educacional do século XIX que realçou determinadas práticas acadêmicas no sentido de prover uma força clerical para a revolução industrial, precisamos proporcionar uma educação que habilite os homens para desenvolverem suas qualidades humanas. É esta a maior necessidade de nosso tempo. A crescente especialização de nossa sociedade científica tende a *não* se concentrar nas qualidades essencialmente humanas. Tanto em nossa educação quanto em nosso lazer precisamos cultivar o "homem total" e nos concentrarmos nas habilidades criativas do ser humano. *A imaginação dramática deve ser ajudada e assistida por todos os métodos modernos de educação.*

Esta atitude com relação ao processo educativo desenvolveu-se paulatinamente através dos séculos. Dentro da história do pensamento humano, a natureza educacional do jogo dramático tem sido compreendida por vários pensadores em diferentes épocas — mas, em seus próprios termos. A educação esteve relacionada com a estrutura global do pensamento dentro do qual o indivíduo esteve inserido. Assim, a postura de Platão desenvolveu-se a partir do pensamento grego exatamente como Ascham o fez a partir do pensamento renascentista.

O MUNDO ANTIGO

A educação ateniense do século V a.C. baseava-se na literatura, música e esportes. A literatura incluía leitura, escrita, aritmética e declamação das obras dos poetas — particularmente Homero. Este foi a suprema autoridade em religião e letras, e passagens inteiras de sua obra eram decoradas e então recitadas com todos os recursos teatrais — inflexão, expressão facial e gestos dramáticos. A músi-

O TEATRO E A HISTÓRIA... 5

ca incluía o estudo do ritmo e harmonia e o domínio da lira e da flauta, enquanto que os esportes recebiam grande incentivo, das corridas ao jogo de bola, da luta e boxe à equitação e dança.

A dança recebia especial ênfase na medida em que era fundamental a todas as religiões e cerimônias dramáticas; sua forma era intensamente dramática e exigia grande habilidade. Cidadãos ricos treinavam o coro das festas religiosas e as crianças, muitas vezes pobres, eram submetidas a um rigoroso programa de poesia, religião, canto e dança — um programa coordenado, de fato, que expressava a harmonia de pensamento do indivíduo através do exercício rítmico.

Além do mais, o próprio teatro foi um importante instrumento educacional na medida em que disseminava o conhecimento e representava, para o povo, o único prazer literário disponível. Os dramaturgos eram considerados pelos professores tão relevantes quanto Homero, e eram recitados de maneira semelhante. O teatro, em todos os seus aspectos, foi a maior força unificadora e educacional no mundo ático.

Platão

Platão considerava que a educação deveria estar calcada no jogo e na não-compulsão, e que:

... as crianças, desde tenra idade, devem participar de todas as formas mais lícitas de jogo, pois se elas não se encontram cercadas dé tal atmosfera jamais crescerão para serem bem educados e virtuosos cidadãos. [295]

A educação deve começar desde cedo, mas "de maneira lúdica e sem qualquer ar de constrangimento", principalmente para que as crianças possam desenvolver "a tendência natural de seu caráter".

Platão divide seu sistema educacional em duas partes: "música" e "ginástica". O uso que faz do termo "musical" é abrangente:

... os mais jovens de qualquer das espécies não podem m nter seus corpos ou vozes quietos, estão sempre querendo movimentar-se e gritar; uns saltando e pulando, e expandindo-se com esportividade e prazer, outros emitindo todas as formas de grito. Mas, enquanto que os animais não têm nenhuma percepção de ordem em seus movimentos, isto é, de ritmo e harmonia como são chamados, a nós, os deuses, que foram indicados para serem nossos companheiros na dança, nos deram o aprazível senso de harmonia e ritmo; assim eles nos estimularam para a vida, e nós os seguimos dandonos as mãos em danças e músicas; e estes são chamados coros, que é um termo que expressa naturalmente a alegria. Começaremos,

6　　JOGO, TEATRO & PENSAMENTO

então, com a admissão de que educação nos é dada primeiramente através de Apolo e das Musas... (para) aquele que sendo bem educado seja capaz de cantar e dançar bem. [296]

A educação "musical", equilibrada com a recreação física, incluía canto, dança e literatura, e deveria ser enfocada a partir da tendência para o jogo. Sua razão para atribuir tal importância a este aspecto é que "ritmo e harmonia submergem mais profundamente nos recessos da alma" e, dessa maneira, discernimento, julgamento, benevolência e justiça se desenvolverão.

Embora Platão advogue por uma educação liberal baseada no jogo, ele não encontra lugar para o teatro em sua *República*. Para ele, o ideal é a verdade, e a realidade é uma cópia (ou imitação) dela. O teatro está ainda mais longe da verdade, porque imita a realidade. O ator também imita uma personagem — imitar, porém, é transgredir. Além disso, um ator pode ter que imitar uma personagem má, o que pode levá-lo a "contaminar-se com a realidade". O teatro apresenta um grande perigo para uma platéia: pode levá-la a sucumbir a emoções que deveriam ser subjugadas.

Ele distingue o jogo, que deveria ser a base da educação, do teatro, que é mau porque é imitação. Embora tenha sido contestado por Aristóteles, a influência de Platão expandiu-se durante a Idade Média, período no qual a obra de Aristóteles esteve perdida.

Aristóteles

Aristóteles também deu destaque ao jogo na educação mas, sendo um cientista, o fez de um modo específico. O movimento lúdico deveria ser encorajado para prevenir a indolência, enquanto que o jogo em geral "conviria não ser nem iliberal, nem muito árduo, nem muito ocioso". Era indicado também para o relaxamento "como um remédio". Define esses dois propósitos do jogo porque faz distinção entre atividades que têm um fim em si mesmas e podem ser desfrutadas por seus próprios objetivos (que é felicidade) e aquelas que são recursos para um fim. Como a educação deve preparar para a vida prática e ao mesmo tempo proporcionar lazer, o jogo é de máxima importância. Até aqui, ele estaria de acordo com Platão.

Mas é na *Poética*, com sua discussão sobre o teatro, que a discordância tem início. A *Poética* permanece como um dos maiores trabalhos de crítica dramática da literatura mundial, embora seja tanto limitada quanto incompleta. Tem exercido grande influência em todos os períodos da

O TEATRO E A HISTÓRIA... 7

história e não menos hoje, a despeito do fato de que algumas passagens são de origem duvidosa. Oferece uma resposta completa à crítica de Platão ao teatro.

Platão equivocou-se quanto à natureza da imitação, diz Aristóteles. O teatro não imita os fatos mas as idéias abstratas — o ator não imita o Édipo real, mas uma versão idealizada de seu caráter. Personagens dramáticas não são apresentadas como realmente são: a comédia as torna piores e a tragédia as torna melhores do que são na vida real. Além disso, imitação é natural à raça humana:

> A imitação é natural no homem desde a infância, sendo esta uma de suas vantagens sobre os animais inferiores, pois ele é uma das criaturas mais imitativas da terra e aprende primeiro por imitação. [14]

E mais, aprender através da imitação é um prazer intelectual:

> É também natural para todos deleitarem-se em trabalhos de imitação... embora os fatos em si possam ser penosos de serem vistos, nós nos deliciamos em assistir a suas mais realistas representações na arte... (porque) estar aprendendo alguma coisa é o maior dos prazeres; não apenas para o filósofo mas também para todos os demais homens, por menor que seja sua capacidade. [14]

Para desenvolver sua tese, Aristóteles introduz sua teoria da Catarse: que a tragédia propicia a "purgação" das emoções:

> Uma tragédia... é a imitação de uma ação que é importante, e também, em possuindo magnitude, é completa em si mesma, em linguagem e acessórios agradáveis, cada uma de suas formas empregadas separadamente nas partes da obra, não de forma narrativa mas dramática; com incidentes despertando piedade e medo, recurso para efetuar sua catarse de tais emoções. [14]

Sua explanação não nos chegou em sua íntegra, e o que temos é decepcionantemente incompleto. Mas é correntemente aceito que Aristóteles considerava que as emoções depertadas pela tragédia purgavam a alma como um remédio. Ao testemunhar uma tragédia, emoções impuras são experimentadas e dessa maneira expurgadas, de modo que as nobres emoções de piedade e medo são realçadas. A influência da teoria da cartarse foi dupla: primeiro, provendo o drama de um significado emocional; e, segundo, definindo a atitude trágica como contendo os elementos opostos de piedade e medo. (Kierkegaard preferiu tristeza e dor, I. A. Richards adotou piedade e terror, e outros escritores usaram seus próprios termos.)

8 JOGO, TEATRO & PENSAMENTO

O Pensamento Romano

De influência aristotélica, o conceito romano mais comum foi o de que a imitação tinha uma relação direta com arte e·teatro. Cícero descreveu o teatro como "uma cópia da vida, um espelho dos costumes, um reflexo da verdade" [64], um conceito que iria ecoar através dos séculos e eventualmente alcançar a idéia de Shakespeare de que a meta do teatro era "levantar, por assim, dizer, o espelho para a natureza". Para os romanos, o teatro era imitação e teria um propósito educacional se pudesse ser de utilidade e ensinasse lições morais.

Horácio considerava que o teatro precisava tanto entreter quanto educar:

> Todo o louvor obtém aquele poeta que une informação com prazer, ao mesmo tempo iluminando e instruindo o leitor. [176]

Ele ordenou a visão clássica em uma série de regras para o teatro, realçando decoro e forma claramente definida: a comédia e a tragédia deveriam ser diferenciadas; as personagens criadas de acordo com o tipo; ações violentas não deveriam ser apresentadas; a estrutura deveria ser a de cinco atos — e assim por diante. Em Roma, as regras tomaram o lugar da especulação dos gregos.

Sêneca condenou o palco porque este desviava o povo da séria ocupação de aprender e escreveu seus próprios dramas não para o teatro mas para o estudo; estavam repletos de carnificinas e longas moralizações e, quando redescoberto durante a Renascença, teve uma influência que foi além de seus próprios méritos.

Dois escritores romanos assumiram os princípios do pensamento platônico, e, com seus escritos, à oposição ao teatro foi dada uma base intelectual, perdurando por séculos. Quintiliano exerceu sua influência durante o último período medieval e começo da Renascença — sobre Erasmo e Lutero, por exemplo. Plotino também reinterpretou o pensamento de Platão, mas sua influência foi principalmente junto aos primeiros padres católicos, e, com o neoplatonismo, afetou profundamente o pensamento católico até o século XII.

O PERÍODO MEDIEVAL

Os patriarcas da Igreja condenaram severamente o teatro. Édito após édito foram expedidos de Roma proibindo representações teatrais e ameaçando com terríveis punições

O TEATRO E A HISTÓRIA... 9

aqueles cleros que acolhessem atores. No entanto, como ressalta Allardyce Nicoll ao longo de sua extensa lista de decretos papais [276], se o teatro despertou a ira da Igreja dessa forma é porque a tradição teatral deve ter sido particularmente forte durante esse período, embora, por ser uma tradição verbal, não exista disso nenhuma registro escrito. A Igreja fundamentou sua oposição em três fatores: o teatro aflorou em um período durante o qual o indecente mimo romano satirizava a Igreja e, portanto, havia uma objeção emocional; muitos dos costumes folclóricos pagãos continham um elemento mimético e dramático (vide p. 174 e ss.) e, portanto, havia uma objeção religiosa; e, uma vez que o pensamento estava calcado no neoplatonismo, com seu conflito entre o mundo e o espírito, assim como a própria tradição platônica de oposição ao teatro, havia uma objeção filosófica.

Por volta do século IX, porém, as coisas gradativamente começaram a mudar. Carlos Magno, coroado Sacro Imperador Romano em 800, fundou escolas e monastérios por toda a Europa; e, assim, quando os trabalhos de Aristóteles reapareceram, um pouco mais tarde, o cenário estava pronto para a reavaliação do teatro. Isso teve início com São Tomás de Aquino, que foi o primeiro religioso a adaptar a filosofia aristotélica à fé católica, dando plena aprovação à representação, desde que fosse recreação, e aos jogos e divertimentos, se propiciassem relaxamento após trabalho sério. Foi sobre tal base que o teatro cristão pôde se desenvolver e assim, quando os *tropos* do século X tornaram-se dramáticos (vide p. 181 e ss.), havia um elemento do pensamento aristotélico dentro da Igreja que pôde garantir-lhe o apoio. Foi criado um teatro litúrgico com um propósito didático centrado nas escolas monásticas. Seu objetivo era claramente o de ajudar o analfabeto a compreender a fé. Mas, educacional ou não, uma vez começado o processo, a criação dramática se desenvolveu rapidamente. Hroswitha, abadessa beneditina do século X, pôde mesmo escrever textos latinos seculares, baseados em Terêncio. Os beneditinos, porém, sempre tiveram na palavra falada uma tradição de educação e é provável que tenham mantido a declamação de conversações prefixadas através da Idade Média.

Foi sobre essa base de turbulência que o teatro da Igreja cristã se desenvolveu. Por cinco séculos, os Mistérios e Moralidades constituíram-se no único prazer intelectual das multidões. Escolas e livros, a bem da verdade, eram privilégios de poucos. Foi o teatro que propiciou às massas a sua educação.

10 JOGO, TEATRO & PENSAMENTO

A RENASCENÇA

O Teatro na Educação

Na Renascença, o mundo dos homens foi reabilitado pela descoberta dos livros clássicos. A primeira grande influência dramática foi a da Academia Romana de Pomponius Laetus, na metade do século XV: associação de estudiosos, eles encenaram peças latinas e reintroduziram Plauto na Itália. Academias similares apareceram por toda a Itália e seus membros eventualmente tornaram-se professores, e assim a influência do teatro alcançou as crianças. O mais famoso foi Vittorino da Feltra, cuja escola em Mântua, no século XV, teve um dos mais generosos currículos. Grande destaque foi dado aos jogos, jogos de regras e, particularmente, atividades físicas.

Além do mais, havia simulações de batalhas, onde os jovens podiam tomar fortalezas, montar acampamentos e atacar trincheiras — jogo dramático em seu mais alto grau! Considerava que aqueles que se mostravam mais impulsivos em seu jogo eram os mais zelosos em sua conduta e aprendizado.

No final do século XVI, as atividades dramáticas surgiram em quase todas as escolas. O humanismo enfatizava a arte do falar, particularmente o latim, e, muitas vezes, essa prática se fazia através do diálogo; isto reintroduziu o estudo do teatro antigo. Como conseqüência, encenações escolares eram comuns. Mas, esse caminho também permitiu aos pensadores desenvolverem formas ainda mais liberais de educação. Rabelais diz, por exemplo, que Gargantua precisa manter-se ocupado com a educação e que o estudo dos livros deve ser suavizado pelo jogo e ocupações manuais. Fornece trezentos e dezesseis jogos para exercitar a mente e o corpo e, além disso, introduz canto, dança, modelagem, pintura, estudo da natureza e trabalho manual — mostrando, dessa forma, uma amplitude de pensamento dois séculos à frente de seu tempo [302].

As escolas dos Tudor foram famosas por sua música e desenvolveram uma forte tradição dramática. Em seus Estatutos, para a Ipswich School, em 1528, Wolsey encorajou o teatro não apenas para o estudo dos clássicos, mas também como exercício para linguagem e avaliação. Assim, o teatro foi utilizado para desenvolver a língua materna, uma prática exemplificada por Nicholas Udall, cuja escola para crianças, tanto em Eton quanto em Westminster, apresentou-se diante de importantes platéias. Foi também o autor de *Ralph Roister Doister,* para crianças, a primeira de todas as comédias escritas em inglês. O objetivo da comé-

O TEATRO E A HISTÓRIA... 11

dia, diz ele no Prólogo, é propiciar o relaxamento necessário e uma lição moral:

> For mirth prolongeth life, and causeth health.
> Mirth recreates our spirits and voideth pensiveness,
> Mirth increases amity, not hindering our wealth.
> Mirth is to be used both of more and less,
> Being mixed with virtue in decent comeliness
> As we trust no good natures can gainsay the same:
> Which mirth we intend to use avoiding all blame*.

Juntamente com Udall, em Eton, estavam dois futuros diretores de escolas que continuaram a tradição dramática: William Malim, de Eton, que desenvolveu um movimento dentro da dramaturgia inglesa; e Richard Mulcaster, da Merchant Taylors' School, que defendeu o desenho e a música e viu no método dramático sua utilidade para o ensino de outras matérias, dando ênfase tanto ao jogo quanto às atividades de movimento. Estes não foram casos isolados dentro da tradição escolar dos Tudor, cuja produção de peças era intensa; as crianças da Chapel Royal tornaram-se tão hábeis que rivalizavam com as companhias profissionais durante o período em que viveu Shakespeare.

As representações nas Universidades de Oxford e Cambridge aconteciam principalmente durante o período natalino, havendo registros da apresentação de Interlúdios, assim como peças latinas e gregas. *Gammer Gurton's Needle,* de William Stevenson, foi considerada, juntamente com a peça de Udall, uma das primeiras comédias inglesas, sendo representada por estudantes, enquanto que, em 1562, a primeira tragédia inglesa — *Gorboduc,* de Norton e Sackville — foi encenada por estudantes de Direito, em Inns of Court. No entanto, a contribuição da educação ao teatro, teatro em seu sentido mais amplo, não estava completa: no final do século, Lyly e o University Wits combinaram o teatro acadêmico e o teatro popular, resultando nas peças de Marlowe e Ben Jonson.

Outra evolução educacional interessante foi o uso do teatro feito pelos jesuítas. A Ordem, fundada em 1534 por Inácio de Loyola, teve uma base aristotélica e procurava fomentar o latim como língua internacional. Embora no começo do século XVII houvesse uma crescente ênfase na didática e na magnificência do espetáculo, a maioria das peças jesuíticas, nas escolas, eram escritas pelos professores ou pelas crianças.

---

* "E a alegria prolonga a vida e traz saúde./ A alegria recria nossos espíritos e afasta a melancolia,/ A alegria aumenta a amizade sem prejudicar nossa riqueza./ A alegria é para ser usada tanto para mais quanto para menos,/ Sendo associada à virtude com comportamento decoroso/ Acreditamos, ninguém de boa índole pode contradizer o seguinte:/ Que a alegria pretendemos usar evitando toda culpa." (Em tradução livre, N. das T.)

12 JOGO, TEATRO & PENSAMENTO

Filósofos & Estudiosos

As bases para o pensamento humanista no teatro foram Aristóteles e Horácio, em particular, assim como a frase de Cícero de que o teatro era "uma cópia da vida, um espelho dos costumes, um reflexo da verdade". A partir de 1498, traduções da *Poética* passaram a ser obteníveis e, na metade do século seguinte, vários estudiosos italianos deram originais contribuições ao pensamento dramático — particularmente Minturno, Scaliger e Castelvetro. Embora baseados em Aristóteles e Horácio, eles mantêm a tendência moralizante do período medieval. Tentam codificar uma série de "leis" para a composição dramática: a tragédia referia-se aos reis e terminava em catástrofe; a comédia tinha personagens "comuns", representando tipos e terminava da maneira feliz; tanto a estrutura de cinco atos quanto Sêneca eram os modelos; e, enquanto Aristóteles havia enfatizado a unidade de ação, os pensadores da Renascença acrescentaram as de tempo e lugar [279].

Na Inglaterra, Sir Thomas More gostava de representar por ocasião do Natal; seu amigo Erasmo dizia que o teatro deveria refutar o vício, enquanto que outro amigo, Sir Thomas Elyot, dava ênfase à dança dramática na educação. Um discípulo de Elyot, Roger Ascham, tutor da jovem Elizabeth, equilibraria duas partes da educação: literatura dramática e jogo, recreação e exercício físico. Bacon faz uma clara distinção entre atuação profissional e educacional:

> De fato, trata-se de algo de baixa reputação, se praticado profissionalmente; mas, se for feito parte de disciplina, então, será de excelente uso. Refiro-me a atuar no palco; uma arte que fortalece a memória, regula o tom e efeito da voz e pronúncia, ensina um comportamento decente para a fisionomia e gestuação, promove a autoconfiança e habitua os jovens a não se sentirem incômodos quando estiverem sendo observados. [18]

Sir Philip Sidney diz que o teatro deveria ensinar e divertir, uma idéia retomada por Ben Jonson em sua famosa frase:

> The ends of all, who for the stage would write,
> Are, or should be, to profit and delight*.

Na França, as mais originais especulações neste campo são feitas por Montaigne, que acreditava que a criança "não deve tanto repetir quanto atuar sua lição". Ele considerava que:

> ... jogos de criança não são esporte e deveriam ser considerados sua mais séria ocupação. [263]

---

* "As metas de todos os que querem para o palco escrever, São, ou deveriam ser, dar proveito e entreter". (N. das T.)

O TEATRO E A HISTÓRIA... 13

Mais surpreendente, talvez, é sua reivindicação de teatros comunitários, amparados pelas autoridades civis:

> Comunidades bem organizadas usualmente esforçam-se por reunir seus cidadãos não apenas para sérios serviços religiosos, mas também nos esportes e divertimentos. Amizade e boa vizinhança são, dessa maneira, reforçadas. Dificilmente se poderá proporcionar-lhes melhores passatempos organizados do que aqueles que acontecem na presença de todos, mesmo diante dos próprios magistrados. E penso que é bastante razoável que príncipes e magistrados brindassem, de vez em quando, a população comum com essas atividades, com dinheiro de seus próprios bolsos, em uma espécie de paternal afeição e generosidade. Nas cidades populosas, deveria haver lugares apropriados para esses espetáculos, como uma salvaguarda contra coisas piores, executadas em segredo. [263]

O PERÍODO NEOCLÁSSICO

O Teatro na Educação

Os puritanos, fundamentando seu pensamento na Lei Mosaica de que um sexo não deveria usar as roupas do outro (deliciosamente ridicularizado por Ben Jonson através de Zeal-of-the-Land Busy, em *Bartholomew Fair*), atacaram o teatro na Inglaterra, da metade do século XVI à metade do século XVII. Um após outro, Stephen Gosson, John Northbrooke e Philip Stubbes vociferaram contra o teatro. Nas escolas, apenas o toleraram. Mas, deveria ser moralmente sadio e preferentemente em latim. Seu efeito na educação não foi muito imediato. Mesmo em 1631, Ben Jonson fez com que Gossip Censure dissesse dos professores:

> Eles fazem de todos seus estudiosos fanfarrões. É bom sinal vermos todas as nossas crianças transformadas em atores de interlúdios? Nós pagamos por isso?

Mesmo Milton afeiçôou-se ao teatro antes de juntar-se aos puritanos. Quando no governo, estes não puderam eliminar o teatro, fosse em teatros ou escolas. Então, com a Restauração, os puritanos foram expulsos de suas próprias paróquias, escolas públicas e universidades, mas lhes foi permitido permanecerem nas academias, onde exerceram sua influência por muitos anos.

Nessa época, o sistema de raciocínio indutivo de Bacon havia penetrado amplamente nas escolas, através de Comenius. Embora ambos sustentassem o apoio ao teatro, um método educacional que estudasse objetos naturais para chegar à verdade muito dificilmente conduziria à atividade dramática. Dessa maneira, então, a língua latina foi realçada mais que a literatura, produzindo uma educação

14 JOGO, TEATRO & PENSAMENTO

antes formal que liberal. Isso foi reforçado pela crença de Locke de que a educação era a formação de hábitos da mente, e que era o método e não o conteúdo o que importava; assim, as línguas mortas eram ideais para produzir a disciplina interna. Como resultado, o teatro na educação no século XVIII é o registro de apenas umas poucas peças escolares, encenadas com as crianças de sexo masculino.

Na última metade do século, no entanto, a educação das meninas inglesas era mais liberal, incluindo tanto teatro quanto dança. *Dido and Aeneas* (1689), de Purcell e Nahum Tate, foi escrito para uma escola de meninas em Chelsea, e isto, juntamente com a obra de Fénelon, forneceu o precedente necessário para a encenação de muitas peças.

As meninas inglesas tiveram o exemplo clássico da França. A realeza francesa sempre apoiou o teatro: em 1641, Richelieu tentou reabilitar o teatro profissional por decreto. Mas o evento mais marcante foi a formação do convento de Saint-Cyr, para moças pobres porém de boa estirpe, por Mme de Maintenon, esposa de Luís XIV. As meninas improvisavam diálogos e conversações, e representavam peças de Racine e Corneille. Na verdade, Racine escreveu *Esther* e *Athalie* especialmente para elas. Associado à escola estava Fénelon, Arcebispo de Cambrai, cuja *Education of Girls* (1687) rezava: "Deixe-as aprenderem através do jogo". Ele estava mais interessado no teatro improvisado que na repetição de textos e seu trabalho teve uma influência considerável na Inglaterra. As meninas do Saint-Cyr continuaram a representar, até mesmo diante de Maria Antonieta. Mas, apesar do fato de que Voltaire apoiava o teatro e que Rousseau defendia o jogo, o teatro escolar foi sendo suprimido antes mesmo da Revolução. [67]

Pensadores & Estudiosos

Para Descartes, o indivíduo tinha liberdade de pensamento apenas enquanto o pensamento fosse claro e pudesse suportar um teste prático, e os críticos o acompanharam nessa análise do teatro. A *Arte Poética,* de Boileau, era cartesiana e nela o teatro era apenas considerado válido enquanto agradasse intelectualmente, um pensamento que teve considerável influência durante o período augustano. Na Alemanha, Leibnitz apoiava o teatro enquanto fosse instrutivo, ao passo que Lessing considerava que a melhor tragédia purifica a autocompaixão e produz o altruísmo.

Analogamente, quando Locke afirmava que o conhecimento advinha da percepção dos sentidos, estaria implí-

O TEATRO E A HISTÓRIA...   15

cita a idéia de que a arte deveria ser prática. Assim, era lógico para Jeremy Collier dizer:

> O dever do teatro é recomendar a virtude e desencorajar o vício; mostrar a incerteza da grandeza humana, a repentina reviravolta do destino e os infelizes resultados da violência e da injustiça: é expor as singularidades do orgulho e do capricho, a insensatez e a falsidade torná-las desprezíveis, e submeter tudo o que é doentio à infâmia e ao descaso. [69]

Com essas premissas, sentiu que poderia condenar o teatro em voga e as peças de Shakespeare, com a única exceção da rejeição de Falstaff. Thomas Rhymer fez o mesmo, apoiando-se na obediência de "regras" para o teatro. Dryden, mais aberto e liberal, seguiu tanto as regras neoclássicas quanto reconheceu méritos onde as regras não eram obedecidas; isso, principalmente, porque considerava as peças individualmente mais que a produção em geral. Entretanto, mesmo para ele, o "deleite" é o principal objetivo do teatro, e pode "instruir apenas enquanto diverte". George Farquhar, em seu *Discourse upon Comedy* (1702), engenhosamente tenta destruir o conceito das unidades como haviam sido formuladas pelos acadêmicos, e lidera os homens de teatro na sua revolta por liberdade — Fielding, Sheridan, Goldsmith e Dr. Johnson, entre eles. O versado Doutor resume suas idéias, em sua famosa frase:

> The drama's laws, the drama's patrons give,
> For we that live to please, must please to live*.

A partir da metade do século XVIII, o movimento "sentimental" desponta por toda Europa. É representado pelas novelas e peças inglesas — *Pamela*, de Richardson (1740), *George Barnwell*, de Lillo (1731) e *The Gamester* (1753), de Moore — assim como pela influente autoridade de Goldoni e escritos filosóficos na França. Diderot considerava que a comédia deveria ser séria e tratar dos "deveres do homem", enquanto que Beaumarchais, em seu *Ensaios sobre o Drama Sério* (1784), pleiteava, através de um apelo à "natureza", um teatro que deveria tratar com personagens "comuns" e tentar ser "real". O sentimentalismo é fundamentalmente diferente do consenso anterior, na medida em que apregoava que o teatro não seria nem tragédia nem comédia, que as pessoas e lugares deveriam ser retirados da vida, que deveria ser escrito em prosa e visar uma moral social definida. Nesse apelo à natureza, estamos claramente nos aproximando do mundo de Rousseau.

---

* "As leis do teatro, os patronos do teatro sugerem
Nós que vivemos para agradar, devemos agradar para viver". (N. das T.)

O PERÍODO ROMÂNTICO

Os Filósofos e o Pensamento

No final do século XVIII, o pensamento europeu como um todo voltou-se para o Romantismo: na Inglaterra com Wordsworth, Shelley e Coleridge; na Alemanha com Goethe, Schiller e Nietzsche, e na França com Rousseau e os pensadores da Revolução. A "natureza" foi o elemento fundamental: o que era natural tinha valor e o antinatural era desvalorizado. Na Inglaterra, isso conduz a uma profunda reavaliação de Shakespeare e dos dramaturgos áticos, embora, com Coleridge, Hazlitt e Lamb, essas considerações se baseassem na leitura de livros e, como tal, tendessem a divorciar-se da prática do teatro. A crítica, em muitos casos, tornou-se "literária" — uma tendência que pode ser observada ainda hoje.

O pensamento de Goethe com relação à educação dramática, brilhantemente sumarizado por Coggin [67], distinguia esta do teatro profissional, o qual não encontrava lugar na educação (embora Schiller o quisesse como o grande educador popular). O teatro escolar, considerava ele, tem um efeito benéfico tanto sobre o espectador quanto sobre o ator: exige grandes habilidades de memória, gesto e disciplina interna. A improvisação é de grande valor: ela molda os pensamentos mais íntimos e dessa forma os libera, desenvolvendo a imaginação:

> Em seus jogos, as crianças podem fazer tudo do nada: uma vara se torna um mosquete; um pedaço de madeira, uma espada; qualquer pano enrolado, uma boneca; qualquer vão, um quarto. [67]

Para a improvisação, pode-se usar baladas e músicas, visando um melhor efeito. Mas todo teatro deveria desenvolver idéias: deveria despertar emoções e pensamentos que a platéia *deveria* sentir — isso tem relação com os posteriores conceitos de Bergson e Bernard Shaw. Além disso, reconhece que certas artes, entre elas o teatro, pela própria natureza de sua dimensão, devem ser de responsabilidade da comunidade.

Um conceito romântico dos mais significativos é o da dualidade do processo de vida: o homem está sujeito a duas forças que ora o atiram para este, ora para o outro lado. Os filósofos variam em suas abordagens desta dualidade, Goethe a viu como uma espécie de morte e ressurreição: o homem deve perder parte de si mesmo antes de assimilar o novo; a situação dramática, como a própria vida, deve envolver morte e renascimento, se o teatro pretende ter um significado. Hegel viu a vida como dialética:

O TEATRO E A HISTÓRIA... 17

"tese" produz "antítese" e o resultado é "síntese"; e é neste sentido que Hebbel afirmou que o teatro representa o processo de vida. Schopenhauer considerava o teatro como resultado da Vontade, que representa a Idéia de Homem; Nietzsche desenvolveu este conceito para mostrar que o teatro representa o desejo de viver do homem, seu sucesso em superar a natureza transitória da existência. Para Nietzsche, vida e teatro estão ambos dominados por duas forças: a de Apolo, o idealista, o criador de sonhos, que os imita na arte; e a de Dionísio, o primitivo, o homem emocional, que cria a arte em êxtase. Para a verdadeira arte, Dionísio precisa da ajuda de Apolo — emoção precisa ser configurada pela razão. Essa dualidade se torna o principal conceito no pensamento a advir: para Freud, trata-se do Ego e o Id; para Whitehead, educação é um processo de morte e ressurreição; Dewey vê experiências passadas e presentes interagindo para produzir a vida em evolução; e G. Wilson Knight interpreta Shakespeare através dos símbolos de Apolo e Dionísio.

O Pensamento Educacional

O ensino nas escolas pode não ter-se alterado muito no século XVIII e começo do XIX, mas a sua filosofia o foi. *Emile* (1762), de Rousseau, foi a porta através da qual passaram Froebel, Pestalozzi, Montessori, Dewey e Caldwell Cook.

Para Rousseau, a primeira educação da criança deveria ser quase que inteiramente através do jogo. Os simples atos de correr, saltar e brincar têm valor. Não haveria repressão e os instintos naturais deveriam ser encorajados:

Ame a infância; estimule seus jogos, seus prazeres, seus encantadores instintos... Considere o homem no homem e a criança na criança... A natureza deseja que as crianças sejam crianças antes de serem homens. Se tentarmos inverter a ordem, produziremos frutos precoces que não terão nem maturação nem sabor, e logo estarão estragados... A infância tem seus meios próprios de ver, pensar, sentir, que lhe são convenientes; nada é menos razoável que substituir o que nos é próprio. [324]

Desse modo, os sentidos são cultivados e, aos doze anos de idade:

Trabalho e jogo são equivalentes para a criança; seus jogos são sua ocupação, e ela não vê nenhuma diferença entre os dois. Ela se atira em tudo com encantadora dedicação e liberdade, que mostra o alcance de sua mente e a extensão de seu conhecimento. Quem não ama ver uma linda criança, com sua vivaz expressão de serena satisfação, rindo, fisionomia aberta, brincando com as coisas as mais sérias, ou compenetradamente ocupada com os mais banais brinquedos? Ela alcançou a maturidade da infância, viveu

JOGO, TEATRO & PENSAMENTO

uma vida de criança, não ganhando perfeição às custas de sua felicidade, mas desenvolvendo uma por meio da outra. [324]

Não que Rousseau dê sua permissão a toda Educação Dramática. Na verdade, o teatro profissional apenas justifica-se quando é útil, embora encoraje jogos populares e dança. É principalmente por todo esse seu pensamento "natural", calcado no jogo da criança, que ele adquire importância para os pensadores futuros.

Basedaw, um amigo de Goethe, inspirou-se em Rousseau ao criar a Philanthropium, em Hamburgo, famosa escola onde trabalhar e jogar eram sinônimos. Pestalozzi seguiu Rousseau ao desenvolver o que era "natural" nas crianças, enquanto que o propósito de Froebel, fundando seu Jardim da Infância, foi o de desenvolver idéias simples de auto-atividade e auto-expressão:

O jogo é uma representação auto-ativa do interior — uma representação do interior a partir da necessidade e impulso interiores...

Os jogos de infância são as folhas germinadoras de toda a vida posterior; pois o homem em seu todo é aí desenvolvido e exposto, em suas mais delicadas disposições, em suas mais íntimas tendências. Toda a vida posterior do homem, mesmo o momento em que ele a deve deixar tem sua origem neste período da infância. [140]

Faltava apenas a teoria evolucionista de Darwin para fornecer uma base científica ao que Rousseau e Froebel já haviam observado: que a criança era um organismo em desenvolvimento, que cada fase do crescimento deveria ser estimulada, e que o jogo fazia parte do ser humano em desenvolvimento tanto quanto outro elemento.

2. Teatro, Jogo e Evolução

Quando o *Origin of Species*, de Darwin, foi publicado, em 1859, a teoria da evolução não era novidade. Mas o que Charles Darwin fez foi cercá-la com tal quantidade de evidências que a evolução tornou-se o fato filosófico e científico primordial de sua época. Sua teoria apresentava dois aspectos: primeiro, que todas as formas superiores de vida tinham se desenvolvido a partir de formas inferiores, e que pontos de semelhança poderiam ser observados entre o comportamento do homem e do animal; e, segundo, que a causa dessa evolução era a luta pela existência e sobrevivência do mais fraco. Enquanto que a segunda parte de sua teoria tem sido muito debatida pelos biólogos, há, mesmo hoje em dia, completa aceitação da teoria da evolução como tal.

Jogo, jogo dramático e imitação, tudo teve de ser considerado dentro da teoria evolucionista. Se a vida em si era um processo de crescimento, cada ação de cada coisa viva tinha um propósito em seu crescimento, e filósofos e pensadores tentaram encontrar propósitos evolucionistas no jogo e no jogo dramático.

A TEORIA DE SCHILLER-SPENCER

A teoria de que o jogo, tanto do animal quanto do homem, resulta de um descarga de "energia excedente" é geralmente considerada como sendo o princípio primeiro de Schiller e Herbert Spencer. Na verdade, a teoria tinha sido previamente enunciada por muitos escritores; ela foi mera-

20 JOGO, TEATRO & PENSAMENTO

mente acidental em Schiller e estava longe do original com Spencer.

Schiller

Schiller, o poeta e filósofo alemão, dizia que o jogo era "o gasto disparatado de energia exuberante". Isto, considerava ele, poderia ser levado em conta para algumas das atividades aparentemente gratuitas de pássaros, animais e insetos, e, também, para o jogo de imaginação no homem:

> Sem dúvida, a natureza deu mais que o necessário aos animais irracionais; ela produziu um raio de liberdade para brilhar mesmo na obscuridade da vida animal. Quando o leão não está atormentado pela fome, e quando nenhum animal selvagem o desafia para a luta, sua energia não aproveitada cria um objetivo em si mesma; cheio de ardor, ele preenche o ecoante deserto com seus terríveis rugidos e sua força exuberante regozija-se em si mesma, expondo-se sem um propósito. O inseto esvoaça de cá para lá, desfrutando a luz do sol, e não é certamente o grito da necessidade que se faz ouvir no melodioso canto dos pássaros; há uma inegável liberdade nesses movimentos, embora não seja emancipação da necessidade em geral, mas de determinada necessidade externa.
>
> O animal *trabalha* quando a privação é o motor de sua atividade, e ele *joga* quando a plenitude da força é o motor, quando uma vida exuberante é excitada para a ação. [329]

O animal, considera Schiller, tem mais energia do que necessita para os objetivos sérios da vida; assim, ele desenvolve uma reserva de energia que encontra seu escape natural no jogo. Animais pequenos e crianças, porque são alimentados e protegidos por seus pais, não se preocupam com a autopreservação e dessa forma, toda sua energia é "excedente", no sentido de que eles a usam inteiramente para o jogo.

Esta primeira parte da teoria de Schiller é claramente suspeita. As atividades aparentemente sem sentido dos insetos e pássaros freqüentemente têm um propósito sério, e zoólogos modernos demonstram que todas as atividades de insetos, pássaros e animais que podem parecer, à primeira vista, sem propósito, têm um objetivo claro e definido. No que se refere às crianças, aquelas que têm completa liberdade para jogar o farão até o esgotamento do interesse — esquivando-se dos chamados para comer e indiferentes à passagem do tempo; mesmo quando se cansam de um jogo, transferirão alegremente seu prazer para um outro. A energia que usam dificilmente poderia ser classificada de "excedente".

Mas Schiller também relaciona o livre uso da "energia excedente" com sua idéia do jogo de imaginação do homem:

> A imaginação, como os órgãos físicos, tem no homem seu movimento livre e seu jogo material, um jogo no qual, sem referência

TEATRO, JOGO E EVOLUÇÃO

à forma, ela simplesmente obtém prazer em seu poder arbitrário e na ausência de todo obstáculo. Esses jogos de fantasia... pertencem exclusivamente à vida animal, e apenas provam uma coisa... que ela está liberada de todo constrangimento sensual externo... sem que tenhamos o direito de inferir que haja nisto uma forma plástica independente. [329]

Este jogo tem muito em comum com a arte que, como ele o diz em toda parte, foi a mais efetiva influência na transposição do homem da selvageria para a civilização.

A teoria da "energia excedente" não deve ser *levada em conta* para o jogo, mas pode, sob certas condições, descrever um dos aspectos de alguns tipos de jogo. O animal ou a criança, livre de pressões econômicas ou paternas, tende a ser ativo naquilo que gosta de fazer. Toda vida animal tende a ser ativa, o que pode, isso sim, ser levado em conta para a tendência ao jogo.

Spencer

O *Principles of Psychology*, de Herbert Spencer, publicado em 1855, baseado na teoria evolucionista, foi duramente criticado por proclamar que características adquiridas poderiam ser hereditárias. Embora este seja até hoje um assunto um tanto controvertido, alguns psicólogos modernos iriam tão longe a ponto de admitir que cada indivíduo herda características raciais; por isso, Spencer é visto, até certo ponto, com mais condescendência do que há alguns anos atrás.

Embora Spencer endosse a teoria da "energia excedente", o faz a seu modo, discutindo o problema de diferentes pontos de vista, e não tanto como um pensador racional e lógico que analisa os fatos detidamente até chegar a uma conclusão.

Primeiro discute a "energia excedente" e diz que espécies que não estão mais lutando pela existência têm um excesso tanto de tempo quanto de energia:

Com as criaturas mais desenvolvidas freqüentemente ocorre uma energia algo excedente das necessidades imediatas, e também um certo descanso, ora desta faculdade [1], ora daquela, enquanto permite o seu treinamento num estado de alta eficiência pelo reparo que se segue ao desperdício. [347]

As células nervosas vivas do sistema nervoso estão constantemente passando por um duplo processo: enquanto que a atividade as desgasta, elas se reconstroem e estão prontas novamente para a ação. Tornam-se gradativamen-

---

1. O uso que faz Spencer do termo "faculdade" refere-se, historicamente, a *faculdade psicológica*, onde certas faculdades (como memória, vontade) são vistas como entidades mais do que como termos mais genéricos (como no uso moderno) de grupos variados do fenômeno mental.

22   JOGO, TEATRO & PENSAMENTO

te sensíveis à estimulação e, porque estão constantemente recebendo estímulos dos órgãos dos sentidos, há um irresistível desejo de agir sempre que os centros nervosos estão em descanso. As correntes nervosas tendem a descarregar ao longo das linhas de menor resistência e Spencer diz que a atividade lúdica (conduzida pela "energia excedente") é dirigida para aquelas atividades que têm parte proeminente na vida do organismo. Estar em funcionamento torna-se uma necessidade orgânica definida porque as "faculdades" estão carregadas de energia:

> Daí, jogos de todos os tipos... Daí, essa tendência ao supérfluo e inútil exercício de faculdades que têm sido quiescentes. Daí também o fato de que estes esforços desnecessários são os mais exibidos por aquelas faculdades que tomam as partes mais proeminentes na vida das criaturas. [347]

Mas, Spencer não considerava que "energia excedente" fosse a única explicação para o jogo. Discute, em segundo lugar, o fato de que parece haver uma base instintiva para isso. Muitos dos pensadores que se seguiram, particularmente McDougall, retomaram a conceito de Spencer de que o anseio pela atividade lúdica parece repousar sobre o instinto.

Em terceiro lugar, encontra na atividade do jogo uma forte tendência à imitação:

> O jogo é igualmente um exercício artificial de forças que, por falta de exercício natural, tornam-se tão dispostas para a liberação que se aliviam através de ações simuladas. [347]

Dessa maneira, se o organismo não encontra nenhuma atividade séria na qual possa se engajar, uma atividade imitativa a substitui. A forma de imitação, certamente, nos animais superiores e seres humanos, é a dramatização de atividades adultas: meninas brincando com bonecas e meninos brincando de soldados estão, na verdade, brincando do que eles estarão fazendo seriamente, no futuro. Groos, mais tarde, retoma a questão de ser o jogo um treino para a vida posterior, mas nega que o jogo dependa da imitação. Jogar, para Groos, parece espontâneo.

Em quarto lugar, Spencer sustenta que há uma estreita relação entre arte e jogo — e também, que a arte é apenas uma forma de jogo. Sua semelhança diz ele, está em que

> ... tampouco serve, por qualquer meio direto, aos processos conducentes à vida. [347]

Isto é, tampouco,

> ... promove a manutenção do equilíbrio orgânico do indivíduo ou então a manutenção das espécies, assim como seus fins imediatos ou remotos. [347]

TEATRO, JOGO E EVOLUÇÃO 23

Enquanto é verdade que há uma clara relação entre arte e jogo, é difícil sustentar que sejam sinônimos, como observou Ebbinghaus:

No entanto, o jogo não é idêntico à arte, porque este é um assunto ainda bastante sério. O menino que brinca de ladrão e polícia não é como um ator interpretando o papel de ladrão. Ele é realmente o ladrão, no que se refere às vantagens, liberdade e poder do ladrão; e desfruta dessas vantagens, enquanto que o ator nem mesmo pensa sobre elas. O ator, mesmo quando interpretando o papel de rei, deseja representar o rei e não ser o rei. O jogo, isto é, a atividade instintiva do jogo, é intermediário entre a arte e a vida, uma via de acesso para a primeira. [92]

É em conexão com o relacionamento arte e jogo que Spencer antecipa a teoria da prática de Groos — é pela prática na arte e na atividade lúdica que o indivíduo implementa sua habilidade para funcionar, e assim, jogar se torna um treinamento para a vida futura — mas Spencer revela que se trata de uma explicação incompleta do fenômeno jogo: embora o exercício de qualquer "faculdade" desenvolva essa "faculdade", este não é, para ele, um aspecto distinguível do jogo.

O quinto elemento importante para Spencer é que a forma que o jogo assume depende do nível de desenvolvimento do jogador[2]. Uma progressiva complexidade da formação estrutural traz uma progressiva diversidade do comportamento lúdico, de maneira que, com o homem, as formas são quase ilimitadas. Distingue as seguintes amplas divisões das formas de jogo:

(a) Atividade supérflua do aparato sensório-motor. Mais comumente, isto é a imitação dos tipos de atividade que um órgão desenvolve enquanto exerce a séria empreitada da vida. O jogo é, por conseguinte, conduzido pelas partes do corpo mais significativas para a sobrevivência das criaturas:

E o mais interessante na girafa é que, quando livre, está todo o dia usando sua língua para tirar ramas das árvores, mas, uma vez em confinamento, ocorre uma tal necessidade de exercício análogo, que ela permanentemente agarra com sua língua partes do telhado de sua casa que passam a funcionar como pretexto... assim desgastando os ângulos superiores das portas, etc. A atividade inútil dos órgãos em desuso que, nestes casos dificilmente chega a ser o que chamamos jogo, passa a ser jogo propriamente dito onde haja uma mais manifesta união de sentimento e ação. [347]

(b) O exercício de mais alta coordenação de capacidades tanto nos jogos quanto nos exercícios.

---

2. Compare com Lehman e Witty [233], p. 648 *et al.*

24 JOGO, TEATRO & PENSAMENTO

(c) Mimetismo. Enquanto que a estrutura de um animal determina que forma seu jogo tomará, animais inferiores jogarão a mímica da caça e da luta. Isso se relaciona com as danças mímicas e cantos de acompanhamento dos selvagens.

(d) Os produtos estéticos os mais altamente desenvolvidos das civilizações antigas resultando em gratificação substitutiva.

(e) Atividade supérflua de simpatias e sentimentos altruístas, que dá origem às belas-artes, a mais alta forma de jogo.

Mais adiante, tenta classificar jogo de três maneiras: jogo sensório-motor, jogo com regras e jogo artístico-estético.

Em sexto lugar. Spencer observa que o jogo pode atuar como uma satisfação compensatória. Nisto se antecipa aos futuros psicólogos sociais, que não duvidariam de que o jogo possa ser um elemento compensatório, através do qual a satisfação pode ser obtida (ver pp. 201 e s.).

Evidentemente a importância de Spencer não reside apenas na teoria da "energia excedente". Seus interesses abrangem amplamente todo o campo do jogo, antecipando muito do trabalho de outros pensadores, como veremos. E ele proclamou categoricamente que, à medida que a evolução continuasse, o jogo estaria destinado a tomar uma progressiva e importante parte na vida humana.

A TEORIA DO INSTINTO

A hereditariedade foi um conceito básico para os primeiros evolucionistas. O fato de que os seres humanos têm poderes inatos, ou instintos, que herdam de geração a geração, foi um conceito popular no século XIX; então, atacado por críticos behavioristas (particularmente Watson), foi, de um modo geral, desacreditado nos Estados Unidos; apesar de ataques similares na Inglaterra, por pensadores tais como P. E. Vernon, permaneceu como uma teoria popular, nesse país. Para todos os seguidores da teoria do instinto, o jogo é um instinto: impulsos que são inerentemente parte da personalidade e do comportamento do homem.

Karl Groos & "Pré-exercício"

Os dois detalhados livros de Karl Groos — *The Play of Animals* e *The Play of Man* — fornecem uma completa e elaborada classificação do jogo dos organismos vivos, do ponto de vista do instinto. O conjunto de seu trabalho é ainda o mais científico e compreensivo exame baseado na

TEATRO, JOGO E EVOLUÇÃO

teoria evolucionista. Dessa forma, também, produziu em seu tempo o mais profundo efeito sobre o pensamento educacional, mostrando quão amplo é o raio de ação coberto pelo jogo e, também, seu valor para as crianças, tanto como lazer quanto como treinamento para a vida futura.

Groos rejeita, primeiramente, os conceitos prévios, particularmente o da teoria da "energia excedente"; ela é insuficiente porque não pode explicar as diferentes formas de jogo — que o jogo de cada espécie difere de todas as outras, e que o jogo de seres de qualquer das espécies apresenta diferentes formas. Embora retome de Spencer a noção de que o jogo é um treinamento para a vida posterior (e desenvolve isto como um dos principais aspectos de sua teoria), nega que o jogo repouse na imitação:

... os mais importantes e elementares tipos de jogos não podem ser atribuídos nem à repetição imitativa de ações anteriores do indivíduo nem à imitação do desempenho de outros. [154]

Todavia, a imitação é importante:

... a imitação é mais forte nos animais mais inteligentes, como aves altamente desenvolvidas e macacos, e... o homem pode ser chamado o animal imitativo por excelência...
A imitação lúdica, contudo, precisa estar vinculada ao "interesse prazenteiro" e, certamente, parece provável que tais sentimentos de prazer repousam na base comum a todos os jogos, que um exame minucioso revelará, neste e nos outros casos que temos considerado, como sendo experimentação. [154]

A imitação "é um instinto", mas aparece espontaneamente: podemos dar como exemplo o filhote do pássaro experimentando suas asas no ninho, ou o filhote de antílope, nascido no cativeiro e não obstante tentando saltar aos seis meses de idade, sem que nunca antes tenha testemunhado tal movimento.

Groos fornece dois conceitos absolutamente revolucionários, ambos tendo afetado diretamente a educação. Em primeiro lugar, considera que a finalidade da infância é a de propiciar um período de jogo. O jogo, que treina homem e animais superiores para a vida séria, deve acontecer em um longo período de imaturidade, de maneira a obter seu primeiro efeito:

Quanto maior o resultado requerido, mais longo o tempo de preperação. Sendo este o caso, a investigação do jogo assume grande importância. Até agora, tínhamos o hábito de nos referir ao período de juventude como um fato importante apenas porque alguns instintos de significância biológica apareciam nessa fase. Agora vemos que a infância, provavelmente, existe por causa do jogo. Não podemos dizer que os animais jogam porque são jovens e travessos, *mas sim porque têm um período de juventude para jogar*; apenas fazendo isso podem complementar os dons heredità-

26 JOGO, TEATRO & PENSAMENTO

rios insuficientes com a experiência individual, tendo em vista as tarefas futuras da vida.

Os animais não brincam porque são jovens, mas têm sua fase de juventude porque precisam brincar. [154]

Em segundo lugar, declara que o jogo está diretamente relacionado com o desenvolvimento da inteligência. O jogo surge na infância quando certos instintos importantes aparecem, anterior a uma necessidade real do indivíduo; assim, o jogo é necessário para o desenvolvimento de uma inteligência superior. E a imitação está relacionada com esse desenvolvimento:

O impulso imitativo é considerado como sendo um instinto diretamente útil para o desempenho da vida, para a maioria e, presumivelmente, para a totalidade dos animais altamente gregários. Sua mais simples manifestação é o alçar vôo de todo o bando tão logo um de seus membros demonstre medo... Temos aqui, portanto, um instinto hereditário que é mais especialmente adaptado que o do jogo, tornando muitos outros instintos desnecessários, e abrindo, dessa forma, o caminho para o desenvolvimento da inteligência ao longo de linhas hereditárias que podem ser levadas em conta para a obtenção de qualidades não hereditárias... muitos instintos estão se tornando rudimentares em animais superiores porque estão sendo suplantados por outro instinto — o impulso imitativo. E esta substituição é de utilidade direta, porque auxilia o desenvolvimento da inteligência. [154]

É evidente que em sua posição com relação ao instinto, Groos assume uma atitude neodarwiniana e considera a seleção natural o princípio exclusivo do desenvolvimento; nega a herança de características adquiridas, como foi sustentada por Lamarck e Spencer. Mas, utiliza a definição de instinto, de Spencer ("atos reflexos complexos"), e argumenta que, com o passar do tempo, este se desenvolveu para ações reflexas complexas, as quais são instintivas. É esta adaptabilidade dos instintos que tornou sua teoria importante para a educação. Wood explica, mais adiante:

Os instintos, de acordo com Groos, estão relacionados principalmente com a luta pela vida e a preservação das espécies. Sem a prática do jogo teria sido impossível para esses instintos se desenvolverem nos mais jovens. Nos animais inferiores há, sem dúvida, alguns atos instintivos complicados que são necessários à existência do animal e que são desempenhados por mecanismo hereditário carente de prática. Com as crianças, entretanto, os instintos aparecem subdesenvolvidos, e paralelo ao seu desenvolvimento está também o desenvolvimento da inteligência e caráter moral. Considerando o jogo como o natural e mais adequado campo para o exercício do instinto, atingimos seu pleno significado biológico. A infância é no homem um período proporcionalmente mais longo porque o homem deve alcançar um desenvolvimento superior ao de qualquer outro animal.

TEATRO, JOGO E EVOLUÇÃO

... os instintos não são instrumental suficiente para a vida, e a criança deve adquirir imitativa e experimentalmente um certo número de capacidades adaptadas às suas necessidades individuais. Estas capacidades são variáveis e herdadas, e são passíveis de se desenvolverem ultrapassando de longe o mais perfeito instinto. Estas capacidades são tanto adquiridas quanto desenvolvidas através do jogo. [394]

A posição fundamental de Groos de que o jogo é a preparação (ou "prática") para o trabalho e atividades adultas, evidentemente se aplica ao reino animal e, em muitos casos, ao homem primitivo. Mas tem sido criticado por sua aplicação ao homem moderno. Patrick diz:

Se a vida adulta de hoje consistisse em escapar dos inimigos a pé, a cavalo ou a remo, em viver em estreita proximidade com os animais domésticos, em buscar a caça com arco ou arma de fogo, em subsistir do peixe colhido unicamente com as mãos, em combater pessoalmente com os punhos ou com a espada, em atirar projéteis primitivos, atacar com clava ou perseguir o inimigo, em buscar segurança em árvores ou cavernas, em viver em tendas ou em casas nas árvores, em dormir ao relento e cozinhar em fogueiras, então, poderíamos nos aventurar a explicar a vida lúdica das crianças como sendo "uma atividade instintiva existente com propósitos de prática ou exercício com sério intento". [290]

De tão literal ponto de vista, a opinião de Groos deve parecer facciosa. Se, no entanto, assumimos a posição de que o jogo leva ao domínio do eu, tanto física quanto psicologicamente, e desenvolve essas habilidades para uma total eficiência na fase adulta, então, a interpretação de Groos com respeito ao jogo infantil é verossímil. Mas ela não deve ser levada em conta para as formas de jogo da vida adulta.

É difícil perceber o que a idéia de "pré-exercício" acrescenta à idéia de "exercício". O jogo exercita o indivíduo física e psicologicamente, e toda nova aquisição é objeto desse exercício. Como observa Piaget:

Por exemplo, quando, por volta de um ano de idade, a criança descobre a queda livre, ela se diverte jogando tudo ao chão. Dessa maneira, exercita seu novo poder, que um dia será integrado ao seu conhecimento das leis do mundo físico, embora isso não seja, naturalmente, um pré-exercício de sua futura compreensão da física. [294]

Mas, se a hipótese básica de Groos não encontra a aprovação geral por parte dos psicólogos empíricos, sua vasta coleção de observações sobre as atividades lúdicas, tanto dos homens quanto dos animais, é incomparável enquanto fonte básica de material. Coordenando esse material, ele desenvolveu o seguinte sistema de classificação:

28 JOGO, TEATRO & PENSAMENTO

JOGO ANIMAL

1. Experimentação (controle do corpo e desenvolvimento da percepção).
2. Jogos de movimento (prática em locomoção como tal).
3. Jogos de caça.
4. Jogos de luta (provocação, briga e luta lúdica).
5. Jogos amorosos (entre animais jovens: movimentos rítmicos, exibição de cores e formas, chamados e trinados, e coqueteria).
6. Artes construtivas (construção de ninhos, etc.).
7. Jogos de proteção (alimentação)*.
8. Jogos de imitação.
9. Curiosidade ("a única forma puramente intelectual de jocosidade... no mundo animal").

JOGO HUMANO

A. *Jogo experimental,* envolvendo jogos de funções gerais como percepção, ideação e emoção. Estão divididos em:

1. Jogos sensórios, como aqueles de crianças pequenas que exercitam os órgãos dos sentidos.
2. Jogos motores:
   (a) do corpo (correr, saltar, etc.).
   (b) com um objeto (como jogar uma bola).
3. Jogos envolvendo capacidades mentais superiores:
   (a) Jogo intelectual, fazendo uso da memória, reconhecimento, imaginação, atenção, raciocínio (como charadas, xadrez, etc.).
   (b) Jogos emocionais, como os que envolvem surpresa (esconde-esconde, etc.).
   (c) Jogos volitivos, envolvendo experimentação direta com a vontade (algumas competições, jogos de habilidades).

B. *Jogo sociométrico,* envolvendo jogos de funções especiais como luta, caça, fazer a corte, jogos sociais e familiares, e jogo imitativo.

Este sistema de classificação é feito de acordo com o conteúdo do jogo e depende do conceito de "prática" ou "pré-exercício". A classificação de acordo com o conteúdo tem, no entanto, suas desvantagens. É um método mais

---

* No original inglês *nursing-plays,* derivado de *nurse,* que além de proteger também significa nutrir, assistir, criar e cuidar. (N. das T.)

TEATRO, JOGO E EVOLUÇÃO   29

descritivo que explicativo. Embora certos jogos elementares possam ser facilmente classificados (como os jogos sensórios de bebês de poucos meses de idade, ou os jogos puramente motores como atirar pedrinhas), quanto maior a criança maior a dificuldade de classificar o jogo em uma categoria específica. O jogo de bolinhas de gude, como observou Piaget, pode ser sensório-motor em sua ação, mas, aos 7 ou 8 anos de idade, é também um jogo competitivo e, portanto, social. A classificação do jogo e imitação feita por Groos, assim como sua explicação, pode ter desvantagens, mas ambos nos fornecem uma quantidade considerável de material básico para a compreensão do fenômeno.

"Pré-exercício" & Educação

A influência de Groos sobre os professores é ilustrada por Joseph Lee em *Play in Education,* que toma os princípios básicos da teoria e os aplica à educação. A posição preliminar de Lee poderia ser a mesma de Rousseau e de Froebel:

> Se a lição é eficaz, o resultado não é meramente a obtenção de mais conhecimento ou mais inteligência, mas uma maior capacitação do indivíduo para o desempenho de todos os objetivos. Se a matemática chegou a ser realmente apreendida por ele, jogará melhor o futebol; se o futebol tem sido para ele o mais importante, aprenderá melhor a matemática. Esta é a natureza da verdadeira experiência educacional — que deixa como lastro uma mais sólida personalidade. [231]

A isto Lee relaciona a teoria do "pré-exercício". O jogo participa da lei do crescimento em quatro níveis: em primeiro lugar, exercita a mente e o corpo nas ações para as quais o crescimento é dirigido (a educação em ciências humanas é a que "mais completamente libera os grandes instintos humanos que governam o jogo infantil"); em segundo lugar, a atividade do jogo segue a ordem do crescimento e as capacidades mentais são estabelecidas, instintivamente, na medida em que são solicitadas pelo jogo; em terceiro lugar, as crianças que têm a oportunidade de jogar se desenvolvem mais normal e integralmente do que as que não têm essa possibilidade; e, finalmente, o jogo sempre visa superar as capacidades existentes — a criança "pratica o caminhar, apesar de quedas e malogros, não porque ela possa andar, mas porque ela não pode" — e, assim, o jogo é um método de aprendizagem. Mas, os "grandes instintos do jogo" não aparecem subitamente, nem tampouco permanecem estáticos; antes, se desenvolvem com o crescimento do organismo:

> E a primeira forma de um instinto pode ser completamente diferente daquilo a que está finalmente destinado a ser... O fu-

30 JOGO, TEATRO & PENSAMENTO

turo arquiteto pode encontrar seu sentido de forma primeiro na música ou na dança. O futuro estadista está muito provavelmente exercitando sua eloqüência ao debater suas faltas no jogo... [231]

.O jogo dramático e a personificação são o meio para a criança entender seu mundo, compreender os outros:

A melhor maneira de ser alguém — perceber como ele é, a partir de seu interior — é desempenhar seu caráter e sua função... Acredito que o impulso de personificação deixa como herança uma compreensão simpática — o poder de ver as pessoas como realmente são, a simpatia intuitiva que vê com os olhos do outro... [231]

O ritmo é importante: combina teatro, música e dança; promove uma fusão das ações físicas e, através da repetição, uma economia do esforço mental; é nosso modo de reconhecimento de unidades de qualquer tipo (como tempo, número, etc.); é a base da fusão social; e é o fator comum a todas as artes. Com o jovem adolescente, o jogo dramático é um método de projeção de um ideal de vida e conduta:

... se você consegue ter Rei Artur para verdadeiramente entrar em sua alma e lutar por você na sala de aula ou durante o recreio, ele é tão valioso como aliado quanto qualquer outro que todo garoto necessita... (A imaginação dramática) é a primeira manifestação do espírito, o primeiro esboço da aspiração... [231]

Lee nada acrescenta à posição fundamental de Groos, de que o jogo é intencional; meramente o ilustra. Assim como nos primitivos jogos de caça o mais emocionante era a partida, os posteriores jogos de equipe se concentram no final — eliminar um homem ou fazer a bola ultrapassar a linha. Para ambos, o jogo é realização e foi através de tais exemplos, como os fornecidos por Lee, que os princípios de Groos chegaram à educação moderna.

A Teoria da Catarse

No princípio do século, os seguidores da teoria do instinto tomaram a teoria da catarse de Aristóteles (como foi desenvolvida por Freud, vide p. 79-80) e a aplicaram ao jogo. Carr [56] disse que o jogo era uma válvula de segurança para emoções reprimidas. Um instinto está associado a uma emoção como lutar associa-se à raiva ou ao ódio, mas a sociedade não pode permitir que as emoções reinem livres e elas são então inibidas; o jogo, em permitindo a luta, pode liberar essas emoções que, em seguida, serão apaziguadas. Karl Groos, em um trabalho posterior [156], aderiu a essa teoria, mas a considerava como tendo

TEATRO, JOGO E EVOLUÇÃO   31

"uma importância relativamente limitada, em comparação com o propósito do autodesenvolvimento". Mitchell e Mason demonstram que há uma base fisiológica para a catarse:

> Um outro aspecto, segundo o qual o jogo pode ser pensado como tendo um efeito catártico, embora bastante diferente do anterior, refere-se às mudanças corporais internas, que ocorrem na presença de uma situação de combate. Secreções grandulares, tais como a adrenalina, são jogadas na corrente sanguínea, o que torna o indivíduo um animal mais combativo, preparando-o para grande esforço muscular, e condicionando seu sangue a um coagulamento mais rápido quanto ferido. Se o autocontrole é exercitado, e as emoções que o acompanham são inibidas, o resultado é uma irritabilidade, devido às mudanças no organismo que essas secreções produziram. Engajar-se em tenazes jogos de luta serve como substituto para a luta real, e o organismo é aliviado. [260]

Este aspecto particular da teoria do instinto tem importância por conduzir a posteriores conceitos do fator compensatório no jogo, tem direta relação com o "teatro infantil", e concerne aos muitos conceitos de psicologia "profunda".

A Subseqüente Teoria do Instinto

Disseram os críticos de Groos que se o jogo fosse um prematuro amadurecimento dos instintos, deveríamos esperar que uma brincadeira de luta entre cachorrinhos envolvesse uma luta real e uma tentativa de ferir o companheiro de jogo. William McDougall [252] expôs de uma maneira nova a posição fundamental sobre os instintos e seguiu respondendo aos críticos de Groos dizendo que os jogos dos instintos são versões modificadas dos instintos originais: um cãozinho brincando de luta está expondo um comportamento diferente daquele que está lutando — o estado afetivo do instinto básico (neste caso a raiva) está ausente. Dessa maneira, cada instinto existe em seu estado puro e, também, em uma forma modificada.

Deveríamos notar que a teoria instintiva da motivação tem, dentre seus adeptos modernos, um número de distinguidos educadores e psicólogos educacionais — incluindo Percy Nunn, Cyril Burt, J. S. Ross e C. W. Valentine — e que alguns estudos zoológicos modernos [358] indicam um crescente interesse no instinto.

TEORIAS FISIOLÓGICAS

A teoria da evolução é um conceito biológico e, em seu tempo, foi um dentre uma extensa série de estudos zoológicos, biológicos e fisiológicos. A fisiologia estava eviden-

32 JOGO, TEATRO & PENSAMENTO

temente relacionada com a psicologia, no que se refere ao homem pensar com seu cérebro, e, em 1830, um importante livro de fisiologia surge para causar considerável efeito sobre os estudos psicológicos. Tratou-se de *Nervous System of the Human Body*, de Charles Bell, que demonstrava que as funções sensórias e motoras são executadas por diferentes fibras nervosas. Isso não apenas permitiu que futuros psicólogos apresentassem a vida como uma relação de estímulo-resposta (Pavlov, Thorndike, Clark Hull, etc.), mas também deu uma base fatual à teoria do paralelismo ou interação psicofísica. Os conceitos de evolução e uma relação psicofísica compuseram a base para numerosas teorias do jogo que, se não deram tanta ênfase à imitação quanto às teorias dos instintos, forneceram uma base de "senso comum" ao fenômeno do jogo e uma fundamentação teórica para os esportes e jogos físicos na educação.

A Teoria da Recreação

Esta teoria sugere que o jogo reanima e restaura tanto física quanto mentalmente. No entanto as origens desta teoria podem ser encontradas em Lord Kames, o filósofo inglês do século XVIII, que disse:

O jogo é necessário para o homem a fim de que se reanime após o trabalho [260]

— o mais imediato precursor dessa teoria foi Guts Muths. Esse professor alemão (chamado "o pai do treinamento físico") considerava que o impulso natural para a atividade era o criador do jogo, cujo valor residia para ele não apenas no desenvolvimento e treinamento físico mas também em seus resultados recreativos [260]. Sua dupla classificação foi elaborada entre jogos de movimentos e jogos de descanso.

O principal advogado da Teoria da Recreação foi Moritz Lazarus, professor de Filosofia em Berlim no final do século XIX, que instigava o homem a:

fugir da ociosidade vazia para a recreação ativa no jogo. [229 & 260]

Sua teoria básica está dividida em duas partes: em primeiro lugar, pondera que após o trabalho árduo, um certo descanso e sono são necessários; e, segundo, que:

Quando os poderes físicos e mentais se encontram esgotados, o homem volta-se para o jogo para recuperar-se. [229 & 394]

Isto simplesmente nos sugere que quando o cérebro está cansado necessita uma mudança, particularmente sob a

TEATRO, JOGO E EVOLUÇÃO

rma de exercício físico; para assim recuperar alguma energia nervosa. Mas, se há fadiga física, sono e descanso são exigidos; esforço mental não ajudará porque a fadiga mental depende da fadiga corporal. Obviamente, essa teoria é limitada; ela pouco se refere ao crescimento; pode ser aplicada a apenas certos tipos de atividades adultas; dificilmente pode ser relevante para as crianças desde que grande parte de suas vidas é dedicada ao jogo.

Esta teoria tem alguma importância para as posteriores teorias sociológicas, e foi ampliada por Patrick na Teoria do Relaxamento.

A Teoria do Relaxamento

Patrick deliberadamente se preocupa com as formas de jogo adultas, pois o jogo infantil dificilmente é relaxante. Define jogo como atividades que são:

... livres e espontâneas e que são desfrutadas apenas em si mesmas. O interesse nelas é auto-evolutivo e não tem continuidade sob qualquer tipo de compulsão, interna ou externa. [290]

A isto, opõe o trabalho, onde o homem submete-se a uma tarefa determinada visando um fim a ser alcançado por meio outro que pela atividade em si. Diz que há semelhanças entre o jogo das crianças, os esportes dos homens e as atividades dos homens primitivos. Isto porque:

... aquelas capacidades mentais das quais depende a civilização em progresso, especialmente a atenção voluntária e persistente, concentração, análise, e abstração, estão subdesenvolvidas na criança e sujeitas a rápido desgate no adulto. Em conseqüência, as atividades da criança e as atividades do jogo do adulto tendem sempre a tomar a forma de antigas investigações raciais. [290]

Os processos mentais superiores são fatigantes e o relaxamento se encontra em "atividades racialmente antigas" que "envolvem áreas do cérebro que são velhas, desgastadas e anteriores". Este tipo de atividade, Patrick o define como sendo o que dá exercício aos músculos maiores e "as mais elementares formas de mentalidade".

Embora questione a validade da Teoria da Recapitulação, seu próprio trabalho apresenta algumas semelhanças com ela, em sua insistência sobre os "hábitos da raça" e "memória racial", assim como a explicação sobre a motivação do jogo. O homem primitivo dependia dos animais selvagens e domésticos e isso se reflete nos livros de animais para crianças, nos jogos de animais e nos ursinhos de pelúcia e:

Os primeiros instrumentos musicais da criança, o chocalho, o tambor e a corneta, foram também os primeiros instrumentos musicais do homem primitivo. [290]

34 JOGO, TEATRO & PENSAMENTO

Patrick explica os esportes populares como uma memória do antigo campo de batalha: o futebol é uma batalha mímica e os espectadores, por imitação interna, participam assim como dão livre expressão a suas emoções. Esse parecer tem tanto apoio etnológico quanto as suas considerações de que a dança envolve os músculos fundamentais e, portanto, padrões do cérebro que foram, primeiramente, desenvolvidos.

Seu argumento é que jogos de bola, danças e atividades similares relaxam o cérebro superior pela ativação dos modelos básicos do cérebro. Embora possam ser ou não verdades, suas observações sobre memória racial, natureza do esporte e da dança, e relação do cérebro com atividade nos músculos maiores tem significação para as teorias sociológicas de jogo e teatro.

A Teoria da Recapitulação

Antes especulação que teoria, o conceito de G. Stanley Hall sobre Recapitulação é fisiológico, assim como evolucionista. Repousa na hereditariedade. Ele diz que o homem herda tendências de coordenação muscular, que têm sido de utilidade racial, e, no jogo:

> ... nós ensaiamos as atividades de nossos ancestrais, não sabemos o quão distantes, e repetimos suas vidas de trabalho, de modos somativos e adumbrados. Isto é, rememorativo, embora inconscientemente, de nossa linha de descendência... [165]

Hall se opõe diretamente ao conceito de Groos de que jogo é "prática" para o futuro. Ao contrário, o rapaz que briga quando jovem, não terá grandes ímpetos para a luta quando for um homem (na medida em que isto tem alguma relação com a catarse, é interessante notar que Hall foi a primeira pessoa a convidar Freud para lecionar nos Estados Unidos).

Há três pontos essenciais para recapitulação. Em primeiro lugar, o conteúdo do jogo muda na medida em que a idade avança; cada grupo de idade tem um diferente conjunto de jogos cujo conteúdo é relativamente constante; e cada estágio é atingido pela criança em idades relativamente constantes. Segundo, o conteúdo do jogo corresponde a atividades ancestrais que se seguiram, uma às outras, na mesma ordem, através de sua evolução; em terceiro lugar, o jogo libera o homem de resíduos ancestrais e, ao mesmo tempo, acelera seu desenvolvimento para estágios superiores.

Os sucessivos modelos de cultura na história do homem que ecoam no jogo da criança têm sido desenvolvidos por vários escritores americanos, e são:

TEATRO, JOGO E EVOLUÇÃO   35

1. Estágio Animal — crianças imitando, trepando, balançando, dependurando-se, cambaleando.
2. Estágio Selvagem — jogos de caça, pique, esconde-esconde, jogos com bastão (beisebol ou críquete).
3. Estágio Nômade — ter bichinhos de estimação, correr, brincar em cabanas no fundo do quintal.
4. Estágio Agrícola/Patriarcal/Sedentarismo primitivo — bonecas, jardinagem, escavação na areia, modelagem.
5. Vida Tribal — Jogos de equipe.

Naturalmente, qualquer classificação deste tipo baseia-se na interpretação do jogo em si, e não pode dele estar separado.

Como seus contemporâneos G. T. W. Patrick e Joseph Lee, G. Stanley Hall destacou a importância do ritmo, sua conexão com a dança, e a importância de ambos para a educação:

> No obscuro cenário da história, existem muitas evidências de que, em algum ponto, arte e trabalho não estiveram divorciados. Brotaram, provavelmente do movimento rítmico, que está entranhado na biologia, porque garante a alegria de viver com um mínimo de esforço. Dançar é uma das melhores expressões do jogo puro e das necessidades motoras da juventude. Talvez seja a mais liberal de todas as formas de educação motora... (e), não excetuando a música, a mais completa linguagem das emoções. [165]

É justo dizer que a base para a Teoria da Recapitulação é vista como falaciosa. Não é levado em consideração que o conteúdo do jogo evolui: Lehman e Witty mostraram [233] que o conteúdo dos jogos varia com o meio ambiente. A teoria de que o jogo recapitula épocas culturais não é considerada como evidente: tribos primitivas conhecidas não progridem uniformemente; tampouco pode ser demonstrado que o homem vive inteiramente, de forma precisa, a ordem de evolução. A teoria de Hall é também estática, visando mais ao passado que ao crescimento.

Ao mesmo tempo, o homem não pode separar-se do passado e há alguns modelos de comportamento que sustentam semelhanças com comportamentos primitivos de uma raça. O enfoque sociológico da educação dramática atribui-lhes considerável importância.

A Subseqüente Teoria Fisiológica

A Recapitulação, como muitas idéias imaginativas, porém falazes, permitiu um grande número de estudos experimentais detalhados e valiosos. Alguns foram executados em vinculação direta com Stanley Hall — como os

36 JOGO, TEATRO & PENSAMENTO

de Gulick, Croswell, e McGhee [165] — enquanto outros surgiram da própria teoria, como a de Appleton.

L. Estella Appleton escreveu *A Comparative Study of the Play Activities of Adult Savages and Civilised Children* [13], a partir da observação de cinco tribos selvagens e cinco grupos de crianças americanas representativos. E concluiu que tanto os selvagens quanto as crianças "jogam" exercícios violentos e com o corpo inteiro, mas que as crianças têm uma sensibilidade mais aguçada e controle muscular mais especializado; que o caráter do jogo do selvagem se compara ao das crianças entre 7 e 15 anos de idade, uma vez que ambos contêm "elementos sensórios", "ritmo", "mimetismo", "representação dramática", "habilidade", "julgamento prático" e "competição individual"; mas que, intelectualmente, o jogo do selvagem é comparável ao de crianças americanas entre 6 e 10 anos de idade.

Como resultado de seus achados, Appleton modificou o conceito de Hall, para uma teoria do jogo baseada em crescimento fisiológico: "Jogo é um instinto"; é o "impulso para agir" que deve satisfazer as necessidades do corpo em crescimento, precede a habilidade de funcionar e lhe dá origem. Dessa forma, o jogo conduz ao crescimento. Mas sua ênfase difere da de Groos: ele considerava que os instintos levavam à atividade, que por sua vez é prática para a vida; Appleton pensava que a ânsia pelo crescimento (jogo) levava à ação que estimulava o crescimento que é, também, prática para a vida.

Embora seja verdade que o jogo depende da natureza do corpo, uma completa teoria fisiológica é virtualmente insustentável, como podemos ver pelo trabalho de psicólogos tipológicos como Kretschmer [222] e Sheldon [338] que tentaram sustentar que o comportamento varia de acordo com certos tipos de estrutura de corpo. Por outro lado, a atividade humana tem uma base fisiológica e todas as teorias de motivação devem levar em conta as descobertas da neurofisiologia, assim como informação atualizada sobre encefalografia e cibernética.

A Teoria Genética

Os modernos estudos da genética do comportamento demonstram que os modelos de comportamento são transmitidos através de gerações. As unidades básicas da hereditariedade são genes, localizados nos cromossomos, que são encontrados aos pares, no núcleo de cada célula. A constituição genética específica do indivíduo (genótipo) interage com o meio para produzir o fenótipo, com características específicas de altura, inteligência, emocionalidade etc.

TEATRO, JOGO E EVOLUÇÃO 37

São os genes que são herdados, não os fenótipos. O genótipo determina as potencialidades do indivíduo; o meio determina quais ou quantas dessas potencialidades serão realizadas durante o desenvolvimento.

Em *Homo Ludens*, Johan Huizinga examina o aspecto genético do jogo. [186] Os genes transmitem a *tendência* para o jogo e o organismo tem necessidade dele. Mas o jogo é mais que mero fenômeno físico e reflexo psicológico: contém um elemento importante e é significativo para o desenvolvimento genético das espécies.

Huizinga considera que a civilização moderna separou o jogo da vida. Não mais faz parte das atividades culturais de cada homem mas, ao contrário, está relegado a mero esporte e ocupações similares, que estão isoladas da elaboração do processo de vida. Geneticamente, o jogo é uma parte integral da vida e isolá-lo, como o fez o homem moderno, é destruir o espírito verdadeiro, natural e seu derradeiro valor para o homem e a sociedade.

Veremos que o conceito de evolução conduziu às duas principais teorias da motivação — instinto e fisiologia. Ambas encaram o jogo como uma tendência, na qual a imitação e jogo dramático estão relacionados, e cuja ação visa favorecer o crescimento do organismo. Alguns pensadores oferecem uma explanação parcial do jogo (como energia excedente, pré-exercício, recreação ou relaxamento), ou então uma interpretação imaginativa (como recapitulação). Mas, nenhum desses conceitos filosóficos pode nos fornecer uma completa definição dos termos jogo, jogo dramático e imitação. Mais informações devem ser pesquisadas nas ciências psicológicas e sociológicas, antes que tais definições possam ser obtidas.

ADENDO AO CAPÍTULO 2

Os conceitos de evolução e crescimento natural estão relacionados com duas áreas tangenciais: psicologia do desenvolvimento e a generalizada área da psicologia social, que poderemos chamar de "estudos futuros".

Os conceitos básicos da psicologia do desenvolvimento estão expostos em outras partes deste livro — Isaacs [192, 193], Piaget [293, 294], etc. —, mas as seguintes indicações são também valiosas para o entendimento da relação entre o ʼteatro. e o desenvolvimento humano:

1. *Patterns of Mothering*, de Sylvia Brody (International Universities Press, 1956), é uma revigorante análise empírica do comportamento de mães e bebês, nas primeiras 28 semanas

38 JOGO, TEATRO & PENSAMENTO

de vida. Estudando a interação de mães e crianças, este livro fornece significantes descobertas em percepção, e o relacionamento desta com a imaginação (e, assim, com a ação dramática.

2. A identificação, sobre a qual se constrói e Personificação, ·foi estudada em escolas-creches por Robert R. Sears, Lucy Rau e Richard Alpert em *Identification and Child Rearing* (Stanford University Press, 1965). Este é um livro fundamental, não apenas sobre o desenvolvimento da criança nas culturas ocidentais, mas também para a compreensão da etnologia de outras culturas. O estudo referente a esta última área encontra-se complementado pelo trabalho de John W. M. Whiting e Irvin L. Child em *Child Training and Personality* (Yale University Press, 1953).

3. Referências-padrões em psicologia do desenvolvimento, significativas para o Teatro e a Educação, incluem os trabalhos de:
— Theodore Litz: *The Person: His Development throughout the Life Cycle* (Basic Books, N. Y., 1968);
— Paul H. Mussen (org.): *Carmichael's Manual of Child Psychology* (Wiley, N. Y., 3.ª ed., 1970);
— Arnold Gesell e outros: *Child Behaviour; Youth; The Child from Five to Ten; Infant and Child in the Culture of Today* (Hamish Hamilton, Londres).

Os "estudos futuros" tornaram-se populares desde a publicação do livro de Alvin Toffler, *Future Shock* (Bodley Head, 1970), que é evolucionista na medida em que examina a aceleração do nosso mundo interno através das crescentes mudanças de nosso meio ambiente. Isto tem importância para o Teatro, pois, uma vez que a mudança afeta nossos processos imaginativos, afeta também nossas ações resultantes . O trabalho de Toffler, entretanto, não é a única fonte de conhecimento relevante para o teatro. Alguns se encontram mencionados no Capítulo 8 (vide também 312). O mais importante, contudo, são os trabalhos de Marshall McLuhan:

Couterblast (Rapp & Whiting, 1970);
Culture is our Business (McGraw Hill, N. Y., 1970);
The Gutenberg Galaxy (Routledge, 1962);
The Mechanical Bride (Vanguard Press, N. Y., 1951);
The McLuhan Dew Line (Human Development Corporation, N. Y., 1968);
The Medium is the Message (Penguin, 1971), com Q. Fiore;
Exploration in Communication (Cape, 1970), com E. S. Carpenter;
Through the Vanishing Point (Harper & Row, 1971), com H. Parker;
Verbi-Voco-Visual Explorations (Something Else Press, N. Y., 1967);
War and Peace in the Global Village (Bantam, N. Y., 1969), com Q. Fiore;
Understandig Media (Routledge, 1964).

Os escritos filosóficos de McLuhan têm sido freqüentemente mal interpretados, principalmente porque seu método é o do "mosaico ou enfoque de campo" — ao invés de uma forma linear de redação, apresenta seu material como um caleidoscópio. Fundamentalmente, como seu ex-colega Wyndham Lewis, é um artista da ironia satírica. Mas, é totalmente evolucionista, na medida em que está observando o passado do homem em termos do presente, e vendo suas indicações para o futuro. Vê o meio como uma extensão do homem: a roda é a extensão dos pés, por exemplo; a representação gráfica é a extensão verbal dos olhos, e assim por diante. Pa-

TEATRO, JOGO E EVOLUÇÃO

ra McLuhan, o homem, no jogo dramático, está engajado em "representar" — a extensão do eu em uma variedade de papéis. McLuhan diz que:

"O jogo autêntico, como a novela, coloca a ênfase mais no processo que no produto, dando ao público a possibilidade de ser antes um criador que um mero consumidor" (*War & Peace*, p. 173).

Aprova o processo e a participação porque estão baseados em um interjogo mútuo de todos os sentidos, em contraste com as formas fechadas, como as das representações gráficas, que geraram as audiências consumidoras e as forças centralizadoras e o nacionalismo. Como Buckminster Fuller, McLuhan é um escritor surpreendente: reúne pensamentos opostos de uma maneira artística, quase poética, e é o mestre do paradoxo. Seu valor para os estudos de teatro está em que ele vê o homem manipular o mundo estendendo-se de uma variedade de modos que poderíamos reputar como dramáticos; certamente concordaríamos com ele em que, quando essas extensões estão assentadas na sinestesia dos sentidos, o homem é mais "global" que quando cria um meio ambiente apoiado em um ou mais sentidos.

3. Teatro e Jogo na Educação Moderna

Não foi antes da metade do século XIX que o teatro, uma vez mais, começou a ter uma participação importante na educação. Muito dessa mudança se deve às teorias evolucionistas que demonstraram que o crescimento era natural, e que cada estágio de crescimento deveria ser completado antes que o seguinte pudesse ser iniciado. Historicamente, a ressurreição do teatro na educação ocorreu quando as crianças da Rainha Vitória e do Príncipe Albert representaram *Athalie* e outras peças em suas línguas originais. A partir daí, tornou-se mais comum, em escolas secundárias, ajudar os estudos de língua através da representação de peças: por exemplo, a montagem trienal de teatro grego de Bradfield, apresentada pela primeira vez em 1881, ainda se mantém. Eram também representadas peças de Shakespeare e outros entretenimentos teatrais. Também ao teatro profissional foi dada a chance de se desenvolver, uma vez rompido o monopólio do Patent Theatres, em 1843, e, desde essa data, a história é a de contínuo desenvolvimento — de Macready a Irving, de Robertson passando por Gilbert, Henry Arthur Jones, Pinero e Wilde a Bernard Shaw. Mas, educacionalmente, o grande avanço veio com o século XX.

ESTÁDIOS EM EDUCAÇÃO PEDOCÊNTRICA

"Aprender Fazendo" & "Aprender Atuando"

A educação pedocêntrica, ou educação a partir da criança, foi um termo inventado por Sir John Adams. Um

42   JOGO, TEATRO & PENSAMENTO

pouco antes da passagem do século, uma série de novos métodos e idéias vieram ampliar o dito de Rousseau; "Considerar o homem no homem e a criança na criança". Este foi o ponto de vista de John Dewey na América:

> ... a fonte primária de toda atividade educativa está nas atitudes e atividades instintivas e impulsivas da criança, e não na apresentação e aplicação de material externo, seja através de idéias de outros ou através dos sentidos; e, conseqüentemente, inúmeras atividades espontâneas das crianças, jogos, brincadeiras, mímicas... são passíveis de uso educacional, e não apenas isso, são as pedras fundamentais dos métodos educacionais. [87]

Como conseqüência, muitas escolas passaram a experimentar tais métodos: o próprio Laboratory School de Dewey; a Porter School, perto de Kirksville, Missouri, onde Marie Harvey trabalhou com grupos em projetos experimentais e usou algo de dramatização livre; e a Dalton School, New York, estabelecida em 1916, onde muito do "aprender fazendo" (a cativante frase de Dewey), levado a efeito pelas garotas do colégio, alcançou seu auge em uma forma de atividade dramática.

A formulação da idéia básica de que a atividade dramática era um método bastante efetivo de aprendizagem deveu-se principalmente a Caldwell Cook. Trabalhando na Perse School, em Cambridge, antes da Primeira Guerra Mundial, sua abordagem *play way** deu o nome ao movimento. Na mesma época, John Merrill trabalhava com métodos similares na Francis W. Parker School, nos Estados Unidos: exercícios orais e improvisações simples foram vistos como métodos para o ensino de línguas e literatura, mas não de forma tão abrangente como a de Cook. Ao mesmo tempo, William Wirt desenvolveu o Gary, Indiana, Plan que destacava o uso de uma escola-auditório para o conceito de educação "trabalho-estudo-jogo" — a comunicação oral desenvolveu-as através das atividades dramáticas.

Educação Através do Jogo

O estágio seguinte foi o conceito de que o jogo natural era educacionalmente importante em si mesmo. Embora isso tenha sido dito por diversos pensadores como Platão, Rabelais, Rousseau e Dewey, a sua colocação na prática teve de esperar até a segunda metade do século XX. Nos anos 20 e 30, as escolas estiveram experimentando o jogo livre, particularmente com crianças de 5 a 7 anos de idade: na Grã-Bretanha, com professores como E. R. Boyce, que

---

* O conceito de *play way* pode ser entendido como "maneira do jogo e jogo de regra, respectivamente. (N. das T.)

TEATRO E JOGO NA EDUCAÇÃO MODERNA 43

escreveu *Play in the Infants' School* [38]; e nos Estados Unidos com Winifred Ward, que escreveu *Creative Dramatics* [374]. Este último, deu seu nome para todo um movimento nos Estados Unidos [339], e é basicamente uma combinação do *play way,* jogo livre e teatro de crianças. Nos anos 30, o movimento avançou rapidamente, com muitas crianças de 5 a 11 anos de idade, tendo tanto atividade dramática livre como usando o *play way.* Interessantes experiências ocorreram em outros campos — como as realizadas por Robert G. Newton [275] com os desempregados da zona industrial periférica — mas foi somente após a Segunda Grande Guerra, com a reorganização da educação na Grã-Bretanha, que veio o estádio de evolução seguinte.

Entrementes, essa espécie de desenvolvimento criativo teve seu paralelo em outras artes. O conceito de "arte infantil" permitiu que os professores abandonassem o ensino da perspectiva aos alunos de 9 anos de idade e os deixassem "expressar-se" em pintura. Infelizmente, "livre expressão" tornou-se, por um momento, sinônimo de liberalização da disciplina e, por algum tempo, o movimento criativo geral foi desdenhado pelos professores mais conservadores. Entretanto, paulatinamente, tornou-se óbvio que a atividade espontânea não significava, necessariamente, que a criança retornaria a sua atividade animal, mas que o professor poderia orientar a criança para uma disciplina interna, e ainda manter os benefícios do treinamento da espontaneidade. E assim, as artes criativas começaram a assumir seu papel como parte essencial na educação. Como Rousseau, o movimento criativo via a criança como criança. Como Dewey, notou que a experiência, "fazendo", era um elemento essencial no processo. Mas tudo, então, dissolvia-se, inconvenientemente, sob a abrangente bandeira da "auto-expressão". Se fosse colocada a questão: "auto-expressão do quê?", estudiosos da área tão experimentados como Caldwell Cook, Harriet Finlay-Johnson, Winifred Ward ou Robert G. Newton poderiam fornecer apenas uma resposta parcial.

Teatro Hoje

A resposta veio após a Segunda Guerra Mundial, embora fundamentada no conceito de Sir Percy Nunn, de 1922. Ele dissera:

> A imitação é o primeiro estádio na criação da individualidade, e quanto mais rico for o campo de ação para a imitação mais rica será a individualidade desenvolvida. [280]

A idéia de que o jogo dramático seja a qualidade humana, do indivíduo, levou dois professores a desenvolverem conceitos que viriam a alterar toda a estrutura da atividade

JOGO, TEATRO & PENSAMENTO

dramática nas escolas: Peter Slade postulou que o "jogo dramático infantil" era uma forma de arte com direito próprio, tendo seu próprio lugar como disciplina na escola; e E. J. Burton disse que a atividade dramática era o método de assimilação de experiência do ser humano e, portanto, fundamental para toda educação. Aqui nos defrontamos com dois enfoques do problema, diversos embora complementares, que permitiram ao sistema de educação na Grã-Bretanha e América avançar da mais admirável maneira.

Nas escolas britânicas, hoje, a maior parte do tempo das crianças entre 5 e 7 anos de idade é empregada no jogo, e muitas já em nível primário (7 — 11 anos) têm horários especiais para o jogo dramático e outras para o método dramático. Nas escolas secundárias (11 + anos) há um crescimento constante: havia poucos professores especializados em teatro em 1948, mas, já em 1966, havia todo um conjunto de escolas com horários especiais dedicados ao teatro em seus currículos. Na América, a história é similar, no que se refere às crianças pequenas, embora, como disse Winifred Ward em 1961 [378], o jogo dramático livre não fez grandes incursões nas escolas das crianças maiores.

O mesmo desenvolvimento pode ser observado no treinamento de professores. Em 1955, havia 92 colégios oferecendo cursos completos em "Teatro Criativo" nos Estados Unidos, assim como muitos outros cursos que incluíam essa disciplina [297]. Em 1964, um quarto de todas as Faculdades de Educação inglesas oferecia o teatro como uma das principais disciplinas [73].

Mas, por ser a atividade dramática algo tão individual, encontramos várias formas de abordagem na educação. Ao mesmo tempo, todas se unem em um único completo conceito — Educação Dramática.

FORMAS DE ABORDAGEM DRAMÁTICA DA EDUCAÇÃO

O Play Way (*O Método Dramático*)

A primeira formulação do método dramático foi a de Caldwell Cook em *The Play Way* (1917). Antes, o trabalho dramático, em uma escola, era concebido como a encenação de uma peça ou o uso do simples diálogo, lido durante uma aula de Latim ou Francês. Cook viu a questão de modo diferente: dizia que atuar era um caminho seguro para aprender. No estudo da história, por exemplo, o método implicava usar o livro-texto como um estímulo (como uma base para a história da história) que as crianças, então, representavam — o "faz-de-conta" permitia-lhes real-

TEATRO E JOGO NA EDUCAÇÃO MODERNA 45

mente compreender (e assim aprender) os fatos históricos. O método de Cook estava fundamentado em três princípios básicos:

1. Proficiência e aprendizado não advêm da disposição de ler ou escutar, mas da ação, do *fazer*, e da experiência.
2. O bom trabalho é mais freqüentemente resultado do esforço espontâneo e livre interesse, que da compulsão e aplicação forçada.
3. O meio natural de estudo, para a juventude, é o jogo. [70]

Com os textos de Shakespeare, os rapazes já tinham tido a oportunidade de coordenar suas obrigações, os diretores de cena foram escolhidos, os aderecistas organizados, e o jovem com o bastão (que o golpeava fortemente caso um erro fosse cometido) era determinado, antes da lição. Shakespeare era representado, com ações reais e objetos no palco imaginário; os rapazes de Cook não liam a peça pela classe, tampouco apenas decoravam trechos e usavam vestimentas alugadas. Atuavam espontaneamente diante de seus companheiros. Embora Cook pensasse que baladas fossem o melhor para meninos com menos de 10 anos de idade, e Shakespeare para os maiores, as crianças eram estimuladas a escrever suas próprias peças — e, a partir daí, ele conduzia à pintura, modelagem, desenho, ensino da língua e algumas leituras. O professor não estava lá para dar instruções mas, basicamente, era um líder, assistindo os rapazes desenvolverem suas habilidades expressivas e sua própria autodisciplina.

A partir de então, o método do *play way* de ensino para todas as disciplinas do currículo, ganhou vulto. As várias edições dos *Handbooks for Teachers* (primeiro do Board of Education e, depois, do Ministry of Education) sugeriam o método dramático para linguagem, história, literatura, arte e outras disciplinas. Em 1950, *The Story of a School* [160] descrevia como A. L. Stone engrenava todo o trabalho de uma determinada escola primária com o movimento dramático: movimento expressivo tornava-se dança, movimento produzindo expressão vocal levava ao teatro, movimento de força e habilidade levava à educação física, e movimento com relação a objetos e coisas gerava as bases de arte e ofícios.

O método de ensinar através do jogo é o elemento básico em todas as escolas pré-primárias inglesas nos dias de hoje e, em muitas escolas primárias, a maioria das lições são ministradas dessa maneira. A sua aplicação com crianças de onze e mais anos varia consideravelmente: nas escolas acadêmicas, mais formais, o método dificilmente é aplicado; nas escolas experimentais, mais livres, grande parte do currículo pode ser dedicado a tais atividades.

46 JOGO, TEATRO & PENSAMENTO

Teatro Criativo

Em 1954, Peter Slade publicou seu *Child Drama*, baseado no trabalho experimental que vinha desenvolvendo há vinte anos. Sua tese era de que havia uma forma de arte, "jogo dramático infantil", no mesmo sentido que existe uma "arte infantil" em seu direito próprio, e que poderia ter seu lugar no currículo juntamente com música, arte, literatura e outros. Aqui, então, reivindicava-se não que a atividade dramática fosse usada como um método para o ensino de outras matérias, mas como uma "disciplina" independente, com seu próprio lugar no horário escolar.

Os primeiros experimentos do bebê com movimento e som são formas embrionárias de teatro, arte e música, e a criança está mais absorvida do que quando meramente copia. Com um ano de idade, diz Slade, aparecem sinais do jogo, freqüentemente acompanhados de senso de humor, e isso se desenvolve em formas de personificação. São exemplos de formas de arte embrionárias:

... chupar o dedo e, com ele molhado, descrever um círculo sobre a mesa... é mais obviamente Arte. Cerrar a mãozinha molhada e golpear a mesa com significado (p. ex. "mais comida") é mais obviamente Teatro, enquanto que bater na mesa com um claro interesse pelo valor do som e ritmo das batidas é mais obviamente Música. [342]

A criança começa a se mover em um círculo, em geral ao redor de um ponto determinado, por meio de um passo de dança — "Esta é nossa primeira clara ligação com a dança das comunidades primitivas". É nesse período também que a criança experimenta ritmo e compasso, freqüentemente diferenciando entre os dois em seus experimentos. Na medida em que isso se relaciona com a ação, há música e teatro embrionários se desenvolvendo juntos.

Slade distingue entre duas formas de jogo, ambas dramáticas: jogo pessoal e projetado. No jogo pessoal, todo o indivíduo integra-se no movimento e caracterização; há uma tendência para o ruído e esforço físico, e a criança está atuando no sentido real — desenvolvendo-se no que se refere a correr e jogos de bola, luta e dança, natação e representação. No jogo projetado, a mente é mais usada que o corpo, e a criança "projeta" uma situação dramática imaginária, exterior aos objetos, com grande concentração; é uma tendência que concerne à quietude e à imobilidade — desenvolvendo-se para a arte e execução de música, ler e escrever, observação e paciência.

Dentre os muitos valores que o teatro possui, este é emocional, e Slade está firmemente convencido de que o

TEATRO E JOGO NA EDUCAÇÃO MODERNA   47

jogo dramático provê a criança de "uma grande válvula de escape" — uma catarse emocional:

Ele oferece contínuas oportunidades para eliminar o daninho dentro de uma estrutura legal... [342]

Promovendo uma liberação emocional, o jogo também oferece oportunidade para um controle emocional e, assim, favorece uma autodisciplina interna. O "jogo dramático infantil" se caracteriza por um "fluxo de linguagem": discurso espontâneo que é estimulado pela improvisação e enriquecido pela interpretação. O jogo dramático natural das crianças se desenvolve em termos de espaço: a criança menor brinca no círculo; ao redor dos 8 anos de idade, num espaço em forma de ferradura, e, somente na adolescência, ela atua em uma das extremidades (às vezes no palco). Dessa forma, os valores "teatrais" são de importância secundária e apenas apresentados às crianças quando estas forem grandes o suficiente para absorvê-los. Na medida em que a criança vai se tornando mais velha, ela gradualmente necessita de uma platéia. Assim, há um tipo de jogo para cada criança em idade determinada, e a educação deve propiciar-lhe um desenvolvimento da experiência dramática.

Os conceitos de Slade têm sido desenvolvidos e reexaminados por ele mesmo e por outros membros da Educational Drama Association, nos últimos anos. Brian Way, em particular, desenvolveu essa forma de abordagem [400] em muitas áreas educacionais, com o mais notável e estimulante trabalho, em seu Theatre Centre, relacionando mesmo uma companhia profissional com a situação educacional. Stanley Evernden, no Loughborough College of Education, foi um pioneiro do "jogo dramático infantil", em treinamento de professores, e resume seus objetivos como sendo:

1. mover-se e falar confiante e apropriadamente, em uma ampla variedade de situações;
2. explorar situações, caráter e disposição de humor, etc. (preparando-se para a vida, ensaiando-a — crescimento da imaginação simpática);
3. "esgotar" noções imaturas e distorcidas, de maneira a deixar espaço para outras mais sãs e maduras;
4. adquirir prática na autodisciplina e cooperação com os outros no uso criativo da liberdade (treinamento social casual);
5. adquirir prática específica em comportamento social (p. ex. orientando um estranho, solicitando uma refeição, entrevista, etc.);
6. despender seus próprios recursos e assim estar pronto para nova aprendizagem ("enriquecimento desde fora");

48   JOGO, TEATRO & PENSAMENTO

7. basear sua atuação, se e quando se decidirem pelo teatro, em
um ser e fazer sincero, e não em técnicas para aparência e exibição. [101]

Com relação ao "jogo dramático infantil" a pergunta-
chave é: o jogo dramático proporciona uma catarse emocional? Isso depende do relacionamento entre jogo dramático
e inconsciente, e o relacionamento entre jogo e imitação
— examinaremos ambos os fatores mais adiante.

É interessante comparar o "jogo dramático infantil"
com o "teatro criativo", de Winifred Ward, uma vez que
suas idéias tiveram impacto considerável na Inglaterra e
Commonwealth, por um lado, e nos Estados Unidos, por
outro. Em declaração recente [378], Ward mostrou que, com
crianças entre 5 e 7 anos, as formas de abordagem não são
muito diferentes: ela usou ritmo para o jogo criativo das
crianças e personificação, enfatizando a conscientização dos
sentidos, e as crianças criaram livremente jogos simples a
partir de estórias. Contudo, no estágio intermediário (aproximadamente entre 7 e 11 anos de idade), Ward dá mais
destaque à atividade dramática como um método — como
motivação para estudos sociais, comunicação oral e linguagem. Em muitos aspectos, sua abordagem se assemelha à
de Slade:

Embora não seja considerado incorreto partilhar o jogo criativo ocasionalmente com os pais e o restante da escola, a natureza
do trabalho improvisado é tal que, se a exibição for seu objetivo,
o intento educacional malogrará. [378]

Contudo, enfatiza o teatro como um método e muitos
de seus seguidores destacam o teatro de crianças numa
extensão muito mais ampla que a de Slade.

O elemento comum nesta abordagem é a improvisação, teatro criativo. As crianças criam suas próprias estórias e personificações, na medida em que *elas* as necessitem.
Se a improvisação se refere à estória e personificação, também envolve movimento e fala criativos — dois elementos
que tiveram particular destaque nos últimos anos.

Movimento Criativo

A experiência de movimento propiciada às crianças
na escola inclui a educação física, jogos, atletismo, natação, atividades ao ar livre, dança e teatro. Todos eles, com
exceção dos dois últimos concentram-se em movimento funcional. Em dança e teatro, a criança trabalha com movimento expressivo e, nos últimos anos, a relação educacio-

TEATRO E JOGO NA EDUCAÇÃO MODERNA 49

nal entre eles tem sido destacada. Isso se deve, em grande parte, ao trabalho pioneiro de Rudolf Laban, cuja "dança moderna educacional" teve um grande impacto em alguns setores da Educação.

Laban observou que a dança desempenhava um importante papel na vida cotidiana nos tempos passados, mas que as formas primitivas de dança comunal, como as dos nativos de outros continentes, nos são estranhas e não podem servir como modelo ou inspiração. E assim, baseando suas idéias no livre fluxo do movimento, inerente na dança de Isadora Duncan, Laban tentou desenvolver uma forma de expressão de movimento que contivesse

... a riqueza das formas livres de movimento, gestualidade e passos, assim como o uso dos movimentos que o homem contemporâneo utiliza em sua vida cotidiana. [226]

Observou que a primeira tarefa da educação era a de alentar o impulso para o movimento e que a dança consiste em seqüências de movimento nas quais um determinado esforço da pessoa é a base de cada movimento. Laban distingue oito esforços básicos — torcer, pressionar, deslizar, flutuar, sacudir, talhar, socar e pontuar — cada um contendo três dos seis elementos de movimento: forte, leve, contido, rápido, direto e flexível. Estas distinções, considerava ele, não devem, de forma alguma, destruir a espontaneidade do movimento que é essencial para o despertar de uma visão mais ampla das atividades humanas através da observação do fluxo de movimento nelas usado.

É óbvio que há uma ligação direta entre "dança moderna educacional" e teatro. Talvez o mais influente trabalho nesse campo seja *Leap to Life* [390] que descreve o trabalho de Alan Garrard com adolescentes. Baseado na análise de movimento de Laban, Garrard desenvolveu uma forma de teatro-dança na qual o movimento puramente criativo das crianças evolui, espontaneamente, para teatro criativo. Não que isso fosse novo: muitos professores têm trabalhado nesse campo há anos — de fato, grande parte do trabalho de Slade descreve o teatro de movimento espontâneo desenvolvido com crianças pequenas. A diferença reside no uso que faz Garrard da técnica de Laban, permitindo à criança trabalhar dentro de tal estrutura técnica, de forma a produzir teatro espontâneo.

Ultimamente, tem-se trabalhado muito nessa área. Lisa Ullmann, no Movement Studio, em Addlestone, Surrey, ampliou os limites da pesquisa de Laban. Houve muitas experiências interessantes no que se refere ao relacionamento entre Educação Física, Movimento e Teatro em muitas

50 JOGO, TEATRO & PENSAMENTO

regiões do país: em Devonshire, por exemplo, construíram-se estúdios especiais para a combinação dessas atividades em inúmeras de suas escolas. E muitos professores de Faucação Dramática têm utilizado o movimento criativo como parte de seus programas.

Linguagem Criativa

Tem sido reconhecida, através deste século, uma relação direta entre a imaginação dramática e redação criativa, linguagem e fala: a forma lúdica de Caldwell Cook inclui não apenas a representação de Shakespeare, pintura e trabalhos manuais, mas também a feitura criativa de peças e redação de poesia; Slade enfatizou o "fluxo da linguagem" resultante do teatro feito pelas crianças; e Laban disse que o movimento era a base de toda expressão — fosse fala, escrita, canto, pintura ou dança. Mesmo um veículo tão tradicional como o *Handbook for Teachers in Elementary School* diria:

... está claro que o teatro é o mais efetivo método para aperfeiçoar a clareza e fluência da fala das crianças. Deveria-se entender que o teatro é algo mais do que isso. Na escola, pode ser definido apropriadamente como um treinamento, um estudo, e uma arte. É excelente disciplina para a fala e autoconfiança. Proporciona oportunidades extraordinárias para o estudo literário ativo, e é um modo natural e efetivo de expressão artística para a criança. [159]

Em primeiro lugar dentre os que vêem a relação do teatro com a linguagem criativa está Marjorie Hourd. Ela destaca que as crianças abaixo da faixa de cinco anos de idade utilizam, no jogo, a identificação:

A criança, nessa idade, identifica objetos com pessoas (a representação da mãe e do pai através de paus), e pessoas com ela mesma. Parece que não seria antes que essa identificação entre objetos e pessoas acontecesse que a criança estaria apta a separar a si mesma dos outros... É quando a dramatização ocorre. É um dos caminhos pelo qual a criança gradualmente aprende a isolar-se... A dramatização é, ao mesmo tempo, o meio pelo qual ela se aventura a entrar nas características e vidas dos outros, e a maneira pela qual os incorpora como símbolos, na sua própria pessoa. [181]

Marjorie Hourd vê nisso a base para a simpatia imaginativa através da qual a criança mais velha se identifica com diferentes tipos de pessoas em poemas e histórias, novelas e peças de teatro. A partir dessa base, traça o desenvolvimento de todos os tipos de escrita criativa, mas particularmente a redação de peças e "redação criativa" de poesia e prosa. [182]

Marjorie Hourd desenvolve o seguinte esquema de expressão humana:

TEATRO E JOGO NA EDUCAÇÃO MODERNA   51

ENERGIA CRIATIVA

(Nascendo de fontes instintivas sobretudo libidinosas)

ESPONTANEIDADE
(A acessibilidade deste poder para personalidade)

EXPERIÊNCIA ESTÉTICA
(A contemplação dos modelos e formas de existência)

IMAGINAÇÃO
(Uma função unificante com base em:
(a) os processos cognitivos de relação e correlação;
(b) o impulso conativo para a reconciliação, especialmente de emoções e sentimentos opostos)

ORIGINALIDADE
(A mais alta operação da função cognitiva de imaginação, essencial a qualquer trabalho de arte significativo)

SUBLIMAÇÃO
(O uso da energia de um impulso sexual na conquista da realidade)

FORMA
(O meio sujeita sua imperfeição aos impulsos geradores de idéias e, através da ação do talento do poeta sobre ele, resulta a forma)

IDENTIFICAÇÃO   **FANTASIA**   **DRAMATIZAÇÃO**

SIMBOLISMO   **METÁFORA**

(Estes são os meios pelos quais o indivíduo busca unir as necessidades de seu próprio ego com as exigências da realidade, e por isso estão todos estreitamente relacionados com a sublimação.) [181]

Este interessante esquema do processo criativo forma a base de sua abordagem da educação criativa como um todo, e a linguagem criativa em particular. Mas a "centelha" inicial com crianças pequenas é dramática. Não que a literatura como um todo seja dramática — há uma clara diferença entre a peça de teatro e a poesia, a novela e outras formas — mas o sentido dramático está sempre presente para as crianças pequenas, quer estejam lendo silenciosamente ou acompanhando uma leitura. Freqüentemente, uma dramatização de tipo mais vigoroso e mentalmente ativo acontece em uma sala de aula, mesmo onde um observador desprevenido poderia apenas comprovar um acompanhamento passivo. Marjorie Hourd observa, mais adiante, que, como Freud indicou, o conteúdo latente do sonho é dramaticamente criado na forma condensada de pensamento-sonho (vide p. 65 e s.) e é a liberação sublimada deste material dramático através da forma que resulte em trabalho criativo de arte.

52 JOGO, TEATRO & PENSAMENTO

O Teatro Escolar

No decorrer deste século, o teatro escolar tem crescido em popularidade. Antigamente, era um evento anual e, mesmo hoje em dia, em certas escolas, esse conceito pode permanecer. Agora, há uma tendência crescente em favor de mais de uma peça por ano, apresentada ao público e, freqüentemente, as representações são realizadas independentes em cada unidade da escola e segundo os diferentes graus de escolaridade. A princípio, era prerrogativa das escolas privadas e das escolas públicas de melhor nível, que normalmente encenavam os clássicos. Contudo, com a ampliação da educação inglesa, o movimento difundiu-se e todos os tipos de peças passaram a ser representados — dos clássicos, em sua língua original, a Shakespeare, e das peças modernas às peças improvisadas. Todos os tipos de representação são usados: aproveitando não apenas o proscênio ou palco formal, mas arenas e formas abertas de espaço, assim como muitas de suas variantes.

Além do mais, há outros dois avanços de importância. Em primeiro lugar, são poucas as crianças pequenas que representam para um público. Há trinta anos, era comum assistir a crianças de 5 ou 6 anos de idade representando pecinhas religiosas na época do Natal. Mas, a teoria psicológica demonstrou que o fato de uma criança representar perante uma platéia antes que esteja preparada para isso pode causar-lhe um dano efetivo — pode produzir uma tendência à exibição ao invés do espírito de cooperação e sentido grupal que é essencial para a integração no jogo dramático — e, como conseqüência, crianças pequenas estão atuando em público com menos freqüência do que ocorria anteriormente. Em segundo lugar, a representação de peças na escola é vista como apenas uma parte da educação dramática. No começo do século, pode ter sido a *única* atividade dramática da escola. Atualmente, caminha paralela ao trabalho da sala de aula — o "teatro" formal se desenvolve naturalmente a partir do teatro e dos jogos criativos [76].

Fora da escola, três tipos de trabalho teatral se desenvolveram: o teatro juvenil, o teatro infantil e o teatro da comunidade. Após experimentos iniciais em muitos países, um certo número de teatros juvenis iniciaram suas atividades em Yorkshire, após o término da Segunda Guerra, e grupos voluntários de jovens reuniram-se, sob a orientação de monitores treinados, para apresentarem peças ao público. Há agora o National Youth Theatre, sob a direção de Michael Croft, e muitos dos grandes conglomerados urbanos estão propiciando facilidades similares: o Enfield Youth Theatre, por exemplo, existe paralelamente a um programa de educação dramática, organizado pela autoridade educa-

TEATRO E JOGO NA EDUCAÇÃO MODERNA 53

cional local. Os teatros infantis são companhias representando especificamente para uma platéia de crianças; a maioria é composta por atores profissionais, mas algumas se compõem de crianças representando para crianças. Na Grã-Bretanha, esse movimento começou em Londres, com Sir Ben Greet, em 1918, enquanto Berta Waddell fundava a famosa companhia Scots, em 1927. Léon Chancerel iniciou movimento similar na França, e houve muitos experimentos nos Estados Unidos, Canadá, Nova Zelândia, Rússia, Suécia e outros lugares [67]. Os teatros comunitários servem as áreas locais e são comuns na Rússia e Europa Oriental, enquanto que nos Estados Unidos estão freqüentemente associados às Universidades. No Reino Unido tem havido um lento porém estável crescimento de tais teatros desde 1955, principalmente nos grandes centros: talvez, o mais amplo desses projetos seja o de John English, para a City of Birmingham.

EDUCAÇÃO DRAMÁTICA

A Base Filosófica

Recentemente, ao mesmo tempo em que se impõem diferentes modos de abordagem dramática do trabalho prático em classes, uma base filosófica tem-se desenvolvido. Nasceu naturalmente do pensamento anterior. É pedocêntrica e descende diretamente de Rousseau e Dewey. É nietzschiana enquanto nega a realidade de leis abstratas e se fundamenta no processo de viver. Relaciona-se, embora não se identifique, como o Existencialismo — mesmo Herbert Read [306] opõe-se à educação funcional, apoiando-se em Heidegger (que considerava que nossa essência está em nossa existência) — e, ao mesmo tempo, fazendo seus julgamentos a partir de fatos conhecidos e sua negação do "sistema", a Educação Dramática baseia-se em um método empírico de pensamento.

H. J. Blackman, James Britton e E. J. Burton disseram:

O perigo de qualquer tipo de classificação está em que, partindo de uma generalização conveniente, acaba por impor-se em lugar da complexidade viva que pretende resumir, e a aplicação prática passa a ser orientada pela generalização ao invés de pelas situações reais existentes. [32]

Burton amplia este pensamento dizendo que nos é impossível criar uma "filosofia", como previamente conhecida, na medida em que estamos dentro do sistema que estamos tentando avaliar:

54 JOGO, TEATRO & PENSAMENTO

... não nos compete dizer que os seres humanos deveriam, ou não deveriam, responder desta ou daquela maneira. Eles o *fazem* — ou não o *fazem*. E esta concepção positiva da vida, em sua totalidade, é nosso princípio primeiro. [52]

Esses pensadores rejeitam a educação quando a vêem como um treinamento da razão, desejo, consciência, gosto, ou sensibilidades e emoções. Fundamentalmente, a atividade é o centro. A educação deve referir-se às atitudes e idéias que a criança tem sobre qualquer atividade na qual esteja engajada. É através dessas idéias que a criança toma iniciativa em desenvolver suas atividades ou em tirar delas proveito, exercitando-se em organizar e aprender com a sua experiência, de maneira que toda a atividade se torna um projeto pessoal, contínuo, cumulativo e multidimensional.

É nesse sentido que para Burton o teatro é uma parte vital de toda a educação. Se a própria vida é

... experiência total, avaliada, provada e reconhecida, e estabelecida em seus próprios termos pela experiência (a) prévia (b) outra e (c) futura... [52]

— então, a substância do teatro somente tem validade dentro do "processo de vida":

... as atividades dramáticas e as formas de aproximação da espécie humana, incluindo as das crianças, podem ser avaliadas apenas *em termos das áreas de experiência que abrangem,* suas *próprias* manifestações, e seus *próprios* resultados... Em outras palavras, o teatro (e, portanto, toda arte) e as atividades básicas tal como o jogo dramático... podem ser avaliados e descritos apenas *em seus próprios termos...* O que não se pode fazer é em nome de alguma teoria, prescrever limites seguros ou tentar incluir tudo dentro de termos categóricos retirados de *algum outro ramo do estudo humano...* O teatro é maior que qualquer dos estudos nele baseados; e a vida é maior que o teatro que dela depende, dentro da qual vive, e com a qual busca aprender como um ativo e sempre evolutivo processo. [52]

Portanto, todas as partes do aprendizado estão subordinadas à experiência total. Mas, como a vida é idealmente uma questão de total consciência e a adequação de cada indivíduo ao meio global:

A dramatização, usando a simulação para registrar, avaliar e experimentar posteriormente, seja pelo indivíduo, grupo ou comunidade, é o meio pelo qual essa consciência total e adequação continuada e repetida é mais estreitamente aproximada e gradativamente ... adquirida. [52]

A consciência total é algo para a qual evoluímos, e o teatro é o método através do qual o fazemos, pois é

... um amplo laboratório para o exame e estudo da vida. [52]

TEATRO E JOGO NA EDUCAÇÃO MODERNA   55

O teatro se envolve em todos os processos educacionais. Está na base da toda educação primitiva, como uma forma de testar os afazeres da vida; quando formalizada na cerimônia de iniciação, ele conduz o adolescente (que "executa", dentro da esfera dos padrões culturais, ações representadas e palavras ditas e relembradas) para o relacionamento com a comunidade e com as tarefas determinadas pelo meio ambiente. No transcorrer da existência humana, o teatro é

... o método universal de "experimentar" e planificar os empreendimentos futuros, da dança a ser executada, a entrevista a ser realizada, a aula a ser programada — mesmo assim, no adulto mais sofisticado, o "experimentar" é meramente "visualizado" *como uma série de ações.* [52]

Este não é um conceito tão literal quanto o "pré-exercício" de Groos: refere-se antes a que o teatro é um experimento com a vida, aqui e agora. A criança improvisando, jogando dramaticamente, está experimentando a natureza dos objetos, as probabilidades e os fatores limitativos dos eventos, e os detalhes do processo:

Cada ação desafia o pensamento, a memória, a precisão... [47]

Onde a criança "inventa" um jardim e joga nele dramaticamente, o adulto, face à realidade, faz o mesmo imaginativamente, mas sem exteriorizar o jogo. Assim, o desenvolvimento da cognição está relacionado com a ação dramática:

... a habilidade em lidar com abstrações pode ser, por si mesma, concebida como um derivativo do fazer "imaginativo". [52]

Os mais altos processos mentais têm suas raízes na experiência do sentido e a relação entre os sentidos e a inteligência deve ser mantida. Que estamos fazendo quando pedimos à criança para improvisar uma cena no deserto? Estamos pedindo-lhe que se recorde de suas observações anteriores: como é a areia, como se sente caminhando nela, do calor do sol, da sede, de sentir-se opressivamente cansada; o processo de evocação conduz à experiência imaginativa. Esta se baseia na memória que, por sua vez, está baseada na observação — exatamente o mesmo processo que está envolvido no pensamento abstrato. Mas, ação dramática é também a base para sensibilidade e experiência artísticas posteriores, para a apreciação das condições de existência e necessidades humanas. E é também a fonte de onde se originam as "artes" e "ciências".

O teatro, seja o jogo da criança ou a mais sofisticada produção, fundamenta-se na observação, experiência, e naquilo que con-

56 JOGO, TEATRO & PENSAMENTO

sideramos "verdade". (i) Nós observamos e experimentamos. Captando relações, formas e ritmos, o artista, a partir de tal observação e experiência, em qualquer que seja o veículo, realiza seu "trabalho de arte". (ii) Novamente, observamos e experimentamos. Examinamos mais detalhadamente acompanhando de perto o fenômeno narrado, obviando irrelevâncias, e estabelecendo, através da avaliação e experimentação, certos padrões de comportamento e eventos. Então, alcançamos — através da habilidade para explorar e aceitar o mundo como o experimentamos, e coordenar a observação — as disciplinas e conquistas da ciência. [47]

O Âmbito da Educação Dramática

A Educação Dramática é pedocêntrica, se inicia com a criança. Ela a reconhece por aquilo que é. Não a encara, como no século XVIII, como uma miniatura do adulto. Tampouco, como algumas abordagens americanas, primeiro conceitua e depois a aplica à criança. Ao contrário, reconhece que a criança *é* o que é — que sua imaginação criativa é dramática em sua natureza. Ela principia pelo que a criança é, e a deixa evoluir, completa e inteira; reconhece que o jogo da criança é uma entidade em si mesma, com seu valor próprio. É um modo de abordagem evolucionista e, embora não necessariamente instintivo, considera que haja nele uma base fisiológica e psicológica.

Abarca todas as abordagens dramáticas criativas da educação. Admite que o teatro infantil existe e é o método pelo qual a criança cresce e amadurece. Reconhece que a imaginação dramática capacita a criança (e o adulto, de uma outra maneira) a ver a relação entre idéias e sua mútua inter-*ação,* e que, através da personificação e identificação, a criança pode compreender e apreender o mundo que a rodeia. Dessa maneira, é importante que ela possa se expressar através do movimento criativo e do discurso e linguagem espontâneos, e também que use estes na identificação, para relacionar-se com o seu meio. Além disso, a Educação Dramática considera que as disciplinas relativas ao teatro permitem ao adolescente e ao adulto, sob certas condições, crescerem e se desenvolverem da mesma maneira que o jogo dramático auxilia a criança pequena.

O teatro é a base de toda educação criativa. Dele fluem todas as artes. O homem primitivo expressou-se antes dramaticamente: dançava mimeticamente, criando os sons. Depois, necessitou a arte para pintar-se, ou cobrir-se com peles de animais, ou magicamente representar suas ações nas paredes das cavernas; e a música foi essencial para dar ritmo e tempo à sua dança dramática. A criança "inventa", e em seu "faz-de-conta" necessita de música, dança artes plásticas e habilidades manuais. A expressão dramática provê as outras artes de um significado e um objetivo

TEATRO E JOGO NA EDUCAÇÃO MODERNA 57

para a criança. A criatividade espontânea fundamenta-se na experiência dos sentidos e, quer a enfoquemos psicodramaticamente ou cineticamente, a espontaneidade tem sua base na imaginação dramática.

A imaginação dramática está por trás de toda a aprendizagem humana, tanto do aprendizado social quanto do "acadêmico". É o modo pelo qual o homem se relaciona com a vida, a criança dramaticamente em seu jogo exterior, e o adulto internamente em sua imaginação. É isto que intenciona Freud quando diz que o jogo dramático permite à criança "dominar" seu meio, e o que pretende Burton quando afirma que o teatro é um experimento com a vida, aqui e agora. Ela nos ensina a pensar, examinar e explorar, testar hipóteses e descobrir a "verdade". Portanto, é a base da ciência assim como da arte. Mas também, na medida em que nos relaciona dramaticamente com o conhecimento, propiciando-nos uma significante e possível relação com o "conteúdo", a Educação Dramática utiliza o método que nos permite, quando somos pequenos, aprender "academicamente" — um método que retemos quando adultos, mesmo sem o saber.

A Educação Dramática é o modo de encarar a educação como um todo. Ela admite que a imaginação dramática é a parte mais vital do desenvolvimento humano, e assim a promove e a auxilia a crescer. Solicita-nos que reexaminemos todo o sistema educacional — os currículos, os programas, os métodos, e as filosofias pelas quais estas se desenvolvem. Em todos os aspectos, devemos começar atuando: não uma atuação que inclui uma platéia mas atuar como improvisação — o faz-de-conta espontâneo inerente a todas as crianças. Nada está vivo em nós, nada tem realidade em seu sentido extremo a menos que seja estimulado e vitalizado quando o *vivemos* — quando o *atuamos*. Então, se torna parte íntima de nós mesmos. A Educação Dramática é a base de toda educação centrada na criança. É o caminho pelo qual o processo de vida se desenvolve e, sem ela, o homem é apenas um mero primata superior.

Além do mais, proporciona uma "nova visão" do processo educacional do século XX. Muitos de nossos métodos e tratamentos são derivados de sistemas concebidos há um século ou mais. Através das civilizações ocidentais, nossos jovens estão enfrentando problemas (sociais, intelectuais, emocionais) cujas respostas não são encontradas em nosso atual sistema educacional. Desde 1945, a educação inglesa tem passado por revolução após revolução, umas mais desafiantes que outras; mas nenhuma construiu a base para uma estrutura permanente. Acima de tudo, os currículos, programas e métodos, pela Europa e América do

58 JOGO, TEATRO & PENSAMENTO

Norte, não satisfazem à criança: são poucas as escolas que fornecem um significado e um "fim" reais que a criança possa apreender e com os quais possa se satisfazer. A Educação Dramática favorece uma solução pelo qual um significado real é dado *à criança* — ela tem um "fim" para suas lições, que são de importância para ela porque as *vivencia*.

A Disciplina Intelectual da Educação Dramática

Estudos acadêmicos modernos têm-se diversificado em uma extensão alarmante. Os estudos intelectuais têm-se fragmentado em um grande número de especializações, cada uma das quais busca seu próprio conhecimento dentro de sua limitada estrutura, para sua conclusão lógica. Por ora, o mundo moderno necessita dessa especialização, carece de conhecimento detalhado para controlar o universo que se está expandindo de uma maneira que seria impensável há apenas poucos anos atrás. E, como conseqüência, corremos o risco de não ver o essencial. Ultimamente, sistemas categóricos de conhecimento são o modo exclusivo pelo qual somos ajudados a entender o processo de vida. Suas leis não são as leis da vida, mas sim as leis das doutrinas a que se referem. Com relação às suas próprias referências, podem ser completamente válidas. Mas, em termos da vida em si e dos processos educacionais que permitem à vida crescer e desenvolver-se, podem apenas fornecer uma resposta parcial.

Embora seja impossível dispor de sistemas categóricos definitivos, isso não significa que tais disciplinas não possam ser de utilidade. Longe disso. Tais sistemas podem ser usados construtivamente embora reconheçamos que o processo de vida em si seja seu árbitro supremo. Enquanto todos os ramos da aprendizagem estão subordinados à experiência total, são, *ao mesmo tempo,* as ferramentas com as quais podemos entender a vida.

Logo, a Educação Dramática é uma disciplina acadêmica abrangente. Utiliza como instrumento todos os ramos do aprendizado que se relacionam com o impulso dramático. Utiliza ecleticamente toda e qualquer disciplina em um corpo unificado de conhecimentos, de maneira a que possa nos ajudar a compreender a natureza da experiência. Reúne muitos aspectos dos estudos até então não relacionados: aspectos da filosofia, pois temos de examinar por que educamos nossas crianças dessa maneira; da psicanálise, para entender os símbolos utilizados pelas crianças e os motivos subliminares no contexto do jogo; da sociologia, pois atuar é uma atividade social que inclui a interação dos

TEATRO E JOGO NA EDUCAÇÃO MODERNA 59

indivíduos; da psicologia social, porque imitação, identificação, desempenho de papéis e tudo o mais está diretamente ligado à atuação do homem em seu meio; da cognição e psicolingüística, pois o relacionamento entre a formação do conceito· e linguagem influencia diretamente o método dramático de aprendizagem. E, ao aproximar-se do teatro, aspectos de matemática, física, engenharia, estética e outros campos de estudo vêm ampliar o nosso raio de ação.

Se principiamos nosso pensamento sobre educação com a criança como criança, desenvolvendo-se e evoluindo dentro do processo de vida, então todos os outros estudos se tornam instrumentos com os quais apreendemos a existência. É nesse contexto que nos aproximamos daquelas áreas que se relacionam mais diretamente com a Educação Artística.

ADENDO AO CAPÍTULO 3

Há, evidentemente, um certo número de tendências filosóficas inerentes à abordagem dramática do trabalho prático nos últimos anos, e estas estão relacionadas com várias "escolas de filosofia":

1. O pedocentrismo, que examinamos acima, derivando de Platão e passando por Rousseau, é inerente à prática moderna. Está codificado na frase de Brian Way: "Começar de onde você está". Encontra-se nele a negação do "sistema", tanto enquanto classificação quanto como pretensão de absoluto, e contém a confiança no modo de abordagem natural ou evolucionista, pelo qual o indivíduo deve ser respeitado como um ser independente. Este tem vínculos diretos com muitos outros modos de aproximação filosóficos:

    (a) *Korzybski e os Semiólogos em Geral.* (Vide A. Korzybski, *Science & Sanity*, Lancaster, Pa., 1933; assim como os trabalhos de S. I. Hayakawa.) Korzybski disse que "o mapa não é o território", e que os sistemas de classificação, como o de Aristóteles, eram os "mapas", mas o processo de vida era o "território". Por essa razão, nega as verdades da abstração e fundamenta seu trabalho inteiramente no "todo" da realidade de viver.

    (b) *Bergson, Einstein, Pirandello, e os Relativistas.* (Vide: H. Bergson, *Creative Evolution. The Creative Mind*, etc.; L. Pirandello, *Seis Personagens em Busca de um Autor*, e outras peças.) Os Relativistas vêem a vida como um fluxo contínuo e consideram que qualquer tentativa de interromper esse fluxo, criar abstrações a partir da fluência da realidade, é uma negação da vida. "O ponto de vista do observador" é a verdade para esse observador, como demonstrou Einstein na ciência, Bergson na filosofia e Pirandello na arte.

    (c) *Existencialismo e Fenomenologia.* (Vide os trabalhos de Edmund Husserl, Jean-Paul Sartre, Martin Heidegger, Mauri-

60   JOGO, TEATRO & PENSAMENTO

ce Merleau-Ponty, Martin Buber, etc.) O individualismo do pensamento existencial, com sua ênfase na liberdade, escolha e responsabilidade, relaciona-se diretamente com o "começar de onde você está". Assim o faz o método fenomenológico, que vai do "agora" até o próximo "agora". (Vide meu trabalho "Drama and The Phenomenological Description" in *Discussions in Developmental Drama*, nº 3, University of Calgary).

2. A prática como base para a teoria (a ação sendo o interesse fundamental e a abstração sendo considerada como um segundo nível da realidade) é o método dramático essencial. O teatro é inconcebível de outro modo. A Educação Dramática depende dele. Tem relação com as seguintes tendências da filosofia moderna:

(a) *Empirismo*. (Vide os trabalhos de G. E. Moore e J. L. Austin; Louis Arnaud Reid, *Philosophy and Education*, Heinemann 1962.) O Empirismo é simples, direto e concreto. Portanto, coloca constantemente questões concretas, mesmo as aparentemente óbvias. Explanações sobre o mundo, nossas ações, nossas intenções subjacentes — tudo está sujeito a um constante e rigoroso exame.

(b) *Pragmatismo*. (Vide os trabalhos de C. S. Peirce e William James; John Dewey, *Experience & Education*, Collier, N. Y., 1938; G. H. Mead, *The Philosophy of the Act*, University of Chicago, 1938.) Começando pelo conceito de James de "o *cash value* de uma idéia", o pensamento pragmático considera que as idéias são valiosas apenas quando funcionam. Prática e ação, por conseguinte, são o fundamento de sua filosofia. O trabalho de Mead baseia-se na ação e no papel social, e o conceito de Dewey "aprender fazendo" torna-se, no teatro e na educação, "aprender atuando".

3. Há varias outras tendências filosóficas que têm alguma influência no processo dramático:

(a) *Filosofia Analítica e Wittgenstein*. (Vide L. Wittgenstein: *Tractacus Logico-Philosophicus* (Routledge, 1922) e outros trabalhos; meu artigo "Imagination and the Dramatic Act: Some Comments on Sartre, Ryle & Furlong", *Journal of Aesthetics & Art Criticism* XXX, 2, Inverno 1971.) À parte a necessária investigação sobre linguagem e significado, a importância de Wittgenstein para os estudos de teatro está em seu reconhecimento da centralidade do paradoxo. Isso tem relevância também para McLuhan (ver Adendo ao Capítulo 2, p. 38)

(b) *Zen-Budismo* (Vide os trabalhos de D. T. Suzuki). A relação da consciência com o ato dramático (níveis de percepção, etc.) tem importância para certas atividades dramáticas.

(c) *Estética* (Vide meus artigos "A Dramatic Theory of Imagination", *New Literary History* II, 3, Primavera 1971, p. 445-60; "Drama and Pedagogy", *Stage-Canada*, Supp. 6, nº 5a, pp. 56-67; "Imagination and The Dramatic Act", *op. cit.*) Os estudos sobre a natureza do processo dramático e as formas teatrais são poucos, mas vitais para a educação dramática

(d) *Teoria Dramátca*. (Vide Bernard Beckerman, *Dymamics of Drama*, Knopf, N. Y., 1971; Michael Polyani, *The Tacit Dimension*, N. Y., 1961.) A maioria das teorias dramáticas tem-se baseado tanto na literatura dramática quanto nas formas teatrais. Ambos os estudos acima mencionados, porém, discutem o processo. Beckerman, em particular, sugere que tanto o processo quanto a forma tem dupla estrutura: um con-

TEATRO E JOGO NA EDUCAÇÃO MODERNA 61

tínuo "agora" ou fluxo fenomenológico, e tentativas de criação de *gestalts* racionais.

4. Existem ainda publicações individuais que são de considerável importância para a filosofia do Teatro Educação:

(a) *The Philosophy of As If*, de Hans Vaihingen, traduzid ɔ por C. K. Ogden (Londres: Routledge, 1942) é um trabalho pioneiro sobre a filosofia da imaginação.

(b) *Expression in Movement and the Arts* (Londres: Lepus, 1974) e *Philosophy and Human Movement* (Londres: Allen & Unwin, 1978) de David Best são trabalhos seminais.

Segunda Parte

Jogo, Teatro e o Inconsciente

4. O Jogo Dramático e Elementos de Psicanálise

Se colocássemos a questão: "Por que uma menina brinca com suas bonecas?" ou "Por que um menino brinca de bandido e mocinho?", um psicanalista responderia que, de uma forma ou de outra, a criança está expressando seu inconsciente. E completaria dizendo que o *como* e o *de quê* a criança brinca são reflexos de impulsos inconscientes que, embora basicamente comuns a todos, variam de acordo com o desenvolvimento do inconsciente do indivíduo. Conquanto não fosse novidade, esse foi o conceito de Freud sobre o inconsciente que mais influenciou o pensamento subseqüente. Admirador de Darwin, Freud concebeu-o como evolutivo e biológico: porém, dinâmico, com sua energia retirada dos impulsos instintivos. Foi este o conceito que tanto revolucionou as formas de o homem observar-se a si próprio.

ESCOLAS DE PSICOLOGIA "PROFUNDA"

A "Psicanálise", rigorosamente falando, refere-se às teorias de Freud e aos métodos de psicoterapia nelas baseados. Os que romperam com Freud para usar diferentes sistemas, adotaram outros nomes: a de Adler chamou-se "Psicologia Individual", e a de Jung "Psicologia Analítica".

Apesar das diferenças óbvias, possuem certas características em comum. Em primeiro lugar, todas destacam a importância do inconsciente em nossa vida mental — são as emoções reprimidas para Freud, atitudes não-verbalizadas para Adler, e potencialidades não realizadas para Jung

66 JOGO, TEATRO & PENSAMENTO

— porém, todos concordam que o comportamento é constantemente influenciado por motivos dos quais geralmente não temos consciência. Em segundo lugar, os mesmos princípios regem o comportamento "normal" e o "anormal". Os motivos e processos do desequilibrado são do mesmo tipo daqueles do normal: a diferença é uma questão de grau. Se os exemplos dos psicanalistas se referem ao anormal é porque estes fornecem ilustrações mais claras, que podem ser compreendidas mais facilmente. Em terceiro lugar, todos reforçam a importância da infância como um período formativo para a personalidade em desenvolvimento. O modo de abordagem de Freud é evolucionário, desenvolvimentista e histórico: as nossas reações inconscientes aos nossos pais, em nossos primeiros anos de vida, têm efeitos duradouros em nossos motivos, e as situações que geram dificuldades na vida posterior são aquelas que revivem os conflitos não solucionados do período de infância. Para Adler, o *life Style** do homem (seu modo habitual de sentir, agir e lidar com as dificuldades) deriva-se da infância, quando habitualmente tenta encontrar algum sentido de adequação; na vida adulta, o homem repete os modelos da infância. Para Jung, as experiências da infância não são tão importantes quanto o presente, embora elas determinem quais das potencialidades do indivíduo são realizadas e quais permanecem adormecidas. Em quarto lugar, há uma crença subjacente de que nenhum evento mental é acidental: acontecimentos irracionais são significativos — para Freud, por exemplo, representam dolorosas memórias reprimidas no inconsciente, lutando por expressão.

Para os psicólogos da "profundidade", sonhos, lembranças sob hipnose e associações de palavras são importantes para o entendimento da vida humana, embora certos aspectos do comportamento normal sejam também significativos. Assim, analistas infantis desenvolveram técnicas para a compreensão do inconsciente da criança através de jogos e do "faz-de-conta" que, conseqüentemente, tiveram enorme significação, não apenas para a presente adequação a si mesmas, como aos outros e a seu meio, e também para suas vidas adultas.

As Teorias Fundamentais de Freud

Para a compreensão do jogo da criança, os conceitos básicos de Freud sobre o inconsciente são muito importantes. Em princípio, ele postulou dois instintos: autopreser-

---

* "Estilo de vida", conceito de Adler que se refere à constância de personalidade, isto é, a personalidade da pessoa, quando bem estabelecida na primeira infância, mantém-se essencialmente inalterada.

O JOGO DRAMÁTICO E ELEMENTOS DE PSICANÁLISE 67

vação e a preservação das espécies (o ego e os instintos sexuais). O primeiro leva o homem a buscar o prazer e evitar o sofrimento — este é o "Princípio do Prazer" (ou necessidade de buscar a gratificação dos sentidos). Opõe-se ao "Princípio da Realidade", que prevê as conseqüências da busca do mero prazer. De qualquer modo, a Compulsão de Repetição pode ir além dos dois princípios: uma experiência traumática do passado talvez deva ser reativada (pelos sonhos, pelo jogo, ou abertamente) de modo a ser assimilada. O instinto sexual está baseado na libido (energia sexual). Se esta não é satisfeita, pode conduzir a gratificações substitutivas controladas pelo princípio do prazer (como devaneios); ou se a libido é deslocada de uma área, deve, inevitavelmente, produzir seus efeitos em outro lugar qualquer.

Freud postula três estágios de maturação na infância: oral, anal e genital. No estágio oral, a boca é o órgão primário de prazer, e a criança está mentalmente incorporando ou introjetando: ao colocar coisas na boca, ela incorpora o que ama — desejando ser como a outra pessoa, se identifica com elas. (Dessa forma, Freud mostra a primazia da indentificação, o primeiro passo para a personificação.) Por volta dos 6 meses, quando do aparecimento dos primeiros dentes, a criança pode ficar frustrada se o seio não estiver disponível; neste caso, procura a gratificação pela agressão (mordendo), diz Abraham [2]. Mas, como ainda se identifica com a mãe, engendra a imagem da mãe agressiva que vai comê-la. O estágio anal (o desejo de expelir agressivamente) Abraham também o divide em: anal-expulsivo, quando a criança sente prazer com a expulsão sádica; e anal-retentor (coincidindo com o controle do esfíncter, por volta do primeiro ano de vida), quando a criança se desfaz de suas fezes apenas por amor pela pessoa que a cuida. A fase genital ocorre por volta do terceiro ano de vida, quando a criança centraliza seu interesse no pênis; então, por volta dos 4 anos de idade, aparece o complexo de Édipo. Sófocles relata como Édipo involuntariamente mata seu pai, casa-se com sua mãe e a seguir pune-se, perfurando-se os olhos. Freud diz que a criança é sexualmente atraída por sua mãe e ressente-se de seu pai, temendo, então, a punição por seu desejo (castração simbólica). As conseqüências de anormalidades posteriores poderão ser: passividade, encobrindo ódio e medo do pai (posteriormente, de todos os homens que representam autoridade); super-afeição e dependência da mãe (a necessidade de ser amado); ou, em reprimindo os desejos pela mãe, pode desenvolver um desejo passivo pelo pai (homossexualidade). As meninas desenvolvem o complexo de Electra: o clítoris

68 JOGO, TEATRO & PENSAMENTO

é a contraparte "inferior" ao pênis e surge a "inveja do pênis". Conseqüentemente, ela pode: ser hostil à mãe (que lhe "negou" um pênis) e portanto desejar o pênis do pai; identificar-se com a mãe e desejar um bebê (substituto do pênis), desenvolvendo uma sexualidade feminina normal; ou, se insistir em seu desejo pelo pênis, tornar-se dominadora e agressiva (desenvolvendo tendências masculinas). Detendo-se o desenvolvimento da libido quer no estágio oral, anal ou genital, teremos uma fixação; isto aumenta o perigo de que, ao enfrentar problemas mais tarde, a libido possa sofrer uma regressão a esta fixação.

Freud modificou posteriormente sua teoria do instinto. Em 1914, definiu o narcisismo como sendo o amor por si mesmo: o narcisismo primário é natural no bebê, mas o narcisismo secundário, mórbido, pode desenvolver-se na vida posterior se o amor do indivíduo encontrar obstáculos. Em 1920, postulou os instintos de vida e morte: as tendências de preservar e de destruir.

A primeira teoria da personalidade de Freud distinguia: o consciente, ou a consciência do presente; o inconsciente, do qual não estamos habitualmente cônscios; e o pré-consciente que, embora inconsciente no momento, pode ser facilmente evocado — lapsos de fala estão nessa categoria. Foi em 1922 que Freud fez sua famosa divisão entre ego, superego e id. O id é o primitivo sistema de impulsos da criança recém-nascida: exige satisfação imediata, desconhece precauções para assegurar a sobrevivência, é inconsciente, e governado pelo princípio do prazer, não conhece lógica e armazena toda a energia mental. Uma parte do id se separa para formar o ego ou "eu". Inicialmente narcisista, ele se estabelece ao tornar-se

... consciente dos estímulos vindos de fora, armazenando essas experiências (na memória), evitando estímulos excessivos (através da adaptação), e, finalmente, realizando modificações apropriadas no mundo externo em benefício próprio (através da atividade). [122]

Onde o ego está consciente, o superego (aproximadamente equivalente à consciência) está apenas parcialmente consciente. Isto se origina no complexo de Édipo e no medo da punição:

As atitudes dos pais são adotadas pela personalidade, uma parte da qual (o superego) assume, com relação ao resto, a mesma atitude que os pais tomaram com relação à criança. [7]

O ego desvia as exigências do id e o esforço do superego por mecanismos de defesa: (1) racionalizando as demandas irracionais do id (acobertando erros); (2) destruição mágica — a crença de que os feitos irracionais an-

O JOGO. DRAMÁTICO E ELEMENTOS DE PSICANÁLISE   69

teriores podem ser "dissipados"; (3) negação — o ego afasta-se de uma realidade muito dolorosa (como em alguma patologia); (4) introjeção — o ego incorpora o objeto amado e se identifica com ele; (5) projeção — o ego se desfaz de algo desagradável que pertence ao mundo exterior; (6) isolamento — separação da emoção e da idéia da experiência (às vezes conduzindo à neurose compulsiva e "dupla personalidade"); (7) formação da reação — fixar uma repressão a um impulso proibido produz tendências opostas, apresentando o ego à sociedade sob uma ótica agradável (como aquele alguém excessivamente puritano); (8) sublimação — o mecanismo normal e bem-sucedido, canalizando energia para metas substitutivas aceitáveis pela sociedade (a base das artes e trabalho bem-sucedido).

A criança observa que os atos proibidos levam à punição ou perda do amor materno, e é este relacionamento com a mãe (fundado na identificação) que é a base para as posteriores imitações da criança e suas ligações sócioemocionais [136]. Embora as ansiedades do adulto sejam decorrentes do ostracismo social e rejeição pela sociedade, estão apoiadas nos resíduos da infância no inconsciente, pois a separação da mãe é o protótipo de todas as ansiedades futuras. O analista procura entender os impulsos do inconsciente e obter a sublimação (com os adultos, através da livre associação e sonhos, e com a criança, através do jogo). Mas, nem os sonhos nem o jogo retratam *exatamente* as ansiedades: eles operam por meio de simbolismo.

Para Freud, os sonhos são a via principal de acesso para o inconsciente do adulto, uma vez que lidam com os desejos que não podem ser aceitos pelo consciente em estado de vigília. Mas, seu conteúdo manifesto (o que o sonhador percebe) oculta um mais profundo conteúdo latente. Na medida em que o desejo inconsciente foi reprimido, o conteúdo latente não pode ser diretamente captado pelo sonhador; e assim, o conteúdo manifesto é criado — a realização simbólica do desejo reprimido. (Como o jogo serve a um propósito semelhante ao do sonho, também o jogo tem um conteúdo manifesto e um conteúdo latente.) Os métodos de criação de símbolos são: (1) condensação — a personagem de um sonho pode ser a imagem composta de várias pessoas; (2) deslocamento — elementos emocionais significantes são tornados insignificantes; (3) representação plástica — o som de uma palavra pode criar a imagem ("uma vista" estimulada pela palavra "revista"); (4) elaboração secundária — o sonhador tenta impor ordem nas imagens; (5) símbolos fixos, comuns a toda humanidade, que são normalmente de caráter sexual. Os símbolos fixos são pictóricos, e, nos primeiros anos de vida, são "comparáveis a

70 JOGO, TEATRO & PENSAMENTO

cenários" [121]. Uma casa representa um corpo: se plana, um homem; com saliências, uma mulher. Os pais são reis e rainhas, os irmãos são pequenos animais, nascimento é água, morte uma viagem. Objetos côncavos e recipientes são símbolos femininos, assim como os caracóis, mexilhões, capelas e igrejas; maçãs, pêssegos e laranjas são seios; uma paisagem rochosa, com bosques e água simboliza os órgãos femininos. Os símbolos masculinos são manto, chapéu, ou qualquer objeto longo e pontiagudo (bastão, torre, pistolas, facas, etc.); aeroplanos e balões simbolizam ereção, enquanto que o mágico número três representa o pênis e os testículos. Uma aranha simboliza a mãe agressiva, mas o medo da aranha é medo de incesto; movimentos rítmicos ou violentos (cavalgar, subir escadas) representa intercurso, sexual, enquanto dentes caindo indicam temores de castração. Os símbolos do sonho são o resultado da experiência infantil, "das relíquias do período pré-histórico (de um a três anos de idade)" [201], e os símbolos que representam ação recente podem perfeitamente ser similares aos que representam ações passadas. De fato, estamos determinados por todo nosso passado.

Tanto os sonhos quanto o jogo dramático são tentativas do ego de relacionar o id com a realidade, e assim, também no jogo, há símbolos que disfarçam o conteúdo latente. Diz Freud:

> O dito de que, no jogo, podemos conhecer o caráter de uma pessoa pode ser admitido, se pudermos acrescentar: "o caráter reprimido". [121]

Porém, o simbolismo do jogo nunca é simples: o "polissimbolismo" acontece porque o entrelaçamento de tendências, conflitos e repressões dão origem a uma variedade de significados. O símbolo, disse Freud, é, em primeiro lugar, um disfarce. Mais tarde, sob a influência de Adler, Silberer e Jung, diria que é uma linguagem, assim como um disfarce. Mas, evidentemente, a compreensão do simbolismo do jogo e, conseqüentemente, o significado inconsciente, inerente ao jogo dramático, é de importância considerável para a educação.

Adler

Foi Adler quem concebeu o conceito popular de "complexo de inferioridade". Como todos os homens se sentem inferiores, a criança pequena desenvolve seu próprio método de compensação [4]. Isso torna-se o "estilo de vida" do homem: as atitudes habituais que compensam o sentimento

O JOGO DRAMÁTICO E ELEMENTOS DE PSICANÁLISE 71

de inferioridade e visam à superioridade. Essa meta é observada de várias maneiras:

> Pode ser cristalizada como o ideal tanto de realização profícua, como de prestígio pessoal, dominação dos outros, defesa contra o perigo, ou conquistas sexuais. [384]

Os modos pelos quais as crianças podem tentar superar seu sentimento de inferioridade são: compensação — atacando as dificuldades e adequando-se bem aos três desafios de vida (sociedade, trabalho, sexo); supercompensação — asserção, de uma maneira alternativa, na qual o empenho é também aparente (como o fraco que se torna bandido); e o refúgio na fantasia, ou distúrbio psicogênico, como forma de obter o poder.

Os símbolos do "faz-de-conta" são, para Adler, reflexos da inferioridade ou desejo de expansão; representam a atitude presente do indivíduo.

Em trabalhos posteriores, Adler ressaltou os fatores culturais e viu, como causa, "interesse social", em lugar do poder. Sua influência é encontrada em Horney, Suttie, Stekel, Reaney e na psicologia social em geral, como poderemos ver nas pp. 141-3, 212.

Jung

Para Jung, há três níveis de personalidade; o consciente, o inconsciente pessoal e o inconsciente coletivo. Isso pode ser compreendido pela famosa analogia do conjunto de ilhas sobressaindo-se do mar. A terra acima do oceano é o consciente, o ego, o conhecimento, o "eu". Imediatamente abaixo da superfície das águas está o inconsciente pessoal, contendo "desejos e impulsos infantis reprimidos, percepções subliminares, e inúmeras experiências esquecidas" [111]; estas podem ser evocadas pela vontade, livre-associações, sonhos (quando são dissimulados) ou, nos casos de neurose, devem ser provocadas. No profundo do leito do mar, onde todas as ilhas se reúnem, está o inconsciente coletivo, contendo as crenças comuns e os mitos da humanidade. Na verdade, há dois níveis profundos: o inconsciente racial, contendo os símbolos coletivos de raça do indivíduo; e o inconsciente universal, comum a toda humanidade. O inconsciente individual consiste em memórias, variando de indivíduo para indivíduo, ao passo que o inconsciente coletivo é composto de elementos comuns a todos. Jung deduz a existência do inconsciente coletivo de quatro fatores: o instinto, que é herdado; a unanimidade de tema nas mitologias de diferentes culturas; a freqüente incidência de "símbolos primitivos e universais, tais como os

72 JOGO, TEATRO & PENSAMENTO

encontrados em mitos de lendas"; e as delusões dos doentes mentais, que contêm muitos símbolos (como os de morte e renascimento), que são também encontrados na mitologia. Os modelos de imagem dos sonhos, alucinações, mitologia, mágica, alquimia e religião são os mesmos para todos os membros de uma raça, e, portanto, devem ser hereditários. Não que os detalhes específicos sejam os mesmos: o que é hereditário é o padrão subjacente de formação do símbolo. O conceito de inconsciente coletivo é geralmente rejeitado pelos freudianos e psicólogos sociais, embora Freud tenha dito que

... inclui não apenas tendências, mas também conteúdos de ideação, traços de memórias de experiências de gerações passadas. [132]

O conceito também se relaciona com várias teorias psicológicas do jogo, particularmente a de Stanly Hall.

Para Freud, um símbolo (no sonho ou no jogo) era uma expressão generalizada de algo particular, geralmente de caráter sexual: assim, lápis e espadas eram símbolos generalizados do falo. Mas Jung viu o símbolo como um particular representando a idéia generalizada: quando um adulto sonha com sua mãe, o símbolo representa o conceito generalizado da Grande Mãe de todo ser vivente, comum a todos os homens, em todos os tempos. Os sonhos são de dois tipos: pessoal, do inconsciente individual, concernente aos eventos particulares da vida do sonhador; e coletivo, do inconsciente coletivo, tendo significância para outros, além do sonhador, e a ser interpretado através de analogias mitológicas. Jung descreve uma série de símbolos principais, indo do consciente ao inconsciente: a Persona, ou a máscara que assumimos no relacionamento social; a Sombra, símbolo das necessidades proibidas que é nosso "outro eu"; a Anima (para o homem) e o Animus (para a mulher), do sexo oposto ao nosso, e representação simbólica de nossa visão do sexo oposto; e os grandes Arquétipos que são símbolos de vários aspectos do inconsciente coletivo. Para Jung, o simbolismo coletivo é a verdadeira linguagem da alma humana. O pensamento simbólico coletivo corresponde a uma fase inicial do pensamento humano, quando o homem não estava preocupado com a conquista do mundo externo e estava voltado para si: então, buscou expressar no mito as descobertas da psique. Esta seria uma nova explicação para o mito: os mesmos arquétipos em um único inconsciente coletivo, inato a todos os homens; e há muitas imagens que têm, desse modo, uma significância "global". A água é um exemplo: está ligada ao "meio ambiente original"; é essencial para a colheita, e, conseqüentemente, para as civilizações agrícolas; é um símbolo onírico constante;

O JOGO DRAMÁTICO E ELEMENTOS DE PSICANÁLISE 73

homens e deuses mitológicos saíram da água; nos rituais de batismo, representa ao mesmo tempo renascimento e purificação; nas histórias imaginárias, contadas pelas crianças, referentes ao nascimento, a água tem um papel importante. Isto se relaciona visivelmente com a antropologia moderna, que considera que o mito é o disfarce escolhido para o pensamento abstrato:

> O aspecto irracional do mito torna-se particularmente claro quando nos lembramos que os primitivos não se satisfaziam em apenas recontar seus mitos como histórias que transmitiam informações. Eles os dramatizavam, reconhecendo-lhes uma virtude especial que podia ser ativada pela narração...
> O mito é uma forma de poesia que transcende a poesia enquanto proclama uma verdade; é uma forma de raciocínio que transcende o raciocínio enquanto deseja realizar a verdade que proclama; uma forma de ação, de comportamento ritual, que não encontra sua realização no ato mas precisa proclamar e elaborar uma forma poética de verdade. [114]

As suposições e métodos da física grega são similares ao pensamento racional de uma criança de sete a dez anos de idade, e Piaget diria que os mesmos mecanismos genéticos que contam para o desenvolvimento do pensamento da criança, hoje, estariam também em ação nas mentes dos homens que, como os pré-socráticos, recém-emergiam do pensamento mitológico e pré-lógico. Pode-se dizer que quanto mais primitiva a sociedade, mais duradoura a influência do pensamento da criança no desenvolvimento do indivíduo. Mas, para Jung, isso não seria suficiente. Antes, o pensamento da criança e os símbolos mitológicos, representações oníricas e ciência pré-lógica, são todos partes do inconsciente coletivo — comum a todos os homens (ver também pp. 264-5).

PENSAMENTO SIMBÓLICO

A compreensão do simbolismo inconsciente, inerente ao jogo dramático, e ao próprio teatro, é de considerável importância. Jung fez distinção entre o símbolo e o signo. O signo arbitrário, como números e palavras, torna possível a formação do pensamento racional. Mas há alguma semelhança entre um símbolo e aquilo que ele significa: uma metáfora, por exemplo, expressa a relação entre a imagem e o objeto — uma relação compreendida pela mente do indivíduo. Por isso, o simbolismo é usado em linguagem emocional (como a poesia) enquanto que os signos são usados para conceitos intelectuais e racionais.

Mas, na poesia, o simbolismo manifesto é consciente, e Freud o distingue do símbolo inconsciente, onde o significado está escondido do indivíduo que cria o símbolo. O

74   JOGO, TEATRO & PENSAMENTO

simbolismo é uma forma de pensamento, pensamento simbólico, que é individual e íntimo, com suas raízes e expressão direta no inconsciente. Mas quando expresso no jogo dramático (ou pelo indivíduo descrevendo seu sonho através da palavra) torna-se uma forma de simbolismo secundário; a tentativa de expressar conscientemente o pensamento simbólico inconsciente.

Porém, a natureza do pensamento simbólico é objeto de discordâncias. Os críticos de Freud dizem que os impulsos inconscientes não podem ser reduzidos a sexo e agressão — que o "desejo de glória" é o principal motivo inconsciente [180], ou que agressão não é um impulso, mas sim uma reação à frustração [90]. Stekel rejeita o inconsciente e a repressão, postulando o escotoma (o homem faz vista grossa a seus conflitos) [349]. Otto Rank considerava o nascimento como o evento mais traumático na vida humana [304] e a maior fonte de ansiedade; a ansiedade adulta era a conseqüência da ansiedade básica do nascimento — o nascimento é a separação da mãe e as separações posteriores revivem essa ansiedade. Sendo assim, existem duas ansiedades básicas: Medo da Vida, ou "medo de ter que viver como um indivíduo isolado"; e Medo da Morte, ou medo de perder a individualidade e ser engolido pelo todo [305]. O símbolo materno (vasos, receptáculos, etc.) é a principal expressão do homem e está associado aos símbolos paternos (como o sol). Examinaremos o significado social disso nas pp. 129-131.

Embra Freud rejeite as idéias de Rank, ambos concebem o simbolismo como derivado do passado da infância, enquanto Adler, Jung, Silberer e Rivers enfatizam o presente. Silberer examinou o momento em que, no estado de semi-sonolência, o pensamento abandona a estrutura lógica e coerente pelo simbolismo imagético. Na medida em que as primeiras imagens são freqüentemente uma continuação da última idéia consciente, postulou: símbolos materiais, representando eventos ou objetos específicos (como os símbolos inconscientes de Freud); e símbolos funcionais, mostrando o funcionamento do pensamento no presente, admitido, portanto, a possibilidade de interpretação anagógica (apoiada por Jung mas negada por Freud). O simbolismo inconsciente, portanto, representa tanto o passado quanto o presente. A tese de que o pensamento simbólico poderia derivar de eventos recentes foi reforçada pelos achados de Rivers com neuróticos durante a Primeira Grande Guerra: símbolos resultantes de regressão fisiológica a níveis mais primitivos no sistema nervoso, sob a influência do sono; há, portanto, uma "série de níveis no sistema nervoso" [315]. Porém, seja passado ou presente, ou apenas

O JOGO DRAMÁTICO E ELEMENTOS DE PSICANÁLISE 75

passado, o pensamento simbólico é a base para o conteúdo do jogo dramático; é isto que dá ao jogo seu significado para o indivíduo.

A PSICANÁLISE BRITÂNICA

Psicólogos "profundos" ingleses, de épocas recentes, como Crichton Miller, J. A. Hadfield e Ian Suttie, aceitaram as pricipais hipóteses da teoria freudiana mas, pela tradição da clínica Tavistock, eram essencialmente individualistas.

Suttie concordou com a ênfase que Rank dava à mãe, e realçou a importância do amor (como oposto ao sexo, como Freud). Há uma primitiva fixação-na-mãe, resultando na necessidade de companhia, atenção, proteção e todo o demais; mas, além disso:

> Penso que jogo, cooperação, competição e interesses culturais são geralmente substitutos para a relação mutuamente afetiva de criança e mãe. *Através desses substitutos colocamos todo o meio social no lugar antes ocupado pela mãe* — mantendo com isso uma relação mental ou cultural ao invés dos mimos, etc., antes desfrutados com a mãe. [351]

Portanto, também a cultura é derivada do jogo — ambos são substitutos para a criação*.

J. A. Hadfield

Hadfield admite que a função dos sonhos e do jogo é reproduzir as experiências não solucionadas da vida e buscar soluções. Os sonhos e o jogo tomam o lugar da experiência: ao reviver as experiências na imaginação, é possível examinar os problemas da vida pelo processo de ensaio-e-erro e prevenir as conseqüências. A repetição no jogo e sonhos impulsiona os problemas não solucionados até que sejam resolvidos, e serve ao mesmo propósito que os processos de ideação: a formação de imagens mentais (como memória, se do passado; como imaginação, se de eventos que ainda não aconteceram), de maneira que os problemas possam ser resolvidos sem serem experimentados de fato. O jogo da criança é freqüentemente a resolução dos problemas usando símbolos concretos: ela imagina situações, assumindo atitudes (como em relação a uma "boneca desobediente") sem se dar conta de que está tratando de seus problemas pessoais, que está tentando adequar-se a sua própria desobediência. Ao condenar as faltas da boneca, a criança está condenando suas próprias faltas, o que tem o efeito de eliminar o problema em sua cabeça. Isso se

---

* No original inglês, *nurture*, refere-se à criação e educação na primeira infância; tem também o sentido de alimentar.

JOGO, TEATRO & PENSAMENTO

relaciona com a necessidade da criança de repetir um conto de fadas várias vezes:

Devido principalmente, à *não* compreensão de nossos problemas emocionais mais profundos, é que temos de resolvê-los por analogia, pelo mito e pela parábola, e é esta, precisamente, a função dos sonhos. [163]

Hadfield vê os símbolos do jogo e do sonho tanto como disfarce (como Freud) quanto como analogia de uma idéia ou emoção (como Jung), podem, de fato, conter duplo significado. E, enquanto alguns símbolos fixos (como a cobra para o órgão sexual masculino) podem justificar uma interpretação arbitrária, é sempre possível que o símbolo possa referir-se a algo específico de determinado indivíduo.

Hadfield está de acordo com Jung em que a linguagem simbólica é a linguagem primitiva, na medida em que tem uma base fisiológica: a última parte desenvolvida do cérebro (a área cortical) adormece primeiro, e qualquer atividade mental é conduzida pelas áreas mais baixas (talâmicas), primariamente o campo dos sentimentos e emoções. O pensamento primitivo (e os dos centros mais baixos do cérebro) é emocional, expressa-se antes através de símbolos concretos que pelas palavras, trabalha antes com sensações que com idéias, e segue uma ordem de eventos antes associativa que lógica: sonhos e jogo seguem todas essas estrituras. A linguagem simbólica é ilógica, funciona por analogia e é animista. Para o homem primitivo, todas as coisas materiais são vivas: não há mudança nem determinismo — tudo é causado por agentes vivos. Nos sonhos, sentimentos e pensamentos são personalizados (como são nos contos de fadas ou filmes de Walt Disney) e, assim, nossa raiva pode ser personalizada por uma Fúria, ou nossos sentimentos de vingança podem ser personalizados e projetados por uma bruxa. Como conseqüência, Hadfield vê o "sonho como um teatro":

Compreendemos, por conseguinte, que o sonho é um teatro, no qual todos os atores representados no sonho são partes de nós mesmos. Nossas personalidades têm muitos atributos; temos o nosso lado gentil, nosso lado arrogante, nosso lado insinuante, nosso lado preguiçoso. Estes estão quase sempre em conflito e, conseqüentemente, criam problemas na personalidade que podem ser reproduzidos nos sonhos. Devido à tendência do humano para o animismo, todos esses aspectos da personalidade são personificados e, no sonho, podem ser representados por pessoas, seja por uma pessoa conhecida ou imaginária, de mesmo caráter, todos argumentando ou discutindo — como o fariam num jogo. [163]

Em um sonho

... todas as pessoas são *dramatis personae*, representando, como o fazem num palco, certas idéias ou tipos de caráter, que não lhe são

O JOGO DRAMÁTICO E ELEMENTOS DE PSICANÁLISE 77

próprios. Em um jogo, um homem de caráter auto-suficiente significa a auto-suficiência no abstrato; um homem pedante, o pedantismo; uma prostituta, a parte sensual de nós mesmos; o padre da paróquia, a consideração pelos outros. São todas características que nós mesmos possuímos, e o sonho apresenta um teatro no qual todas essas características que estão em nós são representadas por pessoas que combatem, debatendo a questão, apresentando o problema de forma dramática e tendendo, então, a uma solução. O valor do teatro está em que nos vemos a nós mesmos como vemos aos outros; em um sonho nos vemos a nós mesmos como nosso subconsciente nos vê. No tratamento de pacientes, a técnica do psicodrama, no qual os pacientes representam certos papéis, é usada praticamente com o mesmo objetivo. [163]

E o jogo serve à mesma função biológica dos sonhos, separando os problemas não solucionados do dia [164]. Hadfield o vê como energia excedente (como Schiller), como um instinto (como Spencer e Groos), e encontra formas de jogo racial na brincadeira de "cuca-achou" e no esconde-esconde; e, como Groos, considera que a imitação relaciona-se com o desenvolvimento da inteligência:

O jogo imaginativo... devido à identificação... serve a outro propósito interessante, o chamado *desenvolvimento das idéias*. O jogo é freqüentemente simbólico... [164]

Mas, sua qualidade essencial é a **expressão da linguagem simbólica inconsciente no simbolismo secundário**, de modo a reproduzir as experiências não solucionadas da vida e buscar soluções.

ADENDO AO CAPÍTULO 4

Há várias outras formas de análise que produziram seus efeitos na educação dramática:

1. *Gestalterapia* — Ver Adendo ao Capítulo 6.
2. *Análise Transacional* — Ver Adendo ao Capítulo 11.
3. *A Abordagem Orgânica*. (Ver C. T. Morgan, *Physiological Psychology*, McGraw-Hill, 1965; J. Wortis (org.), *Recent Advances in Biological Psychiatry*, Grune & Stratton, N. Y., 1960; L. M. Uhr e J. G. Miller (orgs.), *Drugs and Behavior*, Wiley, N. Y., 1960.) Tem havido avanços recentes através da cirurgia, terapia de choque elétrico e uso da droga — principalmente sobre este último há vários estudos recentes.
4. *Psicoterapia Behaviorista*. (Ver Andrew Slater, *Conditioned Reflex Therapy* (1949); Joseph Wolpe, *Psychiatry by Reciprocal Inhibition*, Stanford U. P. (1958); A. Bandura, *Behavioristic Psychoterapy* (1963); ver também os trabalhos de B. F. Skinner.) As terapias behavioristas não estão baseadas nas teorias de motivação inconsciente, mas em simples métodos de treinamento. Por esse motivo têm apenas uma relação tangencial com este capítulo.

78 JOGO, TEATRO & PENSAMENTO

5. *Carl Rogers.* (Ver C. R. Rogers, *Client-Centered Therapy*, Constable, 1965, e outros trabalhos.) Esta é uma terapia não-diretiva, na qual o terapeuta faz poucas exigências ao paciente, favorece uma atmosfera de liberdade, e não dirige o paciente. O papel do terapeuta é esclarecer o que o paciente está pensando ou sentindo. Isto se relaciona com a educação dramática: a diferença entre o professor que instrui e o líder que "ajuda" em uma aula de teatro. O objetivo de Rogers é o de obter uma maior congruência entre a imagem do próprio indivíduo como ele é, isto é, de seu eu real, e a imagem de como ele gostaria de ser, isto é, seu eu ideal.

6. *Psicanálise Existencial.* (Ver Rollo May, *Existential Psychology*, Random House, N. Y., 1969; *Love and Will*, Norton, N. Y., 1969.) À parte a ênfase sobre liberdade e vontade, a principal alegação é de que na situação terapêutica duas individualidades concretas interagem, e não um paciente e uma tela vazia; cada um é um ser humano responsável. Isto tem muita importância para o professor de teatro. Como Ronald Laing (*The Divided Self* e outros trabalhos), Rollo May mantém a intencionalidade existencial, mas é mais otimistas que Laing. Ele diz "Ódio não é o oposto de amor, a apatia o é", e que a apatia conduz ao desepero e, finalmente, à violência. Negando o inconsciente, o existencialista se apóia nos estados emocionais do paciente e na descrição fenomenológica. A consciência se torna significante; e há uma relação com o Zen-Budismo (Ver Adendo ao Capítulo 3), tendo mesmo Erich Fromm escrito sobre o assunto.

5. Jogo Dramático e Psicoterapia Infantil

FREUD & OS MECANISMOS DO JOGO

Vimos que Freud considerava o jogo dramático como uma tentativa do ego de relacionar o id com a realidade, que pelo jogo podemos conhecer o caráter "reprimido" de uma pessoa, através de sua linguagem simbólica, e que o fundamento para o comportamento imitativo repousa no relacionamento entre a criança e sua mãe. Em 1908, Freud disse:

Devíamos observar na criança os primeiros traços de atividade imaginativa. A ocupação preferida da criança e a que mais a absorve é o jogo. Talvez possamos dizer que, no jogo, cada criança comporta-se como um escritor imaginativo, na medida em que cria um mundo próprio ou, mais verdadeiramente, organiza os elementos de seu mundo e os ordena de uma nova maneira que mais lhe agrada. Seria incorreto dizer que ela não leva seu mundo a sério; ao contrário, encara seu jogo muito seriamente e dispende nele grande carga de emoção. O oposto ao jogo não são as ocupações sérias, mas a realidade. Não obstante a catexe afetiva de seu mundo do jogo, a criança o distingue perfeitamente da realidade; ela apenas gosta de tomar emprestado os objetos e circunstâncias que imagina do mundo real e tangível. É somente esse laço de ligação com a realidade que ainda distingue o "jogo" infantil do devaneio. [135]

A criação infantil de um mundo próprio através do jogo é o fundamento para as artes. Mas, o jogo é também a linguagem natural da criança: os símbolos por ela usados são réplicas da situação de vida e, através deles, a criança aproxima seu mundo da realidade.

80 JOGO, TEATRO & PENSAMENTO

Lidando com coisas que são pequenas e inanimadas, ela pode dominar situações que para ela são opressivas. [135]

Para Freud, o jogo elabora material já experimentado: é a forma do simbolismo secundário com o qual a criança tenta ordenar a realidade de acordo com o pensamento simbólico de seu inconsciente.

Então, surge a questão: como isso é feito? Freud responde de duas diferentes maneiras: catarse e compulsão de repetição.

Catarse

Em seu trabalho anterior com Breuer [39], Freud destacou o efeito catártico do jogo. O jogo permite à criança representar *act out** situações que são incômodas e confusas para ela:

... o livre jogo, em si e por si mesmo, tem um valor catártico evidente, além das implicações terapêuticas a ele imputadas pelo terapeuta. [393]

As técnicas modernas, entretanto, diferem dos enfoques anteriores, onde:

A criança era encorajada a expressar suas dificuldades no interesse de uma catarse sem desígnio. Agora, percebe-se que o elemento essencialmente terapêutico no jogo está em que, através dele, a criança aprende a *controlar,* na fantasia, impulsos que são, até então, difíceis para ela controlar na realidade. É com freqüência o seu modo preferido de tratar com algum aspecto da realidade que apresenta dificuldades insuperáveis para uma abordagem direta. Nesse tipo de situação, a participação de outras crianças e do orientador é quase sempre um fator vital. [24]

Mesmo Freud rejeita a teoria de que a catarse em si levaria a uma mudança terapêutica duradoura (como vemos em seu *A História do Movimento Psicanalítico*) mas embora a catarse por si mesma seja inadequada, tem alguma relevância. Ela implica representação por efígie — exatamente como os alfinetes do selvagem em um modelo de seu inimigo — e, portanto, o conteúdo do jogo é importante. Pode revelar ao terapeuta ou ao professor alguns dados sobre a linguagem simbólica da criança. Mas, como ilustrou Levy [235], pode apenas mostrar-se efetivo quando os sintomas seguem um evento ou eventos específicos, e quando são de curta duração e do passado histórico recente da criança.

* *Act out* refere-se a *acting out:* "termo usado em psicanálise para designar as ações que apresentam, a maior parte das vezes, um caráter impulsivo, rompendo relativamente com os sistemas de motivações habituais do indivíduo, relativamente isolável no decurso das suas atividades, e que toma muitas vezes uma forma auto ou heteroagressiva". (J. Laplanche e J.-B. Pontalis, *Vocabulário da Psicanálise*, Lisboa, Moraes, 1977).

JOGO DRAMÁTICO E PSICOTERAPIA INFANTIL 81

Repetição

O próprio Freud mostrava-se insatisfeito com a teoria da catarse e, em 1922, postulou a compulsão de repetição como mecanismo do jogo:

> Vemos que as crianças repetem no jogo tudo o que lhes causa grande impressão na vida presente, que elas, desse modo, promovem a ab-reação da força da impressão e, assim, falar as torna donas da situação... No jogo infantil, chegaríamos à conclusão de que a criança repete mesmo as experiências desagradáveis porque através de sua própria atividade ela ganha um maior domínio sobre a forte impressão do que seria possível pela simples experiência passiva. Cada nova repetição parece fortalecer esse domínio pelo qual a criança se empenha. [125]

A compulsão de repetição ocorre sempre que o indivíduo tenha passado por uma experiência que, por particularmente longa e difícil, impede que ele a assimile imediatamente; como conseqüência, necessita da reexperiência. O ego tenta, então,

> ... assimilar a experiência mais completamente refazendo-a, ganhando assim o domínio sobre ela. [370]

Uma impressão recebida passivamente provoca uma resposta ativa (jogo) na criança: e isso pode ser uma série de repetições meticulosas das impressões que, devido a seu desagradável conteúdo, a criança tem todas as razões para evitar. Na difícil situação original, a criança foi passiva dentro da experiência — como quando o dentista esteve se intrometendo em sua boca. Em seu jogo, no entanto, a própria criança finge ser o dentista e repete o procedimento ativo com o irmão ou irmã menor, que está, então, tão desprotegido quanto a criança esteve com o dentista real. A compulsão de repetição é, de fato, o mecanismo que faz a criança tentar assimilar a experiência — o objetivo do jogo é controlar a realidade.

OS ELEMENTOS DA LUDOTERAPIA

O psicoterepeuta infantil permite a seu paciente jogar e tenta, "lendo" o simbolismo secundário do jogo, compreender sua linguagem simbólica e, assim, os problemas inconscientes que o acossam. Embora haja muitas aplicações e práticas em psicoterapia, há uma certa base comum.

Em primeiro lugar, a maioria dos analistas concordaria com Lowenfeld de que o jogo compreende todas as atividades das crianças que são:

> ... criação espontânea e autogerada, que são fins em si mesmos, e que não estão relacionados com "lição" ou com as necessidades fisiológicas normais da criança. [244]

82   JOGO, TEATRO & PENSAMENTO

E, se são espontâneos, ajudam também à criança assimilar a realidade, mesmo quando, como diz Freud, sua experiência é traumática. Walder afirma:

Para o organismo psíquico que recém-estabelece sua existência, para quem tudo é ainda novidade — algumas coisas atrativamente agradáveis, outras dolorosas e ameaçadoras — a estimulação excessiva (o trauma, como poderia ser chamado, em um certo sentido) é uma experiência perfeitamente normal, enquanto que, na vida do adulto, constitui-se em exceção. Esta é, provavelmente, uma das razões por que a ab-reação de experiências traumáticas através do jogo tem um papel tão importante durante precisamente a infância. [370]

Em segundo lugar, as atividades lúdicas são vistas como projeções: expressões dos pensamentos, impulsos e motivações, mais íntimos da criança que expressam significados particulares:

... o que um indivíduo faz em uma situação projetiva pode estar expressando diretamente seu mundo privado e processos de personalidade característicos. [113]

Embora as projeções inerentes às configurações do jogo estejam condicionadas pela idade, experiência prévia, inteligência, maturidade física e social, outras habilidades da criança, e natureza material do brinquedo, o jogo é essencialmente a manifestação superficial do inconsciente [393]. Os analistas, por essa razão, fazem inferências a partir das observações diretas do conteúdo latente e estrutura do jogo.

Em terceiro lugar, o jogo mostra o relacionamento da criança com o mundo. Erickson [98] diz, sucintamente, que o jogo é o microcosmo através do qual as crianças lidam com o macrocosmo do mundo adulto.

Em quarto lugar, o "faz-de-conta" é parte inerente da situação de jogo, e, para todos os propósitos práticos, o jogo dramático é indistinguível do próprio jogo. O elemento dramático, na verdade, fornece a grande variedade dentro das configurações do jogo:

À atividade do jogo é inerente o elemento do faz-de-conta. A criança não pode dirigir um carro, pilotar um avião ou viajar para o espaço. Inversão de papéis nas relações pai-filho ou professor-aluno pode ser realizada pela criança apenas em uma situação de jogo. Expressões manifestas de hostilidade, de agressão, e o desejo de punir não são toleradas pelo mundo adulto, mas são possíveis para a criança no jogo... [393]

O elemento dramático relaciona as crianças, umas às outras:

Brincar juntas significa partilhar uma vida de fantasia. Através do jogo, as crianças contam umas às outras, essas verdades d. fantasia. Ao serem compartilhadas, essas verdades íntimas se tornam realidades, passando a ter perspectiva própria, e as crianças se tornam pessoas reais, umas aos olhos das outras. [20]

JOGO DRAMÁTICO E PSICOTERAPIA INFANTIL 83

E o teatro ajuda a criança a entrar em concordância com seu meio:

Às vezes, ela transforma todo seu quarto de brinquedos em casa, na rua ou na escola, e, freqüentemente, representa papéis adultos que tenha observado: sua mãe, o professor, o leiteiro, o carteiro, etc. Falando em termos de desenvolvimento, esse jogo lhe serve como meio para explorar e compreender o mundo social a seu redor, em relação a si mesmo. [169]

E, além disso, é parte inerente do jogo de construção:

Quando a criança utiliza uma mesa de trabalho e ferramentas, está dominando o material e criando uma réplica do que tem visto no mundo adulto. Em tal construção, a criança não apenas imita um mundo adulto, como na atividade representacional; ela se identifica com a pessoa adulta que produz seus próprios objetos... [169]

Jackson e Todd afirmam que os rudimentos do jogo dramático e imitativo começam a aparecer por volta dos dez meses de idade, e os resumem da seguinte maneira:

O jogo dramático nos interessa principalmente por suas possibilidades terapêuticas.

A função do jogo dramático ou imaginativo é bastante complexa, uma vez que pode ser expressão de diversas necessidades. Quando vemos uma criança brincar de cocheiro e fustigar seu "cavalo" impiedosamente, ou de motorista, atropelando as pessoas na rua, podemos ser tentados a pensar, numa visão superficial, que ela está apenas "imitando" o que viu ou ouviu. Podemos também incorrer na conclusão precipitada de que é uma criança cruel ou "sádica", que sente prazer em provocar sofrimento, em sua imaginação. Ambas visões podem estar parcialmente corretas. Pode também ser verdade que a criança esteja buscando satisfazer sua ânsia por poder, que tem pouca chance de exercitar na vida real.

Pode estar "fazendo aos outros" o que ela tem "feito a si mesma", transferindo para o cavalo ou pessoa imaginários, o sofrimento, o medo, o esmagador sentimento de impotência que outros lhe têm infligido.

Pode, transportando-se para um estado de excitamento raivoso ou senso de domínio altamente agradável, buscar a experiência, e aprender o controle das emoções que é obrigada a reprimir, em seu relacionamento cotidiano. Pode mesmo estar se imaginando como o cavalo castigado ou o pedestre atropelado, atenuando dessa maneira, através da punição, sua culpa em relação a sua própria "desobediência" ou maldade, e, ao mesmo tempo, restabelecendo a segurança com a descoberta de que, apesar de tudo, a punição não aniquila o ofensor — algo que ela inconscientemente temeu... ao "reelaborar no jogo" atitudes emocionais com relação a si mesma, a criança coloca-se no lugar das pessoas em seu meio, testa a força e a qualidade de suas emoções, assim como seu controle sobre elas e constrói sua personalidade no processo, emergindo, finalmente, como um indivíduo mais completo e melhor integrado. [194]

ESCOLAS DE PSICOTERAPIA

As diferenças, na psicoterapia infantil, residem basicamente nos modos de abordagem, e podemos distinguir cin-

84 JOGO, TEATRO & PENSAMENTO

co tipos principais, concentrados ao redor de determinados analistas.

Anna Freud

Filha de Freud, Anna esteve particularmente interessada no relacionamento entre o ego e o superego na criança. Diferiu de Melanie Klein ao analisar crianças um pouco mais velhas, levando em conta informações fornecidas pelos pais.

Em 1928 [118], afirmou que ajudar a criança a aceitar as crescentes demandas do superego exige medidas antes educacionais que analíticas, e que essas interpretações diretas deveriam ser usadas com parcimônia. Por volta de 1936, declarou [119] que deveria ser dada à mente consciente uma importância maior do que a atribuída até então. A análise dos sonhos fornece informações sobre o id, mas não sobre o indivíduo existindo aqui e agora; isso pode apenas ser provido pela informação sobre os mecanismos de defesa inconscientes do ego (como vistos no jogo) e estes demonstram as transformações pelas quais tem passado os impulsos básicos. Em acréscimo aos mecanismos de defesa delineados pela teoria freudiana (ver p. 68 e s.), postulou cinco outras: (1) negação em fantasia — o fato doloroso é negado e transforma-se em seu contrário; (2) negação em palavra e ato — resseguro para proteger o ego do conhecimento de seu próprio desamparo; (3) restrição do ego — como quando uma garota, frustrada socialmente em sua transação com o sexo oposto, restringe seus interesses femininos para sobressair-se intelectualmente; (4) identificação com o agressor — assunção das qualidades do oponente através da introjeção (a criança fazendo o papel de "dentista" após a extração de um dente); (5) uma forma de altruísmo, ou a satisfação de seus próprios desejos através da vida dos outros (como Cyrano).

Essencialmente, considera que a análise kleiniana das crianças menores, e seu conceito de formação do símbolo, não é viável. Para Anna Freud, a vida é governada pelo desejo de gratificação instintiva, na qual a percepção do objeto é conquistada apenas gradativamente.

Margaret Lowenfeld

Lowenfeld usa materiais específicos, particularmente canteiros de areia, de forma que, em um contexto realista, a criança constrói mundos imaginários [245]. A criança brinca de "jogos do mundo" em que ela demonstra seu próprio estado mental e emocional sem a interferência de um

JOGO DRAMÁTICO E PSICOTERAPIA INFANTIL 85

adulto — não há nenhuma interpretação ou transferência direta. Este enfoque é levado adiante por Bender e Schilder:

> O jogo espontâneo, nas crianças, é essencialmente um meio de investigação e experimentação das leis da natureza e dos relacionamentos humanos... Os problemas emocionais e os problemas formais não podem ser completamente separados. As experimentações da criança com forma e configuração são uma expressão de sua tendência de chegar a uma melhor manipulação dos objetos pela ação. Por ensaio-e-erro a criança chega a um *insight* na estrutura dos objetos. [26]

A criança brinca com forma, configuração e construção e, disto, Lowenfeld pode construir um quadro do pensamento simbólico da criança mas não fornece uma interpretação.

Erik Erickson

Erickson combina configurações espaciais com interpretação psicanalítica. Uma análise do jogo é feita em quatro áreas de comportamento: (1) afetiva — o interesse emocional da criança por e a partir do objeto de comportamento; (2) de ideação — conteúdo verbalizado e temas representados; (3) espacial — configuração na esfera tridimensional; e (4) verbal — expressão, pela voz e maneira de falar, em termos de tom e ritmo. Erickson conta também com outros materiais (impressões passadas e dados fornecidos pelos pais) antes de fazer uma análise.

Define o jogo como uma função do ego, uma tentativa de sincronizar os processos sociais e corporais com o eu. No jogo, o ego do homem sente-se livre e além do confinamento do espaço, tempo e realidade social — livre das compulsões da consciência e das impulsões da irracionalidade. Não é de admirar, diz Erickson, que o homem se sente "humano apenas quando joga":

> Essa dramatização acontece na esfera do jogo. Utilizando seu domínio sobre os objetos, a criança pode organizá-los de tal forma que lhe permite imaginar que é dona também do predicamento da vida... Ela tem, como o coloca Freud, *transformado passividade em atividade,* brinca de fazer alguma coisa que, na realidade, foi feito a ela. [99]

Erickson distingue três níveis de jogo material: aquele que tem um *significado comum* a todas as crianças de uma comunidade, aquele que tem um *significado especial* para algumas, e aquele que tem um *único significado* para o indivíduo — e uma mesma conformação de jogo pode ter significados em todos os níveis. Além disso, o jogo está diretamente relacionado com o aprendizado social:

86 JOGO, TEATRO & PENSAMENTO

Proponho a teoria de que o jogo da criança é a forma infantil da habilidade humana de lidar com a experiência pela criação de situações-modelo e controlar a realidade pela experimentação e planejamento. É em certas fases de seu trabalho que o adulto projeta a experiência passada em dimensões que parecem manejáveis. No laboratório, no palco, e na prancheta de desenho, revive o passado e assim abranda efeitos remanescentes; ao reconstruir a situação-modelo, redime suas faltas e reforça suas esperanças. Antecipa o futuro a partir de um passado corrigido e partilhado. [99]

Neste sentido, o jogo é visto como uma experiência dramática relacionando-se diretamente com o conceito de Burton de que o jogo dramático é um "grande laboratório para o exame e estudo da vida", isto é, o uso do passado na reconstrução da situação-modelo relaciona-se com o presente e o futuro, pela experimentação e planejamento.

Terapia Não-Diretiva

Virginia Mae Axline [17] e outros consideram que o indivíduo tem dentro de si mesmo a habilidade para resolver seus próprios problemas; e que esse crescimento natural torna o comportamento maduro mais gratificante que o comportamento imaturo. Este método é completamente diferente dos outros, uma vez que todos, de uma forma ou de outra, tentam ajudar o indivíduo ativamente. A Terapia Não-Diretiva, por outro lado, aceita a criança como ela é e tenta encorajar a auto-expressão pela catarse natural.

Melanie Klein & "A Escola Inglesa"

Melanie Klein deu origem a uma técnica de análise do jogo das crianças entre dois e seis anos de idade e, como resultado, concluiu que o início da formação do superego e do símbolo ocorre muito mais cedo do que se pensava — retrocedendo mesmo aos primeiros dias de vida. Neste aspecto foi apoiada por diversos analistas: Susan Isaacs, Joan Rivière, Géza Róheim, T. E. Money-Kyrle e o biógrofo de Freud, Dr. Ernest Jones.

Klein pesquisou muito sobre a formação da identificação e a formação do símbolo (a base para a personificação) nos primeiros meses da criança.

O ego arcaico, quando exposto aos instintos e à realidade, atua de duas maneiras: (1) imagina um seio ideal; e (2) divide-se, projetando o instinto de morte sobre o objeto original, o seio, que se torna o centro do medo de perseguição. Desse modo, nascem duas fantasias: o seio ideal e o perseguidor, o "seio bom" e o "seio mau". Essas fantasias fundem-se com a experiência real de amor e nutrição, sofrimento e privação. O bebê alcança então a "Po-

JOGO DRAMÁTICO E PSICOTERAPIA INFANTIL   87

sição Esquizo-paranóide", sendo a principal ansiedade a de que o objeto perseguidor "adentrará" o ego, subjugando o eu. A fantasia pode influenciar a reação de uma criança frente à realidade: a do seio perseguidor pode levar a criança faminta a rejeitar o seio; uma criança faminta imaginando o "seio bom" pode, se alimentada, fundir sentimentos de sua própria bondade com o objeto bom e assim ter sentimentos de força, mas, se não for satisfeita, sente que o "seio mau" é mais forte do que seu próprio amor e do que o "seio bom". A identificação projetiva ocorre; as partes do ego são separadas e projetadas no objeto externo, que é então controlado pelas partes projetadas, identificando-se com elas. Porém,

> A identificação projetiva... tem seus aspectos valiosos. Para começar, é a primeira forma de empatia e é na identificação projetiva, assim como na introjetiva, que está fundamentada a capacidade de "colocar-se na pele do outro". A identificação projetiva também provê a base para o mais primitivo modo de formação do símbolo. Ao projetar as partes de si mesma no objeto e identificar partes deste com partes do eu, o ego forma seus símbolos mais primitivos. [337]

Os sentimentos da criança com relação aos objetos externos são atribuídos por ela aos próprios objetos: e assim, há "objetos bons" e "objetos maus". Mas, uma pequena mudança na situação e a criança pode amar e odiar o mesmo objeto em rápida sucessão — desse modo, ela vive em um mundo habitado por deuses e demônios (Money-Kyrle sugeria que esses conceitos eram derivados de tais memórias primitivas).

À medida que o bebê cresce, o ego se sente mais forte e o poder dos objetos maus diminui. É quando alcança a "Posição Depressiva",

> ... na qual o bebê reconhece o objeto inteiro e se relaciona com este. Este é um momento crucial no desenvolvimento da criança, e que é facilmente reconhecido mesmo por leigos. Qualquer pessoa que a cerque perceberá uma mudança e reconhecerá nela um enorme avanço em seu desenvolvimento — as pessoas se darão conta e comentarão o fato de que agora o bebê reconhece sua mãe. [337]

A criança vê sua mãe como uma pessoa inteira, e não apenas se relaciona com seu seio, mãos, olhos e assim por diante — reconhece-a como um indivíduo tendo vida própria. É quando se dá conta de seu próprio desamparo e dependência. Acreditando que corre o perigo de destruir a pessoa que mais necessita e ama, entra em depressão. Lamenta o objeto bom, destruído e perdido. Ao mesmo tempo, começa a distinguir realidade e fantasia: o reaparecimento de sua mãe, após uma ausência, significa que ela testa seus impulsos contra a realidade, e isso modifica sua

88 JOGO, TEATRO & PENSAMENTO

crença na onipotência de seus impulsos destrutivos. O superego muda e se torna mais integrado: dos objetos perseguidores, ela se concentra nos pais bons e amados. Também, a dor do luto e os impulsos reparadores para a restauração dos objetos amados são a base da criatividade e sublimação. Assim, acontece o principal desenvolvimento na formação do símbolo: para poupar o objeto amado, o bebê inibe parcialmente seus instintos e parcialmente troca-os por substitutos. Hanna Segal diz:

> Uma das maiores contribuições de Freud à psicologia foi a descoberta de que a sublimação é o resultado de uma renúncia bem-sucedida de um propósito instintual; gostaria de sugerir aqui que tal renúncia bem-sucedida pode apenas acontecer através de um processo de luto. A renúncia a um propósito ou objeto instintual é uma repetição e, ao mesmo tempo, um consolo para o abandono do seio. Pode ser bem-sucedido, como esta primeira situação, se o objeto a ser abandonado puder ser assimilado no ego, pelo processo de perda e restauração interna. Sugiro que tal objeto de assimilação se torne um símbolo dentro do ego. Todos aspectos do objeto, toda situação que deve ser abandonada no processo de crescimento dá origem à formação de símbolo.
>
> De acordo com este parecer, a formação de símbolo é o resultado da perda, é um trabalho criativo envolvendo a dor e toda elaboração do luto. [337]

Assim, o bebê desenvolve capacidades para associação e abstração, formando a base para o pensamento maduro. Na vida adulta, todos os objetos bons externos simbolizam o "seio bom" e, portanto, qualquer perda na vida posterior desperta novamente a ansiedade do objeto bom interno. O próprio jogo também reflete isso: Melanie Klein vê os jogos de "cuca-achou" ao redor de seis meses, como superação de sentimentos de perda e ansiedade depressiva e o jogo posterior de atirar no chão o chocalho, e tê-lo recolhido, como a reconquista de objetos perdidos e a superação da depressão. [219]

É na posterior Posição Depressiva, quando o bebê distingue tanto a mãe quanto o pai, que o complexo de Édipo começa a se desenvolver. Porém, como indica Paula Heimann, difere do complexo "desenvolvido" devido à condição mental primitiva do bebê:

> ... os impulsos orais acompanham as fantasias de sugar, apertar, morder, rasgar, cortar, esvaziar e exaurir, engolir, devorar e incorporar o objeto; os objetivos dos impulsos uretro/anais se referem a queimar, alagar, afogar, expelir e explodir, sentar-se sobre ou dominar o objeto. [219]

Fantasias desse tipo são o material sobre o qual a criança desenha quando preocupada com o inter-relacionamento de seus pais. Klein traça a origem da fantasia fálica da mulher (a aterrodora figura que irá dilacerar, despedaçar e

JOGO DRAMÁTICO E PSICOTERAPIA INFANTIL 89

destruir, como a bruxa nos contos de fadas) no começo do complexo de Édipo, quando a incorporação de fantasias, sendo oral, ocorre em mais alto grau.

Há uma estreita relação entre fantasia (uma função do ego) e a formação do símbolo. O ego consiste em objetos introjetados: a princípio, objetos parciais como o seio; mais tarde, objetos inteiros como a mãe, o pai ou o casal. Alguns objetos passam a se identificar com o ego, outros, porém, permanecem objetos internos separados e o ego mantém relações com eles — e isso é o que acontece com o superego (os princípios interiorizados derivaram das figuras dos pais). Portanto, a estrutura da personalidade é composta pelas fantasias as mais permanentes que o ego tem sobre si mesmo. Os símbolos internos permitem que a fantasia seja elaborada pelo ego e isso permite às sublimações surgirem no jogo. Susan Isaacs diz que o jogo do faz-de-conta, nas idades entre dois e sete anos, brota de fantasias inconscientes dentro de situações práticas, requerendo o conhecimento do mundo externo; e as situações podem então ser desempenhadas por si mesmas, como problemas de aprendizagem e entendimento, e assim conduzindo às descobertas reais da ação externa, ou ao julgamento verbal, ou ao raciocínio:

> Particularmente, a observação torna claro que o jogo espontâneo do faz-de-conta cria e fomenta as primeiras formas de pensamento "como se". Em tal jogo, a criança recria seletivamente aqueles elementos de situações passadas que podem incorporar sua necessidade emocional ou intelectual do presente, e adapta os detalhes, momento a momento, à situação presente do jogo. A habilidade em evocar o *passado* no jogo imaginativo parece estar estreitamente vinculada ao crescimento do poder de evocar *o futuro* em hipóteses construtivas, e desenvolver as conseqüências do "se". O jogo do faz-de-conta da criança é, neste caso, significante, não apenas pelas intenções adaptativas e criativas que, quando totalmente desenvolvidas, caracterizam o artista, o escritor e o poeta, mas também pelo sentido de realidade, a atitude científica e o crescimento do raciocínio hipotético. [219]

Susan Isaacs apontou [192] a importância do crescimento das crianças através do jogo nas habilidades manipuladoras, arte e descoberta imaginativas, raciocínio e pensamento; além disso, a expressão cooperativada da fantasia no jogo dramático leva a criança das ansiedades às satisfações reais no jogo social [193]. Prossegue indicando que há uma relação direta entre o processo de aprendizagem e o faz-de-conta:

> Nesta visão do aprendizado criativo, os aspectos terapêuticos e educacionais são quase indistinguíveis. É um ponto de vista com implicações de longo alcance para nossa teoria de aprendizagem básica, implicações que somente agora começamos a explorar. Enfatiza uma continuidade no relacionamento da criança com as coi-

90 JOGO, TEATRO & PENSAMENTO

sas, como ocorre em seu relacionamento com as pessoas. Assim como nosso relacionamento pessoal contém ecos de nossas relações com nossos pais, também nossos interesses adultos no mundo das coisas estão impregnados de nossos interesses infantis, por exemplo, nosso primeiro interesse por nossos corpos, os produtos de nossos corpos e os corpos de nossos pais. Há também uma continuidade de desenvolvimento entre o desejo mágico onipotente da criança (e do adulto primitivo) e a controlada imaginação do poeta e o argumento racional do cientista. Devemos encarar todo aprendizado como motivado primariamente pela fantasia inconsciente. [219]

Há, evidentemente, um relacionamento direto entre estes conceitos e os conceitos de "educação criativa", como indicado por pensadores tais como Marjorie Hourd:

O professor habilidoso pode fazer muito para ajudar as crianças a descobrirem e aceitarem em geral inconscientemente, os significados ocultos que as atividades e as matérias têm para elas. [181]

A escola kleiniana acompanha o desenvolvimento do jogo dramático, não apenas com as crianças pequenas, mas por toda a vida. De oito a onze anos de idade, há uma tentativa inconsciente de reprimir a fantasia, negar emoções e mostrar desdém por sentimentos ternos. A fantasia ainda está lá, mas em termos reais suas atividades devem ter resultados definidos, concretos. Seu desejo de segredo expressa amor e ódio em uma esfera socializada, e muitas fantasias são expressas em termos de possessões, como com as coleções pessoais. A situação da escola é um eco da situação de alimentação original (a criança está "tomando de" e "dando a" alguém) e o aprendizado é

... um meio de reparação. Por outro lado, pode estar investido de significados de ataque e destruição, quase sempre resultando em inibição e fracasso. [81]

O jogo dramático livre, nessa idade, depende dos diferentes papéis que outros desempenham dando-lhe apoio, e pode, algumas vezes, expressar suas fantasias mais diretamente que em outras atividades. Os medos inconscientes de certas situações são mostrados: cenas de escola ou hospital podem mostrar sentimentos subjacentes do relacionamento mãe e filho; ou jogos do tipo "mocinho e bandido" podem indicar o desejo de sobrepujar e substituir o pai. Ao mesmo tempo, a maneira pela qual o papel é desempenhado indica um modelo inconsciente: o professor rigoroso, o aluno rude, a enfermeira dominadora, o paciente em sofrimento, o inimigo vingador — todos podem ser representações de figuras da fantasia. Há muitas reflexões dramáticas de reparação — mães e enfermeiras devotadas (sendo a pessoa boa de quem os outros dependem) ou lojistas (a

JOGO DRAMÁTICO E PSICOTERAPIA INFANTIL 91

mãe sobrecarregada de coisas boas, ou frustrada, não tendo o que deseja): E por mais terríveis que possam ser algumas de suas representações, indicam, "de uma forma modificada, fantasias ainda mais terrificantes" [81].

O analista kleiniano considera que o jogo adulto contém os mesmos padrões básicos que o da criança. Lili Peller diz:

> O núcleo libidinal, provendo o *leitmotiv* da fantasia, permanece, enquanto que o crescimento do ego exerce mudanças radicais na própria atividade lúdica. Para indicar apenas algumas poucas formas de jogo adulto: há os assim chamados *hobbies* — uma numerosa variedade de passatempos no qual a extensão do investimento libidinal vai do desperdício de tempo à paixão. O nome parece ter-se derivado de cavalinho-de-pau (*hobby-horse*).
>
> Um cavalinho-de-pau era, antes do aparecimento dos carros a motor, o principal brinquedo dos meninos, propiciando orgulho masculino, além de seu valor lúdico e gratificação da zona erógena aprovada pelo adulto. O jogo do garoto com seu cavalinho-de-pau pertence ao jogo narcisista (a paráfrase ou engrandecimento de partes ou funções do corpo), e os *hobbies* de hoje pertencem ao mesmo grupo. O jogo de corpo das crianças pequenas é assunto privado em todos os aspectos, enquanto que o *hobby* do adulto é solitário em seu âmago libidinal, mas socializado quanto aos aspectos do ego. Os companheiros de *hobby* partilham e aumentam seu prazer através de muitos canais, como jornais, exibições, convenções. Em qualquer caso, mesmo para o colecionador isolado, seu interesse é comunicável — quer ele escolha fazê-lo ou não...
>
> A criação de animais de estimação pode ser um reflexo mais remoto do vínculo pré-edipiano, vínculo entre dois seres, dos quais um é inarticulado, desamparado e direto em suas necessidades e gratificações corporais, enquanto que o outro parece onipotente...
>
> No vasto domínio da arte, podemos ver contrapartes adultas do jogo edipiano, (Mencionei, anteriormente, que no jogo edipiano a ênfase está no conteúdo; nos jogos de regras, nos elementos formais. Para a verdadeira arte, o casamento bem-sucedido entre os elementos formais e o conteúdo parece ser um pré-requisito.)
>
> Enquanto que todos os grupos de jogo antes mencionados passam por tão radical metamorfose, o jogo pós-edipiano, como por exemplo os jogos de regras, muda relativamente pouco. Quando o ego maduro incorpora uma fantasia libidinal profunda e inconsciente em uma atividade lúdica, a estrutura resultante difere, para quase além do reconhecimento, das formas de jogo do bebê e da criança. Após o declínio do complexo de Édipo, os fundamentos do ego estão sedimentados, e os jogos de regras, como outros acréscimos pós-edipianos à personalidade, muda gradativa e quase imperceptivelmente, de década para década. [291]

O FENÔMENO DO *ACTING-OUT*

Alguns dos pacientes psicóticos de Freud apresentavam um fenômeno específico: o *acting-out*. Eles não discutiam seu problema, ou o representavam simbolicamente, eles na verdade *faziam*-no. "Atuavam" a situação real que havia gerado novamente ansiedade exatamente como havia ocorri-

92   JOGO, TEATRO & PENSAMENTO

do originalmente. Recentemente, os psicanalistas reconheceram que o *acting-out* não é apenas uma atividade dos psicóticos, mas também ocorre naturalmente com crianças pequenas, em certos estágios de seu desenvolvimento.

Freud dizia que o *acting-out* era a representação do passado através da ação ao invés da memória. Tanto as crianças quanto os psicóticos no processo do *acting-out* são intolerantes à protelação, requerem imediata possessão do objeto e demonstra desesperado apego por este. Com a criança, é o ato impulsivo, seu único meio de gratificação, seu "apelo" a quem a deve ajudar; mas, com o psicótico, é uma regressão ao *acting-out* infantil, de modo a solucionar um conflito inconsciente do passado, e é especificamente oral em sua natureza:

> O *acting-out*, opondo-se a outras formas de comportamento, produz um desvio específico do ego. Uma vez que retrocede à atividade oral, com uma atitude voraz, devoradora e indiferente com relação aos objetos, tal reversão significa novo prejuízo da função do ego. O princípio do prazer substitui todas as considerações de realidade. [10]

Pesquisas recentes em psicanálise e psicoterapia têm demonstrado que o *acting-out* é um estágio de desenvolvimento do ego — uma parte da seqüência que estabelece a identidade individual. Foi sugerido primeiramente por Ferenczi [104] que, ao estudar o desenvolvimento do senso de realidade, observou a seguinte progressão natural: alucinação, gestuação mágica, discurso simbólico e formação de objetos. Mais tarde, Anna Freud postulou [119] os seguintes estágios na função de desenvolvimento do ego: negação em fantasia, em ato, em palavra. Mark Kanzer [213] relacionou os conceitos de Ferenczi e Anna Freud; *acting-out* é o mesmo que gestuação mágica e negação em ato; sublimação é o mesmo que simbolismo oral e negação em fantasia. E assim, Kanzer postulou uma evolução natural do *acting-out* para a sublimação: a primeira representa a projeção e destruição do mau genitor, enquanto que a última é a assimilação do genitor idealizado. Há, portanto, uma seqüência para o desenvolvimento do ego: o *acting-out* é o começo do processo; segue-se o sonho, a fantasia e o jogo — ações experimentais que substituem a percepção passiva dos objetos por seu domínio motor ativo e seu controle intelectual consciente; e a sublimação, quando surge, é a fase intelectualizante que substitui o pensamento por ação, substituindo pela identificação e formação do símbolo a descarga motora direta. Dessa maneira, o *acting-out* é o primeiro estágio de um processo de crescimento que conduz ao jogo dramático que, por si mesmo, leva à sublimação.

JOGO DRAMÁTICO E PSICOTERAPIA INFANTIL   93

O jogo dramático tem uma posição central, relacionando o inconsciente com o intelecto:

Nos limites da motilidade, como acontece sob o domínio da fantasia, encontramos artes tais como canto, dança e teatro, intermediários entre o mágico do controle motor sobre objetos e as identificações que marcam as primeiras fases do controle de ideação. A gestualidade e os prazeres primitivos na verbalização refletem os estágios infantis da comunicação de onde aflora tal sublimação. Além disso, são precisamente essas artes as mais próximas da descarga dos impulsos motores característicos do *acting-out*. Antropologicamente, constatamos que o canto, a dança e a pantomima estavam determinados, definitivamente, a influenciar a realidade, como nos rituais que antecedem a caça. [213]

Ekstein e Friedman vêem o *acting-out* como o começo do processo de desenvolvimento do ego, do qual é normalmente a seqüência:

1. *Acting-out,* onde as ações do bebê pedem gratificação imediata e não são testadas frente à realidade, e a organização do ego é simbiótica;
2. As primeiras memórias experimentais:
    (a) O *play action,* a paulatina substituição da ação impulsiva e inapropriada pelo pensamento rudimentar, na medida em que o ego está lutando contra a simbiose:

    O *play action* é orientado para o passado e representa a repetição do conflito inconsciente. Constitui, portanto, um esforço para a memória. [96]

    (b) A fantasia é a mais alta forma de *play action,* na qual a necessidade de ação é abandonada porque o objeto gratificante é interiorizado e as atividades do ego são autísticas;
3. O jogo dramático (ou ação fantasiosa) é uma identificação inicial com o objeto fantasiado, de maneira a controlar o futuro experimentalmente; é uma solução de tentativa pré-consciente (a primeira tentativa de dominar o futuro) que é dada pelo desempenho do papel; é também o começo da autonomia do ego que é adquirida através da identificação (via imitação). No *play acting,* a criança

... tenta dominar o problema pela captação do estímulo e pela imitação... O *play acting* procura modificar uma identificação passada... (e) procura dominar o futuro, testar a ação como se fosse o papel futuro com o qual ela deseja se identificar. Dessa forma, inconscientemente repete, de maneira antecipada, antes o futuro do que o passado. [96]

E, a partir deste ponto, o caminho está aberto para o desenvolvimento do ego maduro, quando a resolução do impulso se dá pelo pensamento.

94   JOGO, TEATRO & PENSAMENTO

Ekstein e Friedman reconhecem, porém, que esta seqüência não é invariável:

O *play action* pode se tornar tão estimulante, tão eficiente, que ameaça conduzir ao *acting-out* e à ação impulsiva genuínas. O conflito inconsciente não é, então, restabelecido via jogo, mas tende a ser restabelecido na realidade. Pode-se comparar tal criança com um ator que desempenha um papel dramático no palco apenas para ser conduzido no desempenho desse papel na realidade. [96]

Ekstein e Friedman, porém, têm demonstrado claramente em suas pesquisas, particularmente com seu material de registro clínico sobre o sujeito "Frank", que o jogo dramático é a ligação entre gratificação instintual e pensamento maduro, exatamente como Kanzer demonstra que a sublimação profícua depende dos prazeres da fantasia e da identificação bem-sucedida do faz-de-conta no jogo.

SUMÁRIO

O jogo dramático na criança, como os sonhos dos adultos, é uma expressão do inconsciente. Mas, o comportamento manifesto do jogo oculta seu verdadeiro significado. Os impulsos inconscientes profundos são os significados latentes do jogo, que são transformados em símbolos e resultam em pensamento simbólico. Quando esse pensamento simbólico é expresso abertamente ao jogo, é chamado simbolismo secundário e o psicoterapeuta infantil procura compreender o inconsciente através dele e, desse modo, curar as ansiedades.

Freud considerava que a natureza dos símbolos criados tinha por base o passado da criança — atuam como um disfarce para os impulsos primitivos do id. Jung e outros demonstraram que os símbolos são também uma linguagem, e que podem também estar apoiados nas experiências presentes. Jung considerava que havia um simbolismo coletivo, comum a todos os seres humanos. Indubitavelmente, o pensamento simbólico inconsciente possui mecanismos semelhantes ao do pensamento primitivo — ambos atuam por analogia, são animistas e ilógicos, e pressupõem a onipotência do pensamento.

As origens do pensamento simbólico foram consideradas por Freud como pertencentes aos primeiros anos de vida; entretanto Melanie Klein demonstrou que se iniciam ainda mais cedo. Nos primeiros meses de vida, as fantasias do "seio bom" e "seio mau" conduzem à identificação projetiva, e isso fornece as bases para a posterior identificação e formação do símbolo (em um mundo povoado de deuses e demônios). Na "Posição Depressiva", a criança tem fantasias de destruir sua mãe; é no processo de luto que ela

JOGO DRAMÁTICO E PSICOTERAPIA INFANTIL   95

abdica à gratificação imediata — sublimando seus instintos, ela os troca por substitutos — o primeiro estágio na formação do símbolo, pensamento simbólico e as bases para associação e abstração. É essa criação de símbolos internos que permite o desenvolvimento da fantasia e o processo de pensamento "como se", que usa o passado como uma hipótese para o futuro.

Pesquisas modernas demonstraram que há uma progressão lógica do *acting-out* através da fantasia para o jogo dramático — e isto é o que possibilita ao pensamento maduro se desenvolver. O jogo dramático é o método da criança experienciar os problemas, pois no *acting-out*, pode vislumbrar possibilidades e soluções. É este processo que, interiorizando-se e desse modo livrando-se da ação associada, transforma-se na habilidade adulta de pensar em abstrações.

No jogo dramático, a criança cria um mundo próprio para dominar a realidade — procura em um mundo imaginário, resolver experiências da vida real que até então havia sido incapaz de resolver. Enquanto que, sob certas condições limitadas, a catarse *pode* ocorrer, o mecanismo básico do jogo é a compulsão de repetição — as experiências da vida que não foram compreendidas devem ser re-experimentadas, re-ativadas. Nesse sentido, o jogo é uma projeção do mundo mais íntimo da criança, é o microcosmo de um macrocosmo e é a maneira de a criança transformar a passividade em atividade.

Na análise final, o jogo fundamenta-se no relacionamento da criança com a mãe. Esta é a base para a imitação e posteriores vinculações sócio-emocionais. Do mesmo modo o adulto, em seu inconsciente, identifica todos os objetos bons com o primeiro objeto bom; qualquer perda reflete a perda do objeto primário e assim recria todas as ansiedades originais relacionadas. Por outro lado, jogos como o "cuca-achou" podem ser vistos como método de superação da perda. Entretanto, o jogo dramático não é apenas terapêutico, conquanto contribui para a adequação do passado ao presente. É também a base para toda a vida posterior; por relacionar as fantasias inconscientes com o mundo externo, torna-se a base do aprendizado e do conhecimento; através da expressão cooperativada na fantasia conduz ao desenvolvimento social normal; ao recriar o passado, adaptando-o tanto ao presente como ao futuro, forma o alicerce para a criação adaptativa do artista e o raciocínio hipotético do cientista.

6. Psicodrama

O Dr. J. L. Moreno foi um terapeuta que desenvolveu não apenas a Sociometria, mas também um método terapêutico diferente do de Freud. De acordo com o método freudiano, o paciente deveria estar só, no divã, falando ao analista. Moreno colocou o paciente, juntamente com outros, no teatro. Chamou a isto Psicodrama. Diferenciava-se do Sociodrama, que é um método dramático de estudo do grupo. No Psicodrama, o analista está preocupado com um indivíduo atuando com outros; no Sociodrama, está preocupado com o grupo todo, envolvido em uma situação dramática.

A atuação psicodramática é improvisada, como a primeira e mais comum forma de atuação — a *commedia dell'arte,* ou o primitivo rito e ritual, onde a mimese influenciava os eventos. Enquanto Aristóteles viu o teatro como uma imitação da vida, Moreno o viu como uma extensão da vida, ou a

... recapitulação de problemas não solucionados, dentro de uma colocação mais livre, ampla e flexível. [265]

O método terapêutico é o da catarse e isso é obtido de quatro maneiras: somática, em relaxamento corporal; mental, com o autor (que a cria), o ator (que a vivencia), e a platéia (que co-experimenta os eventos); através do indivíduo e através do grupo. O teatro terapêutico é

... a realização espontânea e simultânea de um trabalho dramático, poético, em seu processo passo a passo de desenvolvimento, a partir de seu *status nascendi.* E de acordo com esta análise, a

98   JOGO, TEATRO & PENSAMENTO

catarse acontece: não apenas na platéia — efeito secundário desejado — e não nas *dramatis personae* de uma produção imaginária,
mas primeiramente nos atores espontâneos da representação que
produzem as *personas*, lbierando-os delas ao mesmo tempo. [265]

Moreno declara que seu trabalho é baseado em uma
teoria "sócio-interacional" da personalidade: o eu é visto
como uma soma de papéis sociais e privados que o indivíduo representa em sua inter-ação com outros: e os papéis
do indivíduo, e dos indivíduos dentro do grupo, são unidades mensuráveis de comportamento. A habilidade individual para "ler" seus próprios papéis (para compreendê-los
integralmente) e fornecer as respostas apropriadas do papel
é a habilidade essencial para auxiliar os empreendimentos
humanos.

CRIATIVIDADE & ESPONTANEIDADE

Para Moreno, a criatividade possui cinco características: espontaneidade, uma sensação de surpresa, "sua irrea-
lidade, que tende a mudar a realidade dentro da qual aflora", atuação e uma outra:

> Esses processos, porém, determinam não apenas condições psí-
> quicas; produzem efeitos miméticos. Paralelamente às tendências
> que elevam certos processos até a consciência estão outros que con-
> duzem a sua consubstanciação mimética. Esta é a quinta carac-
> terística da ação criadora. [265]

Espontaneidade é a habilidade de um sujeito de enfrentar cada nova situação adequadamente. O indivíduo espontâneo é criativo na adequação a cada momento, é flexível,
sabe avaliar, está atento às alternativas e representa seu papel de resposta com desembaraço. Em contraste, o indivíduo estereotipado representa seus papéis convencionalmente, promove apenas ajustamentos aceitáveis momentanea-
mente. Em terceiro lugar, há o indivíduo impulsivo que
interpreta e avalia mal: as respostas de seu papel são irrelevantes ou mesmo irracionais. O "aquecimento" é característico da espontaneidade: os gênios se "aquecem" para
proezas criativas; e a criança pequena se "aquece" em miniatura; no psicodrama, o processo se inicia com o aspecto
físico:

> O sujeito se movimenta ou começa a respirar profundamente,
> faz caretas, cerra seus punhos, move seus lábios, grita ou chora —
> isto é, usará de estímulos físicos de modo a começar acreditando
> que atividade neuromuscular e outras atividades físicas irão revigo-
> rar e liberar formas de expressão mais altamente organizadas, tais
> como a adoção de um papel e a inspiração criadora levando-o ao
> grau máximo de aquecimento, a uma atuação espontânea no con-
> fronto de uma situação inédita. [265]

PSICODRAMA 99

Na verdade, o processo de "aquecimento" se manifesta em qualquer expressão do organismo vivo "na medida em que se empenha para uma ação".

Somos todos atores. Desde o momento do nascimento, a criança é um ator. Ela deve improvisar:

> Ela tem de agir prontamente, sob um impulso repentino — no momento em que um novo aparato de respiração é posto em funcionamento, ou quando precisa, pela primeira vez, sugar líquidos do peito ou da mamadeira. [265]

Sabemos que a criança é capaz, de certo modo, de um auto-arranque espontâneo; mas os graus em que o faz variam de indivíduo para indivíduo. A atuação provê o indivíduo de uma qualidade dramática de resposta:

> É essa qualidade que dá novidade e vivacidade aos sentimentos, ações e elocuções verbais que nada mais são que repetições daquilo que o indivíduo experimentou mil vezes antes — isto é, não contém nada novo, original ou criativo. A vida de um homem pode ser, portanto, em suas expressões e manifestações sociais, inteiramente rotineira, mas pode ser considerada única por seus contemporâneos e amigos devido ao colorido que ele é capaz de imprimir aos mais insignificantes atos do dia-a-dia... [265]

Moreno compara esse processo de viver com o processo pelo qual passa o ator profissional:

> O mesmo fenômeno pode ser observado nas produções do ator autêntico. Ele toma um papel, estuda-o e ensaia até que se torne uma completa conserva, um estereótipo sob seu comando, de maneira que, quando reproduz o papel no palco, nenhuma fala ou gesto é deixado ao acaso. Mas, o grande ator, como o homem idealizado... é capaz de inflar e aquecer essa conserva até uma expressão exaltada por meio desse fator "e", isto é, acrescentar novidade, vivacidade e qualidade dramática à versão fidedigna e literal do roteiro da peça, que faz seu desempenho parecer vigoroso mesmo após repetir a mesma interpretação centenas de vezes — dessa forma, as conservas dramáticas podem estar ligadas ao eu, dando-lhes o caráter de verdadeira auto-expressão e, ao ator, a ilusão de grande criador. [265]

O processo de atuação é realmente a assunção de um papel, o que é parte de nossa identidade. O processo de desempenho do papel de uma criança é duplo: dar o papel (como doador) e receber o papel (como receptor). Na situação nutriente, por exemplo, a doação do papel é atuada (*acted out*) pelo ego auxiliar (a mãe). A criança necessita de alguém que a auxilie para comer, dormir, caminhar pelo espaço mas, do ponto de vista da criança, esses auxiliares parecem ser extensão de seu próprio corpo; é a essa extensão do ego, necessária para o desempenho de vida da criança e que lhe deve ser proporcionada por uma pessoa substituta, que Moreno chama ego auxiliar. E, assim:

100   JOGO, TEATRO & PENSAMENTO

Esse processo de intercomunicação entre a criança e a mãe é a matriz nutriente da primeira assunção de papel independente da criança. [265]

A mãe e o filho interagem, e, como resultado, uma expectativa recíproca de papéis se estabelece gradualmente nos parceiros do processo. É essa expectativa de papéis que compõe a base para todo o intercâmbio futuro de papéis entre a criança e seus egos auxiliares.

Técnicas de Psicodrama

Na técnica terapêutica, o indivíduo improvisa espontaneamente. Não como o faz dentro do método de Stanislavski, onde o ator improvisa como um recurso suplementar, prévio ao desempenho do papel de Lear, mas da mesma maneira que no teatro criativo da sala de aula — espontaneamente, e apenas para aquela representação. E, assim como o improvisador cria também a estória, o ator é também o produtor.

Antes que se dê início, o sujeito é "aquecido":

Os Testes Psicodramáticos exigem que o sujeito seja aquecido até o *nível de sentimento,* no qual irá liberar material emotivo altamente personalizado. Desde que a ênfase esteja, deliberadamente, na *ação e no sentimento* do sujeito, o diretor é capaz de vislumbrar níveis funcionais de inteligência e detectar eficiência comportamental em situações de crise. [161]

No processo de "aquecimento", e para o próprio processo de atuação psicodramática, é dado grande realce ao treinamento do corpo. Este é treinado para o relaxamento, para liberar os sistemas de reflexos, através da dança espontânea e exercícios de ginástica.

O corpo do atuante deve ser o mais livre possível, deve responder sensivelmente a todos os motivos da mente e da imaginação. Deve ter o poder de desempenhar tantos movimentos quanto for possível, e executá-los fácil e rapidamente. Esses movimentos devem, certamente, ser espontâneos para que o atuante não entre em crise. Pode também acontecer que uma idéia ocorra a um atuante sem estar acompanhada de uma sugestão de gesto adequado e se ele não estiver suficientemente provido de recursos, todo o ato poderá perder-se. Para eliminar esse perigo, (a) o maior repertório possível de movimentos, passíveis de serem adquiridos pelo atuante, deve estar armazenado no corpo, de maneira que possa vir à tona pelas idéias, quando estas ocorrerem; (b) a criação de respostas (*creatoflex*) deve ser exercitada. [265]

A situação psicodramática é controlada por um Diretor (o analista) que é assistido por uma equipe de ajudantes treinados, que atuam como egos auxiliares do sujeito. O diretor escolhe o tema para a improvisação, relacionado às ansiedades do sujeito, e então instrui seus assistentes nos

PSICODRAMA

101

papéis que deverão assumir como egos auxiliares; evidentemente, esses asssitentes devem permanecer sensíveis à resposta singular do sujeito (e a uma variedade de sujeitos, se o mesmo material está sendo apresentado a diversos sujeitos separadamente).

Del Sorto e Corneytz desenvolveram o Teste de Ação Projetiva ou Expressiva [84] para vários sujeitos, um após o outro:

... um conjunto de testes de situações experimentalmente elaborados, que fornecem uma norma para a interpretação da resposta diferencial dos sujeitos, como um *procedimento operacional planejado*.

Isto dá ênfase à expressão espontânea: combina a espontaneidade e o conceito de papel, e explora a relação do indivíduo com a fantasia e a realidade, encorajando o sujeito a externar fragmentos altamente personalizados de seu mundo íntimo. Assim, uma seqüência de situações cuidadosamente elaborada é apresentada com o objetivo de liberar determinados aspectos da personalidade. Os testes de situações são os seguintes:

1. SITUAÇÃO DE PESSOA IMAGINÁRIA (nenhum ego auxiliar é utilizado).

    Ação: improvisação com qualquer pessoa imaginária (hora, local, etc.) como desejar.
    Objetivo: (a) o que significa o relacionamento social para o sujeito?
    (b) como ele se comunica?

2. SITUAÇÃO DE OBJETO IMAGINÁRIO E EGO AUXILIAR REAL (participação de um ego auxiliar).

    Ação: improvisação com um objeto imaginário (determinado) e um ego auxiliar.
    Objetivo: (a) o sujeito monopoliza, partilha ou renuncia aos objetos?
    (b) quais as diferenças entre atuar com uma pessoa imaginária e uma real?

3. SITUAÇÃO DE TRÊS OBJETOS IMAGINÁRIOS (nenhum ego auxiliar é utilizado).

    Ação: improvisação com três objetos imaginários (determinados).
    Objetivos: (a) quais objetos são escolhidos, realçados, rejeitados?
    (b) há necessidade de integrá-los?
    (c) o interesse do sujeito por eles é funcional ou estético?

102   JOGO, TEATRO & PENSAMENTO

4. TESTE DE ESTIMULAÇÃO PERIÓDICA (participação de vários egos auxiliares).

Ação: improvisação com situação, local e hora determinados, com várias pessoas reais (p. ex. um estúdio onde entram várias pessoas).

Objetivo: (a) quão expansivo é o sujeito no papel?
(b) em que medida ele se adapta espontaneamente a elementos imprevistos?

5. SITUAÇÃO DE TEMA OCULTO (participação de dois egos auxiliares).

Ação: o sujeito se integra em uma situação que está sendo desenvolvida por dois outros sujeitos e se relaciona pela improvisação.

Objetivos: (a) qual é sua percepção do tema da situação?
(b) em que medida ele cria bem seu papel em relação aos outros?

6. A SITUAÇÃO MUDA (participação de um ego auxiliar).

Ação: mímica improvisada com outra pessoa em uma situação dada.

Objetivo: quais recursos físicos ele utiliza para a comunicação e expressão?

7. SITUAÇÃO DE INVERSÃO DE PAPÉIS (participação de um ego auxiliar).

Ação: improvisação com outra pessoa em papéis e situação determinados; a seguir, inversão dos papéis e reprodução da improvisação original o mais fielmente possível.

Objetivo: (a) qual é a sua consciência do conteúdo e maneira de expressão de ambos os papéis?
(b) que sensibilidade ele tem para com os outros em situações sociais?

8. A SITUAÇÃO TRÍPLICE (tantos egos auxiliares quantos forem necessários).

Ação: improvisação com três situações determinadas consecutivas sem interrupção.

Objetivo: (a) qual é sua adaptabilidade espontânea a tais mudanças?
(b) quais resquícios de expressão de papel passam de uma situação a outra?

PSICODRAMA 103

9. SITUAÇÃO DESCRITIVA (nenhum ego auxiliar é utilizado).

Ação: descrição improvisada de ação e localidade quaisquer, como se estivesse inserido nela.

Objetivo: eliciar um protocolo perceptivo.

A análise destes testes de situações é, então, feita como se segue:

A. CONTEÚDO DE IMAGINAÇÃO

Sua escolha de objetos, definição de seu próprio papel e papéis dos outros, e sua introdução de idéias e seus desenvolvimentos.

B. MÉTODOS DE PROJEÇÃO

Suas descrições e sua percepção na ação.

C. ENVOLVIMENTO E ORGANIZAÇÃO PLÁSTICOS.

Sua organização dos objetos e envolvimento com o campo plástico; sua organização dos temas e situações.

D. INTERAÇÃO SOCIAL.

Os canais de interação social que utiliza, e seu tipo de interação social (imitativo, simpático, demonstrativo ou solitário).

Evidentemente, tal teste explora e avalia o nível de espontaneidade natural do sujeito, sua execução do papel e a relação destes dois aspectos com a realidade e a fantasia, suas capacidades interacionais em uma série de situações expressivas e em muitas áreas de contato.

Sociodrama

No psicodrama, um indivíduo improvisa, às vezes com outros indivíduos, e a atenção do diretor e da equipe está centrada em seus problemas. No sociodrama, um grupo improvisa. O grupo pode ser pequeno ou grande, mas o que se cria é uma situação de vida real ou de semelhança com a vida, que se refere ao grupo: uma situação de negros/brancos, em um local onde haja problemas raciais, ou uma situação de cristãos/judeus, onde haja problemas religiosos.

A caracterização é geralmente bidimensional, criando antes um tipo que um indivíduo — um cavalheiro inglês típico, um vigário moralista, um negro "à la Jim Crow":

> Não se está considerando, portanto, um negro em particular, mas todos os negros, todos os cristãos, todos os judeus. Há conflitos interculturais nos quais um indivíduo é perseguido, não por ele mesmo, mas pelo grupo ao qual ele pertence. [265]

No sociodrama, o sujeito não é um indivíduo, mas o grupo, e, conseqüentemente, representantes do grupo são interpretados.

104   JOGO, TEATRO & PENSAMENTO

O sociodrama investiga e tenta tratar membros do grupo que compartem problemas similares. Primeiramente, mostra o comportamento de papéis dos indivíduos através de uma série planejada de situações de vida real, e questiona: como e em que medida está o indivíduo compreendendo a si mesmo e aos outros que são co-atores na situação de vida?

IMPLICAÇÕES PARA A EDUCAÇÃO

O próprio Moreno examina alguma implicações de seu método para a educação, particularmente a espontaneidade. Considera que o treinamento da espontaneidade pode ajudar tanto o aprendizado formal quanto o social. Para o aprendizado social, as crianças improvisam uma série de situações como elas podem ocorrer na vida cotidiana — na casa, na escola, no trabalho e assim por diante:

> (Estas) são, a princípio, tão simples quanto possível, e o estudante desempenha nelas uma função específica. Na medida em que são bem realizadas, os estudantes são gradativamente colocados, ou colocam-se eles mesmos, em situações cada vez mais complexas. Nenhum novo degrau é galgado antes que o precedente tenha sido satisfatoriamente dominado. Os estudantes são solicitados a se atirarem nas situações, a vivê-las integralmente, e a representar todos os detalhes necessários, como se fosse em realidade. [265]

A isto se segue uma discussão:

> As críticas vão desde a consideração da sinceridade das emoções expostas na situação até os maneirismos, o conhecimento da natureza material da situação, o relacionamento com as pessoas representando opostos, as características de comportamento, fala e expressão facial. Os efeitos social e estético da representação do indivíduo são conhecidos e avaliados. Muitos traços que indicam dificuldades da personalidade são desvendados: ansiedades, nervosismo ante uma platéia, gagueira, atitudes absurdas e desarrazoadas, e assim por diante. [265]

O aprendizado formal pode ser de vários tipos. O treinamento para um emprego pode ser apoiado pela improvisação tão próxima da realidade quanto possível; a vendedora que está sendo treinada, por exemplo, aprende através da improvisação a enfrentar uma situação simples, antes que seja colocada em uma situação complexa. O aprendizado de matérias de estudo pode, em muitos casos, ser efetivamente auxiliado pela improvisação espontânea, como, por exemplo, o estudo de línguas estrangeiras:

> O treinamento de língua através das técnicas de espontaneidade requer que as frases a serem aprendidas entrem na mente do aluno durante o processo de atuação, isto é, em estado de espontaneidade. Em conseqüência, quando o aluno, mais tarde, estiver

PSICODRAMA

105

novamente em processo de atuação, por exemplo, em situações sociais, essas frases virão à tona simultaneamente. Desde que seu uso comece no decorrer de uma atividade espontânea, o aluno estará apto a usá-las novamente come expressão espontânea. [265]

A espontaneidade na educação é jogo:

O aluno "encena" aquela situação, dramatiza a circunstância, improvisadamente. Ele é orientado em muitas situações variando em conteúdo mas concentradas na aquisição da condição necessária. Assim, constrói a partir de dentro, através do processo de imaginação, ou impulso criativo, exatamente a condição que falta à sua personalidade. [265]

As implicações educacionais da técnica do psicodrama, mais que puro jogo espontâneo, são também importantes. O processo de "aquecimento" é uma técnica educacional válida em muitos aspectos da educação: em Dança Criativa ou Educação Física é um pré-requisito, e muitas outras disciplinas seriam beneficiadas por ele. E as abservações de Moreno sobre a preparação corporal para fins expressivos têm mais importância na medida em que a civilização sedentária tem prosseguimento. No que se refere a técnicas específicas, como o Teste de Ação Projetiva ou Expressiva, as variantes educacionais simplificadas são valiosas para o professor de crianças com dificuldades ou retardadas. Tenho usado muitas dessas variantes com tais crianças em Yorkshire, e me serviram muito para compreendê-las.

As técnicas sócio-dramáticas são de grande valia para a educação de jovens ou adultos, facilitando ao estudante a compreensão de determinadas ansiedades sociais. Foram de grande utilidade em áreas onde existem problemas raciais e outras localidades onde numerosos núcleos têm sido reinstalados ("cidades novas") dentro de uma comunidade já existente.

ADENDO AO CAPÍTULO 6

A repercussão da obra de Moreno através dos anos tem sido considerável. Seu Instituto em New York se mantém com literatura e filmes disponíveis, e não há dúvidas que sua maior importância, hoje, reside na utilização de suas técnicas e aplicações, feita por aqueles que, em muitas ocasiões, negariam o próprio Moreno.

O mais importante tem sido com o Laboratory Approach, e todas as suas ramificações — gestalterapia, sensibilização, Grupos de Diagnósticos e outros. (Vide F. S. Perls, *Ego, Hunger and Aggression*, Allen & Unwin 1947, Random House 1969; *Gestalt Therapy Verbatim*, Real People Press, Lafayette, Calif., 1969; com Hefferline e Goodman, *Gestalt Therapy*, Julian, N. Y., 1951; J. Lederman, *Anger and the Rocking Chair*, McGraw-Hill, N. Y.,

106 JOGO, TEATRO & PENSAMENTO

1969; W. C. Schutz, *Joy*, Grove Press, N. Y., 1967; Roberto T. Golembiewski & Arthur Blumberg, *Sensitivity Training and the Laboratory Approach*, F. E. Peacock, Itasca, Ill., 1970.)

O Laboratory Approach é fundamentalmente uma estratégia: um modo de trabalhar baseado nas experiências geradas em vários encontros sociais *pelos próprios discípulos;* seu objetivo é o de influenciar atitudes e desenvolver as capacidades para o aprendizado das interações humanas. Refere-se ao "aprendendo como aprender". Sua relação com Moreno está em que grande parte de suas técnicas deriva tanto do psicodrama quanto do sociodrama.

A gestalterapia é exemplificada pelo trabalho de Frederick S. Perls, anteriormente um freudiano que optou, depois, pela psicologia de Gestalt. Sua relação com o psicodrama foi sempre reconhecida:

"Ambas as técnicas têm antecedentes em disciplinas espirituais, anteriores à psicoterapia, e não poderia ser de outra forma, dada sua importância. A presentificação é encontrada na história do teatro, na magia e no ritual, e na representação dos sonhos entre alguns povos primitivos. Estar suspenso no presente é a pedra angular de algumas formas de meditação. Porém, tanto a presentificação como estar suspenso no presente encontram atualmente, na Gestalterapia, forma e aplicações diferentes..." (Joen Fagan & Irma Lee Shepherd, *Gestalt Therapy Now*, Harper & Row, N. Y., 1971, p. 53.)

Perls reconheceu que sua abordagem era fenomenológica, enfatizando a sensação, percepção, pensamento e consciência, e distinguiu quatro modos de abordagem do estudo do comportamento: (1) o científico, que fala *sobre* o comportamento, com abstenção de envolvimento; (2) o religioso e filosófico, que realça como o comportamento *deveria ser* — com insatisfação; (3) o existencial, que focaliza o que *é,* mas que ainda necessita uma estrutura causal; (4) e a Gestalt, que tenta descobrir o *como* e o *agora* do comportamento. Distinguia cinco estratos de neurose: (1) o da *impostura*, no qual muitos de nós despendemos grande parte de nosso tempo, disputando jogos, vivendo papéis, tentando ser o que não somos e, desse modo, renegando muito de nós mesmos; (2) o *fóbico* ocorre quando nos tornamos conscientes dos comportamentos de impostura, e começamos a tomar contato com os medos que os mantêm, desejando, então, evitar o novo comportamento ou fantasiando sobre o que aconteceria se atuássemos de maneira genuína; (3) o *impasse* é quando nos encontramos sem saber o que fazer, perdendo o apoio do meio, e, não obstante, carecendo do apoio da crença em nossos próprios recursos; (4) o *implosivo,* onde a aflição e a auto-aversão podem produzir uma maior compreensão de nossas próprias limitações, ou, com medo e dúvida, podemos começar a experimentar um novo comportamento; (5) o *explosivo* emerge quando as energias previamente sem uso são liberadas de uma maneira impactante.

A abordagem básica foi descrita (por Levitsky e Perls, em *Gestalt Therapy Now*, p. 140-49) como se segue:

(a) *O Princípio do agora*

"De modo a promover a consciência *agora*, encorajamos as comunicações com o tempo do verbo no presente. 'O que você percebe agora?' 'O que está acontecendo agora?' 'Como você se sente neste momento?'"...

Quando o paciente se refere a eventos de ontem, semana passada ou ano passado, imediatamente o dirigimos para 'estar lá' em fantasia e representar em termos de presente."

PSICODRAMA

(b) *Eu e Tu*

"... freqüentemente dirigido para invocar o nome do outro —
se necessário, no começo de cada sentença. Ele é solicitado a
estar atento à distinção entre 'falar com' e 'falar para' o interlo-
cutor...

T.: O que você percebe em sua voz?

P.: Minha voz soa como se estivesse chorando.

T.: Você pode assumir a responsabilidade disso, dizendo 'Eu
estou chorando?' "

(c) *Uso da consciência contínua — o COMO da experiência*

P.: Eu sinto medo.

T.: Como você experiencia o medo?

P.: Não posso ver você claramente. Minhas mãos estão
transpirando.

Ele desenvolve isto até um nível completamente dramático, como
segue:

T.: Como você experiencia a ansiedade?

P.: Sinto minha voz trêmula. Minha boca está seca. Falo de
uma maneira hesitante.

T.: Você tem consciência do que seus olhos estão fazendo?

P.: Bem, agora percebo que meu olhar se mantém distante...

T.: Você pode assumir a responsabilidade disso?

P.: ... que eu mantenho meu olhar distante de você.

T.: Você pode ser seus olhos, agora? Escreva um diálogo
para eles.

P.: Eu sou os olhos de Maria. Acho difícil olhar fixamente.

Eu fico pulando e movendo de um lado para outro...

Perls diz que a consciência dos sentimentos, sensações e percepções do corpo se constitui em nosso conhecimento mais seguro
e, ao "se colocar em lugar" de seus olhos ou o que quer que seja,
o que é verdadeiramente uma ação dramática, o paciente efetua
o dito de Perls: "perca sua mente e venha para os seus sentidos".

(d) *Não fazer intrigas*

P.: (para o terapeuta) O problema com Ana é que ela está
sempre implicando comigo.

T.: Você está fazendo intrigas; diga isso a Ana.

P.: (voltando-se para Ana) Você está sempre implicando comigo.

Como demonstrado nos filmes de Fritz Perls, da Simon Fra-
ser University, não estando presente a terceira pessoa, o terapeuta
solicitava ao paciente dramatizar a situação e se dirigir a alguém
como se fosse Ana.

(e) *Fazendo perguntas*

"Uma observação atenta revelará freqüentemente que o ques-
tionador não tem realmente necessidade da informação, ou que
a pergunta não é realmente necessária, ou que representa pregui-
ça ou passividade de parte do paciente. O terapeuta pode então dizer: 'Transforme esta pergunta em uma afirmação.' A freqüência com que o paciente pode efetivamente fazê-lo confirma
a ação do terapeuta".

108 JOGO, TEATRO & PENSAMENTO

A aplicação das técnicas de Gestalt ao teatro e à educação repousa, obviamente, na ênfase no processo mais que na forma ou nas técnicas. Não é acidental que Janet Lederman, cujo *Anger and the Rocking Chair* é um estudo magistral da educação de crianças pequenas, seja o principal expoente do movimento dramático na educação.

Em tempos recentes, a terapia apoiada no teatro cresceu em importância. Isto é mais amplo do que técnicas psicodramáticas específicas e usa métodos de todos os componentes do teatro criativo e espontâneo. Os livros para referência são: Sue Jennings, *Remedial Drama* (London: Pitman, 1974); Gertrud Schatter e Richard Courtney (orgs.), *Drama in Therapy*, 2v. (New York: Drama Book Specialists, 1980).

7. O Inconsciente e o Teatro

Os psicanalistas, a partir de Freud, se interessaram fortemente pelo teatro. Não é por acaso que grande parte da terminologia freudiana derive do teatro ático, pois os analistas sempre estiveram interessados na relação entre o inconsciente e a criatividade no teatro.

ESTÉTICA & CRIATIVIDADE

Freud

Freud considerava o conflito como sendo a base tanto da neurose quanto da criatividade, embora haja uma diferença: apesar de ambos terem saído de uma realidade insatisfatória para o mundo da imaginação, o artista, ao contrário do neurótico, pode encontrar seu caminho de volta. Há uma relação definida entre conflito inconsciente e comportamento imaginativo; as fantasias de um poeta

... são também o primeiro estágio preliminar, na mente, dos sintomas de enfermidade dos quais nossos pacientes reclamam... Muitas produções imaginativas ultrapassaram os ingênuos devaneios originais, e não posso conter a suspeita de que mesmo as mais extremas variações possam vir a ser relacionadas com o modelo, por uma série ininterrupta de transições. [135]

Enquanto que o indivíduo normal responderá à tensão estabelecendo uma neurose, o artista criativo a utilizará:

Na medida em que a pressão dos instintos aparece e uma solução neurótica se torna iminente, a defesa inconsciente contra isso conduz à criação de um produto de arte. O efeito psíquico é a descarga da emoção reprimida até alcançar um nível tolerável. [86]

110 JOGO, TEATRO & PENSAMENTO

O conflito produz tensão emocional: com a pessoa criativa, as idéias "livremente emergentes" brotam do inconsciente e são aceitas; a pessoa não criativa, no entanto, rechaça tais idéias. Para ilustrar esse aspecto, Freud menciona uma carta de Schiller:

> No caso de uma mente criativa, parece-me, o intelecto retira seus vigias dos portões, e as idéias afluem em desordem, e só então ela revisa e inspeciona esse turbilhão. Vocês, ilustres críticos, ou como quer que se possam chamar, envergonham-se ou temem a loucura momentânea e passageira que é encontrada em todos os verdadeiros criadores, cuja maior ou menor duração distingue o artista que pensa do sonhador. Disso advém suas reclamações sobre improdutividade, por rejeitarem tão logo e discriminar tão severamente. [41]

A pessoa criativa premite um intercâmbio entre o inconsciente e o ego; os processos inconscientes tornam-se ego-sintônicos e assim aparecem "realizações de excepcional perfeição".

Freud destaca também o relacionamento direto entre criatividade e humor:

> ... a negação dos apelos da realidade e o triunfo do princípio do prazer induzem o humor a se aproximar dos processos regressivos ou reacionários que tanto atraem nossa atenção em psicopatologia. [134]

A terceira principal proposição de Freud era a de que a criação fundamenta-se em experiências da infância:

> Não se esqueça de que o realce dado às memórias infantis do escritor, o que talvez pareça estranho, deriva-se, em última análise, da hipótese de que a imaginação criativa, como o devaneio, é uma continuação e um substituto para o jogo da infância. [135]

Dessa forma, o comportamento criativo não é apenas uma elaboração de fantasias "livremente emergentes" e regressões humorosas, mas deriva das atividades lúdicas e é delas um substituto.

Schneider

Daniel Schneider apresenta uma interessante formulação estética que é, entretanto, questionada pelos psicanalistas clássicos, particularmente Kanzer [212]. Schneider considera que o artista está na mesma posição que o analista: traduz os sonhos em formas que são inteligíveis e esteticamente agradáveis para a consciência universal do homem. O prazer derivado da arte é feito de sonhos que o artista converte em beleza:

> ... *toda forma de arte é essencialmente a forma de um sonho...* um sonho cuja forma é essencialmente a do sonho de uma pessoa adormecida e composto por exatamente as mesmas forças, sendo,

O INCONSCIENTE E O TEATRO

então, *virado às avessas*, orientando-se para a realidade do mundo externo mais do que para a realidade do mundo dos sonhos. [330]

E assim:

... a técnica artística é um *controle consciente do poder inerente do inconsciente em seu processo de elaboração do sonho.* [330]

O teatro é visto como sendo um sinônimo da habilidade de arrastar o espectador para um círculo mágico e retratar seus conflitos de tal forma a induzir a um efeito catártico semelhante ao sonho, do qual ele emerge revigorado. De acordo com Schneider, a arte dramática é o *acting-out* de uma interpretação analítica, mas, como diz Kanzer, Sófocles não interpreta o complexo de Édipo — ele o descreve.

Ehrenzweig

Ehrenzweig, que foi uma excepcional autoridade em belas-artes, desenvolveu um curioso amálgama de conceitos: usou uma compreensão basicamente gestáltica da forma e combinou-a com a atitude kleiniana quanto ao material analítico. Desse modo, desenvolveu dois conceitos: a "mente de superfície", que possui configurações bem definidas; e a "mente de profundidade", que é relativamente informe. A isto relaciona a distinção feita por Nietzsche entre arte apolínea e arte dionisíaca (vide p. 17): a primeira fornece serenos símbolos de superfície; a última, prazer a partir dos símbolos de profundidade. Dessa forma, Ehrenzweig pode fazer julgamento tais como: a arte clássica refere-se às formas conscientes de superfície; a arte modernista refere-se aos elementos os menos articulados do pré-consciente — como o sonho, a atenção varia entre o pano de fundo e o primeiro plano. [95]

Ernst Kris

Enquanto Freud enfatizou o inconsciente, Kris considera o pré-consciente como a base da arte:

... a regressão do ego (primitivação das funções do ego) ocorre não apenas quando o ego se encontra enfraquecido — no adormecer, no sono, na fantasia, na embriaguez, e nas psicoses — mas também durante muitos tipos de processos criadores. Isto sugeriu-me, anos atrás, que o ego pode usar o processo primário e não ser ser subjudado por ele. A idéia foi calcada na explicação de Freud sobre o chiste, segundo a qual, um pensamento pré-consciente é "confiado, por um momento, à elaboração inconsciente", e o que parece valer para uma variedade de outros processos inventivos ou criadores. [223]

112   JOGO, TEATRO & PENSAMENTO

A criatividade é vista como um ato de regressão a serviço do ego: nos sonhos, o ego é submerso pelo id; na arte, o ego domina o id — o ego regula sua própria capacidade de regressão. E, por esse conceito surpreendente, Kris explica a arte, o chiste e o riso. Discorda de Freud, para quem a ênfase deveria ser dada ao inconsciente: a arte se refere mais ao devaneio que ao sonho; o sentido de beleza tem uma relação com o objeto, e o ímpeto criador tende a estabelecer contato com os objetos. A arte está a meio-caminho entre o inconsciente e a realidade: retira sua força do sonho mas mantém nitidamente sua atenção no mundo externo; as fantasias artísticas pré-conscientes demonstram maior liberdade do controle do superego do que as reflexões do ego porque são mais acessíveis ao id. Desse modo, as idéias do id alcançam a consciência mais facilmente do que através dos processos racionais, e o artista se isenta de toda culpa, atribuindo as idéias a alguma intervenção de fora, como a uma divindade ou à Musa.

Com uma série de surpreendentes fotografias de arte de doentes mentais, Kris examina a conexão entre o estilo artístico e os processos mentais. O esquizofrênico, por exemplo, evita espaços vazios e cria formas rígidas, estereótipos e simbolismo; em particular, projeta seus próprios traços fisionômicos em suas figuras, em um esforço de ver e controlar a si mesmo (como com o típico exercício do espelho). Kanzer resume:

> Se o estilo ou a criatividade são influenciados pela enfermidade, assim como pela tentativa de comunicar e obter aprovação social; se, como pode ser demonstrado, variam com a educação e tradição, então, o papel dos processos secundários deve ser devidamente reconhecido. Ou, como afirma Kris, os talentos devem ser estudados com relação ao desenvolvimento individual e condicionamento social. [212]

Na verdade, para Kris, a criatividade artística é um tipo de comportamento de solução de problemas — integra "significados particulares" em um produto de valor social. É o modo pelo qual o artista se adequa à sociedade.

Devemos observar, também, que a atitude de Kris com relação à catarse é muito similar à dos modernos psicoterapeutas infantis:

> Não estamos mais satisfeitos com a noção de que as emoções reprimidas perdem sua influência sobre nossa vida mental quando é encontrada uma saída para elas. Acreditamos, antes, que o que Aristóteles descreve como purgação possibilita ao ego reestabelecer o controle que se encontra ameaçado pelas exigências instintuais reprimidas. A busca de saídas atua como uma ajuda para assegurar ou restabelecer esse controle e o prazer é duplo, tanto na descarga quanto no controle. [224]

O INCONSCIENTE E O TEATRO 113

A catarse tem seu lugar na estética porque promove ambos, descarga *e* controle. A ilusão estética fornece tanto segurança quanto libertação do sentimento de culpa.

Apareceriam duas linhas de evolução da teoria do préconsciente de Kris, recentemente, formuladas por Martin Wangh e L. S. Kubie.

Wangh, resumindo as modernas abordagens psicanalíticas da estética, propôs que deve existir uma determinada condição para que as regressões controladas ocorressem como indicado por Kris: a isto Wangh chamou *condição-pivô*.

> Nosso ego deve ser assegurado em uma situação que é exterior à situação criativa, se nos permitirmos o luxo da regressão temporária. Estabelecemos um pivô, por exemplo, durante o sono, com sua peculiar inibição de motilidade, e apenas então o pensamento regressivo alcançará um livre percurso... Do mesmo modo, a situação recreativa no teatro é uma situação segura, que permite ao espectador ter uma experiência estética — mas, basta que haja uma multidão incontrolável e toda possibilidade de prazer, derivada do estado de regressão controlada, se acaba. Na situação criativa, o artista deve estar similarmente seguro em uma situação-pivô, a partir da qual ele se engaja no ato criativo. De modo muito similar, o pivô é estabelecido pela identificação do artista com a platéia prevista, em suas asseguradas situações recreativas. [373]

O ego controla sua capacidade de regressão, permitindo ao artista mergulhar no id com propósitos criadores; mas, diz Wangh, deve-se manter as condições precisas, para que isto seja feito de forma segura.

Kubie vai além de Kris: nega o papel do inconsciente na atividade criativa, considerando-o mesmo prejudicial. Concorda que os processos pré-conscientes são vitais, porque têm

> ... o mais alto grau de liberdade na alegoria e na imaginação figurativa, o que é obtenível por qualquer processo psicológico. A contribuição dos processos pré-conscientes à criatividade depende de sua liberdade em coletar, reunir, comparar e combinar as idéias. [225]

A flexibilidade da imagética simbólica é essencial para que o processo simbólico seja criativo. Essa flexibilidade é possível somente através da ação livre, contínua e corrente dos processos pré-conscientes. Estes devem, entretanto, atuar contra o ego e o id, contra os processos inconscientes e os da razão:

> Os processos pré-conscientes são atacados de ambos os lados. De um lado, são atiçados e estimulados para símbolos rígidos e distorcidos por impulsos inconscientes, que estão orientados para fora da realidade, e que consistem em rígidas formações de compromisso, carecendo de fluência de inventividade. Por outro lado, são conduzidos por um propósito consciente positivo, controlados e corrigidos por consciente crítica retrospectiva. A singularidade da criatividade, isto é, sua capacidade de encontrar e compor algo novo,

114 JOGO, TEATRO & PENSAMENTO

depende do âmbito no qual podem atuar livremente as funções pré-conscientes, entre esses dois ubíquos rivais e opressivos guardiões. [225]

A Relação entre Jogo & Arte

Vimos que Freud considerava arte como "uma continuação e um substituto para o jogo das crianças", que o artista é um homem que utiliza o mundo da fantasia assim como a criança o faz em seu jogo. O artista se afasta da realidade porque não pode entrar em acordo com as exigências feitas para a renúncia de satisfações instintuais; e assim, na fantasia, ele permite a completa manifestação de seus eróticos e ambiciosos desejos. Mas (ao contrário do neurótico), encontra uma maneira de retornar do mundo da fantasia para a realidade. Com seus talentos especiais, molda suas fantasias em uma nova forma de realidade — que outros consideram como uma justificação, assim como uma reflexão válida, sobre a vida real. É nesse sentido que a arte se relaciona com o jogo: ambos são tentativas de relacionar o id com a realidade. Os dois conceitos de Hadfield, de que tanto o jogo quanto os sonhos solucionam problemas, e de que a identificação no jogo (sendo simbólica) amadurece o desenvolvimento das idéias, podem ser ampliados para a criação artística. Lili Peller vê a arte como a contraparte adulta do jogo edipiano. Kanzer observou que o jogo dramático é fundamental para o processo de evolução da ação instintual para a sublimação — e a criação artística é verdadeiramente uma sublimação para o psicanalista clássico. Diz Fenichel:

A função psicológica do jogo é a de libertar-se de... tensões, pela repetição ativa ou sua antecipação, em tempo e dosagem auto-determinados. [102]

A arte é também um método pelo qual o ser humano pode aliviar as tensões e satisfazer os desejos, ainda que de maneira sublimada. Porém,

A fantasia, sucessora do jogo, representa, de certo modo, um passo atrás. A criança, normalmente, não sente necessidade de ocultar seu jogo, e, conquanto possa ser solitário, o jogo é mais freqüentemente social. Em contraste, os adultos tendem a esconder suas fantasias dos outros. Sabem, ou acreditam, que não podem perder tempo com devaneios, que devem preocupar-se com as coisas importantes da vida, tal como ganhar o seu sustento. Envergonham-se, também, do conteúdo de suas fantasias, que quase sempre giram em torno da realização de desejos egoístas ou eróticos. [234]

O artista, tendo um objetivo sério para suas fantasias (criação), pode entregar-se a elas.

O INCONSCIENTE E O TEATRO

Contudo, por que há diferentes formas de criação? Por que um artista se torna dramaturgo, outro pintor, e um terceiro escultor? Um psicanalista diria que, embora o processo de desenvolvimento do jogo e a criação artística seja similar, a natureza real da atividade varia de acordo com as experiências infantis do indivíduo criança. A. A. Brill, por exemplo, discute a poesia:

A poesia não é senão uma saída oral, uma saída através das palavras e frases para expressar uma emoção genuína. A poesia é uma saída sensual ou mística através das palavras, ou, por assim dizer, através da ruminação e degustação de refinadas palavras e frases... O poeta, invariavelmente, submete o pensamento ao sentimento, o afeto vem sempre antes, as palavras e os pensamentos depois. Como um pássaro, subitamente capturado, o poeta, quando sob a influência da emoção, acha-se compelido a abandonar o pensamento em favor do som, a lógica em favor do ritmo, as leis da retórica em favor da licença poética. Ainda domina o poeta a onipotência do pensamento, que recebeu, originalmente, seu primeiro rude golpe quando a criança teve de chorar pelo seio materno, sendo finalmente gratificada ao mamar nesse seio. O poeta compulsivamente, repete todo o processo, e, como o bebê, seu estado afetivo pode apenas ser apaziguado através da expressão rítmica de sons agradáveis. [40]

A maioria dos freudianos considera o exibicionismo como sendo um dos motivos inconscientes da criação artística; afinal, a produção de uma obra de arte pressupõe um público. Nem todos os psicanalistas concordariam com isso. Bergler, por exemplo, considera que o voyeurismo antecede o exibicionismo:

... o voyeurismo é inconscientemente afastado ao ser substituído pelo exibicionismo. [28]

Embora a criação artística possua um caráter exibicionista, a natureza individual do impulso é determinada pelas experiências infantis.

Ernst Kris postulou uma evolução lógica do jogo para a criação artística. O jogo apresenta três fases de desenvolvimento: domínio do corpo e domínio do brinquedo; a dramatização ativa do mundo íntimo da imaginação, de modo a manter o equilíbrio psíquico; e o prazer funcional (segundo terminologia de Spencer e Groos), que surge de um sentido de domínio. Mas, a primeira e a última dessas fases diferem claramente da segunda:

O prazer do domínio *realizar-se no presente,* e é experienciado como tal. O prazer cômico... refere-se a um feito passado do ego, que necessitou de longa prática para acontecer. [224]

Kris pode, portanto, distinguir entre dois tipos de atividade lúdica — o jogo *per se* e o chiste.

A ilusão toma o lugar da realidade — e, neste mundo de faz-de-conta, as coisas proibidas passam, subitamente, a ser permitidas.

116 JOGO, TEATRO & PENSAMENTO

Freud admitia isso, e podemos hoje acrescentar que toda graça é
dirigida a uma segunda pessoa. O jogo pode ser solitário, o cômico é sociável. Pelo jogo, a criança tenta dominar o mundo externo,
e na graça está buscando, agressiva ou libidinosamente, uma companhia. [224]

Tendo enunciado seus postulados básicos, Kris demonstra, a seguir, o desenvolvimento do jogo para a arte. O
primeiro passo ocorre com a criança mais velha que, ao invés de fazer o que deseja impulsivamente, brinca ou simula
fazê-lo. (Isto se relaciona com a distinção estabelecida
por Ekstein e Friedman entre ação impulsiva, ou *acting-out,
e play action* ou *play acting.*) A esta altura, o universo do
faz-de-conta é tenuemente limitado com o mundo real, desde a óptica da criança. O passo seguinte, é quando a crença
na "realidade do jogo" coexiste com a certeza de que se
trata apenas de um jogo:

Aqui se encontram as raízes da ilusão estética. [224]

E o terceiro passo é quando a criança aceita a fantasia dos outros assim como as suas próprias. Este é o período dos contos de fadas, que assumem vital importância na
vida da criança.

Kris também observa que há um outro fator que relaciona o jogo com a arte: o conceito de mágico. Em todas
as formas de cultura primitiva, as imagens dão poder sobre
aquilo que representam. No folclore, o fazedor de imagens
é um mágico. Não tem importância se a imagem é realista.
A configuração dos ídolos, por exemplo, não é importante;
o homem projeta sua visão alucinatória no objeto. A "onipotência do pensamento" é um aspecto constante do jogo
das crianças, que pode ou não estabelcer uma comunicação
com os outros. Mas a arte é uma forma de criação destina-
da à comunicação e, enquanto que os gestos devem ser vistos e as palavras ouvidas para que se estabeleça a comunicação, as representações pictóricas podem ser lidas mais tarde — podem ultrapassar o tempo. São, portanto, mágicas.
As pinturas das cavernas do homem pré-histórico, por exemplo, são mágicas em dois sentidos: ambas simbolizam o
passado e são exemplos de "magia simpática". É neste sentido que o artista é visto como mágico: ele cria o mundo
de uma maneira nova — controla o mundo através de sua
obra.

Estas são as formas através das quais os psicanalistas
abordam a criatividade. O jogo se desenvolve para a arte,
embora os analistas discordem individualmente quanto a
certos detalhes. Mas, aquelas partes do jogo que são dramáticas têm seus propósitos futuros, como vimos, e, assim,
as artes centradas no teatro têm particular significância.

O INCONSCIENTE E O TEATRO

O ARTISTA NO TEATRO

O Ator

Os psicanalistas consideram que todo artista demonstra tanto uma necessidade quanto uma habilidade para se exibir. O exibicionismo é o resultado do desejo inconsciente de mostrar o corpo, ou partes do corpo, para espectadores; e, na criança pequena, de ambos os sexos, é o desejo de mostrar os órgãos genitais. Mais tarde, o menino se concentrará em exibir os genitais como uma forma de restabelecer a confiança contra o medo da punição; isso pode levar à perversão adulta de "exibicionismo". O exibicionismo, nas meninas, transfere-se para o corpo em seu todo, e, socialmente encorajado, transforma-se no conceito de beleza feminina. E, se a sublimação do exibicionismo é vista como essencialmente feminina, isso explica por que representar é freqüentemente considerado como sendo uma arte feminina [381].

O exibicionismo do ator, porém, é específico e difere do de outros artistas. Weissman sugere que este seja derivado de um malogro em desenvolver um senso normal de imagem corporal. Melanie Klein localizou esse importante momento no final do primeiro ano de vida, quando o bebê reconhece sua mãe como uma pessoa inteira; e, ao mesmo tempo, sabe distinguir o eu do não-eu. É esta etapa de desenvolvimento posterior que Weissman sugere que o ator não realizou completamente. O "namoricar" natural é parte essencial da unidade mãe-filho, mas:

> Se essa atitude persiste para além das necessidades afetivas reais da criança, a continuidade da união simbólica da criança com a mãe é encorajada, e retarda o processo de diferenciação entre o eu e o não-eu. [381]

Weissman ressalva que nem *todos* os atores têm essa característica; constata, porém, a partir de seu fichário clínico, que *alguns* atores apresentam essa característica. E observa, também, que conflitos não solucionados de exibicionismo do período da infância podem condicionar a diretriz de um ator, o mesmo podendo fazer um pai ou mãe que, frustrados no seu desejo de ser ator, dirigiram a criança a continuar a profissão ou sonho de representar, dos pais. Weissman distingue, mais adiante, os *tipos* de atores, utilizando para isso os termos de Ekstein e Friedman, *play action* e *play acting*:

> ... o ator que se limita ao nível do *play action* em sua arte é normalmente um artista inferior, exbicionista e pode estar emocionalmente perturbado. O ator, no *play acting*, controla e regula

118   JOGO, TEATRO & PENSAMENTO

sua técnica de interpretação e é, portanto, capaz de ser um profissional competente. Dependendo de seu talento e treinamento, ele
pode oferecer um desempenho altamente criativo. [381]

Psicologicamente, a interpretação é um processo duplo:
a habilidade para criar outra personagem e a habilidade para expressá-la a uma platéia. Pode ser que essa facilidade
em transformar-se em personagens criadas seja o resultado
da carência de uma imagem corporal.

A natureza exibicionista da atuação está também relacionada com o narcisismo. No narcisismo primário, a criança se sente onipotente; mais tarde, perde isso, percebendo
que os adultos são onipotentes, e buscará participação na
onipotência perdida. Buscar reunir-se com pessoas poderosas, ou, dessa forma, obter gratificação, é procurar simultaneamente satisfação narcisista e sexual. Fenichel diz que
o prazer sexual do ator consiste em usar o espectador para
satisfazer suas necessidades narcisistas:

> Os atores, isto é, pessoas que suprem suas necessidades depen-
> dentes por meio de um exibicionismo sublimado e assexuado, são
> pessoas com ansiedades específicas; ou, melhor, dotadas de recursos
> específicos para manipulação de suas ansiedades, por meio da in-
> fluência que exercem sobre a platéia. [103]

Fenichel também sugere a conexão entre o exibicionismo do ator e a magia — o modo de influenciar uma platéia. Expor-se é uma forma inconsciente de garantir a segurança; ou, como diria um psicanalista, o homem mostra
seu pênis como uma arma para afugentar os demônios, e a
mulher mostra seus órgãos genitais como uma ameaça de
castração para afugentar os demônios. A origem do teatro
foi, nesse sentido, o exibicionismo: uma exibição para influenciar os deuses e espectadores — em todos os períodos,
o influenciar magicamente o público fez parte do inconsciente dos atores. Se, como diz Hanns Sachs [326], o artista
inconscientemente expressa desejos instintivos e induz o
público a partilhar de seus desejos através do aplauso (assim como participar de sua culpa), isso é particularmente
verdadeiro no que se refere ao ator. O objetivo inconsciente do ator é fazer com que a audiência sinta a mesma
emoção que ele está demonstrando; os espectadores tacitamente reconhecem que se identificam com as personagens:

> Em uma boa representação teatral (como nos cultos antigos),
> ator e platéia sentem que "nós o fazemos juntos". O público, sa-
> bendo que é "apenas uma peça", perde seu medo da ação, e o ator
> (do mesmo modo que o autor), protegido pela mesma convenção,
> perde seu sentimento de culpa, por meio da aprovação dos irmãos
> (platéia), que o liberta — ele, o herói — de sua solidão. [103]

O ator está, no entanto, entre dois pólos: inconscientemente deseja seduzir, atrair, intimidar ou mesmo destruir

O INCONSCIENTE E O TEATRO 119

a platéia; embora não deva fazê-lo ou voltaria o público contra si. Piedade e medo devem ser evocados:

... o temor a Deus, a quem os sacerdotes imitavam em suas atuações, foi certamente um dos principais alvos do teatro primevo... (Também a) combinação de sedução e intimidação é o conteúdo essencial de todos os festivais totêmicos, rituais de iniciação, ritos religiosos e representações teatrais. [103]

O ator demonstra, na escolha de sua carreira, que sublimou o desejo de sua infância — exibicionismo — chegando a isso pelo testar constante das possibilidades de seu eu. Testa suas emoções, parte por parte; representar um papel significa um teste de identificação. O ator exibe seu eu físico à platéia, mas oculta seu eu real na personagem; embora, na medida em que nenhum bom ator pode criar uma emoção que não haja, de alguma maneira, experimentado, ele está, nesse sentido, interpretando a si mesmo. Fenichel diz que todos temos nossas fantasias sobre o que gostaríamos de ser, mas, a qualidade especial do ator é que ele possui um grande número de "eus" de fantasia. E é somente através da representação de um papel que o ator pode sublimar suas ansiedades: ele desloca as tensões para pessoas imaginárias e sublima as tensões "não controladas", identificando-se com elas.

Assim, nos damos conta de que representar é, de fato, uma extensão do jogo dramático. Jogo, representação e pensamento estão inter-relacionados: são mecanismos pelos quais o indivíduo testa a realidade, se liberta de suas ansiedades e domina o seu meio.

O Dramaturgo

Weisman vê o dramaturgo lidando com a arte do conflito e ação da mesma forma que o ator, mas sem os problemas específicos de exibicionismo e identidade deste último. Alguns dramaturgos podem ter inclinações, para o *acting-out* mas esta não é a fonte de seu talento criador.

O dramaturgo deve estar suficientemente dissociado para transformar desempenhos inconscientes em desempenhos criativos, e esta dissociação é uma função do ego. Porém, quando desempenhos pessoais não podem ser controlados, o artista tem uma fase não-criativa, remetendo-nos, desse modo, ao conceito de Kris de que a criação é uma regressão auto-regulada a serviço do ego. A representação tardia de desempenho é inerente à criação do dramaturgo. Ele cria ação em todos os níveis, ou, mais precisamente, pensamentos e representações verbais de ação. Desse modo:

O importante é que o dramaturgo deve conter suas tendências pessoais para a ação — sejam elas impulsivas, diretas, tardias ou

120 JOGO, TEATRO & PENSAMENTO

acting-out — e deve redirigi-las para suas criações. Um escritor de teatro político, religioso, romântico ou psicológico, pode não ser um governante, um padre, um apaixonado ou um psiquiatra. Conseqüentemente, quaisquer que sejam os seus traços, hábitos e impulsos, em sua vida artística a expressão direta de suas ações pessoais devem ser transmutadas em suas ações dramáticas. [381]

O relacionamento entre o consciente e o inconsciente do dramaturgo é específico: conscientemente ele explica o mundo dentro do que este significa para ele, e constrói suas personagens como ele as fantasia. Shaw, por exemplo, criou o *ménage à trois* de Eliza, Higgins e Pickering, no *Pigmaleão,* a partir de suas experiências de infância. Embora, conscientemente, o dramaturgo tente retratar suas próprias opiniões e sentimentos:

... inconscientemente, é conduzido por suas experiências infantis revividas, esquecidas, não solucionadas, traumáticas e desagradáveis, recriando novas soluções que visam restaurar um equilíbrio integrado com os efeitos perturbadores desses incidentes e fantasias prolongados. [381]

Possivelmente, o dramaturgo cria situações infantis pela compulsão de repetição: sempre se preocupou com a situação familiar desde o tempo de Ésquilo, e o tema edipiano tem sido o tema dramático por excelência, há séculos — embora central para Sófocles, Shakespeare, Sartre, O'Neill e Pirandello, tem sido um elemento inevitável para muitos outros. Assim:

O texto do dramaturgo é muito semelhante ao sonho manifesto. A peça produzida pode ser comparada ao conteúdo latente e elaboração secundária do sonho. [381]

O ator e o dramaturgo têm um relacionamento inconsciente distinto com os espectadores. O ator antropomorfiza-os em uma única pessoa (a platéia é "fria" ou "quente") enquanto que o dramaturgo escreve para "qualquer um" e, assim, para a sociedade como um todo.

O Produtor & Diretor Artístico

Um dos aspectos da situação edipiana é o desejo de tornar-se um dos pais — normalmente a mãe, mas eventualmente o pai — e isto é sublimado pelo diretor, ao dirigir os atores. Assim o coloca Weissman:

Maternal ou paternal em sua origem, a identificação é transformada e expressa no desejo sublimado de ser o pai artístico de seus filhos artísticos, ou seja, os atores. [381]

A identificação de Gordon Craig com sua mãe, Ellen Terry, foi característica: de seu juvenil anseio de solucionar os problemas financeiros de sua mãe, ele veio a identificar-se

O INCONSCIENTE E O TEATRO

com a figura paternal de Irving (que resolveu os problemas monetários de "E. T."); sua grande ambição de estabelecer um teatro próprio permanente pôde ser visto por Weissman como um deslocamento do desejo de sustentar e proteger os filhos de sua mãe; e, de seu temor pelo escuro (quando "E. T." levou-o ao teatro) veio o desejo de ter um pai forte invertendo o papel, sua auto-identificação voltou-se para "o homem que deveria salvar o teatro".

Weissman sugere que o diretor artístico também se identifica com os ideais do ego, derivados dos ideais de seus pais, assim como sua própria sublimação da rivalidade com o pai, e isto reforça o talento artístico da criança:

... e se dirige para uma carreira ditatorial, paternalmente influenciada, em um mundo artístico influenciado maternalmente. [381]

Desse modo, "cria" a obra do dramaturgo como se esta fosse seu próprio filho. Assim como os pais tendem a educar suas crianças de acordo com os princípios de seus próprios pais, os diretores artísticos, provavelmente, tratarão o texto cavalheirescamente, ou com devoção.

O diretor se identifica com os conteúdos da peça em questão, mas, em muitos casos famosos (como as tragédias gregas, Shakespeare, Molière) o diretor é também o autor; em outros casos (Irving, Stanislavski, Gielgud) o diretor pode ser também o ator principal. O diretor-dramaturgo pode falhar quando não se identifica com suas próprias peças, assim como com as peças de outrem, pois (uma vez escrita) já não mais faz parte dele. O diretor-ator pode falhar quando o auto-exibicionismo necessário do ator entra em conflito com sua identificação paternal.

A PLATÉIA

O que nos faz reagir ao assistir uma grande peça? Pensadores por séculos ocuparam-se dessa questão[1], e os psicanalistas não são exceções.

Freud

Freud diz que

... o desejo reprimido (do herói) é semelhante àqueles que são reprimidos em todos nós, cuja repressão pertence a um estágio primitivo de nosso desenvolvimento individual, enquanto que a situação da peça rompe, precisamente, com essa repressão. Devido a esses dois aspectos é que nos resulta fácil reconhecer-nos no herói. [133]

---

1. Para aspectos filosóficos, vide meu "Drama & Aesthetics, *Brit. J. Aesth.*, abril 1968.

122   JOGO, TEATRO & PENSAMENTO

Em outras palavras, há uma identificação mútua entre o artista e a platéia: o artista criador se identifica com a platéia, e a platéia se identifica com aquilo que o artista comunica. Para Freud, o teatro se ocupa de

... sofrimento e infortúnio, quer na peça, na medida em que gera uma simples apreensão, depois atenuada, quer na tragédia, quando um sofrimento real toma vida. [133]

O teatro, como todas as artes, tem as mais profundas possibilidades emocionais, e

... espera-se que consiga transformar mesmo o presságio de destruição em algo agradável e, por essa razão, retrata o herói em combate, com uma satisfação masoquista em sucumbir. [133]

Assim como a reação da platéia a isto:

Parece ser um dos pré-requisitos desta forma de arte (drama psicopatológico) que a luta de um impulso reprimido por tornar-se consciente, ainda que reconhecível, é tão pouco nomeável, que o processo de aquisição da consciência revolve-se no íntimo do espectador, enquanto sua atenção é distraída e ele está mais envolvido com sua emoção que com capacidade de julgamento racional. [133]

Embora a platéia se identifique com a criação do dramaturgo, é seu inconsciente que reage ao conteúdo inconsciente da obra.

Conseqüentemente, torna-se lógico para Fenichel dizer, como já vimos, que o ator e o público necessitam um do outro e ambos sentem que "nós o fazemos juntos" [103]. Assim também a opinião de Kanzer, sobre o engajamento do público em uma sublimação coletiva, está rigorosamente na mesma linha de pensamento de Freud:

O isolamento, a privacidade dos procedimentos, o ressentimento e a tensão de ser interrompido, a necessidade periódica e ritualística de participação renovada — tudo é testemunho do impulso básico que está sendo descarregado. [213]

Schneider

Schneider traça um paralelo entre a identificação no teatro e a identificação infantil. No desenvolvimento normal, a criança de sexo masculino faz uma "identificação boa" com o pai, como resultado do complexo de Édipo, e também renuncia a seus impulsos infantis voltados para a mãe. No teatro:

Identificamo-nos com os protagonistas criados e reagimos a seus antagonistas como se nós estivéssemos vivos no palco. Identificamo-nos, intestinamente, com o protagonista; projetamo-nos no cenário, fazemos nossa a mobília, sentimos o diálogo como se fosse saído de nossas próprias bocas, conhecemos a ambivalência (virtudes em conflito) de amor e ódio, atingimos idêntico nível de crise

O INCONSCIENTE E O TEATRO

e clímax, e "vamos saindo" apenas gradativamente, na medida em que a resolução do conflito nos permita recobrar-nos como platéia e não mais como participante. *Isto é teatro!* [330]

Mas há uma diferença entre identificação infantil e identificação com o protagonista:

... quando nos *identificamos,* não estamos "padronizando segundo" um modelo, nós nos *transformamos* nele... Não apenas nos identificamos com a pessoa da personagem — com o seu *Ego;* nos identificamos com suas *tradições e ideais* — seu Superego; em seu tempo e lugar retratados — com sua história; por uma noite, no teatro, assumimos mesmo uma porção de seu Id: suas repressões, organizadas como estão, com seus impulsos primitivos, arcaicos e elementares, e obstados por suas tradições e ideais. Nós o vemos — seu Ego que tomamos emprestado por algumas horas — lutar entre a tradição, convenção, moralidade (forças do Superego), de um lado, e do outro, suas repressões e selvageria elementar (Id). [330]

Ernst Kris

A ênfase de Kris no pré-consciente lhe permite analisar o público em três níveis básicos de relacionamento com a obra de arte: em primeiro lugar, o reconhecimento — o tema resulta familiar, e passa a ser comparado com alguns traços de memória (embora, na arte abstrata, isso seja reprimido); em segundo lugar, alguma experiência da personagem se torna parte do espectador; e, terceiro, há uma identificação com a personagem (nas belas-artes, isso se dá com o artista).

Kris contribui mormente para a teoria da comédia e, em particular, acerca de seus efeitos sobre a platéia. A comédia ajuda a superar o estranho e o terrível, mas não apenas por si só: pressupõe um controle sobre a emoção, antes de tornar-se efetiva; uma vez estabelecido o controle, a comédia combina domínio e prazer. A máscara cômica oculta algo de sinistro que foi, em algum momento, temido e respeitado — os sátiros foram, outrora, demônios em corpo de bode, e os bufões devem sua origem aos diabos. O desenvolvimento das máscaras e grotescos pode ser visto nas gárgulas góticas: no século XIII, eram terríveis figuras de magia apotropaica; no século XIV, apenas divertiam.

Quando rimos de um bufão, não podemos nos esquecer que sob sua cômica fantasia, com sua capa e gorro, ele ainda carrega a coroa e o cetro, símbolos de realeza. [224]

O bufão é homem, bom e mau, tolo e onipotente; mas a onipotência do bufão é herdada da onipotência do demônio. O fantástico e o cômico são similares, como podemos constatar pela derivação de muitas palavras européias, que possuem ambos os significados (como *drôle* em

124 JOGO, TEATRO & PENSAMENTO

francês e *komisch* em alemão). A comédia é uma faca de dois gumes, pois, em seu clímax, seu efeito é quase doloroso e, às vezes, produz mesmo aflição mais que prazer. Kris define também o grotesco como sendo:

... repentino e inesperado alívio da ansiedade que leva ao riso. [224]

Mais adiante, ele faz uma conexão entre o cômico e o exibicionismo: o cômico é um mecanismo de defesa, um testar da realidade, do qual o exibicionismo pode ser uma forma.

Kris suscita, também, o problema da ambigüidade. William Empson [97] afirmou a existência de sete tipos principais de ambigüidade às quais uma platéia reage. O efeito de um símbolo sobre a platéia não é definido; em qualquer grupo de pessoas, há uma série de respostas a palavras e ações específicas, e estas respostas estão agrupadas em conjuntos. Kris reavalia o efeito da ambigüidade sobre a platéia mas os significados múltiplos, em todas as formas de arte, não estão necessariamente presentes de maneira distinta na mente do artista ou do público. A maioria das vezes, permanecem pré-conscientes, no "lado de trás da mente".

O exame da ambigüidade levou Kris a analisar os padrões de interpretação de uma platéia. Estes são em número de três: (1) correspondência com o conteúdo da obra — por exemplo, conhecer o mito é necessário para a compreensão de T. S. Eliot; (2) intenção, implicando conhecimento do artista no que se refere a sua sociedade; e (3) coerência, pois a interpretação das partes deve estar coerente com o todo. Todos os três devem ser completos, pois, para atingir seu efeito máximo, a interpretação de um público deve compor uma síntese.

Kris vai mesmo além e examina a ambigüidade na sociologia da arte. O nível até onde uma platéia interpreta uma peça varia de acordo com a época. A ambigüidade varia: em um período de pouca ambigüidade, os rigores (padrões) são muitos, o que se aproxima do teatro ritualista ou acadêmico; em um período de muita ambigüidade, os ideais e valores sociais são incertos. De alguma maneira, isso afeta a sobrevivência de uma peça através da história: se é escrita em um período de alto grau de ambigüidade, muitas interpretações podem ser dela retiradas, e assim, pode causar um efeito que durará por vários períodos. Visto desde essa óptica, é compreensível que as peças de Colmans sejam praticamente desconhecidas hoje em dia, ao passo que as peças da Renascença ou do começo do século XX são intensamente populares.

O INCONSCIENTE E O TEATRO
125

A Resposta a uma Peça

Para o psicanalista, o teatro reflete temas universais do inconsciente do homem. Quanto mais significativa a peça, mais universal o tema. O público se identifica com o protagonista: quanto maior a identificação, mais "importante" parecerá a peça. Portanto, os psicanalistas aceitam plenamente as origens religiosas do teatro, pois a religião representa a consciência e a moralidade inerente à estrutura psíquica do homem (o superego), sem a qual nenhum conflito jamais poderá ser inteiramente retratado ou resolvido.

A partir de Freud, os psicanalistas descobriram os temas universais do incesto, culpa e agressão, nas peças de teatro desde Atenas do século V a.C. até nossos dias. Talvez o exemplo mais famoso seja *Hamlet e Édipo* [198], de Ernest Jones, onde Hamlet é analisado como se estivesse no divã do analista. Jones vê a personagem de Hamlet firmada no complexo de Édipo. Quando a culpa de Claudius lhe é revelada, Hamlet exclama:

> Oh, alma minha profética! Meu tio?

O tio de Hamlet consumou a culpa e o desejo inconsciente do próprio Hamlet — matar seu pai e casar-se com sua mãe. Como resultado, sente-se atordoado pelo conflito interno que foi reativado — e é isso que importa para sua suposta indecisão.

Na mesma linha de interpretação estritamente freudiana, está o ensaio de Franz Alexander, "A Note on Falstaff" [6]. O inconsciente de cada um dos espectadores da platéia se identifica com a personagem ou um aspecto da peça, e pode participar em uma ação culposa porque não é responsável pelo que sente.

Alexander vê *Henrique IV* como um estudo sobre o Príncipe Hal:

> O mau rapaz, após haver destruído completamente suas esperanças no futuro, mostrou, contra todas as expectativas, ser bom.
> [6]

Hal deve superar dois problemas que todos encaramos na infância: o simples hedonismo infantil (representado por Falstaff), e a destruição viril (simbolizada por Hotspur). A agressão é superada na Parte I e o hedonismo na Parte II:

> Quando Hal mata Hotspur no campo de batalha, supera simbolicamente sua própria tendência destrutiva. Ao matar Hotspur, arquiinimigo de seu pai, supera suas próprias agressões contra seu pai. Mas, precisa superar também o Falstaff em si mesmo, se deseja tornar-se um adulto perfeitamente equilibrado. [6]

JOGO, TEATRO & PENSAMENTO

É nesse contexto que Alexander pode responder à eterna questão: "Qual é o fascínio de Falstaff sobre o público em todas as épocas?":

Ele representa as mais profundas camadas infantis da personalidade, o simples inocente desejo de viver e desfrutar a vida. Não tem propensão para valores abstratos tais como honra, dever e humildade...
O narcisismo indestrutível de Falstaff, que nada pode abalar, é o mais forte fator que nos afeta... Ele é infantil e sincero; não há nenhuma situação psicológica, não importa quão degradante possa ser para Falstaff, da qual não possa desembaraçar-se, da qual não possa escapar com incomparável auto-apreciação... (Seu) modo primitivo de mentir, e o uso indiscriminado de qualquer método para salvar a pele, essa mentalidade própria de uma criança de três ou quatro anos na pele de um homem velho e gordo, essa imperturbável confiança em sua própria perfeição, possui em si algo extremamente revitalizante... A criança em nós o aplaude, essa criança que conhece um único princípio e este é viver, e não deseja reconhecer nenhum obstáculo externo. [6]

Embora o tratamento psicanalítico clássico dado aos grandes dramas tenha valor inestimável, mais podemos dizer dos enfoques modernos. No tema de um dramaturgo, um desejo inconsciente partilhado universalmente é visto de forma variada, de acordo com a estrutura psíquica do artista, mudanças sócio-econômicas e descobertas científicas. É possível perceber isso nos diferentes tratamentos da lenda de Orestes e Electra. Os três maiores escritores trágicos gregos trataram esse tema, de maneira diversa:

A habilidade de Ésquilo em atenuar a culpa de Orestes e a condenação final do efeito de Orestes por Eurípedes são indicações da diferente severidade dos superegos religiosamente influenciados dos dois dramaturgos.
Sófocles, explorando a mesma lenda, não utilizou as Fúrias e tampouco incluiu o julgamento. Ele nem aprovou nem condenou; antes, retratou a caracterização psicológica de Electra e Orestes. Como dramaturgo, Sófocles, não permitiu que seu superego interferisse. [381]

Sartre oferece uma solução existencialista para o mesmo problema em *As Moscas* enquanto o *Mourning Becomes Electra*, de O'Neill e *The Prodigal,* de Jack Richardson, apresentam duas soluções diferentes, apoiadas na psicologia moderna, a este antigo conflito legendário.

À parte a interpretação direta de uma peça pelo público, a psicanálise teve também um efeito posterior: produziu o dramaturgo que, de acordo com Kris,

... atinge a patologia, e a conquista em seu trabalho. [224]

Pensamos imediatamente em Strindberg, O'Neill, Pirandello e Genet. Isto impõe um papel adicional ao espectador: com dramaturgos desse tipo, estamos mais conscientemente atentos para o insconsciente do criador.

O INCONSCIENTE E O TEATRO

Weissman contribui com um levantamento atualizado, com a inclusão do Teatro do Absurdo. Ao abandonar intencionalmente a realidade, na trama e personagem, e ignorar a comunicação lógica no diálogo e a convenção do estilo literário, essa forma de teatro faz o público

... aproximar-se dessa linguagem com uma regressão imediata, idêntica ao abandono, pelo autor, dos processos de pensamento lógicos e orientados para a realidade. A comunicação do autor e suas próprias respostas pertencem mais aos domínios do pré-consciente e do inconsciente. [381]

O Teatro Popular

Cada espectador se identifica, em seu inconsciente, com alguma pessoa ou aspecto particular da obra. O teatro ritual e religioso original, de acordo com Fenichel, tentou amedrontar e impressionar a platéia através da sua experiência [103], por meio da qual procuraram uma identificação experimental com o deus imaginado e temido, assim como o ator original (o sacerdote primitivo) conseguiu uma identificação experimental com o deus. Desse modo, o homem primitivo enfrentou suas ansiedades tanto de forma passiva quanto ativa: pôde identificar-se com o deus assim como superar seu medo pelo deus.

A experiência teatral em todas as épocas é similar. E isso se aplica ao teatro "popular" da feira, do circo, do mambembe, e do teatro de variedades, tanto quanto ao teatro "sério". Como diz Tarachow sobre o circo:

O circo é o desagregado ramo pré-genital do teatro, mas, não obstante, é teatro. É o teatro da criança, dramatizando as fantasias das crianças, conscientes e inconscientes, seus devaneios, seus jogos, seus pesadelos, suas ansiedades, seus sonhos mais extravagantes. Há pouca preocupação com a realidade... A criança é presenteada não apenas com vitórias sobre o espaço e a gravidade, mágica e ilusão, assim como triunfos sobre ferozes animais; é também brindada com a oportunidade de superar ansiedades e fantasias específicas, em sua maioria de natureza pré-genital. [352]

Este tipo de entretenimento oferece oportunidades pueris de elaborar problemas desconexos, na medida em que um ato segue-se ao outro, em rápida sucessão. Nada é resolvido: pode haver resseguro contra certos medos (tais como o problema infantil de manter a postura ereta, como os artistas da corda-bamba, ou desafiar a morte, com os domadores de animais), mas, nenhum relacionamento pessoal maduro é dramatizado. Os palhaços representam, em sua desfiguração, uma espécie de castração, assim como uma forma de exibicionismo:

128 JOGO, TEATRO & PENSAMENTO

O circo ocupa-se dos mesmos problemas que preocuparam Lewis Carroll, assim como os problemas de que se ocupam fetichistas e travestis. [352]

A máscara do palhaço relaciona-se com agressões masoquistas:

Certos pacientes, especialmente os obsessivos-compulsivos e os profundamente masoquistas, expressam muitas de suas agressões através de trejeitos faciais. A máscara do palhaço pode ser considerada uma careta fixa, estilizada... Há uma grande semelhança entre a ação do palhaço e os jogos espontâneos das crianças, particularmente com respeito à simplicitade e caráter repetitivo. [352]

O grande atrativo do palhaço é que ele ajuda a criança a relembrar a superação de certas limitações pueris e, ao mesmo tempo, oferece à criança uma fantasia de ilimitadas gratificações infantis. Nesse sentido, o poder de atração do Arlequim e do Pantaleão, através dos tempos, pode ser equivalente. Tarachow destaca também a agressão anal do palhaço, desde o óbvio bastão anal das ilustrações do Arlequim renascentista até a palhaçada da torta da moderna comédia de pastelão. Pode haver aqui alguma relação com o demônio medieval, com seu desagradável odor, capaz de produzir estrondos ao expelir flatos. Tarachow resume:

Os artistas circenses e os palhaços são descendentes dos artistas ambulantes e bufões das cortes do período medieval. Assim como o teatro convencional, as origens do circo remontam-se aos primitivos festivais religiosos. O circo é o desagregado teatro pré-genital: trata de problemas pueris, evitando os problemas de maturidade sexual e diferenciação sexual. É adequado à mentalidade e capacidade da criança. [352]

A arte de fantoches teve também suas origens nos espetáculos dramáticos dos rituais religiosos. O palco de marionetes pode ter-se originado por volta de 5000 a.C., com o teatro de sombras, na Índia Oriental, onde a principal personagem era um servo cômico que sempre envolvia o rico senhor em situações comprometedoras. Essa forma de teatro evoluiu através dos períodos grego e romano, resultando no Arlequim italiano, no Punch e Judy ingleses, no Guignol francês, no russo Petrushka, no alemão Hanswurst (mais tarde Kasper), e no turco Karagoz. Universalmente, a personagem central era o "homem médio": mundano, materialista, bravo e covarde, tagarela, fisicamente capaz, esperto e ingênuo; cheio de esperança e desconsolo, tem confiança e merece a confiança dos outros, rejeita e é rejeitado. Na verdade, ele fornece um retrato da vida de "Todomundo", como ele acredita ser.

Hoje, o tipo permanece, apesar de que o arquétipo original possa ter desaparecido. Uma das versões modernas mais interessantes, descrita por Woltman [392], foi o teatro

O INCONSCIENTE E O TEATRO

de bonecas terapêutico, apresentado no Bellevue Hospital, New York, que teve como herói o jovem Caspar. Deliberadamente, as figuras dos bonecos foram feitas em concordância com o que imaginaram ser os desejos e vontades das crianças da platéia, e, como conseqüência, houve uma forte identificação com os bonecos. Caspar, cuja aparência não denotava nenhuma idade específica, expressou os fortes desejos infantis que exigiam satisfação, embora compreendesse a necessidade de adaptá-los à realidade: aqui estava o "ego idealizado" freudiano acedendo à realidade sem conflitar com o id. Um outro boneco era o crocodilo, expressando dois tipos de agressão oral: sua agressão oral própria, e a contra-agressão oral (medo de punição). Os vários aspectos da estrutura psíquica total foram mostrados diferentemente.

Assim completamos o círculo. O psicanalista pode ver no teatro o reflexo do eu inconsciente do homem. O público, no teatro, se identifica com o que acontece no palco e o analista pode utilizar isto tanto para compreender como se constitui uma grande obra de teatro (por conter os temas inconscientes mais universais) e também para fins terapêuticos, proporcionando entretenimentos que podem ajudar a seus pacientes.

ADENDO AO CAPÍTULO 7

Teatro Experimental

O crescimento do teatro experimental ou teatro "em processo" é um dos fenômenos de nosso tempo. As periferias de todo o mundo estão desenvolvendo teatro de rua, teatro de gueto, *happenings*, teatro improvisado, grupos de dança criativa, etc. A relação entre esse desenvolvimento e o tema "o inconsciente e o teatro" encontra-se nas declarações de Jean-Jacques Lebel sobre o *happening*:

1. O funcionamento livre de habilidades criativas, sem levar em conta o que agrada ou vende, ou os julgamentos morais pronunciados contra certos aspectos coletivos dessas atividades.
2. A abolição do direito de especulação sobre o valor comercial arbitrário e superficial atribuído, não se sabe por que, a uma obra de arte.
3. A abolição do privilégio de exploração de artistas intelectualmente "malditos", que foi apropriado por intermediários e agentes vulgares, que detestam arte.
4. A abolição do "policiamento" cultural por cães de guarda estéreis, com idéias estratificadas, que se crêem capazes de decidir se tal ou qual imagem, vista à distância, é "boa" ou "má".
5. A necessidade de suplantar a aberrante relação sujeito-objeto (aquele que vê/aquele que é visto, explorador/ex-

130 JOGO, TEATRO & PENSAMENTO

plorado, espectador/ator, colonizador/colonizado, médico/louco, legalidade/ilegalidade, etc.) que até agora tem dominado e condicionado a arte moderna. (J.-J. Lebel, On the Necessity of Violation, *TDR — The Drama Review*, 13 I, outono 1968, p. 89-105.)

De modo específico, de acordo com o *happening*, os objetivos sociais de Brecht e a liberação das forças inconscientes unem-se em

"... *uma forma de teatro propositalmente composta, na qual os diversos elementos alógicos, incluindo representações desprovidas de matriz, são organizados em uma estrutura compartimentada*" (Michael Kirby (ed.), *Happenings* Dutton, N. Y., 1965, p. 21).

Allan Kaprow vê seu estilo particular de *happening* da seguinte maneira:

"Meu trabalho é concebido, geralmente, em quatro níveis. Um é a 'especificidade' direta de cada ação, seja em relação a outras ou por si mesma, com nenhum outro significado além da absoluta proximidade com o que está acontecendo. Esse ser físico, sensível, tangível é muito importante para mim. O segundo refere-se ao fato de que são fantasias representadas, não exatamente como a vida, embora derivadas dela. O terceiro refere-se ao fato de que são uma estrutura organizada de eventos. E o quarto nível, não menos importante, é seu 'significado' em sentido simbólico ou sugestivo" (in Kirby, *op. cit.* p. 49).

Nem todos esses teatros "em processo", naturalmente, estão tão diretamente relacionados ao inconsciente como as fantasias de Kaprow; alguns são mesmo tão formais quanto aqueles tipos de teatro atacados por Lebel. Para o estudo das distinções entre tipos de teatro, ver meu artigo Theatre & Spontaneity, *Journal of Aesthetics & Art Criticism*, outono 1973.

Essa tendência teve um importante efeito sobre a educação dramática, ou seja, o aparecimento do ator-professor, primeiramente abordado por Brian Way em seu Theatre Centre, Victor Road, London N. W 10, quando sua companhia de atores, excursionando pelas escolas com peças "de participação", encorajavam também as crianças à participação na ação dramática. Ele iniciou um treinamento básico com seus atores e, por muitos anos, foi o único a fazê-lo. Na metade dos anos 60, os grupos de teatro-na-educação com os atores-professores, normalmente uma "extensão" do teatro profissional adulto, evoluíram bastante. Rapidamente, muitos grupos desenvolveram um modo de abordagem sociológico, onde, *com a criança que eles envolviam na ação*, uma ação dramática era representada. Gordon Vallins, em Conventry, Bernard Goss, em Greenwich, e muitos outros líderes de grupos de teatro-na-educação, fundamentaram seu trabalho no *processo* pelo qual passa a criança, assim como seu produto final. Por volta de 1973, entretanto, muitos grupos se dissolveram porque eram excessivamente radicais, não permitindo à criança, de acordo com alguns deles, as necessárias escolhas políticas. Seria justo, porém, excluir dessa relação grupos tais como o The Young Vic. (Para a documentação básica, vide John Hodgson e Martin Banham (orgs.), *Drama in Education — The Annual Survey*, Pitman, Londres — edições anuais).

A Máscara

Recentemente, um dos mais estimulantes experimentos teatrais tem sido o trabalho com máscaras de Keith Johnstone, particularmente suas explorações dos estados de transe induzidos. O ator ves-

O INCONSCIENTE E O TEATRO

te a máscara e, lentamente, levanta sua cabeça para olhar um espelho; enquanto estiver em um estado "de máscara", ele se mantém; uma vez quebrado esse estado (concentração de interpretação/transe), imediatamente retira a máscara. Com a prática, o nível de transe do ator pode perdurar por longo espaço de tempo. Surpreendentemente, não apenas a energia liberada é estupenda como o nível criativo do ator é absolutamente marcante. (Vide: "Acting: Possession, Trance, Hypnosis & Related States", uma entrevista com Keith Johnstone por Zina Barnieh, in *Discussions in Developmental Drama*, nº 4, University of Calgary.)

Terceira Parte

Jogo, Teatro e Sociedade

8. Teatro e Antropologia Social

O teatro é um fenômeno social. Com base na identificação com a mãe, transforma-se em personificação — note-se que sempre o indivíduo está se relacionando com outro alguém. A criança de 9 anos de idade, brincando de "bandido e mocinho", está brincando com outras crianças, em pequenos ou grandes grupos; ela está personificando como um método de adequação a sua sociedade. Assim, o teatro é também uma instituição social. Wagner dizia que o teatro não poderia ser concebível, a não ser como uma atividade da comuniade.

Sendo uma atividade social, o teatro está intrinsecamente ligado às origens da própria sociedade. Todo o âmbito do jogo dramático (da peça à representação teatral) pode ser observado em cada sociedade civilizada, variando de acordo com o desenvolvimento da civilização. De certa maneira, as origens da sociedade são as origens do teatro porque é pela personificação e identificação que o homem, em toda a história, relacionou-se com os outros.

ASPECTOS PSICOLÓGICOS

Freud

Foi através de seu estudo sobre o inconsciente do indivíduo que Freud percebeu a necessidade de explicar a sociedade e suas origens. Em *Totem e Tabu*, desenvolveu a visão antropológica corrente de seu tempo (desde Darwin, Frazer e Robertson Smith), e postulou sua própria teoria

136   JOGO, TEATRO & PENSAMENTO

sobre as origens da sociedade [120]. Sua teoria estipulava
que a primeira forma de sociedade foi a "horda primordial",
como originalmente descrita por Charles Darwin. Na horda original, havia um macho poderoso que era soberano absoluto sobre os mais jovens, e que mantinha todas as mulheres para uso exclusivo. Os jovens machos, obrigados à abs-
tinência, se revoltaram, mataram o "pai" e comeram seu
corpo. Porém, seu ódio pelo pai incluía afeto, e, assim, houve a necessidade de expiação e reparação. Dessa forma surgiu o totem, o animal (ou planta) sagrado, o qual se proíbe
matar; isso representa o "pai" e (como todos os outros
homens são seus filhos e as mulheres esposas) o grupo como um todo. A única exceção se dá nos rituais, a representação sagrada do crime original, quando os membros da
clã totêmico devoram o totem-pai — uma representação
simbólica do parricídio original. Mais tarde, como a competição pelas mulheres do pai poderia levar a repetir-se o
assassínio original, os homens precisaram casar-se fora do
grupo (exogamia); e, na medida em que as mulheres eram
as esposas do pai, o incesto foi proibido. Uma vez que o
pai foi morto, devorado e introjetado, sua vontade torna-
se a lei e ordem da sociedade (ou do superego). A finalidade das origens da sociedade foi, portanto, a necessidade
de refrear os impulsos sexuais e agressivos do homem —
a função da sociedade é principalmente supressiva. Como
diz Brown:

> Em uma única hipótese, ele explica a origem da sociedade, da
> religião e da lei, do totemismo, do tabu do incesto e da exogamia,
> do ritual e dos mitos. A lei coíbe os impulsos sexuais e agressi-
> vos; a religião, o mito e o ritual comemoram o crime e mitigam a
> culpa, e a sociedade é o mecanismo global de controle. Com o
> passar do tempo, os mitos relacionados com o ritual (a representa-
> ção cerimonial do ato original) levam ao teatro de Sófocles e Ésqui-
> lo, os quais ainda utilizam material fornecido pelos mitos, e poste-
> riormente se transferem para o teatro moderno. Seguramente, ne-
> nhuma teoria jamais explicou ou tentou explicar tanto. [42]

Embora não fundamental para sua principal teoria psicanalítica, Freud utilizou o inconsciente coletivo de Jung
para explicar as experiências do homem da horda primordial e, mais importante, a ocorrência de símbolos fixos nos
sonhos e nos mitos [206]. Embora muitos freudianos modernos rejeitem o inconsciente coletivo, Freud viu os símbolos dos mitos e sonhos como "representações sutilmente
disfarçadas de certas fantasias inconscientes fundamentais,
comuns a todos os seres humanos". A sociedade acha necessário mascarar desejos proibidos — o sexual, o agressivo e o incestuoso — e esse disfarce é o conteúdo manifesto
dos símbolos. Mas, o conteúdo latente apresenta símbolos
fixos, da herança arcaica do homem, em sonhos, mitos primitivos, mitologia clássica e teatro grego, contos folclóri-

TEATRO E ANTROPOLOGIA SOCIAL 137

cos, contos de fadas, arte, religião e muitos outros campos. Contido em todos eles está o parricídio, o incesto, a castração, punição e reparação, monstros devoradores, matricídio, canibalismo e desmembramento. Há uma nítida relação com o pensamento infantil. Freud demonstra que, na fase do complexo de Édipo, a criança deseja matar o pai, cometer incesto com a mãe e, como conseqüência, teme castração pelo pai. Melanie Klein mostra que a criança projeta a agressão sobre a mãe que, introjetada, se transforma em uma bruxa devoradora, que come as criancinhas (o que está relacionado com o canibalismo e desmembramento). Se, como afirma Freud, tanto o sonho quanto o jogo são tentativas do ego de relacionar o id com a realidade, não será surpresa constatar que o jogo dramático tem o mesmo conteúdo que os mitos, rituais, folclores e manifestações semelhantes.

Jung

Contrapondo-se a Durkheim [91], que dizia que o indivíduo poderia ser compreendido apenas em relação com a sociedade, Jung afirmava que as "representações coletivas" são as crenças e suposições básicas adotadas por um grupo, e são transmitidas de geração a geração. Jung também desenvolveu o conceito de "participação mística" de Lévy-Bruhl: a mentalidade não-lógica das tribos primitivas viu relações entre coisas que o homem civilizado não considera — uma falha de diferenciação, uma fusão do sujeito e objeto; desse modo, o selvagem viu a si mesmo como pássaro, ou culpou de seu fracasso na caça um encontro fortuito com um vizinho. Jung dizia que o inconsciente funde as coisas, como a sociedade, enquanto a diferenciação pertence à consciência e individualidade.

Ao distinguir o inconsciente pessoal (memórias que variam de indivíduo para indivíduo) do inconsciente coletivo (memórias coletivas, comuns a todos), Jung infere não apenas a herança de características adquiridas mas também considera que os arquétipos são símbolos da sociedade:

O ponto mais importante da questão é que os arquétipos da experiência coletiva, que são os símbolos da sociedade, devem ser expressos através dos indivíduos; por outro lado, os indivíduos devem confiar no material coletivo para o conteúdo básico de suas personalidades. [299]

O símbolo em si se refere a algo que o entendimento não abarca; não pode ser um meio de comunicação já que não se refere a nada conhecido. O símbolo não vem da experiência, mas das profundezas do inconsciente, e emerge como uma intuição. Porém, uma vez emergido do inconsciente, está "vivo" para o indivíduo, é uma "coisa viva" para ele e está "prenhe de significado" [205]

138   JOGO, TEATRO & PENSAMENTO

Essencialmente, sua visão sobre o inconsciente coletivo é um conceito místico:

... como o corpo é uma espécie de museu de sua história filogenética,. assim é também a mente. Não há razão para crer que a psique, com sua estrutura peculiar, é a única coisa no mundo que não possui uma história atrás de sua manifestação individual. Mesmo a mente consciente não pode negar uma história que se estende por, pelo menos, cinco mil anos. Mas, a psique inconsciente não é apenas incrivelmente velha, é também capaz de crescer progressivamente em um futuro igualmente remoto. [205]

A religião organizada tenta, através do dogma e do ritual (a cristalização da experiência religiosa original), expressar

... o processo de vida do inconsciente, na forma do drama de arrependimento, sacrifício e redenção. [207]

Esse parecer possui nítida fundamentação sociológica, e contrasta com a definição de Freud sobre religião, como uma exteriorização dos conflitos inconscientes do homem e sua ascensão ao cosmo [129]. Para Freud, a religião é "a neurose obsessiva universal da humanidade", na medida em que postula um bem-amado Pai celestial, que promete a felicidade no além, em troca da renúncia aos desejos instintuais na terra. A sociedade moderna, considera ele [130], foi aumentando sua repressão; como decorrência, o homem foi se tornando cada vez mais infeliz, e as gratificações substitutivas (bebida, tabaco, drogas, religião, amor) se multiplicaram; a sublimação foi a única resposta. Para Jung, porém, os símbolos do inconsciente coletivo são símbolos da própria espécie humana, da sociedade, e sua função religiosa pode influenciar o homem de forma tão poderosa quanto a sexualidade e a agressão.

Contudo, deve-se notar que, exceto os seguidores diretos de Jung, a maioria dos psicólogos sociais, psicanalistas e antropólogos rejeitam a hipótese do inconsciente coletivo.

Otto Rank

Otto Rank seguiu Freud quanto à origem da base da sociedade, mas desviou-se da clássica teoria psicanalítica. O "pai" era insignificante, e a horda primordial estava calcada no casamento em grupo, onde as crianças pertenciam ao grupo de mães. O trauma do nascimento criou o desejo de retornar ao útero materno, e o pai foi morto quando tentava impedir os filhos de realizarem isso. Apenas o mais novo dos filhos

... permanece, de certo modo, constantemente atado a ela, porque ninguém mais, após ele, ocupou o lugar na mãe... [304]

TEATRO E ANTROPOLOGIA SOCIAL 139

e ele se torna o "Herói". Após o matriarcado (regulamento da mãe), vem o regulamento feito pelo "Herói", que representa ambos, pai e mãe, e deve

... estabelecer-se, novamente, como uma "barreira ao incesto", contra o desejo de retornar para a mãe... A ansiedade da mãe é então transferida como respeito ao Rei, e aos inibidores motivos do Ego (ideal) que ele representa (justiça, estado, etc.). [304]

A sociedade apresenta uma crescente dominação masculina no desejo de excluir as mulheres e assim manter reprimida a memória do trauma de nascimento. A crucificação representa a punição pela rebelião contra o pai, e a ressurreição o nascimento. Maria é a mãe sublimada.

O desenvolvimento da sociedade foi o abandono gradual do primitivo trauma de nascimento para formas sublimadas, como uma substituição para o estado primitivo. A arte primitiva criou recipientes como símbolos maternos, e as mais primitivas sociedades eram maternais. A cultura do Egito antigo era desse tipo, e conteve três tendências dominantes: a religiosa, no culto peculiar da morte, que alimentava, com a preservação do corpo, a idéia de uma vida futura no ventre; a artística, na estima exagerada pelo corpo do animal (culto animal); e a social, a grande valoração da mulher dentro da sociedade. As sociedades maternais, entretanto, se modificaram, e a evolução do culto do pai-sol indica que os elementos masculinos se tornaram predominantes:

A evolução da adoração do sol sempre esteve de mãos dadas com a decisiva transposição da cultura-mãe para a cultura-pai, como fica demonstrado na identificação final do recém-nascido rei (*infante*) com o sol. Essa oposição à dominação da mulher, tanto na esfera social (direito do pai) quanto na religiosa continua... até a Grécia, onde conduz, por meio de uma total repressão da mulher, até mesmo da vida erótica, ao mais rico florescer da civilização masculina e à idealização artística correspondente. [304]

A própria arte se fundamenta na

... imitação do próprio crescimento e origem, a partir do receptáculo materno... [304]

e o artista criativo é

... um todo recém-criado, a forte personalidade com sua vontade autônoma, que representa a mais alta criação da integração da vontade e espírito. [304]

Freud, cuja teoria dos instintos é basicamente determinista, rejeita o sistema especulativo de Rank porque o conceito do homem como "criador de si mesmo" através da "vontade criativa" está em desacordo com as suas idéias sobre a natureza da ciência empírica.

140 JOGO, TEATRO & PENSAMENTO

Teorias Culturalistas da Personalidade

Wilhelm Reich promoveu um desvio sociológico da teoria psicanalítica clássica. Ele considerava que o desenvolvimento dos tipos de personalidade era condicionado pelo sistema sócio-econômico:

... toda ordem social cria aquelas formas de caráter que necessita para sua preservação. Em uma sociedade de classes, a classe governante assegura sua posição com a ajuda da educação e a instituição da família, tornando suas ideologias as ideologias dominantes de todos os membros da sociedade. [309]

Mas quem deu o último passo na análise da subordinação da personalidade ao sistema sócio-economico foi Abraham Kardiner, que usou a técnica psicanalítica para compreender a formação da personalidade pelo seu meio. Os padrões de educação da criança produzem uma Estrutura de Personalidade básica, e dentro dessa estrutura existe o caráter individual, que é

... a variação especial, em cada indivíduo, dessa norma cultural. [214]

A ansiedade pela comida, por exemplo, pode, em algumas culturas, afetar materialmente o comportamento do indivíduo e, desse modo, a formação do caráter. Ralph Linton demonstrou que os habitantes das ilhas Marquesas desenvolveram um caráter específico porque estavam sujeitos a sérios fracassos na lavoura, de tempo em tempo. Surge o canibalismo e o medo de ser devorado. Há um ritual para santificar as mãos da criança quando completa dez anos de idade; a partir de então, ela pode preparar comida para os outros. A comida é preparada diferentemente, quando feita para o homem ou para a mulher, e há toda uma série de tabus referentes a ela, dependendo do ofício. Comida é uma das poucas coisas sujeitas a roubo, mesmo em família. E assim, a sua escassez redundou em características hipocondríacas dentro das estruturas de personalidade daquela cultura. O próprio Linton diz que o Tipo Básico de Personalidade

... dá aos membros da sociedade discernimento e valores comuns, e torna possível uma resposta emocional unificada de parte deles às situações nas quais seus valores comuns estão envolvidos. [240]

Isto tem suas próprias subclasses. As sociedades dividem seus membros em grupos de *status*: de acordo com diferenças de sexo e idade; com base nas profissões especializadas; em grupos familiares assim como em grupos de associação — baseado em congenialidade e/ou interesse comum; e em grupos de prestígio. Dessa maneira:

TEATRO E ANTROPOLOGIA SOCIAL 141

Constataremos, também, que em toda sociedade há configurações adicionais de resposta que estão vinculadas a certos grupos socialmente delimitados dentro dela. Dessa forma, em praticamente todos os casos, as diferentes configurações de respostas são características para os homens e para as mulheres, para os adolescentes e para os adultos, e assim por diante. Em uma sociedade estratificada, diferenças similares podem ser observadas entre as respostas características de indivíduos de diferentes níveis sociais, como nobres, plebeus e escravos. Essas configurações, vinculadas ao *status*, podem ser chamadas *Personalidades do Status*... As personalidades do *status*, reconhecidas por qualquer sociedade, são sobrepostas a seu tipo básico de personalidade e estão perfeitamente integradas a este último. [240]

A cultura afeta o comportamento da criança da seguinte forma: primeiro, o comportamento de outros indivíduos *para com* ela; segundo, a observação e instrução da criança com respeito aos padrões de comportamento característicos de sua sociedade. Desse modo, sua resposta a uma situação nova

... pode ser desenvolvida principalmente através da imitação, através de processos lógicos ou através do sistema tentativa-erro. [240]

Em essência, os teóricos da Personalidade Básica vêem o indivíduo como a combinação das técnicas primitivas da infância com as instituições da sociedade, de cuja inter-ação surge a arte, o teatro, o folclore, a mitologia e a religião.

Neofreudianos

Kardiner e Linton mantiveram a estrutura freudiana da personalidade do inconsciente, consciente e pré-consciente, e a relacionaram com a formação do indivíduo pela cultura. Os neofreudianos, porém, rejeitam as teorias do instinto e da libido. Consideram que os fatores sociais e culturais são fundamentais para a natureza humana, e que os fatores biológicos não o são.

Horney, como Adler, é uma otimista. Diz que o desenvolvimento da criança não se faz maquinalmente através dos estádios oral, anal e genital; antes, depende totalmente de como a criança é tratada:

... se os outros não amam e respeitam (a criança) pelo que ela é, deveriam, pelo menos, dar-lhe atenção e admirá-la. A conquista do apreço é um substitutivo para o amor — um conseqüente avanço. [177]

Ser "normal" é um termo relacionado com a cultura:

Entre nós, seria considerada neurótica ou psicótica a pessoa que falasse por horas com seu falecido avô, enquanto que tal comunicação com ancestrais é um padrão reconhecido em algumas tribos da Índia. [179]

142 JOGO, TEATRO & PENSAMENTO

E a ansiedade, e sua resultante neurose, é uma sensação de ser

... pequeno, insignificante, desamparado, em perigo, em um mundo que é notório por abusar, atacar, humilhar, trair e invejar. [178]

Assim, à maneira de Adler, Horney tenta demonstrar três atitudes humanas — uma movendo-se em direção a, uma movendo-se contra, e uma movendo-se para fora — que, com os neuróticos, se transforma em desamparo, hostilidade e isolamento.

Erich Fromm procura demonstrar

... não apenas como as paixões, desejos e ansiedade mudam e desenvolvem-se como *resultado* do processo social, mas também como as energias do homem, ajustadas, desse modo, a formas específicas, por sua vez, tornam-se *forças produtivas, moldando o processo social*. [141]

Através de sua cultura, o homem aprende a relacionar-se com a sociedade e, por acumular o conhecimento passado em forma simbólica, pode visualizar as possibilidades futuras e adaptar-se conscientemente através da razão. O homem emergiu do animismo primitivo para estar apenas vagamente consciente de sua existência isolada. Cresceu para um estado de unidade cósmica, onde seu relacionamento com o mundo e a sociedade tanto o protegeu da solidão quanto frustrou o desenvolvimento global de sua individualidade. Na Idade Média, estava consciente de si mesmo apenas enquanto membro de uma raça, um povo, uma família ou uma corporação (como observou Burckhardt); perdeu sua unidade com a natureza e, mantendo sua solidariedade de classe social, esteve atado ao papel e *status* determinados pelo seu nascimento. Na sociedade industrial moderna, porém, o homem não se relacionou com o universo ou com os seus semelhantes: não pertence a parte alguma e está só e inseguro. Fromm observa que os tipos básicos de caráter se modificam à medida que a própria sociedade se altera — como notou David Riesman em *The Lonely Crowd* [312]. Não é de admirar, diz Fromm, que o homem esteja disposto a renunciar a sua liberdade para obter segurança — como sob o totalitarismo. Tanto a sociedade quanto os indivíduos desenvolvem quatro mecanismos de escape — masoquismo, sadismo, destrutividade e conformismo autômato — enquanto que o meio "normal" de relacionar-se com os outros é através do amor (o que pode ser comparado com as idéias de Suttie e Theodor Reik [310, 311, 351]).

Harry S. Sullivan vê dois objetivos principais na atividade humana: satisfação e segurança — ou a realização das

TEATRO E ANTROPOLOGIA SOCIAL 143

necessidades físicas e culturais [350]. A ansiedade ocorre, diz ele, quando os impulsos biológicos não podem ser satisfeitos de acordo com padrões culturalmente aceitos. Isto relaciona-se com o conceito de J. F. Brown [43] de que o superego, em Freud, sendo culturalmente determinado, corresponde a sua versão no que diz respeito à influência da cultura. Mas, talvez, a mais valiosa contribuição de Sullivan esteja em seu conceito sobre a empatia entre o bebê (6 a 27 meses de idade) e a mãe. Este é um método não-verbal de comunicação, e a aprovação ou desaprovação da mãe produz dois estados opostos (euforia ou ansiedade, conforto ou desconforto) e dá surgimento a uma das três imagens que o bebê tem de si mesmo: o "bom-eu" quando elogiado, o "mau-eu" quanto censurado, e o "não-eu" quando sob condições de pavor ou choque.

Embora chamados neofreudianos, Horney, Fromm e Sullivan são verdadeiros rebeldes quanto à posição psicanalítica. Em muitos aspectos estão mais próximos de Adler quanto à abordagem, e Sullivan, ressaltando o campo dos conceitos, se aproxima de Kurt Lewin.

ASPECTOS ANTROPOLÓGICOS

A antropologia revela a conexão precisa, quanto às origens, entre a sociedade e o teatro. A relação do indivíduo com os outros, como expressa no jogo dramático, está maiormente influenciada pela natureza da própria sociedade; e, vice-versa, o pensamento fundamental de uma sociedade encontra sua completa expressão no teatro.

A teorias da personalidade influenciam diretamente as visões antropológicas da sociedade e do teatro, e, igualmente, muitas das teorias de personalidade socialmente orientadas surgiram porque a antropologia forneceu dados novos, que vieram questionar algumas das descobertas de Freud. Este afirmou que o complexo de Édipo era comum a todos os homens. Entretanto, o antropólogo Malinowski observou que alguns insulanos da Polinésia foram criados pelo irmão da mãe, e não pelo pai, e que o jovem reprimia seu desejo de esposar a irmã devido ao ciúme que tinha de seu tio materno [248]. Questionou-se até que ponto não estaria Freud estudando apenas as tendências da Europa Central. Os freudianos tentaram derrubar a interpretação de Malinowski, fazendo suas próprias pesquisas de campo e colocando em dúvida a experiência psicanalítica de Malinowski [319]; mas, permaneceu o fato de que psicólogos como Kardiner e Linton, Horney, Fromm e Sullivan se sentiram livres para desenvolver teorias de personalidade fundamentadas no sistema sócio-econômico.

144 JOGO, TEATRO & PENSAMENTO

Os próprios antropólogos não permaneceram insensíveis à psicologia "profunda", embora se deva mencionar que a grande maioria não fez uso dos conceitos de Freud. Géza Róheim, reconhecido antropólogo húngaro, interpreta sua evidência em termos psicanalíticos clássicos e rejeita o conceito de Jung de inconsciente coletivo (que é, no entanto, aceito por Zimmer). Há, também, antropólogos interessados nos estudos comparativos entre as diferentes culturas: um confronto entre culturas e como esses padrões afetam os processos de pensamento, percepção, desenvolvimento da personalidade, e outros aspectos. Entre esses estão Ruth Benedict e Margaret Mead, Sapir e Whorf nos estudos lingüísticos, Kluckhorn, Hallowell, Campbell e outros que, generalizando, aceitam os conceitos de personalidade de Freud mas rejeitam suas teorias sociais.

Estudos Comparativos entre Culturas

Margaret Mead examinou, em áreas específicas, até que ponto a personalidade é determinada pela sociedade [255]. Concluiu que as diferenças de caráter entre homem e mulher não se devem a fatores biológicos inatos, pois, em Nova Guiné, as tribos apresentam variações de papéis masculino e feminino; e algumas invertem os papéis, assim como nós os conhecemos. Estudou os efeitos das instituições sociais sobre a personalidade e concluiu que diferenças culturais produzem personalidades divergentes: enquanto que os Arapesh são cooperativos, não-agressivos, gentis para com as crianças e desaprovam a auto-afirmação, os Mundugumor não são cooperativos, são agressivos, ásperos com as crianças, e possuem uma hostilidade natural para com todos os membros do mesmo sexo. Mead estudou essencialmente o conjunto de valores dominantes em uma sociedade e concluiu que estes produzem a "balança" característica de uma determinada cultura. Mead reconheceu que havia uma correlação entre os primeiros acontecimentos na infância e as práticas adultas (como Freud). Os modelos dramáticos em ritos de iniciação, por exemplo, foram vistos como tentativas de superar as influências da infância de vários modos: apoiar os mais jovens em seus direitos próprios como um adulto; romper a superdendência com relação à mãe, ou romper a identificação com a mãe. Dessa forma, também, parece haver uma conexão entre os hábitos de educação da criança e as atitudes em relação ao sobrenatural: as crianças tratadas de forma gentil consideram os deuses gentis, enquanto que as crianças educadas severamente consideram os deuses rudes. Benedict observou os índios Zuni [27], do Novo México, e encontrou as mesmas características que Mead encontrou com os Arapesh, embora os Zunis

TEATRO E ANTROPOLOGIA SOCIAL 145

sejam tão diferentes, no comportamento, dos povos da Europa Ocidental, que preferem perder uma competição ao invés de ganhá-la; são também extremamente maus quando assumem qualquer tipo de autoridade, e tampouco o desejam. Benedict estabelece também uma comparação entre os Dobus, que apresentam uma suspeita permanente de perseguição, com os esquimós, para quem a guerra é desconhecida. Postula uma Personalidade Configurativa, que reflete o *ethos* dominante da cultura e é determinada pelos diferentes padrões de valor.

Os modernos estudos comparativos, resumidos por Price-Williams [298], levaram à descoberta de muitos aspectos, em outras culturas, que diferem da nossa. A percepção, por exemplo, pode ser afetada pelo meio e pela cultura. Um teste de ilusão conhecido é o das duas linhas, de igual comprimento, que, colocadas ponta a ponta, formando um ângulo reto, sugerem que a linha vertical seja mais longa. Em certas tribos africanas, porém, o resultado varia: aquelas que vivem em regiões descampadas (Batoro e Bayankole) são menos propensas à ilusão do que aquelas que vivem na selva (Bete). A ecologia dos povos é provavelmente vital. Parece haver uma interação do observador com seu meio ambiente — as diferenças em *habitats* parecem produzir diferenças funcionais quanto aos hábitos visuais. Campbell observa que nós, na cultura ocidental, vivemos em um "mundo de carpintaria":

> Vivemos em uma cultura na qual abundam as linhas retas e na qual talvez noventa por cento dos ângulos agudos e obtusos, formados em nossas retinas pelas linhas retas de nosso campo visual, são realisticamente interpretáveis como ângulos retos interrompidos no espaço. [55]

Por vivermos em uma cultura singular, isso às vezes nos impede de ver que as estruturas aparentemente básicas são, de fato, criadas pela cultura na qual vivemos. (Os estudos comparativos de linguagem e cognição serão considerados nas pp. 261 e ss.).

Os antropólogos normalmente estudam as culturas ou através dos indivíduos ou através da sociedade coletiva: às vezes, usam ambas as técnicas. Mas, na medida em que os fatores externos a certa personalidade integram as conclusões feitas acerca das aferições de personalidade dos indivíduos, o estudo coletivo é, normalmente, considerado mais científico. Com esta última técnica, os antropólogos estudam não apenas os padrões de educação da criança como, em particular, os fenômenos adultos coletivos: contos folclóricos, mitologia e os temas dramáticos dos rituais. Desse modo, os padrões de valor são traçados desde a infância até o estádio adulto, expandindo-se dos indivíduos para a

146 JOGO, TEATRO & PENSAMENTO

sociedade (ou vice-versa). Pode ser considerado clássico o estudo feito por Bateson e Mead acerca de Bali.

O *Balinese Character* [23], de Gregory Bateson e Margaret Mead, tenta demonstrar que uma situação, ocorrida primitivamente na infância, reflete-se tanto no caráter do adulto quanto no teatro representado dentro da cultura. Uma mãe balinesa estimula ao máximo seu filho para, em seguida, "romper com o clímax", e parece ficar indiferente às emoções que desperta na criança. Às vezes, a mãe toma até mesmo emprestado outros bebês de modo a aumentar a emoção de sua criança. O pequenino, como conseqüência, encontra-se no centro de um intenso drama interno, que é

... centrado no seio da mãe, e um bebê balinês habitualmente mama em um peito e agarra firmemente o outro mamilo, principalmente quando há outras crianças por perto. [23]

Como conseqüência, os adultos têm emoções características com relação às mulheres, determinadas por suas traumáticas experiências de infância:

Há um conflito que ocorre a cada geração, no qual os pais tentam forçar os filhos de irmãos a se casarem entre si, para permanecerem dentro da linhagem familiar e venerarem aos mesmos deuses ancestrais, enquanto que os jovens se rebelam e, se possível, casam-se com estranhos. Pais e irmãos podem auxiliar um jovem a fugir com uma moça que não seja aparentada, mas nenhum parente masculino de uma jovem, nem ela mesma, pode admitir cumplicidade em qualquer desses esquemas. Um rapto-fuga é encenado, mas o rapaz teme não sair-se bem e isso é dramatizado no teatro em uma trama constante: a do príncipe que tenta raptar uma linda jovem mas que, por acidente, rapta, ao invés, a feiosa irmã, a princesa "Fera", que está sempre vestida com o traje característico usado pelas mães e sogras. [23]

A natureza esquizofrênica dos adultos se reflete em uma popular dança de flerte:

Experientes jovens, especialmente enfeitadas e treinadas, são levadas de aldeia em aldeia, acompanhadas de uma orquestra, e dançam nas ruas; às vezes com parceiros que pertencem ao grupo, mas, de uma forma mais excitante, com os participantes da multidão. A pequena *djoget* coqueteia e flerta, seguindo fielmente em forma e ritmo o comando dado pelo aldeão com quem dança, embora sempre o afaste com seu abanico, iluda-o, aproximando-se, retraindo-se, negando-se em uma indecisa seqüência, incompassível e remota. Às vezes, bem no meio de tal cena, a melodia tocada pela orquestra passa para a música do Tjalonarang (o jogo da Feiticeira), um pano ou uma boneca aparece como por mágica, e a pequena dançarina, considerando-se ainda o centro das atrações aos olhos masculinos, transforma-se, repentinamente, na Feiticeira. Ela assume as atitudes características, sacode sua roupa e dança, equilibrando-se em um único pé, ameaçando pisar sobre o bebê-boneco que atirou ao solo — é uma afirmação pantomímica de que as bruxas se alimentam de bebês recém-nascidos. Após a cena da Feiticei-

TEATRO E ANTROPOLOGIA SOCIAL 147

ra, a *djoget* retornará novamente a seu papel da garota desejável e inacessível. A dança repete o medo constante, a consciência final de cada balinês de que, apesar de tudo, e não importa quão duramente procure encontrar a adorável e desconhecida garota além dos confins de sua aldeia familiar, ele irá casar-se com a Feiticeira, casar-se com uma mulher cuja atitude quanto ao relacionamento humano será exatamente a mesma de sua própria mãe. [23]

Na Festa da Feiticeira de Bali (a representação do Tjalon Arang), o espetáculo começa de uma maneira teatral comum e termina em uma série de violentos transes. Representado por bailarinos mascarados, a trama é um exorcismo de bruxas; ao dramatizar o triunfo de Rangda, o povo visa obter suas boas graças. A bruxa está zangada com o Rei porque ele (ou seu filho) a rejeitou (ou à sua filha) e, como conseqüência, lança uma praga e semeia a desgraça por toda a terra. A figura mascarada da Feiticeira é evidentemente sobrenatural, com presas em lugar de dentes e língua flamejante, longas unhas e seios peludos e caídos. O Rei é representado por um dragão (o Barong) que é amistoso. Os Barongs variam de acordo com a região, mas, comumente, eles possuem, nos lados, tufos de cabelos feitos de tiras de tecidos, placas de couro na parte posterior, um magnífico rabo arqueado, uma elaborada máscara entalhada com detalhes em couro, e dois operadores (como os homens do cavalo da pantomima) cujos pés descalços e calças listradas aparecem por debaixo da fantasia. A estrutura mais comum do jogo é: uma luta entre a feiticeira-Rangda e o dragão-Barong; a derrota de Barong; o ataque a Rangda pelos aldeões munidos de adagas; o transe dos aldeões; o reviver dos aldeões, através da mágica do Barong; os aldeões se apunhalam a si mesmos.

Os adeptos do dragão, armados com punhais, entram e se aproximam da feiticeira, prontos a atacá-la. Mas, ela agita seu pano mágico — (os panos do bebê) — e, após cada ataque, eles se curvam ante ela, magicamente intimidados. Finalmente, correm para ela aos pares, golpeando ineficazmente a feiticeira, que se transformou em um fardo quase flácido, nos braços tensos dos aldeões. Ela é solta, não oferecendo resistência; no entanto, um por um, eles começam a cair no chão, em profundo transe, alguns relaxados, outros rígidos! São despertados desse transe pelo dragão que bate suas mandíbulas sobre eles, ou por seus sacerdotes, que borrifam água benta. Novamente aptos para mover-se — em um estado sonâmbulo, voltam seus punhais, que foram impotentes contra a bruxa, contra seus próprios peitos, enterrando-os em um determinado ponto que dizem coçar insuportavelmente. [23]

Esta representação é semelhante a muitas outras "ressurreições" (como no Kathakali e no Mummers' Play), mas há nela uma diferença: nas representações de outros lugares, o demônio é eventualmente derrotado, colocado no ostracismo, derrubado. A Festa da Feiticeira de Bali, ao contrário, não tem esse desfecho. Assim como o trauma infan-

148   JOGO, TEATRO & PENSAMENTO

til, os atores se aproximam da figura-mãe, são rejeitados e
se voltam contra si mesmos.

Deste modo, os antropólogos determinaram a inter-relação entre a sociedade, o teatro e a personalidade.

Róheim & Outros

Enquanto que a maioria dos estudiosos de antropologia e folclore ignoraram as descobertas dos psicólogos "da
profundidade", alguns tiveram isso em conta. O mais influente nesse campo foi Freud e, em certo sentido, Otto Rank.

Nos próprios trabalhos de Jung apareceram algumas
contribuições antropológicas de Carl Kerényi, principalmente no que se sefere à mitologia grega, enquanto que Heinrich
Zimmer examinou o inconsciente coletivo nos mitos hindus,
budistas e celtas. Zimmer vê o arquétipo do Velho Sábio
como a voz do passado remoto no homem, como expresso
no inconsciente profundo. Assim, o símbolo aparece encar-
nado no idoso sábio chinês, "O Velho", Lao Tsé, do taoís-
mo, assim como no Guru do hinduísmo:

> ... o arquétipo do Velho Sábio, a personificação da sabedoria intui-
> tiva do inconsciente. Através de sua inspiração e conselho secreto,
> ele guia a personalidade consciente, que é representada pelos cava-
> leiros e pelo rei. A figura de Merlim descende, através dos drui-
> das celtas, dos sacerdotes e feiticeiros tribais primitivos, dotados
> sobrenaturalmente de sabedoria cósmica e de poder de bruxaria, o
> poeta e o divino que pode conjurar presenças invisíveis com a ma-
> gia de suas canções. Assim como Orfeu, o cantor e mestre dos
> mistérios e iniciações da Grécia Antiga, cujas harmonias domavam
> os animais selvagens e moviam as mudas pedras, que se organiza-
> vam em muros e edifícios, também Merlim pode comandar as pe-
> dras. [397]

O mito serve como veículo para o pensamento de um
estrato subjacente da população, pois contém a sabedoria
esotérica de tradições secretas, em uma forma que as pessoas comuns podem entender; em outras palavras, expressa,
em formas não literais, as figuras simbólicas e ações do inconsciente coletivo. A mitologia hindu e celta faz parte dos
"mais antigos sonhos da alma" e não tem significado ex-
plícito; como atinge diretamente a intuição do ouvinte, ou
a criação imaginativa deste, a interpretação intelectual do
mito deveria ser evitada.

O eminente antropólogo húngaro, Géza Róheim, assume uma posição psicanalítica clássica:

> Ainda acredito que Freud estava certo em sua hipótese e que
> os seres humanos viveram provavelmente em grupo como a
> Horda Primordial de *Totem e Tabu*, de Freud. Acho desnecessá-
> ria, no entanto, a ousada hipótese de um inconsciente racial e, ao
> invés, trato de basear nossa compreensão da natureza humana na
> *infância prolongada do homem*. [320]

TEATRO E ANTROPOLOGIA SOCIAL 149

Sua análise da sociedade é a de que há tendências universais, comuns a todas as culturas, mas que uma determinada sociedade tem sua própria orientação particular:

Podemos explicar qualquer ritual ou costume particular com base em tendências que são universalmente humanas, e em outras, específicas, que ocorrem em uma determinada área. [319]

Todos os homens em todas as sociedades têm certas coisas um comum: o sagrado e o maldito são ambos tabu, desde que desejamos aquilo que pretextamos abominar; a proibição universal do incesto é uma proteção contra a gratificação desse desejo; os sobreviventes da horda punem-se através do luto por seus desejos malévolos contra o morto — assim, os reis primitivos eram primeiro exaltados e depois mortos; todas as relações humanas são ambivalentes; e, por último, a "onipotência do pensamento" primitivo produz o mágico, pelo qual um desejo, uma encantação ou o *acting out* de uma certa situação produz o resultado desejado. Mas, ao mesmo tempo em que existem tendências universais em todas as culturas, cada sociedade tem certas orientações próprias:

Certas formas de cultura devem, naturalmente, desenvolver-se após o período de aparecimento do superego, pois é somente com o superego que os seres humanos, propriamente ditos, aparecem. Podemos dizer, então, que qualquer cultura adquire sua coloração específica a partir do compromisso assumido entre o superego, de um lado, como uma unidade mais ou menos constante, e o trauma governante, de outro. Esse compromisso é personificado em um ideal de grupo. A mais forte impressão que o nativo australiano retém de sua infância é seu amor pela mãe "fálica". Conseqüentemente, desenvolve-se uma sociedade cujo ideal de grupo é um pai dotado de uma vagina (*i. e*, o chefe com um pênis subinciso, pênis churunga*, recoberto por círculos concêntricos, simbolizando a vagina). A noção de grupo da sociedade papua encontra-se no irmão da mãe (*i. e*, mãe mais o pai), que é repartido e devorado na festa: atrás dessa figura, no entanto, esconde-se o pai devorador Entre os Yuma, é permitido à criança testemunhar o coito dos pais. Como conseqüência de uma educação sistemática do superego, essa memória é fortemente reprimida e na idéia do grupo aparece o xamã que ousa sonhar com a cena primitiva e reproduzir esse sonho na vida real. [319]

É assim que Róheim vê a Festa da Feiticeira de Bali como uma mera versão (embora particular) do tema universal. Mostra que o jogo sustenta uma notável semelhança com atividades similares no Tibet e Norte da Índia, com o demônio dentuço e olhos selvagens dos budistas tântricos. e o *lakahe*, demônio de longos cabelos de Nepal, que dança, como o Rangda, com uma veste branca usada como arma. Quando a festa, porém, foi introduzida

---

* Amuleto sagrado das tribos da Austrália Central. São pedras achatadas. em geral elípticas, talhadas e que supostamente contêm um pedaço da alma daquele a quem pertence. (N. das T.)

150 JOGO, TEATRO & PENSAMENTO

em Bali, seu final foi modificado devido às frustantes experiências infantis de seus habitantes. Do ponto de vista psicanalítico, os homens balineses inconscientemente procuram em suas esposas as qualidades que eles condenam em suas próprias mães. Não é acidental que na trama da Festa da Feiticeira não haja nenhum elemento de "ressurreição" real: em Bali, o homem consegue o que inconscientemente deseja — sua mãe. Bali apresenta uma versão própria de um tema universal, e Róheim compara a Festa da Feiticeira com os enredos dramatizados do folclore e costumes casamenteiros europeus, recolhendo material de todo o continente, e afirma:

> Os dois tipos de representações terminam de diferente modo: no teatro de Bali, o final é regressivo (o herói recebe a mãe). Nos rituais de casamento da cultura popular européia, é progressivo (da mãe para a esposa). [319]

Na essência da obra de Róheim está uma tese fundamental: os padrões culturais de uma sociedade estão diretamente relacionados com o jogo infantil. Nas sociedades primitivas, ele discerne três tipos de jogo:

> Um grupo no qual exercitam habilidades motoras, que é o prazer funcional das habilidades, controladas pelo ego em desenvolvimento. O segundo grupo, o dos jogos formalizados, são ab-reações do trauma da separação. O terceiro grupo, praticamente universal, é o de "brincar de gente grande". Os meninos chamam-se uns aos outros "homens" e às garotas "mulheres". A gama dessas atividades imitativas pode variar desde tentativas reais de coito até a imitação no jogo de atividades úteis ou rituais. [322]

Enquanto que os três grupos se inter-relacionam, o jogo como um todo proporciona introjeção:

> Os mais jovens de nossas espécies de desenvolvem através de uma identificação parcial com os adultos, o que gradualmente se torna uma identificação global. [322]

Universalmente, as meninas pautam-se pela figura inconsciente da mãe e os meninos pela figura do pai: não faz diferença se a criança é educada por sua mãe ou pai real (contestando, assim, Malinowski). Róheim se apóia na posição de Groos referente ao relacionamento entre jogo e o longo período de infância da raça humana e admite, portanto, que o "pré-exercício" existe no jogo infantil:

> Nossa infância prologanda é causada por determinados fatores biológicos. Na psique, manifesta-se no faz-de-conta ou fase de jogo de nossa vida, que é a maneira humana de preparar-se para o ajustamento adulto à realidade. Karl Groos, em seus dois volumes sobre o jogo, escreve sobre a função imitativa e preparatória do ato de jogar. Nesse sentido, podemos ver claramente a inevitável função teleológica do complexo de Édipo: na mãe, temos o indício de todas as metas que desejamos alcançar; no pai, o protótipo de todos os oponentes a que enfrentaremos na vida adulta. [322]

TEATRO E ANTROPOLOGIA SOCIAL 151

É apenas nos mamíferos mais desenvolvidos que as memórias infantis são reprimidas, e o jogo, como o conhecemos, é uma necessidade: uma defesa contra a ansiedade da separação.

As defesas inconscientes, caracterizadas nas atividades lúdicas da infância, prosseguem na vida adulta. A cultura, como a analisou Suttie, é um desenvolvimento do jogo:

> Nossos modos peculiares de adaptação à realidade são fundamentados em invenções e essas invenções são sublimação de situações de conflito infantis. A própria cultura é a criação de um objeto substitutivo; este toma parte em ambas as qualidades narcisísticas e eróticas do objeto, representa ambos, mãe e filho. Nesse sentido, é idêntico ao mecanismo do jogo: uma defesa contra a ansiedade da separação estabelecida na transição da posição passiva à ativa. [320]

Como Suttie, Róheim relaciona o jogo com a cultura, mas de um modo muito mais definido. Teatro, ritual e forma similares são a versão civilizada do mecanismo inerente ao jogo:

> O elemento imitativo ou lúdico no ritual é, de fato, bastante evidente... É no jogo que animais e seres humanos jovens aprendem a substituir um rato morto ou uma bola por outro vivo, uns poucos gravetos por uma criança, um pedaço de casca de árvore por um canguru. Lafcadio Hearn descreve esse princípio na religião japonesa: "Há velhas e excêntricas crenças dos japoneses na eficácia mágica de certa operação mental, implícita, embora não descrita, na palavra *nazoraeru*. O termo em si não pode ser traduzido por nenhuma palavra inglesa, pois é usado em relação a muitos tipos de atos miméticos de fé. Os significados comuns de *nazoraeru*, de acordo com os dicionários, são 'imitar', 'comparar', 'assemelhar-se', mas o significado esotérico é substituir na imaginação uma ação por outra, de modo a produzir algum resultado mágico ou milagroso. Se alguém deseja erigir um templo a Buda, mas carece de meios para tal, dá no mesmo depositar um seixo diante da imagem de Buda; ou, ao invés de ler as 6771 palavras da literatura budista pode tornar-se um leitor eventual e isto terá o mesmo valor. Um boneco, no qual se espeta alfinetes, é equivalente ao inimigo a quem se deseja injuriar". Uma viúva Vogul beija e abraça um boneco que representa seu marido morto. Os Chippewas constroem uma imagem da criança morta e a imaginam viva, a viúva, carrega a ossatura de seu marido em um pacote e chama a este "marido", e os chineses acreditam que as figuras que adornam os túmulos e o "espírito" da palha são seres vivos ou podem tornar-se a qualquer momento.
>
> O faz-de-conta de animais pequenos torna-se uma atitude vitalícia, socializada e séria do homem primitivo, e, finalmente, em suas inúmeras ramificações, dá origem a nossa própria civilização. [318]

Desse modo, para Róheim, o jogo dramático da criança e o teatro do adulto servem ao mesmo propósito, e a sociedade se origina na

> ... infância prolongada, e sua função é a segurança. É uma ampla rede de tentativas mais ou menos bem-sucedidas para proteger

152 JOGO, TEATRO & PENSAMENTO

a raça humana contra o perigo da perda do objeto, os esforços colossais feitos por um bebê, que teme ser deixado sozinho no escuro. [321]

O Pensamento da Criança & do Homem Primitivo

Róheim e outros freudianos julgam haver uma relação entre o pensamento do homem primitivo e o das crianças civilizadas. Não que haja uma conexão direta; trata-se antes de certos padrões de pensamento em comum. E esses modelos refletem-se em sua atividade dramática. A festa balinesa é um exemplo (quer consideremos, como Margaret Mead, que o teatro reflete padrões infantis externos, ou, como Róheim, que reflete uma defesa inconsciente contra a separação da mãe) e é notoriamente semelhante a outros e mais antigos rituais e representações dramáticas. De fato, há um amplo paralelismo entre remanescentes da vida primitiva e remanescentes do passado individual. Há flagrantes semelhanças nos padrões dramáticos e crenças religiosas da cultura popular, da mitologia, dos aborígines contemporâneos e das crianças civilizadas.

O animismo é característico de mentes primitivas e infantis. A criança pensa que os objetos têm emoções e experiências como suas próprias (um psicanalista diria que ela pode, assim, eliminar algumas de suas tensões e dominar, desse modo, a ansiedade). Relacionado ao animismo, porém, está a "onipotência do pensamento", ou magia. Enquanto que a criança pode descarregar sua agressão contra um boneco, os primitivos enfiavam alfinetes em uma efígie do inimigo:

É verdade que o pensamento infantil possui, em grande escala, uma qualidade mágica. Pode dominar o seu meio pelo controle mágico do mundo, através de suas próprias ações, na situação de jogo, neutralizando assim, de certa maneira, os poderes mágicos que causaram seu estado de tensão, em uma primeira instância. No caso de povos primitivos, entretanto, não basta sentir-se melhor por esse meio mágico; há uma real efetivação da desintegração completa da pessoa odiada... Os sentimentos de hostilidade são, às vezes, fortalecidos por danças e cantos cerimoniais, que possuem acrescida a qualidade de absolver a culpa, partilhando os impulsos agressivos com o curandeiro e com os membros da tribo. Em certo sentido, isso ocorre na situação terapêutica entre a criança e o terapeuta, e na situação normal de jogo, em um grupo de crianças. [344]

Para o bebê e o homem primitivo há uma pequena diferença entre a intenção e o ato, e, se uma ação é passível de repressão, então a punição já se faz sentir. Na cultura popular, vemos que cada costume, ritual ou fórmula designados a produzir resultados no mundo externo (como a prevenção contra doenças ou melhoria da produção agrícola) fundamentou-se na crença de que a mente humana tinha,

TEATRO E ANTROPOLOGIA SOCIAL

de algum modo, o poder de influenciar eventos naturais. Um psicanalista diria que a "onipotência de pensamento" de uma criança é sua crença inconsciente de que os desejos possuem um poder mágico de alcançar a fruição no mundo externo. Ernest Jones assim o coloca:

Um dos resultados dessa superestima inconsciente do poder do pensamento é uma tendência a atribuir eventos externos a forças espirituais, e depreciar a importância de fatores físicos, exatamente como um homem verdadeiramente religioso atribui tudo logicamente à vontade de Deus, e demonstrar um interesse limitado pelo resto da cadeia causuística. Sua consumação é um estado mental perfeitamente animista, do qual percebemos traços evidentes em nossas crianças quando ficam furiosas com uma mesa por esta ter sido tão rude em machucá-las. [199]

De modo semelhante, tanto o homem primitivo quanto a criança pequena julgam que os pensamentos inconscientes influenciam a realidade; porém, como o homem é um ser imaginativo, isto deve ser levado em conta com respeito ao aparente descaso quanto às conexões lógicas. Tanto o selvagem quanto a criança parecem estabelecer, à primeira vista, conexões irracionais. O nativo que golpeia uma vasilha durante um eclipse (assim como a criança que culpa a mesa por seu machucado) tem sua lógica imaginativa própria: está tentando afastar o lobo que ameaça devorar o herói.

Mas, como se produz tal aparente irracionalidade? Ernest Jones afirma que os raciocínios dos primitivos são freqüentemente precisos psicologicamente embora objetivamente inexatos. Os sonhos, por exemplo, são considerados pelos primitivos e pelas crianças como parte da realidade, e são uma das bases da magia (que é "onipotência de pensamento" por excelência). Os primitivos preocupam-se com bruxarias, magias e espíritos malignos, e as crianças (de acordo com Melanie Klein) evocam uma imagem de bruxa da mãe-fálica, e ambos podem ser vistos como projeções do inconsciente — hostilidade inconsciente projetada no mundo externo para tornar-se um agente externo, hostil e intencional. Se bruxos e gigantes são, porém, projeções dos pensamentos infantis sobre os pais, também o são os animais. O simbolismo animal existe nos jogos e contos populares, representações rituais e lendas, nos sonhos, fantasias, mitos religiões, contos de fadas e simples costumes. Quase universalmente são projeções de alguns aspectos da situação familiar — quase sempre do pai, mas também freqüentemente da mãe, irmãos e crianças. As tribos viam a si mesmas como descendentes de animais (como os ingleses dos cavalos) e os analistas consideram a veneração dos ancestrais como um deslocamento de atitudes semelhantes para com o pai; a heráldica e os animais imaginários (unicórnios,

154 JOGO, TEATRO & PENSAMENTO

dragões, etc.) são apenas um posterior estágio de disfarce.
Ernest Jones evidencia, na antropologia, como o simbolismo
primitivo pode atuar de vários modos. A concha de cauri
é vista pelo homem primitivo como um símbolo das partes
pudendas femininas, porém, em primeiro lugar, o cauri
passa a identificar-se com poderes que dão a vida; em segundo lugar, a parte foi usada como um todo e o todo como uma parte — o cauri é a mãe da família humana, é a
Grande Deusa Mãe, que não é mais que uma concha de
cauri; e, terceiro, a associação inconsciente é realmente uma
identificação efetiva — o cauri é visto como criador real
de todas as coisas vivas. Os psicanalistas, embora reconhe-
cendo infinitos símbolos, estimam que o número de idéias
simbolizadas são cerca de meia dúzia, centrando-se em pa-
rentes de sangue, partes do corpo e os fenômenos de nascimento, amor e morte. Os símbolos considerados por analistas, antropólogos e etnólogos são todos concretos, embora observados sob diferentes ângulos. Para os etnólogos, o
confete representa o arroz que, em si, representa o desejo
da fertilidade para o casal nubente. O psicanalista, por outro lado, vê o arroz como um *emblema* de fertilidade e *símbolo* da semente, da qual todos os outros atos e pensamentos
procedem [131]. As mentes primitivas, em outras palavras,
usam magia projetiva para ação positiva:

> Atirar arroz em casamentos é um gesto simbólico: representa
> um velho costume entre povos primitivos para induzir a fertilida-
> de. As crianças brincando também utilizam símbolos e danças para
> ajudar a aproximação com o mundo real dos adultos. [340]

É lógico para freudianos ortodoxos verem um elemento
sexual básico tanto em padrões culturais quanto em elementos da cultura popular. Para eles, a simples idéia inconsciente de atirar um sapato velho atrás do casal nubente
que parte, dizendo: "Possa você adaptar-se a ela tão bem
quanto meus pés a este sapato", é sexualmente simbólico,
e representações femininas são encontradas na concha de
cauri, na lua crescente, taças, caldeirões e cofres — na verdade, qualquer objeto com uma cavidade — na cultura popular.

Outro importante conceito da psicanálise clássica, relacionado ao pensamento primitivo, é o da bissexualidade.
Freud dizia que os pensamentos inconscientes são apenas o
verso positivo, e que seus opostos são vistos como idênticos: desse modo, no inconsciente, grande/pequeno, forte/
fraco, e assim por diante, são vistos como identidades inter-
cambiáveis. A antropologia demonstrou que exatamente a
mesma condição existia nas mais antigas línguas (egípcia,
aramaica e indo-germânica) e que todas as diferenciações
presentes advêm de uma identidade original de idéias opos-

TEATRO E ANTROPOLOGIA SOCIAL

tas. Melanie Klein, como vimos, pondera que o pensamento de crianças pequenas é similar. O pensamento do homem primitivo, dos primitivos modernos e crianças civilizadas, entretanto, inclina-se a ser mais inclusivo e menos propenso à classificação que o de modernos adultos civilizados. Desse modo, animismo e magia são passíveis de ocorrer.

Essas características das mentes infantis e primitivas são importantes tanto para o jogo dramático quanto para a representação teatral. Mas não apenas essas. Exemplo semelhante é o do fenômeno dos contos de fadas.

Essencialmente, o conto de fada é didático: seu conteúdo é o processo de crescimento. É real apenas no sentido imaginativo primitivo e infantil: o herói é quase sempre um ser humano envolvido em magia e mesmo seu nascimento é estranho; pode ser amamentado ou criado por um animal, e pode desenvolver características sobre-humanas ou incrível inteligência: pode mutar sua forma para pássaro ou árvore, mesmo na morte. O casamento é o mais comum dos temas de contos de fadas, e os atores são símbolos projetados do inconsciente — a madrasta malvada, a feiticeira, os espíritos da natureza (como os ventos e a lua), os anõezinhos ou as perigosas figuras como gigantes comedores-de-gente. À parte as características aplicáveis a todos os homens, cada conto de fada reflete a cultura na qual nasce: os alemães, por exemplo, dão grande atenção às crianças e pouco valor às mulheres, fornecem heróis de apenas dois estratos sociais (alto e baixo) e ser soldado é considerado como sendo a profissão do herói.

O conto de fadas pode refletir crenças primitivas específicas: Rumpelstiltskin demonstra que o poder sobre o nome de alguém traz poder para esse alguém, que se torna impotente uma vez pronunciado seu nome (derivado da crença de que os deuses têm sua linguagem própria); pode refletir totemismo — o filho Urso que nasce de um urso e sua mulher humana — ou mesmo canibalismo, como em "O Noivo Ladrão"; e, particularmente, indica que determinadas pessoas têm poderes mágicos baseados em informações secretas específicas. O mágico está

... estreitamente relacionado ao sentimento de onipotência da infância e tem grande participação no esforço da criança para lutar com o seu meio, compreender e controlar as fontes de segurança e gratificação. A magia é usada pela criança não apenas com relação aos pais, para obter seu amor ou assegurar um objeto de amor, mas também em relação a seus irmãos... Às vezes, é um fator decisivo na disputa mãe-filha, onde a mãe (ou sua substituta) é vista, no contexto do complexo de Electra, como a pessoa que impede a filha de obter seu objeto amado ("Branca de Neve"). [332]

156   JOGO, TEATRO & PENSAMENTO

Mesmo sem a interpretação psicanalítica, é evidente que a magia (ou "onipotência do pensamento"), como caracterizada pela mente primitiva e infantil, está presente. Tolkein diz:

A mente que pensou em *leve, pesado, cinza, amarelo, imóvel, veloz*, concebeu também o mágico que tornaria leves as coisas pesadas, aptas para voar; transformaria o chumbo-cinza em amarelo-ouro, e a rocha imóvel em corrediça água. Se ela pôde criar um, pode criar o outro; inevitavelmente concebeu ambos...
Um poder essencial do Reino das Fadas é, portanto, o poder de tornar imediatamente real pela vontade as visões da "fantasia". [359]

O destino do herói poderá ser construído por suas próprias ações, porém, mais provavelmente, por habilidade ou magia vinda de fora. Essa é a "sorte" que é um fator constante na cultura popular, vista por Ernest Jones como um desejo de se libertar da punição inconsciente. Há uma atitude infantil com relação ao tamanho: o corpo e suas partes são emocionalmente importantes, pois o tamanho é parte de nossa realidade inconsciente e de nossa compreensão do mundo externo: mesmo Alice altera seu tamanho assustadoramente e Branca de Neve encontra-se com os anõezinhos. Ela nasceu por desejo mágico de sua mãe, que morreu ao dar-lhe a luz; sua sexualidade em desenvolvimento (beleza) provocou a disputa com sua madrasta fálica, que deseja devorar seu coração; com os sete anõezinho ela aprende a cuidar da casa, aprende animismo e magia:

A madrasta disfarçada aperta seu corpete até que ela perca o fôlego (colocar as fraldas? repressão? os seios?), penteia seus cabelos com veneno (sedução? falso amor?) sem sucesso. A terceira vez, Branca de Neve comparte da maçã envenenada (experiência sexual? a boca?). Ela sucumbe (entra em estado de latência?) e é colocada em um catre de cristal, até que o príncipe venha e a desperte (desperta sua sexualidade?); por fim, eles se casam. Assim termina a história, mas não sem antes relatar a punição da madrasta. [332]

Há um desejo primitivo fundamental de superar a morte e perpetuar a vida além do túmulo (o que se vê nos rituais de renascimento). O inconsciente em si, naturalmente, não pode perceber a morte como é, antes vê a morte como uma punição (castração, para o psicanalista) ou como uma reversão do ato de nascimento (retorno ao útero); e inúmeros mitos e crenças populares estão aí apoiados, tanto parcialmente (como coito) ou como um todo (como nascimento). Naturalmente, os freudianos diriam que o inconsciente os consideraria como uma mesma coisa. Os rituais de renascimento apresentam símbolos das partes pudendas femininas para o corpo morto, e isto tem duplo simbolismo: como uma promessa de renascimento e continuidade de existência assim como uma entrega ao morto do útero da mãe.

TEATRO E ANTROPOLOGIA SOCIAL 157

No Antigo Egito, símbolos masculinos (tanto fálico como seminal) foram também usados em tais rituais; união sexual e renascimento foram vistos como idênticos e portanto os símbolos fálicos ajudaram a restaurar a vida; os fluidos mágicos de todos os tipos, do néctar divino à ambrosia, são símbolos para o fluido seminal, ou o elixir mágico da vida, que prolongava a vida e trazia boa sorte.

Porém, como nos diz Frankfort [114], o verdadeiro mito deve ser diferenciado da lenda, saga, fábula e conto de fadas. Embora este último possa conter elementos do mito, foram sendo elaborados até passarem a simples histórias. O mito verdadeiro apresenta suas imagens e seus atores imaginários não com a jocosidade da fantasia, mas com uma autoridade constrangedora. Perpetua a revelação de um mundo vivo, animista, natural.

A importância do mito e sua distinção do conto de fadas nos remete ao teatro.

9. Origens Sociais do Teatro

O teatro é um dos aspectos de uma sociedade, mas um aspecto vital. Por sua própria natureza, o teatro pressupõe a comunicação — e este é o processo social primário. Uma peça (de Shakespeare ou Sófocles, Hauptmann ou Hroswitha) é uma tentativa de comunicação de tipo particularmente importante dentro de uma sociedade. Para o homem primitivo, era uma tentativa de comunicação com um deus, ou espírito, e parte indissolúvel da vida comunal. No mundo moderno, é uma tentativa de comunicação entre homem e homem, entre o dramaturgo e a comunidade ou, como diria um psicanalista, entre o inconsciente do artista e o do público. Padrões dramáticos, seja nas danças miméticas dos primitivos ou na poesia intelectual de T. S. Eliot, refletem, de modo detalhado e emocionalmente relevante, o pensamento e a vida da comunidade. A história do teatro é a história da raça humana. Mas, ao invés de ser contada por eventos reais, é a história da mente do homem em desenvolvimento. Nesse sentido, os sociólogos consideram que o desenvolvimento da inteligência está relacionado com as mudanças na linguagem, mitos, rituais dramáticos e vida social como um todo.

A ABORDAGEM SOCIOLÓGICA

O estudo sociológico do teatro considera como os padrões culturais e o desempenho dramático se inter-relacionam. Que a expressão dramática de uma comunidade e suas crenças e estrutura social estão entrelaçadas é fato inquestionável. O como isto acontece, entretanto, é uma

160 JOGO, TEATRO & PENSAMENTO

questão de relacionar evidências da história e filosofia, antropologia e etnologia, psicologia e sociologia. Ou, em outras palavras, ocupamo-nos dos estudos dramáticos comparativos e como estes se relacionam com o desenvolvimento (particularmente na infância) do homem moderno.

Embora muitos estudiosos no século passado tenham examinado aspectos sociológicos de determinados períodos do teatro, não foi senão recentemente que abordagens sociológicas detalhadas puderam abranger toda a extensão do drama e do teatro[1]. Dessa forma, é possível para Burton postular uma ampla sociologia do teatro.

1. *As Origens & Desenvolvimento do Jogo Dramático*

O estudo do jogo dramático envolve considerações sobre necessidades e padrões tribais, raciais e culturais, com os quais a primitiva prática dramática está associada. O teatro na comunidade primitiva tem função sociológica, psicológica e religiosa (mágica). O homem, como caçador, tem uma necessidade específica do teatro.

Isto se refere ao jogo infantil (cuja evidência está observada por filósofos e psicanalistas) e também a seus jogos tradicionais — a brincadeira de "roda" e a brincadeira de "arco", associados à palavra e padrões de movimento.

---

1. Após a redação desta parte do capítulo, apareceu o artigo *The Sociology of Drama*, do Professor Zevedei Barbu (*New Society*, 2.2.67, p. 161-3). Ele estuda o período no qual o teatro alcançou seu ápice como forma (na Grécia, no século V a.C.; na China, entre 1279 e 1368; na Índia, no século V d. C, e no século XVII no Japão, Inglaterra, França e Espanha), e observa que foram todos períodos de grande tensão social, criando "em muitos indivíduos e grupos poderosas tendências não-conformistas, divergentes e mesmo anarquistas". Mostra que as peças de kabuki de Chikamatsu, no século XVII, são "expressões de um estado crítico, tanto na estrutura da sociedade — conflitos de lealdade, por exemplo — ou no relacionamento do indivíduo com a sociedade, entre a vida íntima do indivíduo e as normas e valores da sociedade". Relacionando o começo do teatro europeu com a Reforma, e com o Calvinismo em particular, afirma que "teatro é a expressão literária do primeiro período no conflito entre a sociedade tradicional e o emergente espírito do individualismo".

Naturalmente, esta abordagem está maiormente apoiada em material casual dentre os estudos prévios de certas formas dramáticas: *The Rise of the Common Player*, de M. C. Bradbrook, para a Inglaterra do século XVII, *Restoration Comedy*, de Bonamy Dobrée e *History of English Drama*, de Alardyce Nicoll são apenas alguns exemplos. O interessante, contudo, no enfoque do Professor Barbu, é que este contribui sociologicamente para o perene atrativo de figuras tais como Édipo e Arlequim, Hamlet e Falstaff — do mesmo modo que o conceito de "impulsos infantis" é levado em conta, por seu atrativo, nas abordagens psicanalíticas.

ORIGENS SOCIAIS DO TEATRO 161

2. *O Templo & os Primórdios do Teatro*

Do jogo dramático, passamos para as origens e desenvolvimento do drama e do teatro. O grupo tribal estabelecido estava composto por agricultores ou pastores nômades, e uma civilização mais estável conduziu ao desenvolvimento físico e religioso. Sua religião teve sua expressão social no desenvolvimento das representações comunais, dentro do contexto intelectual do mito ritual. Isso levou ao estabelecimento do santuário ou templo — o modelo da vida superior e da divindade. A estilização do ritual tornou-se liturgia.

3. *O Surgimento do Teatro*

Embora ainda haja templos-teatros remanescentes (o Kathakali, nas fronteiras Indo-Tibetanas, etc.), em muitas áreas culturais, o teatro emergiu do templo — em Atenas, durante o século V a. C., na China e na Europa Medieval com o posterior desenvolvimento do ciclo dos Mistérios. Tendo-se dissolvido os vínculos entre os rituais e a liturgia, o teatro tornou-se profano e desenvolveu-se de diferentes maneiras. O método variou de acordo com a estrutura da cultura existente. Todos utilizaram os elementos do teatro "total" — representação e identificação, dança, diálogo, máscara, música, espetáculo, figurinos, vestuário, improvisação e estilização — cada sociedade, porém, deu ênfase a esses elementos de acordo com seus próprios modelos sociais e históricos. A partir da divisão de sacerdotes e celebrantes do templo, o teatro desenvolveu a divisão entre atores e público. O mito do ritual, entretanto, persistiu no teatro como a base para a trama, de duas formas: na comédia, como ajustamento comunal, e, na tragédia, como experiência suprema.

Estudos subseqüentes levam em conta o relacionamento entre modelos sociais e o teatro de determinado período.

4. *A Herança Dramática Comunal*

Cada sociedade possui padrões dramáticos próprios. Dentro de nossa sociedade, apesar do colapso de forças que unem as comunidades (devido, em grande parte, à expansão dos meios de transportes e comunicações) alguns de tais padrões ainda existem: folguedos populares, canções, festivais e danças folclóricas. Espetáculos de variedades (com suas origens tribais e comunais, apoiados na coragem e perícia dos primitivos jogos de funeral), feiras e cir-

162 JOGO, TEATRO & PENSAMENTO

cos, carnavais e bailes de fantasia, são todos partes de nossa herança dramática.

Outros aspectos sociais estão relacionados. O uso terapêutico do teatro na psicoterapia ou psicodrama, o uso educacional do teatro para o desenvolvimento pessoal e social e como método para conhecimento intelectual — estes são apenas alguns.

5. *A Teoria Dramática*

Relacionados a todos os estudos dramáticos estão os conceitos e noções de teatro, que têm variado através dos séculos, na medida em que foram afetados pelas atividades humanas. O teatro implica uma centralidade artística, em relação a todas as outras formas de arte: é fonte de música, dança, artes visuais e literatura. Dessa forma, a abordagem sociológica refere-se aos grandes críticos (de Aristóteles, na Grécia, a Bharata, na Índia). Observa nas formas dramáticas a relação entre as crenças do homem e as teorias e modos de abordagem da cultura desenvolvida — os exemplos são as formas do trágico, do cômico e do satírico na Grécia (e como afetaram a Renascença), o teatro balinês, da Festa da Feiticeira à dança aldeã, o teatro sânscrito e as peças do *Nô* japonês. Leva em conta, também, a natureza do público, de período a período, como um estudo sociológico.

Consideraremos, a seguir, alguns aspectos mais detalhados dessa abordagem sociológica.

O TEATRO DO SELVAGEM — 1

O teatro é a mais velha de todas as artes — a representação, como movimento dançado, personificando um espírito, um animal ou um homem. Daí vem a dança (o movimento quando atuando), a música (o acompanhamento à atuação), e a arte (a ilustração da atuação). Pelo menos, foi assim que o mais primitivo dos homens encarou as atividades artísticas. As origens dramáticas, porém, estão intrincadamente vinculadas à religião e à crença, à magia e aos ritos mágicos, que deram às atividades dramáticas seu propósito.

Homem, o Caçador

Foi o caçador quem criou os ritos. Ele confiava que sua magia pudesse auxiliá-lo na caça. O atuante meio dançava, meio representava, na mimese (simples imitação de

ORIGENS SOCIAIS DO TEATRO 163

ação real), e cobria-se com máscaras e peles, principalmente dos animais envolvidos na caça. Dessa maneira, o homem tentou criar a magia, que acreditou pudesse controlar os eventos. Ao representar uma caçada, e seu sucesso nela, tentava torná-la realidade. Isso pode ser visto claramente nas pinturas murais de Lascaux, onde, assim como os desenhos de animais reais e homens em atitude de caça, encontram-se desenhos de homens vestidos em pele animal, executando, através do *acting out,* suas partes nos ritos.

Os mais primitivos ritos foram simples cerimônias, realizadas pelos integrantes da tribo. Demonstravam sua cooperação com os deuses, para proveito próprio ou de ambos.

Embora classifiquemos esses ritos como religiosos, não utilizamos o termo no sentido em que é usado como religião moderna. Para o primitivo, a adoração, como a concebemos hoje, inexistia. Viver era uma questão imediata de sobrevivência, e os ritos criados pelo homem baseavam-se no medo e na concentração de poder. O homem tentava, através dos ritos, assumir a fertilidade dos animais e plantas, o poder do trovão e das montanhas. A obsessão era parte essencial do processo: em uma dança frenética, selvagem, o homem sentia-se efetivamente transformado em um "espírito", com todo o poder que isso significava. O processo era ajudado pelos primitivos instrumentos de percussão, cantos sem nexo, o hipnótico ritmo do movimento e a máscara. Quanto mais fantástica era a máscara, mais os outros dançarinos sentiam que havia uma identificação entre o mascarado e o poder referido; e isto, por sua vez, atuaria sobre o mascarado até que ele sentisse a união com o poder. Não há dúvidas de que a máscara teve tão importante papel em toda a história do homem, particularmente no teatro. Em um primeiro momento, a tribo inteira participaria do rito. Logo após, apenas os homens dançariam, enquanto as mulheres permaneceriam ao redor, cantando (possivelmente, a rigem do coro). Posteriormente, apenas os "sábios" e aqueles iniciados atuariam, enquanto seu líder observava.

Mimese & Dança Dramática

O Homem, o Caçador, personificava a si próprio e aos animais em situação de caça, na ação dramática conhecida como mimese. Era simples imitação de ações e fatos reais. Mas não era uma representação como a concebemos hoje em dia: era, principalmente, uma mistura de personificação com movimentos dramáticos e dança — com "amplos" mo-

164   JOGO, TEATRO & PENSAMENTO

vimentos de corpo, pulos e saltos, assim como a utilização de peles de animais e folhagens, para identificar-se com o "espírito".

Muitas das danças dramáticas, em tribos primitivas existentes, pretendem despertar exaltação religiosa. Os xamãs, da Sibéria e Mongólia, dançam freneticamente para afugentar os demônios [362]. Muitos feiticeiros africanos fazem o mesmo. Os Bogomiles, da Rússia pré-soviética, e os Alfurus, de Celebes, dançam desvairadamente para incitar o fervor religioso. Mesmo esse tipo elementar de dança é uma atividade social. Radcliffe Brown nos relata que a dança dos andamaneses força o indivíduo a submeter toda sua personalidade às ações determinadas pela comunidade; é coagido, pelo efeito do ritmo, assim como pela praxe, a tomar parte na atividade coletiva, e lhe é exigido sujeitar sua ação às necessidades desta [44]. Evans-Pritchard observa o mesmo aspecto com relação à dança da cerveja dos Zandes, no Sudão [100]. Mas, talvez a mais animada das danças dramáticas existente hoje entre tribos primitivas seja a dança de guerra. Loomis Havemeyer descreve a dança de guerra das tribos Nagá, do Nordeste da Índia, da seguinte maneira:

> Começa com uma inspeção dos guerreiros que, em seguida, avançam e recuam, aparando golpes e atirando as lanças como se fosse em uma luta real. Eles rastejam em formação de guerra, procurando manter-se o mais próximos possível do chão, de modo que não se percebe senão uma linha de escudos. Quando estão suficientemente próximos do inimigo imaginário, aparecem e atacam. Após a eliminação dos opositores, arrancam tufos de capim, que representam cabeças, e quais cortam com seus machados de guerra. De volta à casa, carregam esses tufos nos ombros, como se fossem cabeças verdadeiras. Na aldeia, são recebidos pelas mulheres, que se reúnem a eles em triunfante canto e dança. [167]

Essa atividade simples de dança e imitação poderia alcançar uma forma mais dramática, como poderemos ver na descrição de Roth de um jogo dos nativos de Dyak:

> Um guerreiro está ocupado tratando de tirar um espinho de seu pé, mas sempre alerta para a emboscada inimiga, com suas armas à mão. De repente, o inimigo é finalmente descoberto e, após alguns rápidos ataques e defesas, é surpreendido por uma súbita investida e cai morto no chão. Segue-se a pantomima de sua decapitação... A história, então, conclui com a surpreendente descoberta de que o homem assassinado não é um inimigo, mas sim o irmão do guerreiro que o matou. Neste momento, a dança cede lugar ao que viria a ser, talvez, a parte menos agradável da representação — um homem em crise, contorcendo-se em terríveis convulsões, sendo atraído de volta à vida e à sanidade por um médico necromante. [323]

ORIGENS SOCIAIS DO TEATRO 165

O jogo dos Dyaks representa claramente um passo adiante da dança Naga; com seu elemento de ressurreição e o destaque, não para o sacrifício, mas para a vítima, encontramo-nos nos limites do mito ritual.

O HOMEM PRIMITIVO & OS PRIMÓRDIOS DO TEATRO — 2

O Homem, o Caçador, começou a estabelecer-se em comunidades regulares, primeiro, provavelmente, como pastor nômade e posteriormente apoiando-se na agricultura. Uma existência mais regular e um modelo comunal conduzem à formalização de suas práticas religiosas (ritual) e ao conceito de que existia uma forma de continuidade na vida (explicada pelo mito). Isto leva ao teatro, de templo, mais claramente observável como "religioso", aos olhos modernos.

Homem, o Agricultor

Quando o homem passou a viver da agricultura, tornou-se completamente dependente das estações. Seu maior terror era uma colheita arruinada e um inverno rigoroso. Toda sua atenção concentrava-se no medo pelo inverno (morte) e na esperança na primavera (vida), no plantio das sementes (funeral) e na colheita da safra (ressurreição).

Houve também outras mudanças. O simples rito progrediu e desenvolveu-se em ritual, um tipo muito mais formalizado de adoração. E a mimese primitiva evoluiu para a mímica, como nós a conhecemos — um movimento mais formalizado que se tornou, em certo sentido, mais secreto.

Para o primitivo, a organização do ritual tem uma significação mágica:

A venerável e metódica seqüência em si era dotada de tal significância mágica que qualquer infração da costumeira ordem de representação era proibida com risco de vida, para que a desordem do mais ínfimo particular não atraísse o caos e o desastre. Embora o homem moderno tenha chegado a uma crença menos consistente na magia, a tendência de suas religiões é a de ainda perpetuar o ritual em suas antigas formas, e com escrupulosa observação de sua antiga ordem, mesmo estando menos conscienciosamente desperto para o objetivo mágico. Por exemplo, a Missa não sofreu nenhuma importante alteração em mil e trezentos anos. [230]

As crianças civilizadas, porém, pensam, da mesma forma, que existe uma magia na ordem. Elas exigem constantemente que aquilo que estiver sendo lido ou representado esteja dentro de estrita seqüência.

166   JOGO, TEATRO & PENSAMENTO

Seria natural que a associação das estações com o conceito de vida/morte terminasse por relacionar-se com alguém determinado. Nesses rituais primitivos, a figura de um Rei-ano (ou Sacerdote-ano) dominava a morte (inverno) e trazia a vida (primavera). Às vezes, o velho Rei-ano transformava-se no demônio da morte e era derrotado pelo novo Rei-ano. Às vezes, havia um Rei-ano substituto, ou falso-rei, que era festejado por um curto período e então sacrificado, para que o verdadeiro Rei-ano pudesse aparecer. E assim, uma série de rituais se desenvolveu em determinados períodos do ano: a morte era expulsa no solstício de inverno e seguia-se a purificação; e, durante o equinócio vernal, as tribos celebravam o ritual de primavera.

O Mito Ritual

Do ritual surgiu o mito. Anteriormente, o ritual dança-sonho, realizado durante as diferentes estações, era essencialmente simples. Depois, o intercâmbio de vida e morte foi substituído pelos feitos de um determinado sacerdote, ou rei, ou, finalmente, um deus. A figura central da representação periódica passou a ser uma certa personalidade. Com o tempo, mais feitos e ações foram narrados, e o mito se desenvolveu. Ao invés de buscar um "espírito da chuva" ou "espírito da primavera", o homem recorreu a um Tamuz ou a um Dionísio. O antigo modelo de vida e morte representado nas estações, passou a ser interpretado como a história de Tamuz ou a de Dionísio ou outro deus qualquer, que morreu e foi ressuscitado.

O próprio ritual tornou-se mais formalizado, litúrgico mesmo [49]. Uma diferença estabeleceu-se entre os celebrantes (atores) e a congregação (a platéia, que participava ativamente). A máscara era ainda usada e conservava o mesmo poder dos primitivos ritos, mas, agora, era também parte essencial da caracterização do atuante na representação do deus. Foi nesse momento, quando os sacerdotes começaram a retirar-se da cerimônia, que surgiram as personificações de deuses e heróis, que a representação como tal surgiu. Os mitos relatavam histórias; assim, as tramas se desenvolveram. Portanto, embora os rituais ainda sejam periódicos, com suas lutas entre inverno/primavera, morte/nascimento e trevas/luz, estamos quase no nascimento do teatro.

Mitos Rituais do Oriente Próximo

A primeiras transformações ocidentais foram vistas no Mediterrâneo Oriental e na região do Egeu. Nesses exem-

ORIGENS SOCIAIS DO TEATRO 167

plos de atividades dramáticas, a ação veio primeiro, acompanhada por textos cantados. Em outras partes do mundo, as evoluções tiveram diferentes ênfases: alguns povos desenvolveram o mimo e movimento rítmico, para dançar adequadamente; em Java, os textos e as ações se desenvolveram equitativamente; na China, todos os elementos se desenvolveram juntos em uma forma que incluía dicção estilizada, dança e mímica complexa, ritual simbólico e disfarces de animal.

Do Oriente Próximo, temos o teatro real egípcio, em variações que remontam a cerca de 3000 anos a. C., e que é provavelmente o mais antigo fragmento de teatro existente, como o demonstra Gaster [143]. Como outros da mesma região, seu objetivo era o de manter viva e nítida a memória do deus. A trama básica refere-se ao sábio Rei Osíris, traiçoeiramente assassinado por seu irmão Set, que foi, por sua vez, derrotado por Hórus, filho de Osíris — o novo Rei-ano sucede o velho Rei-ano. Quando Osíris foi morto, sua mulher, Ísis, saiu em peregrinação pará coletar para seu filho as partes do corpo de seu marido (uma paráfrase da refeição sacramental) e que, como relíquias, tornaram-se o fundamento para a veneração de Osíris.

Isto se relaciona com o conceito psicanalítico de que o homem necessita

... exterminar a culpa por seus impulsos destrutivos celebrando a renovação de uma identificação, com os objetivos ideais da consciência. [230]

Considerando que, hoje, isso possa conduzir à criação de arte (a regeneração mágica do objeto destruído em um substituto simbólico), o homem do passado encontrou sua reparação da culpa nos mitos celebrados coeltivamente:

Por exemplo, o mito referente a Osíris: quando Hórus, filho de Osíris, sentiu-se compelido a buscar vingança pela morte do pai, a consciência coletiva lhe impôs o dever de reunir os fragmentos do corpo do Osíris, mumificar seus restos e realizar as cerimônias necessárias para reanimar a múmia, sempre buscando assegurar a continuação de sua própria existência... [230]

Para o homem primitivo, a ordem do ritual contém significado mágico.

O mito-ritual egípcio é similar aos semidramas hititas, hebraicos e cananeus, que eram ainda rituais de fertilidade, contendo a morte do velho rei, a ressurreição do novo, ritual de combate, festas comunais e ritos de fertilidade. O *Purili* hitita apresenta uma invocação direta da fertilidade enquanto que o *Drama dos Deuses Bondosos* cananeu apresenta um casamento sagrado e sua prole divina, a qual possui gigàntesco apetite (procedimento cômico que

168 JOGO, TEATRO & PENSAMENTO

ainda pode ser encontrado nas representações populares na Macedônia e na Trácia). E os combates rituais se remontam até o duelo entre S. Jorge e o Cavalheiro Turco (ou Bold·Slasher), no Mummers' Play inglês. (Para maiores detalhes, vide Gaster [143].)

Basicamente, o conteúdo é sempre o mesmo: fora com o velho e adiante com o novo. Como demonstraram Cornford e Gaster [71], isso pode ser feito de inúmeras maneiras. Freqüentemente, há a expulsão do velho (rei, "morte") e a posse do novo (rei, espírito da fertilidade, *may-pole**); e há um combate entre o velho ano e o novo, verão/inverno, chuva/seca, às vezes acompanhado de um casamento sagrado do novo rei, para assegurar a fertilidade, ou de uma morte ou funeral falsos, seguidos de uma ressurreição.

É interessante notar a evolução na estrutura dramática. O *Ramesseum* egípcio, no original, contém uma grande dose de repetição e nenhuma seqüência regular; era representado em sucessivas estações da rota processional. O *Deuses Bondosos* cananeu, no entanto, é muito posterior e bem mais popular. Começa com uma introdução, que é a invocação da fertilidade (posteriormente, isso se transformará no prólogo). Os episódios do mito são separados em cantos, procissões ou danças, que celebram o deus. Esta estrutura tem claras e diretas relações com Aristófanes e Eurípedes.

A Dança Dramática

A dança primitiva era em forma de mimese — simples imitações dramáticas. A dança ritual dramática, por outro lado, é religiosa, no sentido que associa diretamente o ator com o conceito de fertilidade e progresso. No Egito Antigo houve pelo menos três tipos de danças dramáticas, associadas ao drama de Osíris: a dança da lamentação, apresentada por bailarinos de ambos os sexos, imitando os movimentos e gestos de Ísis e Néftis, em sua dor pela morte de Osíris; a dança da proteção, representada por homens armados que seriam os defensores do deus e que acompanhavam de perto o rei-deus, ou o ator que o representava; e a dança da fertilidade, desempenhada por homens e mulheres, que tentavam, com vigor e força, ressuscitar o deus e assim dar vitalidade à colheita e rebanhos. Associado às danças funerais egípcias estavam os *Nemou*: estes teriam sido anões ou pigmeus africanos, que saltavam e se sacudiam, mas que também representavam "reis" burlescos den-

---

* Mastro comemorativo do 1.º de Maio, Festa da Primavera, quando é enfeitado com fitas e flores e em torno do qual se dança (N. das T.)

ORIGENS SOCIAIS DO TEATRO

tro da dança ritual. Spence assinala [346] que a mesma figura pode ser vista nas pinturas murais do homem aurignaciano; e seus descendentes desembocam no "falso rei" medieval, o bufão fisicamente deformado, Dossennus e Punch.

No Egito e Oriente Próximo, assim como em muitas tribos e civilizações nômades e agrícolas, a dança era parte inerente da religião. Sua qualidade mimética vinculava o ator ao conceito de fertilidade. O mito ritual ainda está vivo e respeitado entre povos tais como os índios Mandan, em Dakota, com sua Dança do Búfalo, os Pawnees, em Nebraska e Norte de Dakota, com sua Dança do Urso; os Zunis, de Novo México, a cultura Hopi e os esquimós Yukon. Os homens do Estreito de Torres mimetizam a ação de pombos na dança da fertilidade, e as ações do morto em dramas-danças funerais. Danças dramáticas similares são encontradas entre muitas tribos africanas — os Iorubas e os Quallos, no lado oeste do continente; os Nkimbas, no Baixo Congo e os Bagesus, do Monte Elgon, para citar apenas alguns.

O Templo

A formalização da religião elementar em mito ritual, o maior assentamento da civilização comunal, a configuração da vida regida pelas estações, e a evolução do mimetismo para uma dança dramática mais formal levou ao estabelecimento de um centro físico para a vida espiritual. Assim, o santuário ou templo se estabelece como o modelo de uma vida superior e representação física do conceito da divindade.

Para que o combate ritual, ou a mimética batalha entre vida e morte, fosse representado dentro do templo por atores, o edifício deveria ser purgado e purificado no começo do novo período de vida. No Egito, os edifícios sagrados eram ritualmente purificados durante as celebrações anuais dos mistérios de Osíris. Os hititas destruíam e substituíam cerimoniosamente os móveis e utensílios do local sagrado. Essa prática, que perdurou por muito tempo, mesmo após o mito ritual haver perdido seu poder, está atestada não apenas por exemplos como Roma, os hebreus e os incas, mas também por modernas culturas: no Sião, Rússia Oriental, Togo, Sudeste da Nova Guiné, Índia, Camboja e outros lugares (como mencionados por Frazer [115]). Estava também associado com a remoção, do templo, das ramagens e gravetos da celebração do ano anterior, substituindo-os por novos — degenerando na popular prática européia de introduzir novos *may-poles* a cada primavera.

170 JOGO, TEATRO & PENSAMENTO

Como conseqüência, a adoração, em tais lugares sagrados, se torna mais formal. O ritual se torna uma forma de liturgia que, mesmo em modalidades cristãs, é um método dramático de demonstrar a vida da divindade. Isso implicou também uma "explicação", pois, na medida em que o ritual tornou-se tão detalhado, tão misterioso, e mesmo tão secreto, foi necessário delinear-se uma forma de palavras e ações de maneira a que pudessem comunicar sua mensagem ao "povo".

O SURGIMENTO DO TEATRO: GRÉCIA — 3

Dentre as diversas variantes do aparecimento do teatro a partir do templo, a mais famosa, provavelmente, é o desenvolvimento do teatro clássico. A religião grega era bastante similar à do Oriente Próximo, e, em um certo sentido, se desenvolveu a partir dela. Enquanto que nas vilas esteve centrado no pequeno santuário público, as comunidades maiores tiveram os seus templos. Porém, dentro de um período relativamente pequeno de tempo, a atividade dramática evoluiu de uma representação inteiramente religiosa para uma expressão comunal do componente religioso, que é "teatro" em sua forma completa.

Há, evidentemente, muitas relações diretas entre os dramas-rituais e o mundo greco-romano. Os rituais míticos da Síria e Babilônia celebravam Tamuz Adon (ou Adônis), que foi também deus poderoso na Grécia do século VII a.C. Em 499 a.C., Heródoto comentaria dois fragmentos egípcios de dramas de ressurreição e observaria sua influência sobre os cultos de mistério gregos. Todos esses dramas se compunham de tensão e emoção extremas provocadas por feitos sangrentos e atos impiedosos: devemos recordar que os ritos altamente emocionais de Átis, que se difundiram através da Ásia Menor por esse período, causariam sensação mesmo na Roma do século III d.C.

Mas possivelmente a mais importante influência ritual sobre o teatro subseqüente (particularmente os importantes textos áticos do século V a.C.) estaria centrada na figura de Dionísio. Tendo-se originado provavelmente na Assíria ou Trácia, o culto a Dionísio era semelhante a muitas outras formas de adoração através do Oriente Próximo. Homero menciona as Mênades, mulheres selvagens que assolavam as montanhas da Trácia, dançando freneticamente em círculos, usando ondeantes vestimentas de pele animal e chifres, e carregando serpentes sagradas. No auge de seu frenesi, elas dilaceravam o touro sacrifical (Dionísio era freqüentemente simbolizado por um touro), membro por

ORIGENS SOCIAIS DO TEATRO

membro, e o devoravam cru (omofagia), disseminando, desse modo, o poder do deus sobre o mundo. O frenesi era deliberadamente provocado (as convulsivas tentativas de união com o deus conduziram diretamente à omofagia, em muitas religiões semelhantes), porque, através desse êxtase, a alma do homem poderia penetrar no deus. (Quando o homem puder fazê-lo, diz Platão em *Ion,* os rios fluirão com leite e mel e a vida será eterna felicidade.) Quando o culto dionisíaco alcançou a Grécia, tornou-se notadamente popular. Seu mito cresceu rapidamente, assumindo atributos de outros deuses, e associando-se a todo o contexto do ritual da fertilidade. Essa adoração desenfreada viu Dionísio como o deus da fertilidade, da primavera e do crescimento, e depois do vinho e veneração do morto; e sua obsessão foi particularmente associada ao atributo do falo. As grandes peças de Ésquilo, Sófocles e Eurípedes eram em homenagem a Dionísio e eram representadas na Grande Dionisia, em Atenas, remanescente até os dias de hoje.

Assim, do teatro real do Egito de 3000 a.C. às *Bacchae* (c. 408 — 406 a.C.), de Eurípedes, estamos envolvidos com o mesmo tipo de material: os mitos rituais, estabelecidos dentro do contexto litúrgico e referentes aos mais elementares e vitais problemas de vida e morte. No teatro ático, porém, há uma ênfase diferente: os vínculos entre o ritual e a liturgia foram relaxados: embora ainda representados dentro de um edifício religioso, este é teatro *e* templo; e há uma evolução gradual de Ésquilo a Eurípedes, da aceitação ao questionamento dos deuses. Posteriormente, há uma evolução do ritual como tal para as formas dramáticas da tragédia, comédia e drama satírico.

O Teatro Grego

Vimos como o teatro ático surgiu do culto a Dionísio. Em seu período de auge, no V século a.C., foi um ato de adoração no Teatro de Dionísio, em Atenas. Segundo Aristóteles

... iniciou-se com improvisações; (tragédia) pelos líderes do ditirambo, (comédia) por aqueles que conduziam as canções fálicas, que ainda existem como instituições em algumas de nossas cidades. [14]

O ditirambo era uma canção poética a Dionísio sobre a luxúria pela vida na primavera. Originalmente improvisada e rapsódica, tornou-se mais literária, embora ainda lírica, sendo acompanhada pela flauta frígia.

Na Grécia, a passagem do ritual para o teatro se fez rapidamente. Originalmente, pressupomos o cântico de um

172 JOGO, TEATRO & PENSAMENTO

coro de veneradores com um líder (exarconte). Posteriormente, o líder (agora intitulado *corifeu*) converte-se em
comentador (*hypokrites*) e assim, em progressão, em um
certo personagem cujas palavras são contestadas por um coro cantante. O desenvolvimento desse estádio inicial é atribuído pela tradição ao lendário Téspis de Ícara (cerca de
535 a.C.): talvez tenha sido Téspis quem introduziu um
ator para dialogar com o líder do coro (que é a essência
do teatro ocidental) e quem colocou uma mesa ou uma carreta no centro do círculo, onde o coro dançava (a carreta
e o círculo sendo a origem do palco e da orquestra). Ao
redor do século V, dos seis dias dedicados à celebração de
Dionísio, três foram reservados às representações dramáticas. Três tragédias (por um poeta) e uma comédia eram
representadas em um dia e eram escritas para uma única
apresentação. Ganhar a competição dramática significava
grande honra e glória religiosa para todos que dela tomavam parte. A evolução do ritual mágico para a arte dramática, na civilização grega, tem muitas analogias com outras áreas culturais, e o elemento comum, como observa
Kris [224], é a redução da ação e sua substituição por outros elementos.

As origens sócio-religiosas da tragédia podem ser vistas claramente na figura de Dionísio que, a exemplo de
muitas outras figuras do Oriente Próximo, simboliza a mudança das estações e contém em si próprio os conceitos de
fertilidade e de veneração pelo morto. Embora essa teoria
do "Demônio-Ano" tenha sido admiravelmente proposta
por Jane E. Harrison [166], Gilbert Murray [272, 274] e
Gaster [143], há um fator não considerado: a *omofagia*. O
termo "tragédia" teria vindo do prêmio (uma cabra, *tra-
gos*) conquistado pelo primeiro ganhador do certame de
tragédias (supostamente Téspis). Ou, então, adviria do
"cântico dos *tragoi*", os seguidores de Dionísio (provavelmente o coro original), que matavam o deus em sua encar-
nação como cabra e o comiam em sacrifício. Embora a
omofagia seja uma convulsiva tentativa de união com o
deus e a distribuição de seu poder sobre a terra, encontramos também a sugestão de que:

A tragédia surge do sacrifício humano, e é ainda um substituto
para isso. [5]

O sacrifício humano era ainda praticado pelos gregos
do século V, embora em declínio. A substituição por uma
vítima animal foi provavelmente o primeiro passo de evolução, acompanhado por cantos e danças miméticas. Depois sobreveio um deslocamento do interesse do *ato* de sacrifício para sua *vítima*. Desse modo, ritual e mito heróicos

ORIGENS SOCIAIS DO TEATRO

combinaram-se, resultando na fusão de dança, música instrumental, atuação e majestosa linguagem herática que é a tragédia ática.

A comédia ática teve origem social inferior [71]. Nasceu da obscena e ruidosa procissão dionisíaca, que terminava com uma canção fálica. Enquanto que a tragédia possuía um coro, a comédia tinha dois: os gritos satíricos dos espectadores nas ruas foram incorporados ao drama. Nas comédias áticas sobreviventes (todas de Aristófanes), os elementos dionisíacos estão evidentes nas obscenidades, nos coros disfarçados de animais, e na agressão na *parábase* (o mais antigo elemento na peça). Mas, nessas peças, podemos notar também a influência da farsa dos dóricos de Megara. Aristóteles disse que eles criaram a primeira comédia, dando-lhe o nome de uma de suas aldeias (a *comai*), e o mimo dórico certamente existiu no Peloponeso, a partir do século VI a.C. Seu estilo pode ser visto em vasos da época (ilustrados em *Masks, Mimes and Miracles* [276], de Nicoll): pares de figuras mascaradas dançam, usando vestimentas acolchoadas, ajustadas ao corpo; os deuses dos mitos e lendas são caracterizados burlescamente, e há cenas de orgia e roubo. Havia um bufo Heracles, máscaras animais e vários *moros* — nome genérico dado ao bufão mímico, uma mescla de palhaço, bailarino e ilusionista, cujos descendentes ainda hoje se apresentam. Aristófanes herdou ambas as tradições dionisíaca e dórica.

Dança Dramática Grega

Em nenhuma civilização a dança dramática atingiu tal dimensão ritualística e religiosa como na Grécia. "Sua meta principal era fazer o gesto representar sentimento, paixão e ação", e todas as partes do corpo eram usadas. Associadas, primordialmente, aos cultos de Apolo e Dionísio, essas danças corais eram de tal forma miméticas que Gilbert Murray [166] viu a origem da tragédia na dança ritual a Dionísio. O *Geranos,* ou Dança do Grou, foi supostamente desempenhada por Teseu quando este retornou do Labirinto de Creta, e representava os meandros do labirinto de Knossos em três partes: a estrofe, com movimentos da direita para a esquerda (o ominoso domínio do Minotauro); e a antiestrofe, com reversão do movimento (quando se livra do Minotauro); e o estacionário, lento e grave (o dar graças). Os bailarinos dançavam em fila, como grous, como se estivessem seguindo o fio com o qual Teseu deslindou o labirinto. A dança do Phaiakian era interpretada por rapazes que circulavam em torno de um cantor — como a dança de proteção egípcia. Nos festivais dionisíacos,

174 JOGO, TEATRO & PENSAMENTO

três danças eram apresentadas — a *Eucmeleia,* a *Kordax* e a *Sikinnis* (trágica, cômica e satírica) — cuja tradição parece vir do Egito, originando-se nos rituais dramatizados de Osíris. A dança chamada *Hyporchema,* consagrada a Apolo, era, às vezes, dançada em homenagem a Dionísio e Palas Atena, enquanto que a dança *pírrica* imitava uma batalha e supõe-se que se tenha originado na Dória. A importância da dança dramática, na Grécia, não pode ser superestimada. Diz Spence:

> ... o ritual é a magia mimética graças à qual os atos religiosos em benefício da comunidade são representados; o mito é o relato desses atos em palavras, enquanto que a dança lhes dá forma. É, portanto, um quadro vivo da ação ritual, do qual emana o mito, no canto coral que freqüentemente acompanhava a dança sagrada. Além do mais, todos os três — ritual, dança e mito — são na verdade um só; foram originalmente partes indivisíveis de um único processo de pensamento... [346]

Portanto, no teatro ático, a dança alcançou sua máxima forma na expressão teatral.

O TEATRO DENTRO DE UMA CULTURA ESPECÍFICA: EUROPA MEDIEVAL

A abordagem sociológica tem em conta o inter-relacionamento de todos os fatores culturais e sua relação específica com a atividade dramática da sociedade. Embora seja possível considerar esse aspecto em qualquer cultura determinada, talvez a Europa medieval nos forneça o exemplo mais simples. Após a queda da Roma Imperial, a Europa reconstruiu suas tradiçõess dramáticas a partir de suas bases originais — da memória dos ritos e rituais, crenças populares e costumes. Então, a partir do século X, uma nova forma de representação dramática, dentro dos templos, começa a se desenvolver, evoluindo para teatro, propriamente dito, com o ciclo dos Mistérios, no século XIII ou XIV.

1. *Origens & Desenvolvimento do Jogo Dramático*

a. Crenças Populares & seu Conteúdo Dramático

Ritos e rituais pagãos eram parte vital da consciência do homem medieval. As tribos germânicas da Europa não se converteram facilmente ao cristianismo [153] e muitas de suas tradições populares remontavam-se aos tempos do paganismo — alguns dos costumes modernos são resíduos, sem que os participantes percebam as origens. Tão fortes eram as tradições que, embora a Igreja as combatesse ri-

ORIGENS SOCIAIS DO TEATRO 175

gorosamente, foi somente com a política de assimilação de Gregório, o Grande, que usava as celebrações pagãs para a ação missionária da Igreja, que esta, enfim, conquistou sua vitória.

Por toda a Europa encontramos atividades semidramáticas, associadas a danças, jogos e atividades sazonais. Os exemplos ingleses encontram paralelo nas atividades populares da Escanadinávia à Trácia [292] e todas se assemelham às celebrações dionisíacas. A finalidade dos dançarinos e *mummers* foi sempre a de promover as colheitas e representavam a luta eterna: sol/lua, inverno/verão, trevas/luz, morte/vida. O velho Rei-Ano morre para que o novo Rei-Ano possa viver — como Osíris e Hórus.

A morte periódica do Rei-Ano, e sua vinculação com os sacrifícios, era essencial para o bem-estar da comunidade. Isso ocorria na "Festa dos Tolos" [59], e no renascimento efetuado pelo "Doutor" nas peças de *St. George*. Em outras cerimônias, uma falsa Morte (um boneco, alguns gravetos ou pedaços de pau) era carregada pela aldeia e depois expulsa; às vezes, o povo pagão trazia de volta a árvore de verão. Às vezes, um homem real era expulso: o Pfingstl, na Baváría; um "homem selvagem", na Turíngia, e "Jack o'Lent", na Inglaterra; um "bode expiatório" era expulso de Atenas em maio, e Frazer [115] oferece exemplos dos Incas, Sião, Rússia Oriental, Togo, Nova Guiné, Índia, Camboja, tribos esquimós e outros lugares.

O povo medieval vivia em um mundo animista: quando árvores e animais eram cultuados, os *mummers* vestiam-se com folhas assim como chifres e peles. Além do mais, homenageavam e temiam o morto: pediam por sua ajuda na guerra e para a labuta na agricultura, e os mantinham satisfeitos através de oferendas de comida — freqüentemente feijão e ervilha (no período posterior dos Tudor, elegiam um Rei do Feijão e uma Rainha da Ervilha, na véspera de Reis) ou em um banquete, quando uma "Mesa da Sorte" era disposta [188] para o espectral "Wild Hunt", do mundo dos espíritos. Os *mummers* tinham também ritos de expulsão dos mortos: gritando, tocando sinos e brandindo espadas; ou varrendo o espírito para fora da casa com uma vassoura. Assim como o antigo babilônico purgava a morte pelo fogo, o povo medieval expulsava os mortos com fogueiras ou perambulando pelos campos com tochas flamejantes [382].

Os ritos e rituais primitivos, ocorrendo periodicamente segundo as estações, eram celebrados em ocasiões "críticas" do ano. A Europa medieval, porém, viu-se obrigada a absorver os calendários celta-teutônico, romano e cristão dentro de um espaço relativamente curto de tempo; como

176 JOGO, TEATRO & PENSAMENTO

conseqüência, houve muita confusão e sobreposição de ritos a serem celebrados em determinados festivais, e momices de tipos semelhantes puderam ser apresentadas durante o Natal, na terça feira de carnaval, Páscoa ou Primeiro de Maio.

As celebrações do solstício de inverno combinavam o natal celta, as calendas e as saturnais romanas e o Natal cristão [382]. O natal celta procurava produzir uma magia que garantisse a prosperidade futura, era um festival para os mortos (sobrevivendo no Dia de Todos os Santos e Dia das Almas) e era um momento de sacrifício — novembro era o "Blot-Monath" dos Bedes, quando eram sacrificados os animais que não havia sido possível alimentar durante o inverno. As calendas relaxavam as regras de conduta e invertiam o *status* social: mestres e escravos trocavam de lugar, um interpretando o papel do outro: festejavam e jogavam dados juntos. (Essa inversão de civilização é fundamental, em outro sentido, para a psicanálise.) A Igreja denunciou essa situação (e seu remanescente, a Festa dos Tolos) ao reconhecer o elemento pagão no cortejo dramático dos *mummers* em peles de animais, máscaras e roupas femininas, e no *cervulus* — o cavalo de pau que era remanescente da vítima sacrifical [59]. Os Doze Dias de Natal eram um período intercalado ou epagômeno: a brecha entre o ano lunar e o ano civil, e introduzido por civilizações tão distantes como a hindu e a asteca, a etíope e a maia. Os Dozes Dias eram "um outro tempo" de morte aparente, e assim as superstições apegaram-se a eles, e, embora oficialmente terminassem na primeira segunda-feira após o Dia de Reis (Epifania ou Segunda-feira do Arado) era eventualmente estendido até o Shrovetide ou carnaval. O carnaval era uma relíquia da saturnal romana, quando havia ritos de semeadura e aragem da terra, abandonando as regras sociais como durante as calendas, estabelecendo um falso-monarca para reinar durante as folias e atividades protodramáticas como mascaradas, varreduras, o enterro do bufão, e assim por diante [382]. Vinculado aos Doze Dias está o mito de Perchta, e o *Perchtenlauf* ainda ocorre, hoje em dia, no Tirol: horripilantes figuras mascaradas, usando negras peles de carneiro e capuzes de pele de texugo, corriam, saltavam, estalavam chicotes, assopravam cinzas nos rostos das pessoas e provocavam tumultos generalizados com seus "grotescos" — o Tolo com sua namorada, o tamborileiro, o homem travestido, e o "Doutor"; tão logo o indômito Perchta saltava dentre eles, passavam a dançar freneticamente, a saltar cada vez mais alto sobre um poço e então, ou buscavam refugiar-se em alguma casa das redondezas, ou passavam perseguir o homem que vestia a

ORIGENS SOCIAIS DO TEATRO 177

máscara de Perchta — cruzes de pedras isoladas indicavam o resultado.

Os festivais de primavera e verão do período medieval eram igualmente confusos. O festival de verão romano era no Primeiro de Maio, quando precauções eram tomadas contra os mortos (como atirar feijões pretos), mas o Primeiro de Maio na Europa, particularmente na Inglaterra, era divertido. Celebravam o rito da árvore sagrada (*may-pole*), um antigo culto associado aos mistérios de Osíris, Átis, Adônis, Perséfone e outros. Na Inglaterra era simples magia de fertilidade e estava associado a duas danças: o *round*, ou dança ao redor do *may-pole*; e o cortejo dançado nos arredores da cidade (sobrevivendo no *beating the bounds** da paróquia inglesa). O espírito de maio, ou alma da árvore, podia ser um boneco, títere, ramos de árvores ou possuir uma forma humana: o "Jack-in-the-Green", na Inglaterra, era um aldeão jovem ornado com folhas verdes, ou um rapaz da cidade com sua pele enegrecida (como um limpador de chaminé disfarçado; por magia foi criado com inversão da cor natural do corpo).

b. Jogos Rituais

O elemento dramático nos mitos rituais afetaram todos os componentes da vida comunal, inclusive os jogos. Os jogos romanos eram supervisionados por sacerdotes e magistrados, e os jogos gregos incluíam não apenas competições físicas, como corridas e torneios musicais entre trovadores, como também, cenas dramáticas e interlúdios referentes às vidas dos deuses. Essencialmente, os jogos sagrados *representavam* as vidas dos deuses, o ideal da existência, embora os mitos referidos não fossem de tipo primário, mas eram, principalmente, incursões nas aventuras dos deuses — os jogos nemeus, por exemplo, celebravam a morte do leão nemeu por Heracles. Os jogos eram intentos de apaziguar o fantasma do falecido deus, assim como pedir sua ajuda para a fertilidade. Tais jogos são universais, dos olímpicos ao Tailltenn irlandês.

Spence demonstra [346] que o jogo mexicano do *tlachtli* era semelhante: jogado em uma enorme quadra, o objetivo era dirigir uma bola de borracha para dentro de orifícios nas paredes; o vencedor tinha o privilégio de despir os espectadores de suas roupas e ornamentos. Nos mitos secundários mexicanos, os semideuses participam do mesmo jogo, e os movimentos simbolizam os movimentos do sol e

---

* Espécie de procissão dançada durante a qual a população de um povoado percorre as suas áreas limítrofes. (N. das T.)

178 JOGO, TEATRO & PENSAMENTO

da lua — o deus Xolotl joga bola (*olin* significa "sombra" ou "bola") com o sol e a lua e, como o hindu Rahu, é um monstro engolidor de sóis. Na antiga Pérsia, Ormudz luta com o demônio e as trevas em um simbólico jogo de bola. Os jogos se relacionavam com o crescimento deste modo: fortaleciam os mortos por um revigoramento através do sangue humano e da força, e o elemento mimético favorecia a ocorrência desse processo.

E o teatro era parte inerente dos jogos medievais: as danças eram miméticas e, embora as peças fossem rústicas, eram ainda assim teatro. Ocorriam durante as festas apropriadas: a espada e *S. Jorge* durante o Natal, a Corrida de Ovos no Natal ou na Páscoa, e as peças de Robin Hood no Primeiro de Maio — ainda hoje rolam-se ovos duros colina abaixo em Selby enquanto que a brincadeira da Corrida de Ovos acontece em Halifax.

O Primeiro de Maio cresceu em popularidade nos tempos medievais, com suas canções, danças e jogos ao redor do *may-pole*. A partir do século XIII, eram eleitos um "rei" e uma "rainha" de maio e, pelo século XV, eram conhecidos por "Robin" e "Marion". Rapidamente, o "rei" tornou-se associado a Robin Hood, como conseqüência de três tradições: o legendário fora-da-lei Robin Hood, mencionado pela primeira vez em *Piers Plowman* (*c*.1377) e, a partir de 1500, celebrado em diversas baladas populares; a tradição dos menestréis franceses andarilhos, que cantavam a estória do pastor Robin, enamorado da pastora Marion (Adam de la Hale, de Arras, escreveu sua peça *Jeu de Robin et Marion,* no final do século XIII); e a possibilidade, segundo sugeriu Lorde Raglan [303], de. que Robin tenha sido associado à divindade da vegetação da velha Inglaterra, que devia lutar anualmente por seu título (mas agora com o arco ou lanças).

Por essa época — princípios do século XVI — a estrutura original do velho rito, como praticado havia séculos, parece haver-se degenerado em uma espécie de folguedo popular... os jogos de Robin Hood representavam o último resquício de um rito representado, que narrava a vida e as aventuras de um deus ou espírito-da-floresta, e terminava com o sacrifício de seu representante humano, que era morto em uma luta de flechas... A luta de flechas simbolizava a chuva, pois em todas as partes do mundo, a ponta da flecha é o emblema da chuva...

Robin Hood, diz a lenda, foi sangrado pela abadessa, lentamente, até a morte, na Abadia de Kirklies, o que, na minha opinião, é uma mera versão modernizada do mito de sua morte por sangramento gradual, na estaca sacrifical, de maneira a que seu sangue pudesse enriquecer o solo da floresta. Atualmente, é fato comprovado que as árvores, especialmente o carvalho, eram consideradas, antigamente, como provedoras de alimento, que dava sustento tanto ao homem quanto ao animal com a "bolota" ou glande, e é também quase certo que vítimas eram sacrificadas nessas árvores pelos celtas. [346]

ORIGENS SOCIAIS DO TEATRO 179

Durante o período medieval, a dança dramática se transformou em dança folclórica. Normalmene, há um estádio intermediário no qual a forma permanece mas o significado religioso é esquecido (assim como as *nautch* da Índia) mas há poucos indícios dessa passagem na Europa medieval. Os vestígios da dança dramática original vêm das antigas danças de espada representadas, primeiramente pelos primitivos ferreiros — dançarinos do Egeu —, e depois pelos padres salinianos (as confrarias dançarinas romanas) que interpretavam em "estações" ao longo das rotas, golpeando as espadas em seus escudos, enquanto um adivinho dizia palavras mágicas [65]. Seus descendentes na dança popular apareceram no século XVI: a dança da espada e a dança Morris. A dança da espada [8] era acompanhada de um apresentador que introduzia cada personagem; e o tosco diálogo e o combate ritual estabelece a ligação com o teatro popular [282]. A dança Morris era uma atividade aldeã, representando um falso combate, seus participantes usavam sininhos nos tornozelos e joelhos, rostos mascarados ou enegrecidos, e havia muito chocar de bastões e agitação de lenços. Assim, com a dança Morris e as danças de espada, como também com a "dança de roda" e a dança processional, as danças medievais eram propriamente dramáticas.

Na Inglaterra, a dança de espada se misturava com a Festa do Arado, ou Segunda-feira do Arado (6 de janeiro, antigo dia de Ano Novo). Os lavradores tomavam o dia livre, agarravam o arado e o arrastavam ao redor da aldeia, acompanhados de dançarinos de espada e atores. Essas cerimônias existiram desde que os anglo-saxões impuseram o donativo do arado (o carro do arado parece estar associado com a embarcação egípcia) e o arado cerimonial era guardado na igreja (como hoje os chifres dos dançarinos do Abbots Bromley). As festas eram agrícolas e pagãs: o "Tommy" ou "Tolo" vestia pele e rabo de animal; a "Bessy" era usualmente um homem travestido; incluía uma morte e ressurreição — no Revesby, o ano velho (pai) é morto ritualmente pelo novo (filho); havia indecorosas cenas de amor, com o namoro de Cicely na festa de Revesby, que é essencialmente "fescenino". O Revesby [59] inclui um cavalo-de-pau e um dragão, comuns a muitos folguedos populares medievais, de Robin Hood aos *mummers*, e associado à festa do "Dia do Peludo", em Padstow, com os atores portando chifres em Abbots Bromley. Já vimos que Mead e Róheim relacionavam as figuras européias com as de Bali, mas são conjecturas o fato de que teriam se originado em sacrifícios de cavalo, conhecido como o venerável rito para promover a fertilidade e o cres-

180 JOGO, TEATRO & PENSAMENTO

cimento. Certamente, o arado era, como a espada ou o bastão do Arlequim, um símbolo de fertilidade; e terá sido nesse sentido que Shakespeare o empregou para Cleópatra:

> Royal wench!
> She made great Caesar lay his sword to bed:
> He ploughed her, and she cropped*.

As *Mummers' Plays* de St. George [60, 282, 356] são uma curiosa mistura das festas pagãs do arado e de elementos cristãos, possivelmente provenientes do romance *Seven Champions of Christendom* (1595), de Richard Johnson, ou, mais provavelmente, da peça de mesmo nome, de John Kirke, do século XVII (impressa em 1638, e posteriormente levada pelo país como uma representação de marionetes). Certamente, as *Mummers' Plays* contêm uma moralidade cristã dentro de um marco pagão. Suas origens estão no ritual relativo às estações: a batalha da vida/morte se torna um cômico combate entre o "galante Cavaleiro Cristão" e um maligno inimigo, e há um cômico "Doutor" presente com seu enorme alicate para encenar a "ressurreição"; cada personagem se introduz com a bazófia ("Eu sou...", e, assim, "Eu sou St. George", etc.) que é um procedimento comum em representações rituais, dos ciclos córnicos ao *Nô* japonês — e, como observou Richard Southern [345], deixe que dois atores se vangloriem em antagonismo diante de outros e teremos *agon* e *antagonista* diante de um coro. A procissão é fundamental: eles marcham de casa em casa, ou para cada "estação" ao longo da rua, onde cada personagem recita sua cantarola monótona, obscura, porque, nos tempos medievais, a magia em si havia-se tornado obscura.

Todas essas formas dramáticas — a de Robin Hood, as danças de espada e a dança Morris, a Festa do Arado e os *mummers* — ocorriam em um momento em que jogos de todos os tipos abundavam. Durante o solstício de verão, os celtas acendiam fogueiras com finalidades pagãs; em Whiteborough, Cornwall, uma fogueira com um grande mastro central era acessa, e guerreiros combatiam por prêmios junto a um túmulo onde, supunha-se, enterravam-se gigantes. No mesmo dia, imagens de um dragão e de um gigante eram carregadas pelas ruas de Burford, em Oxfordshire, como recordação das vitórias dos deuses sobre uma figura diabólica (do mesmo modo como o deus hindu Vittra e persa Titra eram representados como vitoriosos). Por todo o mundo, mitos secundários de deuses produziria

---

* "Real meretriz!
Fez o grande César repousar sua espada sobre a cama:
Ele a lavrou e ela deu frutos." (N. das T..)

ORIGENS SOCIAIS DO TEATRO 181

jogos rituais e suas representações correspondentes — atividades ligadas à fertilidade tentando apaziguar e revigorar os mortos para o bem-estar da comunidade.

2. O Desenvolvimento do Teatro Religioso

a. Os Primórdios

Duas influências pagãs serviram de apoio para o crescimento do Teatro da Igreja: os rituais gentílicos e os atores ambulantes. Como vimos, os ritos pagãos eram parte da consciência do homem medieval e, para a evolução do teatro religioso, o equinócio de inverno (25 de março) era particularmente importante. Os mistérios primitivos de Tamuz, Átis e muitos outros culminaram nesse período e a Igreja se viu forçada a conjugar o nascimento de Mitra (um deus-sol), no equinócio de inverno, com o de Cristo. Sem dúvida, os pagãos recentemente convertidos confundiam os motivos das celebrações. Seguramente, Natal e Páscoa assistiram com bastante freqüência às procissões de dança dentro e ao redor da igreja medieval. (Na noite de Natal, em 1020, quando se iniciava a celebração da Missa na igreja de Kolbigk, Anhalt, esta foi invadida por homens e mulheres desvairados, que dançavam com fúria primitiva [190].)

E os atores ambulantes, descendentes dos mimos pagãos, ainda representavam nas feiras às margens das estradas e nos jogos rituais das aldeias. Embora os padres católicos freqüentemente se pronunciassem contra tais coisas, o clero inferior aderia às danças. Já em 911, essas *tripudia* (danças em três passos) eram apresentadas no monastério de St. Gall. Também na Festa dos Tolos, os membros do clero dançavam no coro vestidos como mulheres, alcoviteiros ou menestréis, e usavam máscaras. Como todas as outras danças semelhantes, estas eram livres e miméticas, e foram a sólida base sobre a qual o teatro religioso pôde se desenvolver. [276].

b. Teatro de Igreja (Templo) Medieval

Apesar dos rituais dramáticos sazonais e da influência dos atores ambulantes, foi a partir de dentro da própria Igreja que o verdadeiro teatro surgiu. A própria missa contém, naturalmente, elementos do teatro — diálogo cantado e um tema de ação — mas não a qualidade essencial da personificação.

A personificação começa com o *tropo*, cantado na noite de véspera da Páscoa. Um *tropo* era um cântico especial, escrito para acompanhar a música sacra em ocasiões

182 JOGO, TEATRO & PENSAMENTO

extraordinárias. O mais antigo deles foi o *Quem quaeritis trope,* do século X, da Abadia Beneditina de St. Gall, na Suíça:

> *Quem quaeritis in sepulchre, o Christicolae?*
> (O Anjo pergunta: "A quem buscais no sepulcro, oh seguidores de Cristo?")
> *Jesum Nazarenum crucifixum, o coelicolae*
> ("Jesus de Nazaré, o crucificado, oh celestial", dizem as Marias.)
> *Non est hic: Surrexit sicut praedixerat.*
> *Ite, nuniate quia surrexit de sepulchre.*
> (Anjo: "Ele não está aqui. Ele subiu aos céus, como havia prenunciado.
> Ide e anunciai que Ele ressuscitou dos mortos".)

Originalmente, este *tropo* era cantado pelas duas metades do coro, durante a missa; mais tarde, passou a ser apresentado durante as matinais (as rezas que precedem a alvorada) e encaixada entre o Responsório Final e o *Te Deum,* de maneira a que houvesse tempo e espaço para se desenvolver. Ao mesmo tempo, um livro de *tropos* (comentado em *The Origin of the Theatre,* de Hunningher [190] é ilustrado com figuras de mimos, os antigos atores profissionais. De acordo com isso, é possível que a Igreja utilizasse atores profissionais, para introduzir os elementos de personificação. É também possível que o *tropo* tenha sido transferido para as matinais, de modo a que pudesse coincidir com as festas pagãs do equinócio de primavera — uma tentativa de cristianizar a vigília paganal. Durante a missa, o *tropo* era cantado pelo coro. Uma vez deslocado, tornou-se uma pequena cena independente, apresentada nas matinais no domingo de Páscoa; semelhante a uma resumida ópera, três pessoas personificavam as Marias e uma o anjo, diante de um sepulcro improvisado.

Por volta de 970 d. C., St. Ethelwold, Bispo de Winchester, descrevia como o *tropo* se havia transformado em uma verdadeira pequena representação, envolvendo personificação e ação:

> Enquanto que a terceira parte das matinais estiver sendo cantada, faça com que quatro monges se vistam. Faça com que um deles, usando uma alva, entre como se fosse tomar parte no serviço, e que se aproxime do sepulcro, sem atrair atenção, e fique lá sentado calmamente com uma palma entre as mãos. Quando a terceira réplica estiver sendo cantada, faça com que os três monges restantes se introduzam, todos usando as vestes sacerdotais e carregando turíbulos com incenso. Vagarosamente, como se estivessem buscando algo, faça-os aproximarem-se do sepulcro.
> Tudo isso deve ser representado na imitação do anjo sentado na tumba e as mulheres chegando com aromas para ungir o corpo de Jesus.

ORIGENS SOCIAIS DO TEATRO

Quando o anjo vir as três mulheres aproximando-se como quem está à procura de algo, deve cantar com voz suave em tom médio:

"A quem buscais no sepulcro, oh mulheres cristãs?" E quando tiver terminado o canto, faça as três mulheres replicar em uníssomo:

"Jesus de Nazaré, o crucificado, oh celestial".

Deve ele então replicar:

"Ele não está aqui. Ele subiu aos céus, como havia prenunciado.

Ide e anunciai que Ele ressuscitou dos mortos".

Ao comando destas palavras, faça as três mulheres voltarem-se para o coro e dizer:

"Aleluia! O Senhor ressuscitou!"

O Anjo, como que chamando-as, canta, então, a antífona:

"Venite, et Videte locum (Vide e olhai o lugar onde repousava o Senhor)". E, dizendo isso, faça-o levantar-se e alçar o véu para mostrar-lhes o lugar da cruz vazio, onde apenas repousam os mantos que a envolviam. Quando elas o tenham visto, que coloquem no chão os incenseiros que haviam trazido ao sepulcro, que tomem da manta e a exibam aos olhos do clero; e, para demonstrar que o Senhor subiu aos céus e não mais está envolto no linho, faça-as cantar este hino:

"Surrexit Dominus de sepulchre (O Senhor ressuscitou do sepulcro)". E que elas depositem o manto sobre o altar. Quando terminar o cântico, que o prior, regozijando-se com elas pelo triunfo de nosso Rei, que, tendo derrotado a morte, ressuscitou, inicie o hino:

"Te deum laudamos (Louvemos ao Senhor)".

E, isto posto, que todos os sinos repiquem juntos. [59]

A descrição de St. Ethelwold muito se assemelha a um guia cheio de indicações para a encenação do *tropo*.

A pequena representação foi sendo ampliada. No século XI, os apóstolos Pedro e João precipitavam-se igreja adentro até o sepulcro; mais tarde, Cristo aparecia e Maria o tomava pelo guardião. Fazia-se procissões: pessoas caracterizadas percorriam de uma nave à outra. Outro elemento de evolução foi a introdução de uma personagem cômica: o vendedor de ungüentos que barganhava com Maria. Nas representações natalinas, que se desenvolveram um pouco mais tarde, a personagem cômica era Herodes, que rugia e se encolerizava. Essas personagens cômicas poderiam ter sido invenção dos atores profissionais — o mercador (*mercator*) era, às vezes, chamado *medicus* ou "Doutor".

Esse tipo de evolução continuou até cerca de 1250. O latim cedeu lugar ao vernáculo, o canto à palavra, e a simples passagem a toda uma seqüência de histórias bíblicas. Os atores transferiram-se do coro para a nave e, depois, para o exterior da igreja — já a cerimônia de casamento (mas não a missa nupcial) tinha lugar no pórtico de entrada, assim não há nada de novo nessa evolução — mas o exôdo das representações não era uniforme, e apenas

184 JOGO, TEATRO & PENSAMENTO

ocorria quando a duração das peças o exigia. Novamente o entusiasmo do povo pelas representações deu à Igreja novo alento e, por essa época, as peças eram apresentadas fora da igreja (na porta oeste, no pátio externo ou em procissão, pela cidade), embora os padres estivessem proibidos de atuar fora de seus próprios muros.

3. O Aparecimento do Teatro

Embora em mãos seculares, todos·os participantes eram ainda membros da Igreja e quase não houve alteração do motivo religioso das peças. Tampouco é certo que o clero leigo tenha assumido um papel mais importante nos Ciclos dos Mistérios do que até então se havia pensado. Houve pouca separação, na vida medieval, entre o sagrado e o profano. O controle dos Ciclos passou, contudo, às mãos de agremiações comerciais semi-religiosas e foram organizados em Ciclos completos (da Criação ao Juízo Final) agrupados em um todo que, embora baseado na Bíblia, recebeu a injeção de componentes adicionais, para melhor equilíbrio.

Sendo religiosos, os Ciclos eram representados durante as festas, particularmente Corpus Christi (quinta-feira após o domingo da Trindade), que começou em 1311, em um dos dias mais longos do ano. A celebração mais característica de Corpus Christi era a procissão das agremiações, carregando as bandeiras denotando seus ofícios — e isto é apenas um passo do estandarte a um palco sobre rodas (representações sobre carroças). Contudo os custos permitiam apenas às grandes cidades a encenação de um Ciclo; os aldeões tinham de contentar-se com suas mômadas e jogos dramáticos.

A influência dos atores profissionais continuou, principalmente nas cenas cômicas que eram tão grosseiras e farsescas como o mimo romano [276]. Criados burlescos e esposas rabugentas e, principalmente o pastor rústico eram tratados dessa forma. O humor, porém, pode ser semelhante ao horror: o bobo medieval e as tradições demoníacas se mesclavam freqüentemente — criaturas peludas com máscaras horripilantes (parecidas às figuras com caracterizações de pássaros dos antigos rituais) eram também cômicas, e exigidas dessa forma pela platéia. Havia também figuras vulgares que são comuns ao mimo romano e à *commedia dell'arte* renascentista: na peça *José e Maria*, de York, há uma disputa entre José e Maria a respeito da Concepção que se assemelha muito aos mimos de adultério; e o mímico fanfarrão — o *miles gloriosus*, de Roma,

ORIGENS SOCIAIS DO TEATRO 185

e o Capitano da *commedia* — como Herodes, que declama com extravagância e se enfurece, como seus correlatos mímicos, em uma variedade de línguas; e o cerimonial "Doutor", que corresponde a Il Dottore da *commedia*, aparece nas representações da Igreja medieval por toda a Europa.

O teatro medieval pós-Igreja é uma curiosa mistura: baseado no credo cristão, contém elementos de mimo nãoreligioso, assim como danças e costumes pagãos. A despeito de isolados momentos de clímax dramático (a tosca comédia em *The Second Shepherd's Play* e a beleza do verso de *Abraham and Isaac*) a sociedade não permitiu à tragédia florescer completamente. Como disse Fromm (141), o homem medieval era um animal corporativista, consciente de si mesmo apenas enquanto membro de uma comunidade, uma guilda ou uma família. Na Atenas do século V, o homem estava no centro do sofrimento; era Dionísio, na mesma medida em que o egípcio era Osíris. O homem medieval, porém, conhecia seu lugar. A sociedade encontrava-se estratificada de tal maneira que a tragédia pertencia apenas a Cristo — o sofrimento divino era maior que o sofrimento humano. Para Eurípedes, o sofrimento divino era igual ao sofrimento humano. Por isso, os gregos encenavam peças "sacrificais", enquanto que o período medieval (como os japoneses com o teatro *Nô*) produzia peças nas quais se refletia o sacrifício — a verdadeira batalha terminou e a vitória foi conquistada — o importante é tomar cuidado de modo a evitar que o mal volte a se impor.

ORIGENS SOCIAIS DO TEATRO EM OUTRAS CULTURAS

As relações entre a representação dramática e os padrões culturais podem ser examinadas em muitas áreas sociais e em diferentes períodos, como o demonstrou Burton [49]. Os principais exemplos são os que se seguem.

China

Por volta do ano 3-2000 a.C., tribos seminômades começam a se estabelecer nos vales de Yangtsé-kiang e Hoang-ho e, a partir da mimese e de jogos dramáticos originais, começam a se desenvolver elementos mais formais. Durante a dinastia Shang (1766-1122 a.C.) representações de dança cerimonial acompanhadas de flauta e percussão se desenvolveram, e havia atividades sazonais, durante as quais um coro de meninos e um coro de garotas

186 JOGO TEATRO & PENSAMENTO

empenhavam-se em um cantar antifônico, replicando uns aos outros com gestos e voz. Naturalmente, os elementos da representação, como ocorria no Oriente Próximo, versavam, sobre a fertilidade e o crescimento. Embora nos falte testemunhos da dinastia Chou (1050-255 a.C.) sabemos que esta foi o auge da antiga civilização chinesa — abrigando os filósofos Lao Tsé e Confúcio — e as danças dramáticas das festas agrícolas passaram a ser mais formalizadas e evoluíram para teatro de templo.

O caos político reteve a evolução dramática por uns tempos. Então, com a dinastia Han (206 a.C. — 220 d.C.) aquela retoma seu curso e um maior impulso dramático é ganho quando os monges budistas chegam à China. Pelo final do século V d.C., um teatro de templo já se havia ativado de maneira intensa, baseado na dança dramática altamente estilizada dos centros confucionistas. Os elementos dramáticos, no entanto, foram enfatizados diferentemente do modelo europeu e do Oriente Próximo; por volta do século V, música, ritual, teatro, história e máscaras eram organizados em uma convenção específica.

O teatro clássico chinês apareceu por volta do século VIII, coincidindo com a chegada de muitas novas influências à agora próspera China, vindas da Pérsia, Índia e Meio-Oeste em geral. O teatro apresentava uma variedade de formas — dentro da Corte, com marionetes, e em vários estilos populares. Embora as subseqüentes invasões mongólicas tenham conturbado o desenvolvimento dramático, a dinastia Yuan encorajou seu crescimento e assim, quando da dinastia Ming, tanto o sistema chinês quanto o próprio teatro estavam solidamente estabelecidos.

A última dinastia da China Imperial assistiu às influências ocidentais afetarem o teatro, e o atual sistema comunista, embora eliminando os elementos religiosos remanescentes, encoraja a expressão dramática em alto grau [15, 61, 211, 333, 398, 399].

Japão

A excepcionalmente conturbada história social do Japão afetou, necessariamente, o desenvolvimento do teatro. Os rituais dramáticos relacionados com arroz existem até os dias de hoje — incluem o entrechocar de bastões e se referem às idéias de fertilidade, apaziguamento dos mortos e a morte do "Demônio Ano", semelhante aos rituais dionisíacos e dança folclórica inglesa. Mas, devido à alvoroçada história, as evoluções dramáticas ocorreram apenas durante períodos de estabilidade social: o teatro *Nô* floresceu durante o período relativamente estável de Shogunato, nos

ORIGENS SOCIAIS DO TEATRO 187

séculos XIV e XV — teatro aristocrático (embora suas
origens estivessem nas danças populares) mantém ainda
hoje o diálogo e a forma de sua criação original; o *kabuki*
desenvolveu-se no estável século XVII, como uma forma
popular do *Nô* para as camadas mais simples, evoluindo,
paulatinamente para um teatro de classe média. Desse
modo, à população ordinária restaram as marionetes e os
espetáculos de variedade [36, 94, 196, 209, 216, 241, 261,
300, 334, 371].

Índia

O subcontinente da Índia contém muitas culturas que
variam consideravelmente uma das outras. A mais antiga
civilização estava localizada na região do Hindus (como
as primitivas culturas do Oriente Próximo localizavam-se
às margens do Tigre, Eufrates e Nilo) e possuía seus próprios rituais e celebrações dramáticas primitivas, algumas
das quais descritas por Frazer [115]. Atividades dramáticas similares se mantêm atualmente entre os oradores do
Tamil, no Sul.

Os invasores indo-germânicos trouxeram não apenas o
sânscrito e o sistema de castas como também introduziram
o teatro de templo. Porém, como a invasão de tamanha
área foi gradativa, e com grandes diferenças de região para
região, a evolução do teatro foi irregular. Por exemplo, os
mitos rituais de 400 a.C. são ainda apresentados em forma
de teatro-dança do Kathakali de Kerala, enquanto que os
mais antigos fragmentos de teatro escrito (por Asvaghosa)
aparecem por volta de 100 d.C.

Um estágio desse desenvolvimento merece menção especial: o teatro clássico sânscrito dos séculos IV e V d.C.
Em muitos aspectos pode ser comparado ao teatro ático:
a aristotélica figura de Bharata estabeleceu cânones dramáticos para o teatro subseqüente; e dentre o grupo de
dramaturgos de primeira linha encontrava-se Kalidasa, cuja
Sakuntala é comparável à *Oréstia* como obras-primas de vitalidade dramática. Estabelecido na cidade de Ujjain, o
teatro clássico sânscrito evoluiu de representações dramáticas para festas religiosas e apenas mais tarde foi apresentado em templo ou palácio real. Ao contrário de Atenas,
não havia um edifício teatral mas, como as mascaradas dos
Stuart, tudo era preparado em um cenário especial para a
representação. Mais tarde, as companhias teatrais se desenvolveram em bases itinerantes, semelhantes aos atores de
interlúdio europeus [11, 149, 152, 157, 196, 210, 215, 331,
395].

188 JOGO, TEATRO & PENSAMENTO

Sudeste Asiático

A cultura birmanesa varia das tribos pagãs das montanhas às cidades budistas, e as tendências dramáticas apresentam a mesma variação. Os Shans da alta Birmânia, sob menor influência hindu que as cidades, possui danças derivadas dos tempos primitivos. Porém, a maioria dos centros budistas possuem formas de teatro-dança rituais mais próximas do entretenimento que do teatro—balés altamente estilizados, com ricas vestimentas e música, sempre acompanhados por uma grande orquestra. As formas básicas são: grandiosos espetáculos que se prolongam noite adentro, calcados em clássicos e histórias budistas; extratos destas, organizados em diferentes espetáculos, e, principalmente, apresentações de caráter burlesco; representações teatrais em procissões baseadas em alegorias; espetáculos de marionetes; celebrações para os mortos com intensa participação da platéia; e histórias de interesse geral inseridas em um contexto de canto, dança e espetáculo.

As formas dramáticas tailandesas variam da mimese dançada à representação teatral, enquanto que o Camboja, como muitas culturas do Sudeste asiático, fundamenta suas formas dramáticas em um coro cantante, acompanhado por uma orquestra, com temas mitológicos, vestimentas suntuosas e danças altamente estilizadas. As formas de teatro do Camboja, Tailândia e Laos concentram-se na dança dramática, forma similar ao aparentado teatro de sombras.

A cultura malasiana é basicamente hindu, com forte influência chinesa, embora, longe dos centros populacionais, persistam antigas formas de rituais de fertilidade. Em muitas áreas, companhias profissionais excursionam para representar diante das choupanas de palha, com a platéia agrupada pelos três lados; histórias retiradas de velhos romances são interrompidas por interlúdios de dança, enquanto se mantém elementos farsescos e máscaras. remanescentes dos mimos europeus. Os agrupamentos urbanos são também brindados com sátiras musicais dançadas, versando sobre suas próprias comunidades.

Na Indonésia, Bali é renomada por suas variadas formas dramáticas. Já examinamos a Festa da Feiticeira e sua dança aldeã correlata (vide pp. 146-8, 150), mas há ainda toda uma gama de formas dramáticas, das simples danças rituais da fertilidade ao teatro de templo, e inúmeras outras variações de formas teatrais [23, 37, 227, 325].

Américas Central e do Sul

A população indígena primitiva possuía suas tradições dramáticas que se embasavam nas religiões pagãs, e foi

ORIGENS SOCIAIS DO TEATRO

sobre estas que se estabeleceram as influências vindas de além-mar. Em muitas áreas, padres espanhóis (portugueses, no Brasil) modificaram o ritual dramático para aquele determinado pelo catolicismo (com maior ou menor sucesso), enquanto que no Brasil e em Cuba, a influência negra tornou-se também preponderante. As tradições primitivas ainda se mantêm, naturalmente, embora carregadas de influências externas. Esta é também a situação no México com suas cerimônias religiosas; embora exista também a *carpa* — pequena comédia improvisada, de tradição mímica, incluindo tanto bufões primitivos quanto sofisticados. Os grandes centros urbanos possuem fortes tradições teatrais à maneira ocidental, muitos dos quais estão desenvolvendo um interessante caráter próprio [30, 364, 366].

Teatro Ídiche

Embora todas as ramificações do teatro europeu e norte-americano possam ser abordadas sociologicamente, talvez nenhuma seja tão gratificante (ou tão óbvia) quanto o teatro ídiche.

Em 1876, Abraham Goldfadden moldou os espetáculos de variedade judeus, apresentados nas tavernas de vinho romenas, sob a forma de uma trama que era improvisada à maneira da *commedia dell'arte*; pouco mais tarde, Jacob Gordin, na América, veio a escrever realmente a primeira peça em ídiche. A partir destes dois eventos pouco auspiciosos, nasceu o teatro ídiche. Gradativamente, as comunidades judias, reagindo ao relaxamento das proibições na Europa eslava, começa a construir suas tradições dramáticas próprias: em 1908, a companhia Hirschbein foi criada na atmosfera relativamente livre de Odessa, e mais tarde excursionou pela Rússia com peças em ídiche; em 1916 foi formada a companhia Vilna, que mais tarde viria a apresentar a *première* de O Dibuk, em 1920; e as companhias ídiches da Polônia, após a Primeira Grande Guerra, experimentaram uma variedade de formas de atuação. O governo soviético, em seus primeiros tempos, incentivou a cultura ídiche de muitas maneiras e principalmente o teatro; uma conseqüência foi a famosa companhia Habima, que emigrou posteriormente para Israel. Infelizmente, a vida cultural ídiche foi virtualmente eliminada da Polônia após a Segunda Guerra Mundial, e da Rússia a partir de 1952. Contudo, o generalizado êxodo judeu da Europa, como conseqüência da perseguição sofrida, significou um crescente florescimento do teatro ídiche na América, de modo que, enquanto que no princípio do século o teatro ídiche esteve principalmente relacionado com uma ou mais culturas da

190 JOGO, TEATRO & PENSAMENTO

Europa Ocidental, atualmente há toda uma corrente de nova literatura dramática ídiche-americana. Evidentemente, as condições sociais exerceram uma influência direta e imediata sobre o desenvolvimento do teatro ídiche [288].

OUTROS ASPECTOS DA ABORDAGEM SOCIOLÓGICA

Se o teatro está entrelaçado às crenças fundamentais do homem da maneira como se infere da abordagem sociológica, esse fato terá certamente sua influência sobre todo o conjunto de campos análogos de estudo: de como o homem se posicionou com relação ao universo (filosofia e religião); as diferentes interpretações que o homem deu ao mundo a cada período (história) e como isso se relaciona com sua compreensão do teatro e das formas dramáticas (crítica teatral); como o homem observou o funcionamento de seus próprios processos mentais (psicologia) e a relação destes com a criação artística (estética).

Há, além disso, outras áreas do estudo dramático que estão especificamente relacionadas com a abordagem sociológica. A disposição espacial da área de representação e seu relacionamento com a platéia é um deles. As primitivas danças dramáticas eram apresentadas em um círculo (teatro de arena, na terminologia moderna), evoluindo gradualmente para o espaço "aberto": os atores em um semicírculo, dando as costas a uma parede ou cortina, com a platéia disposta em um ângulo de 180º a seu redor [77]. Futuras evoluções variaram de acordo com a cultura em questão: as tradições ocidentais desenvolveram o chamado palco italiano, e, a partir daí, a utilização do proscênio; outras culturas, porém (Bali e Japão, por exemplo), desenvolveram outras formas de espaço. Mas, em que medida a conformação do espaço do teatro ou do templo determina a natureza da encenação criada para ele? Ou, será que a natureza da encenação determina a forma do espaço de atuação? Esta questão pode ser vista claramente em uma cultura de grande desenvolvimento dramático, com suas formas teatrais essenciais — como no caso de Kalidasa, Ésquilo ou Shakespeare. Por exemplo, o efeito caleidoscópico da segunda metade do 5º ato de *Troilus and Cressida* poderia ser criado apenas em um teatro que possuísse um palco indefinido, várias portas laterais, uma área central de atuação separada e um balcão superior — seguramente, em um estilo moderno de apresentação, usando o proscênio, poderia parecer anacrônico. Teria Shakespeare, porém, escrito a peça dessa maneira *porque* a sala de espetáculo necessitava uma peça com esse espaço dramático, ou foram os

ORIGENS SOCIAIS DO TEATRO

teatros criados dessa maneira porque era a forma dramática mais expressiva para a cultura desse período?

Uma segunda questão fundamental é o relacionamento do teatro com o público para o qual foi criado. Bonamy Dobrée conclui [89] que a comédia da Restauração tinha seu especial sabor porque a sociedade era "tal qual". Mas, até que ponto a natureza da sociedade e suas necessidades determinam o teatro, e as ênfases particulares da dramaturgia determinam os interesses da sociedade? A natureza de um público tem, evidentemente, considerável influência sobre a natureza da encenação. Nicoll nos diz que uma platéia é uma unidade embora permaneça diversificada, possui um intelecto inferior ao de seus membros considerados individualmente, deixa-se arrebatar pelo faz-de-conta mas ao mesmo tempo permanece distanciada dele, e também (sendo isto o que a diferencia das massas) não tem desejo ou impulso para a ação [279]. Com este problema específico, todavia, nos defrontamos com outro campo de estudo: o do grupo.

Educação & Resíduos Dramáticos

Cada sociedade possui padrões dramáticos inerentes e estes são passados de geração a geração. Uma educação vital utiliza esses padrões.

As tradições populares são transmitidas, hoje, por meio dos elementos dramáticos dos jogos e poesias. O velho jogo do labirinto (como o "Troy Town" medieval) é realizado de novas e diferentes maneiras: a "amarelinha" é um exemplo, onde os primitivos cristãos substituíram o traçado original pelo da Basílica, ou primitiva igreja inglesa. Embora muitos dos jogos modernos não tenham uma origem ritual tão direta, o competente Traditional Games, de Lady Gomme [147] mostra claramente as bases subjacentes. Muitos dos descendentes dos jogos tradicionais estão associados com flerte, amor e casamento: "The Mulberry Bush" é remanescente de uma dança nupcial ao redor de um arbusto ou árvore sagrada; "Nuts in May" refere-se a rapto e exogamia; "Oats and beans and barley" descreve o lavrador plantando as sementes e esperando por uma parceira para o matrimônio; e há muitos outros exemplos. Não tão numerosos são os jogos derivados de disputas e conquista de prisioneiros e território; há ainda jogos associados com funerais, hábitos de colheita, adivinhações, crença em fantasmas, feitiços, adoração de nascentes e árvores — em suma, de todos os componentes da vida pagã.

Muitos dos esportes modernos estão vinculados aos jogos rituais utilizando uma bola como o mexicano tlachtli.

192 JOGO, TEATRO & PENSAMENTO

O irlandês *shinty* parece ter sido o favorito dos "pequeninos". O futebol original era uma disputa entre cidades, onde a bola era chutada em uma única direção — a favorável ao curso do sol — e era provavelmente uma imitação da ação dos deuses. O rolar de uma esfera estava associado aos antigos ritos pagãos, na Inglaterra: evoluiu não apenas para o *pace-egging* como também para o críquete, cuja primeira versão conhecida foi *stool-ball* — no dia de Páscoa, onze homens e mulheres, distribuídos de cada lado do campo, usavam um tamborete de ordenha como meta, e os vencedores recebiam beijos e bolos de prêmio.

Os versos populares infantis estão repletos de vestígios pagãos. A vaca que "saltou sobre a lua" pode não ter nenhuma conexão direta com a deusa egípcia Nut, como antes aventado; porém, deuses e deusas eram pintados ao lado de animais, vasilhas rituais, e anforas nos calendários e almanaques que se espalharam de Roma à Gália, e por todo o Império; e cães, gatos e vacas sagrados são encontrados em todo o folclore britânico. Enquanto que o "Old King Cole" seria, provavelmente, o rei pagão inglês Coel, "Little Jack Horner" não é senão uma depurada versão de *Robin Goodfellow, his mad pranks and merry jests*, publicado em Londres em 1628. Da Grã-Bretanha à China, existe um verso que pede a um caracol para mostrar seus chifres e, em todos os países, o caracol significa tanto nascimento quanto é o menor (mágico?) membro da família dos dragões. "Ride a cock horse" era provavelmente um cavalinho-de-pau; o cavalo branco, porém, era também a mais antiga figura das tradições pagãs inglesas e havia quase seguramente, ritos onde mulheres desnudas cavalgavam (sem serem vistas pelos homens) — e assim o verso pode estar relacionado com as mesmas tradições pagãs como a história de Lady Godiva, particularmente uma versão que omite Banbury e insere Coventry. A invocação à joaninha para que voe para sua casa que está em chamas e onde seus filhotinhos estão em perigo é exatamente a maneira como os camponeses se livram dos maus espíritos. E os versos de brinde à saúde, recitados na véspera de Reis em Cornwall, Devon e Suffolk ainda hoje, são invocações dos espíritos das árvores. O leão e o unicórnio representam o combate ritual entre o sol e a lua, luz e trevas — foram retratados conjuntamente na escultura assíria e em uma moeda de Akanthos [346].

Vimos que diversos estudiosos consideram que há uma semelhança entre o pensamento primitivo e o pensamento da criança. As formas dramáticas em jogos e versos apresentam um apelo direto ao pensamento da criança porque evocam os elementos de natureza humana — a

ORIGENS SOCIAIS DO TEATRO

oposição primária entre luz e trevas, vida e morte; magia e onipotência de pensamento; animismo, conexões irracionais e a identificação dos opostos. Os resquícios dos rituais primitivos têm força compulsória sobre a mente da criança moderna simplesmente porque se relacionam com os padrões dramáticos inerentes a todos os seres humanos.

ADENDO AO CAPÍTULO 9

Desde que os textos acima foram escritos, estudos mais profundos foram feitos com relação ao Teatro e a certas culturas, assim como estudos comparativos entre diferentes culturas.

A sociedade depende da comunicação social, e as duas principais formas de realizá-la são através dos *ritos de intensificação* e *ritos de passagem*. Um método de abordar a atividade dramática em determinada cultura é através desses ritos e seus níveis de desenvolvimento.

Os ritos de intensificação se referem aos eventos cíclicos da vida grupal, tais como o nascimento de um herói de uma cultura ou a colheita das safras. Foi isto o examinado intensamente neste capítulo e pode ser classificado como:

1. *Estágios de Desenvolvimento*
    (a) as origens e desenvolvimento do jogo dramático;
    (b) o templo e os primórdios do teatro;
    (c) o aparecimento do teatro.

2. *Estudos dos Períodos*
    (d) a herança dramática comunal;
    (e) teoria dramática.

Os ritos de passagem, no entanto, referem-se às mudanças no *status* dos indivíduos, na medida em que se movimentam dentro da estrutura social; não são normalmente cíclicos mas sim periódicos, e o principal exemplo é a cerimônia de iniciação. Desde a publicação do famoso livro de Arnold Van Gennep, *Rites of Passage* (University of Chicago, 1960), tem havido uma tendência a encarar a dramatização inerente aos ritos e rituais fundamentalmente como celebrações de mudanças ou estabelecimento de *status*.

"A tarefa fundamental de evoluir é realizada em qualquer lugar; e, embora métodos e formas de comportamento variem imensamente nas diferentes culturas primitivas, eles são usualmente dramáticos. Tanto nos ritos de puberdade quanto em seus equivalentes educacionais, o objetivo dominante dessa dramatização é enfatizar e reforçar, sem sombras de dúvidas, que a infância e todos os seus componentes foram ultrapassados; assegurar-se de que o indivíduo comungou com os mais profundos ideais culturais; proclamar e reforçar que, doravante, ele é um adulto responsável por seus próprios atos e por sua participação nas responsabilidades do grupo." (Lucille H. Charles, Growing up Through Drama, *Journal of American Folklore*, 59, 1946, p. 247-67.)

As cerimônias de iniciação são freqüentemente o cerne dos ritos de passagem de uma sociedade: todos esses ritos conduzem para ou fora deles. Mas a cerimônia em si, normalmente realiza-

JOGO, TEATRO & PENSAMENTO

da nos inícios da adolescência, não confere de imediato *status* de adulto responsável: normalmente, isso se processa lentamente após a iniciação, completando-se, na maioria das sociedades, por volta dos 18 anos. Universalmente, há alguma forma de segregação do iniciado, sendo usualmente dramatizado.

Parece, também, que a iniciação, em muitas sociedades, é uma dramatização do papel conrerido pelo sexo: uma grande parte das sociedades dramatiza o papel, determinado pelo sexo, das meninas; mas, as cerimônias para os rapazes são mais elaboradas, mais complexas, e possuem um maior grau de dramatização. As dramatizações das mudanças de *status* são mais elaboradas quando a solidariedade dentro do grupo é grande. A dramatização masculina é normalmente para solidariedade da *comunidade*. Com as mulheres, por outro lado, a dramatização parece ser para solidariedade da *família*, e, por extensão, do clã. (Vide Frank W. Young, *Initiation Ceremonies: A Cross-Cultural Study of Status Dramatization*, Bobbs-Merrill, Indianapolis, 1965.)

Todas as sociedades, tanto primitivas quanto modernas reconhecem os ritos de intensificação e de passagem, mas de sua própria maneira e em suas próprias combinações. A dramatização é uma maneira de sublinhar os eventos cíclicos da vida grupal assim como o método de cada sociedade para classificação social primária.

(Vide meu trabalho *Peoples in Performance: Perspectives on Drama and Culture*, New York: Drama Book Specialists).

10. O Teatro e o Grupo

A Educação Dramática está associada ao estudo dos grupos de duas maneiras. Em primeiro lugar, o jogo dramático processa-se em grupo, pequeno ou grande, pois é uma atividade social — a criança está sempre atuando em um grupo, de sua escolha ou escolha de outrem. Em segundo lugar, o próprio teatro concerne à interação de dois grupos (atores e platéia), e especificamente, com uma platéia enquanto conjunto de indivíduos dentro de um grupo.

O GRUPO & O JOGO DRAMÁTICO

Na situação de sala de aula, muito dos trabalhos da criança é realizado em grupo, e é naturalmente importante que a Educação Dramática levasse em conta as modernas pesquisas sobre as características dos grupos.

Assim como muitas das áreas intelectuais dentro das ciências sociais, o estudo do grupo originou-se com Freud. Em 1922, ele dizia [124] que os grupos sociais estão embasados no modelo da família, e que isso tem uma evidente unidade biológica. O modelo básico de formações grupais é, contudo, a família não exatamente como ela é na realidade, mas a família como ela se apresenta à imaginação da criança. Talvez, diz Money-Kyrle, muitos dos problemas da sociedade resultem do fato de que as duas não são de nenhuma maneira idênticas: a família real contém dois pais — a imaginária, porém, contém pelo menos quatro — dois bons e dois maus — que são os protótipos

196 JOGO, TEATRO & PENSAMENTO

não apenas das divindades e demônios, mas as idéias abstratas de bem e mal. Assim:

> Quando um certo número de indivíduos encontra símbolos comuns para os elementos nesse modelo inconsciente, eles formam um grupo. Têm valores comuns a defender, um inimigo comum, um líder comum e um padrão comum de comportamento. [262]

Diferindo disso, os modernos psicólogos sociais partem do grupo mais que do indivíduo — o grupo é estudado como grupo. Freud analisava os indivíduos dentro do grupo. Os psicólogos sociais, no entanto, estão mais propensos a estudar grupos de trabalho, ou grupos que estão desempenhando uma mesma tarefa e buscam as causas do comportamento dentro do contexto social.

Características Básicas dos Grupos

É justo dizer que os psicólogos sociais consideram que a habilidade para participar em grupos está condicionada pela experiência do primeiro grupo de dois (mãe e filho) e suas extensões posteriores (a família). Conseqüentemente, os indivíduos, dentro de um grupo, ao preparar uma improvisação, reagirão (generalizando) aos outros membros do grupo com comportamentos similares à maneira como eles reagem a seu grupo familiar. Sprott define o grupo como sendo

> ... uma pluralidade de pessoas que interagem umas com as outras em um dado contexto mais do que interagem com outras quaisquer. [348]

A interação é fundamental para os grupos, e todos têm um elemento moral na medida em que as normas obedecidas pelos grupos são pleiteadas coletivamente. Podem variar quanto às normas de rigidez com que são mantidos seus costumes mas está sempre presente uma consciência de estar participando de um grupo.

Mais adiante, Sprott distingue entre grupos primários e secundários. Os grupos primários se encontram em situações íntimas de face-a-face, para associação e cooperação — como com um grupo improvisando. Os grupos secundários (nações, cidades, sindicatos, etc.) apenas atingem a unidade através de meios simbólicos — linguagem, interação social pelo transporte, ou métodos administrativos.

É essencial para a abordagem dos psicólogos sociais que os membros do grupo não sejam encarados como indivíduos mas como entidade social:

> O eu, no que pode ser um objeto para si próprio, é essencialmente uma estrutura social, e surge da experiência social. [253]

O TEATRO E O GRUPO 197

Sprott afirma:

O conceito de "natureza humana" reduziu-se a umas poucas necessidades biológicas básicas e uma extensa série de potencialidades, da qual uma seleção é cultivada por uma sociedade, outra por outra.

Isso nos deveria servir como pausa para reflexão, quando os educadores falam acerca do "completo desenvolvimento da personalidade" como sendo a meta da educação, principalmente quando alguns deles advogam permissividade extrema. Falam como se houvesse em cada um de nós uma sementinha chamada "personalidade", que deve ser cuidadosamente zelada e cercada de máxima liberdade para crescer. Nada poderia estar mais equivocado. Um contexto social permissivo molda e produz um tipo de personalidade, um contexto autoritário produz um outro. A permissividade não é uma remoção da influência social de modo que a personalidade "natural" possa ter uma chance de desenvolver-se; ela apenas substitui um tipo de influência social por outra. [348]

Em outras palavras, quando estamos estabelecendo uma organização de grupo para improvisação, movimento dramático e assim por diante, estamos fornecendo às crianças um contexto de grupo especificamente estruturado, que influencia a personalidade de uma determinada maneira.

Talvez a principal pressão do grupo sobre o indivíduo seja para o conformismo. As crianças recebem essas pressões por duas vias principais: dos pais e outros adultos, e de outras crianças — e ambas as vias são métodos de punição e recompensa. Evidentemente, há outros grupos de pressão: a classe, a escola, e aspectos da sociedade como um todo (como com os meios de comunicação de massa). O grupo improvisando é um grupo transitório, embora, quando a escolha do grupo é livre (como freqüentemente o é), certos indivíduos tendem a permanecer na mesma formação de grupo. E, pesquisas modernas apontam que as pessoas em geral, e principalmente as crianças participantes de grupos dramáticos, tendem a assemelhar-se: gostam de estar com os que lhe são próximos, apegam-se ao familiar, e os amigos tendem mesmo a assemelhar-se uns aos outros. Abercrombie fornece exemplos retirados de pesquisa [1] para mostrar que o julgamento de um indivíduo sobre questões reais — tais como tamanho e peso de objetos — tende também a ser influenciado pelos outros dentro de um grupo. Em termos gerais, quando dizemos que a criança "está participando bem do grupo", queremos dizer que ela está tentando reduzir sua dissonância com relação aos outros, de modo que possa melhor adequar-se ao grupo. Porém, pressentimos um sinal de advertência quando as pesquisas modernas mostram que os adultos que não se conformam são mais efetivos intelectualmente, mais maduros nos relacionamentos sociais, mais confiantes, menos rígidos, menos autoritários, mais objetivos e realistas com relação a seus pais, e mais permissivos em suas atividades com relação à criança em suas práticas educativas [78]

Uma série de estudos modernos tem-se realizado sobre a comunicação dentro dos grupos [105]. Diferentes modelos de comunicação são melhores para diferentes propósitos: assim, se cinco pessoas em um grupo estão tentando solucionar um problema, o ideal é que uma pessoa esteja no centro para organizar as soluções na medida em que ocorram. As relações espaciais afetam a comunicação: quando duas pessoas se sentam à mesa, é melhor para a comunicação se cada uma se sentar de um dos lados de um canto e não em frente uma à outra. Aqui há aspectos relevantes imediatos para a educação dramática: qual é a melhor relação espacial para os grupos engajados em um tipo de atividade dramática, em comparação com outra? e, qual é a melhor posição física para um professor em relação à classe quando uma atividade dramática é comparada com outra?

O Grupo & Educação Dramática

Na improvisação, movimento dramático ou outros aspectos da Educação Dramática, as crianças trabalham em variadas estruturas de grupo: como classe, em grandes grupos, pequenos grupos e aos pares. O progresso se faz por um gradativo desenvolvimento em direção à crescente responsabilidade pela organização e crescente liberdade para preparação e desempenho. Inicialmente, grande parte do trabalho é feita em uma base de aula; e, freqüentemente, com a criança mais velha, os primeiros minutos de um período de aula são levados desse modo. Em ambos os casos, a classe é treinada em agrupamentos espontâneos de número variável, mas sem estruturas ou associações permanentes. Aos poucos, contudo, maior independência é atribuída, até que a responsabilidade passe a ser do grupo.

Rapazes adolescentes trabalhando em grupos dramáticos podem superar satisfatoriamente as dificuldades que surgem em discussões e a organização propicia que: o grupo mantenha-se unido pela amizade; que o líder seja aprovado pelos membros e que os membros sejam estimados pelo líder; que o líder tenha a aprovação de uma autoridade delegada pelo professor da classe; que a tarefa do grupo esteja dentro da compreensão e capacidade do grupo e que contenha a oportunidade de ser bem-sucedida; que o grupo se encontre regularmente para o objetivo para o qual foi formado; que haja uma atitude permissiva adequada por parte do professor que encoraje a responsabilidade e iniciativa do

O TEATRO E O GRUPO

grupo. No trabalho de teatro, o tamanho mais efetivo do grupo depende da natureza da tarefa do grupo. Nas escolas secundárias, tem-se sugerido que cinco pessoas sejam tomadas como a unidade básica, variando de acordo com a tarefa a ser executada [3].

Evidentemente, tais considerações práticas levantam uma série de problemas e, naturalmente, nos voltamos para os modernos estudos de grupo para nos auxiliar. Estes têm atingido um campo bastante vasto, e alguns são mais relevantes para a Educação Dramática que outros. Alguns dos mais importantes são considerados a seguir.

Sociometria

Foi, primeiramente, desenvolvida pelo Dr. Jacob Moreno [264] que dizia haver, em qualquer grupo, complicados modelos de atração, repulsão e neutralidade; portanto, os grupos contêm grandes reservas de emoção. Ele desenvolveu o teste sociométrico, por meio do qual os membros de um grupo expressam suas preferências uns pelos outros em termos de companheirismo ou parceria de trabalho. Todos os participantes em uma situação de grupo são solicitados a responder a determinadas questões: ao lado de quem gostariam de sentar-se? com quem gostariam mais de trabalhar? passar suas horas de lazer? dividir uma habitação? e assim por diante. A sociometria insiste em que o questionário seja específico. Não se trata de "De quem você mais gosta?", mas uma questão particular como preferência em uma situação. As preferências podem, então, ser correlacionadas, e mapas e diagramas preparados (vide Fig. 2), para a demonstração de fenômenos tais como: pares que não são escolhidos por ninguém exceto por eles mesmos; "panelinhas"; correntes de amizades; figuras populares; isolados não escolhidos. O professor pode descobrir muitas coisas sobre a estrutura social na sala de aula — particularmente sobre os menos populares e isolados — e pode estabelecer uma base fatual sobre a qual construir uma orientação para o agrupamento das crianças dentro de uma classe, de inestimável valor na educação criativa.

A sociometria tem vários usos: terapêutico, como, por exemplo, com pessoas que se sentem frustradas quando rejeitadas pelos outros; em processos de trabalho, como com aqueles que gostam ou não uns dos outros em uma empresa ou escola; e na avaliação da coesão de qualquer grupo em qualquer situação. Tomando nossos exemplos da área da educação, Richardson [314] descobriu que um grupo experimental, aprendendo composição em inglês pelos métodos de grupo, apresentou progressos significativos com re-

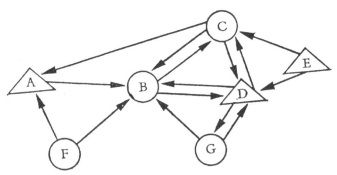

Fig. 2. SOCIOGRAMA

Triângulo: menino, Círculo: menina
Flechas: como cada criança escolhe os amigos.
Assim: C, B, & D = crianças populares;
E, F = crianças que ninguém escolheu para companheiro.

(Nota: as informações obtidas a partir de sociogramas individuais devem ser utilizadas com grande cuidado devido a que as interrelações sociais indicadas referem-se apenas ao grupo no qual são obtidos; uma dessas crianças acima, colocada em um outro grupo social, poderá escolher — (e ser escolhida) — com maior ou menor freqüência.)

lação a um grupo de controle ensinado tradicionalmente. Meus próprios achados confirmam os de Richardson. Grupos experimentais, no aprendizado de história, geografia e inglês, apresentaram vantagens sobre os grupos educados convencionalmente; e, mais: os grupos formados através dos testes sociométricos, trabalhando dramaticamente nessas disciplinas empreenderam significantes avanços sobre aqueles educados convencionalmente *e* sobre os grupos que não trabalharam com técnicas dramáticas. Constata-se, geralmente, que o mais gratificante grupo com o qual se pode trabalhar é o grupo de amigos e, quando os Testes Sociométricos demonstram que eles existem, deveriam ser usados para a aprendizagem; quando os Testes mostram que não existem, os métodos de grupo deveriam ser usados para criá-los.

Dinâmicas de Grupo & Teoria de Campo

A Teoria de Campo de Kurt Lewin analisa o grupo em termos de psicologia individual, não obstante ele não apóie o conceito de "mente do grupo". E mais, diz que, assim como o estudo do indivíduo e seu meio pertencem ao campo psicológico, o estudo do grupo e seu meio pertencem ao campo social. Esse campo social consiste em grupos, subgrupos, membros, barreiras, canais de comunicação e assim

O TEATRO E O GRUPO

por diante; e essas entidades têm posições relativas dentro de um campo, de acordo com o grupo em questão. O equilíbrio do campo e a distribuição de forças dentro dele determinam o comportamento do grupo. Cada grupo, portanto, é composto por um campo de forças [237].

Lewin leva em conta a personalidade dentro do grupo. O indivíduo está exposto às pressões de forças externas e tensões internas resultantes do desequilíbrio entre ele mesmo e o meio. Diferentes culturas ativaram diferentes tipos de pressões e, por essa razão, um tipo de personalidade depende de uma cultura (vinculando-se a Kardiner e Linton). As práticas de educação da criança são forças sociais moldando a personalidade, e cada estágio da infância é uma reestruturação do "espaço-vida". Dentro de cada indivíduo, certas tensões exigem liberação e, assim, o "espaço-vida" é dinâmico — forças empurram o indivíduo em direção a metas, ou erigem barreiras para impedi-lo de alcançá-las.

As dinâmicas de grupo, portanto, demonstram como o comportamento em um grupo é afetado por características pessoais de seus membros, pelas diferentes formas de liderança, por diferentes estruturas e composições institucionalizadas e por diferentes tarefas e objetivos. Em *Resolving Social Conflicts* (1948), Lewin discutiu as funções e modos de liderança, e os padrões de comportamento básicos na interação dos membros do grupo. White e Lippit [385] demonstraram que as crianças se comportavam diferentemente, de acordo com o "clima" social: apresentavam maior solidariedade, aprendizagem e produtividade em um "clima" democrático do que em "climas" autocráticos e de *laissez-faire*. Ao mesmo tempo, French provou [117] que a necessária interdependência inclui uma identificação com o grupo.

Lewin levanta uma série de questões referentes à vida efetiva de um grupo, que ajudam a nossa compreensão das crianças no jogo dramático. É bastante evidente que uma liderança apropriada produz uma representação dramática satisfatória e que as diferentes estruturas e "climas" de grupo produzem jogos dramáticos mais ou menos eficientes. A autocracia ou o *laissez-faire*, por exemplo, produzem jogos de grupo formais ou disformes, enquanto que a democracia (escolha de liderança com relativa liberdade de ação) conduz a um bom trabalho criativo de grupo. Devemos, porém, ter cuidados com o exagero nessa área: a despeito de Cohen [68], é evidente que, embora a influência do grupo seja grande, a individualidade é ainda um importante fator no comportamento; o que ocorreu 'a uma criança no passado não é irrelevante para seu jogo dramá-

202   JOGO, TEATRO & PENSAMENTO

tico — e não pode certamente ser ignorado como Lewin [236] nos levaria a crer.

Objetivo de Grupo

O trabalho de Homans contém muitos aspectos relevantes para a Educação Dramática. Ele declara que os grupos são utilitários:

> Os grupos não apenas reúnem; eles reúnem para um propósito. [175]

A esse objetivo do grupo ele chama "sistema externo". Cada grupo tende a ascender um líder (desenvolvendo, assim, uma estrutura piramidal) e é também composto de três fatores: sentimento (incluindo os motivos originais e aqueles que surgiram dos motivos do grupo), atividade e interação. Mas, a interação conduz a um vínculo mútuo:

> Se as interações entre os membros de um grupo são freqüentes no sistema externo, sentimentos de vínculo nascerão entre eles, e esses sentimentos levarão, por sua vez, a posteriores interações, muito além da interação do sistema externo. [175]

A interação inicial conduzirá a uma futura interação, chamada "sistema interno".

A partir dessa estrutura, pode examinar o comportamento dentro de um grupo. O sistema externo, por exemplo, fornece as normas de conduta para o desempenho de tarefas:

> Quanto mais alta a posição de uma pessoa dentro de um grupo, mais próximas estão suas atividades de ajustar-se às normas do grupo. [175]

A interação entre indivíduos de diferentes posições gera diferentes comportamentos:

> Uma pessoa de melhor posição social favorece a interação com uma outra de posição inferior mais freqüentemente do que esta com relação àquela...
> Quando duas pessoas interagem entre si, quanto mais freqüentemente uma das duas estabelece interação com a outra, mais forte será o sentimento de respeito (ou hostilidade) desta última com relação à primeira... [175]

Segue-se que os grupos dramáticos deveriam sempre possuir um propósito que fosse claramente visto e sentido e que, qualquer que fosse a duração dos grupos específicos, a interação dentro do "sistema interno" deveria ser cuidadosamente desenvolvida. Toda essa questão de posição não afeta, normalmente, o grupo na situação de classe, mas sim afeta agrupamentos dramáticos em outras situações — particularmente com adolescentes mais velhos e adultos.

O TEATRO E O GRUPO 203

Psicoterapia de Grupo

Também os psicanalistas contribuíram com pesquisas recentes para o estudo dos grupos através da Psicoterapia de Grupo. Muitos campos foram examinados, inclusive o teatro. Friedman e Gassel [139] retomaram, como Freud, a Sófocles, cujo *Oedipus Tyrannus* contém o protótipo do grupo social:

A tragédia apresenta um conflito de desejos na mente do público: o desejo de cometer o crime de Édipo e o desejo de escapar a suas conseqüências. O caráter de Édipo sustenta um desejo e o coro o outro, e a tragédia se desenrola entre eles. [112]

O líder do grupo violou os tabus sociais e as atitudes negativas do coro não representam uma hostilidade aberta ao herói:

... são, todavia, claramente expressos pela disposição do coro em permanecer objetivo. O coro não se envolve ativamente nas dores de Édipo, tampouco se empenha em impedi-lo de chegar e sua ruína. Ao permanecer distanciado, se isenta de responsabilidade... de fato, o coro mantém uma compulsiva interpelação do herói para preencher a expectativa da comunidade. [139]

A comunidade anseia para que o líder assuma a responsabilidade (o que Édipo faz) como qualquer outra comunidade desprotegida. Uma vez que ele está fora do caminho, no entanto, o coro (comunidade) pode avaliar seus sentimentos — encarar a vida de uma nova perspectiva e ascender a padrões mais altos. A peça demonstra

... muito dos mecanismos que vemos atuar em um grupo terapêutico: o inevitável laço emocional unindo atores e platéia, entre os membros que são ativos dentro do grupo a todo momento e aqueles que são passivos; de como as tendências conflitantes dentro do grupo encontram seu porta-voz que expressa sentimentos comuns a todos; os mecanismos defensivos do grupo, que operam para preservar sua ignorância de seus próprios desejos e projetá-los em um bode expiatório, freqüentemente o condutor, que é a pessoa que está obrigada a "saber" das coisas que o grupo não ousa ainda conhecer; de como a representação do drama de um conflito sob a orientação do condutor pode conduzir a uma *re*-valorização e *re*-integração de sentimentos, que, finalmente, tornam sua presença desnecessária; de como o coro, enquanto se opondo ao herói, e o grupo, enquanto se opondo ao condutor ou qualquer outro membro, se torna o campo no qual se desenrola o conflito básico. [112]

A terapia dentro de grupos existentes tem sido também considerada por freudianos. O *Experiences in Groups* (1963), de Bion, apresenta um grupo sob observação de um psicanalista que estuda seus próprios processos de interação entre os membros e que aprende, paulatinamente, a reconhecer e lidar com os vínculos latentes de hostilidade e afeição que existem dentro dele. Concebido originalmente

204   JOGO, TEATRO & PENSAMENTO

como uma técnica terapêutica, outros pesquisadores desenvolveram a idéia em fábricas (Jacques [195]), hospitais (Menzies [257]), treinamento de professores (Herbert [171]), e grupos de liderança (Richardson [314]).

É neste contexto que Ben Morris examina as implicações na educação. Ele considera que os seres humanos se desenvolvem através de relacionamento com os outros, mas, suas reações iniciais a estes relacionamentos são orientadas pelo passado: modelos de sentimentos na infância afetam a conduta adulta:

> Em qualquer estágio, podemos obter melhor proveito das oportunidades de aprendizado quando estas fazem uso dos padrões de relacionamento que recapitulam os padrões estabelecidos no passado como favoráveis à aprendizagem. [267]

Nosso comportamento e aprendizagem, porém, são afetados pela busca de uma imagem de como desejaríamos ser — de uma identidade pessoal.

> Para serem favoráveis, as experiências de aprendizagem deveriam, portanto, associar-se facilmente às nossas aspirações, estabelecendo papéis que nos possibilitassem desenvolver os tipos de relacionamentos em cujos termos nossa auto-imagem ideal é projetada. [267]

Porém, nossa auto-imagem ideal está influenciada por nossas figuras paternas, como nós as interiorizamos, e por nosso relacionamento com outros adultos: o superego freudiano, na verdade.

Em um grupo bem-sucedido, a tarefa comum estabelece o centro do empenho, mas somente quando a meta é clara e próxima aos interesses dos membros:

> ... (se esta) lhes oferece papéis suficientemente conformes com suas experiências passadas e com aspectos de sua auto-imagem. [267]

Um grupo bem-sucedido: depende da possibilidade de favorecer aos indivíduos o abandono de seus objetivos privados; é, freqüentemente, centrado na personalidade do líder, mas, para crescer, é necessário que surjam interesses intrínsecos; a princípio, muitas vezes, não está completamente formulado, pois é preciso que surjam oportunidades adequadas à participação dos membros; freqüentemente, funciona melhor quando opõe-se a algo (como na guerra). Em muitos aspectos, este poderia ser um modelo de um grupo bem-sucedido no jogo dramático e no trabalho criativo em geral com crianças [183]. Morris faz o seguinte comentário, que é importante para o professor em Educação Dramática:

O TEATRO E O GRUPO

205

Deve haver uma tarefa comum, a cuja formulação os membros deram sua contribuição. Da parte do líder deve haver uma disposição de aceitar contribuições qualquer que seja a fonte e encorajar a todos para que dêem (todas) as contribuições que possam. Deve demonstrar um interesse manifesto e sensível por todos os membros do grupo e pelo progresso do grupo como um todo... Acima de tudo, deve ser bom ouvinte e observador. Ao mesmo tempo que reconhece a importância da linguagem, deve detectar "a música atrás das palavras", isto é, a dimensão latente do sentimento integrando todo comportamento. [267]

Evidentemente, a eficiência de um professor dentro de qualquer situação de classe é intensificada pelo conhecimento das características gerais dos grupos, como observou Fleming:

A mudança na resposta aos desejos do professor parece ocorrer apenas quando o prestígio do professor é grande, quando os objetivos dispostos na sala de aula estão alinhados aos já aceitos, e quando uma modificação de procedimento possa ocorrer sem a indevida perda de estima dos outros, cuja opinião é importante por outras razões. A influência de um aluno sobre outro é governada por leis similares...
Percepção, aprendizagem, formação de caráter, desenvolvimento de personalidade... podem agora ser vistos como produto das pressões do grupo, e modificáveis pelas experiências do grupo. [109]

A PLATÉIA

A platéia é um conjunto de indivíduos; cada membro do público responde como indivíduo e também como membro do grupo.

Os psicanalistas dizem-nos que o inconsciente do indivíduo reage ao nível inconsciente da representação, de forma que tanto o público quanto o ator sentem que "o fazemos juntos". Kris nos apresenta outros dois processos: o público relaciona-se em três níveis dentro da experiência teatral — com o enredo, a experiência da ação, e a personagem; sendo que o público também sintetiza o conteúdo, a intenção, e a coerência da peça.

De certo modo, a presença de um grupo de espectadores (o público) é a diferença fundamental entre o Teatro e qualquer outra forma de arte. A pintura, a escultura e outras artes exigem apenas uma pessoa como audiente e, ainda que possamos assistir a um concerto sinfônico como parte de um grande público, é igualmente possível apreciar esta forma de arte como se fôssemos o único ouvinte. No teatro, porém, a presença de um público é um pré-requisito. A platéia, de fato, participa na criação da forma final da arte: o escritor cria o texto, o ator representa, o diretor reúne as partes e a platéia reage. Sem a reação do público, a arte enquanto forma quase inexiste —

206 JOGO, TEATRO & PENSAMENTO

como o sabe qualquer ator que tenha representado para uma platéia vazia. O ator chega mesmo a personificar a platéia como "receptiva" e "apática". Assim, o teatro enquanto forma artística possui um imediatismo que está ausente em outras formas.

Essa formação de grupo, que é uma platéia, tem diversas características particulares. Allardyce Nicoll já declarou (vide p. 191) que uma platéia é uma unidade composta de elementos diversos, que possui, em geral, um nível intelectual inferior ao de seus membros individualmente, que não pode acompanhar um argumento lógico embora seja emocionalmente perspicaz, que pode ser arrebatada pelo faz-de-conta e ao mesmo tempo permanecer distanciada, embora não procure (como uma multidão ou povo) fazer desse faz-de-conta um motivo para a ação.

Como em todos os grupos primários, há, dentro do público, uma pressão no sentido da conformidade. Todos já tivemos a experiência de achar o começo de uma comédia decididamente maçante; contudo, lentamente, captamos as reações divertidas do resto do público, até que, eventualmente, começamos a desfrutar da encenação. É, também, característica da arte que a conformidade, em muitos casos, não seja permanente: uma outra experiência comum, como membro de uma platéia, é a de ser "levado" pela peça e pela encenação quando no teatro, e depois refletir que "talvez, apesar de tudo, não tenha sido assim tão bom". O indivíduo, dentro do grupo da platéia, portanto, não apenas tem uma atitude de distanciamento ao mesmo tempo em que é afetado pela experiência de grupo, como também pode reconsiderar e reavaliar a experiência posteriormente. O grau de conformismo de uma platéia varia com a sofisticação de seus membros: o *music-hall* do período eduardiano, com suas canções comunais e anedotário "elementar", exigiu maior conformidade de seus membros que o programa do Royal Court Theatre, em Sloane Square, sob a gerência de Vedrenne-Barker. A sofisticação (e, portanto, a conformidade) varia também de acordo com o período: o público da metade do século XX dificilmente aceitaria o melodrama da metade do século passado.

A estrutura de uma platéia afeta a natureza da forma de arte. Os padrões sociais e o comportamento da comunidade pode alterar materialmente a estrutura do texto, a encenação e a interpretação. No começo do século XIX, quando o jantar era servido mais cedo, as peças eram escritas em cinco atos, contendo muitos momentos de espetaculares efeitos cênicos, e a noitada incluía vários outros entretenimentos, além da peça. No decorrer do século, a sociedade retardou seu horário de jantar: como as peças

O TEATRO E O GRUPO

passaram a começar mais tarde, ficaram mais curtas e passaram a ser escritas em uma estrutura de três atos; e, como a ampliação do sistema de transporte público em Londres significou que mais gente da classe média poderia comparecer ao teatro, os hábitos alimentares passaram a ser mais influentes, na medida em que o século avançava. O acesso da classe média ao teatro significou um gosto mais apurado: assim, interpretação, encenação e cenários tornaram-se menos extravagantes e mais sofisticados em sua abordagem.

A natureza física do teatro influencia o relacionamento entre o público e a encenação — e, conseqüentemente, a natureza da forma de arte dramática. No último período medieval e durante a Renascença, as representações teatrais ocorriam ao ar livre, com a platéia disposta principalmente em três dos lados do palco: mesmo no teatro elisabetano, o ator representava entre os expectadores. Há, portanto, uma evolução natural do Ciclo dos Mistérios até *Faustus,* intermediada apenas pela forma interior do mesmo espaço pelos atores de interlúdios nos grandes salões. Mas, com o aparecimento de Inigo Jones, o palco em perspectiva, com seu esplendor cênico e sua platéia disposta dentro do edifício, criou um relacionamento diferente entre ator e público. Agora, o ator representava próximo a uma das extremidades da sala (não exatamente na extremidade) e diante de um cenário pintado, ao passo que Burbage havia tido atrás de si a arquietetura elisabetana e o público ao redor. A terceira grande alteração na relação ator-público veio no século XIX com a introdução, primeiro, da iluminação a gás e, mais tarde, da eletricidade. Agora o auditório podia ficar às escuras, e a platéia olhava para dentro de uma janela onde as vidas de outros eram representadas. Não mais estavam *partilhando,* de fato, um convívio com os atores — eram espectadores, *voyeurs**. Foi desta maneira que mudou a natureza das próprias peças, na medida em que o relacionamento entre os atores e o público foi alterado pelo espaço teatral.

Atualmente, a estrutura de nossa sociedade afeta materialmente e natureza do público, e, conseqüentemente, as peças e as encenações em nossos teatros. O grande teatro comunitário do final do século XIX já não mais existe; os teatros comunais — como os de Leiscester, Nottingham e Guildford — são menores e mais intimistas. O inglês ou o americano, com sua televisão à noite e seu carro que o leva para onde quiser nos fins de semana, exige muito mais de seu teatro local, quando ele se propõe a comparecer.

---

* Em francês no original. (N. das T.)

208 JOGO, TEATRO & PENSAMENTO

A qualidade deve ser boa: os padrões de interpretação e encenação não podem parecer falsos para um membro da platéia que testemunhou milhares de horas na televisão; peças naturalistas sobre a vida cotidiana podem parecer mais naturalistas em seu aparelho na sala de estar que da poltrona da vigésima fila da platéia; e, na medida em que se pode comprar as revistas de críticas por alguns centavos, a qualidade do texto dramático deve ser superior para que o público se satisfaça. Naturalmente, os padrões do West End e da Broadway são bastante diferentes: são centros artísticos para milhões de pessoas. Mas, nas grandes cidades comuns — Birmingham ou Montreal, Nottingham ou Chicago — o teatro é ainda sustentado (ou não) pela comunidade, e os padrões da sociedade afetam materialmente a natureza do entretenimento teatral.

Essencialmente, o Teatro é uma forma de arte vista no processo de formação. Três elementos — a peça, os atores e o público — são responsáveis por sua criação, e sem qualquer um desses três, esta forma de arte não pode existir.

11. Psicologia Social e Teorias Gerais do Jogo

Examinamos até agora várias interpretações sobre o jogo: como energia excedente (Schiller e Spencer), como instinto (Groos e outros), como mecanismo fisiológico (Recreação, Relaxamento, Recapitulação e outros), como catarse e repetição (Freud), e como projeção do mundo interno da criança de modo a dominar a realidade externa (psicoterapia infantil). Todos estes conceitos, porém, partem do indivíduo em uma situação evolutiva e, conquanto os fatores relativos ao meio ambiente tem sua importância, a hereditariedade é a base. Mas, como já analisamos nos estudos do grupo, os psicólogos sociais invertem a ênfase: o homem é um animal social, determinado pelas forças de seu meio, enquanto que muitos consideram que a hereditariedade desempenha apenas um pequeno papel (alguns acham que nenhum) na criação do caráter. E, enquanto o psicólogo social, ao estudar o grupo, entende cada grupo como possuindo sua própria identidade, ao considerar o indivíduo, o vê como resultado das forças do seu meio.

ABORDAGENS AMERICANAS

O behaviorismo americano, a princípio, influenciou esse tipo de pensamento. Thorndike havia dito que todo aprendizado envolvia reação e, que, sem reação, nada era assimilado.

O jogo oferece ao indivíduo as oportunidades para reagir e, conseqüentemente, aprender. J. B. Watson consi-

210 JOGO, TEATRO & PENSAMENTO

derava o jogo um mecanismo de ajustamento individual: um menino é "fortalecido" pelos socos que recebe de outros garotos. O jogo, portanto, se torna importante para o psicólogo social:

> Em resumo, o jogo é o principal instrumento do crescimento. É justo concluir que, sem o jogo, não haveria vida adulta cognitiva normal; sem o jogo, não haveria um desenvolvimento sadio da vida afetiva; sem o jogo, não haveria pleno desenvolvimento do poder da vontade. [336]

O crescimento através do jogo é evidente na natureza social da criança: ela cria, em seu próprio nível, as lutas e conquistas da vida social desenvolvida. Através do jogo, a criança se aproxima gradativamente das duras realidades da vida adulta. Seashore afirma que o jogo é o processo de formação do homem social — de fato, "nós nos tornamos semelhantes àqueles com quem jogamos". McDougall concorda com esse ponto de vista [252] e observa que o jogo tem sua participação na influência socializante da arte: fornece mútua compreensão e simpatia, que se desenvolve em vida coletiva de um povo.

Lehman & Witty

Lehman e Witty admitem a complexidade do jogo, e que qualquer definição deste deve ser parcial e incompleta, pois o jogo contém aspectos ilimitados, muitas variáveis e diversidade de formas, cujos resultados são amplos e sutis. Não questionam a validade das teorias precedentes — apenas sua incompletude. Observam que o jogo está entrelaçado ao processo de vida: a verdade integral do jogo não pode ser conhecida antes que a verdade da vida o seja. O jogo não é um fenômeno isolado: não pode ser explicado fora do contexto da própria vida. Portanto, assumem uma posição de tolerância com relação às teorias anteriores, aceitando os elementos de verdade de cada uma delas.

Talvez Lehman e Witty sejam mais conhecidos, no entanto, por suas investigações científicas sobre o jogo. Já vimos que o conteúdo do jogo varia de acordo com as alterações do meio: a criança irá utilizar em seu jogo qualquer novo objeto ou máquina que estimula sua fantasia. Descobriram a continuidade no jogo — "traços característicos de cada período têm suas raízes nos estádios precedentes e gradualmente se fundem com os estádios subseqüentes" — e que o jogo se torna mais conservador à medida que a idade cronológica avança: os indivíduos mais velhos se engajam em um número menor de atividades, com menor variedade de tipos, que os indivíduos mais jovens.

PSICOLOGIA SOCIAL E TEORIAS GERAIS DO JOGO 211

Observaram diferenças sexuais básicas. Os meninos se engajam mais freqüentemente em jogos e brincadeiras mais vigorosos e ativos, que envolvem habilidade muscular e destreza, competição e organização. As meninas, por sua vez, se integram mais freqüentemente em atividades sedentárias, e que envolvem um campo de ação restrito. Comparam as crianças do campo com as da cidade:

Os meninos da zona rural, entre oito e meio e dez anos e meio inclusive, se integram em um número *menor* de atividades que os meninos de mesma idade da zona urbana. Meninos da zona rural, com mais de 10 anos e meio em idade cronológica, são vistos engajando-se em um número *maior* de atividade de jogo que os meninos da zona urbana em idade correspondente. [233]

Observaram, também, que as crianças negras são mais sociais em seus jogos, e escrevem poemas mais freqüentemente que as crianças brancas. Há enormes diferenças individuais no comportamento de jogo, mas:

Algumas das variáveis que influenciam o comportamento de jogo e produzem alterações são: diferenças etárias, diferenças de sexo, mudança de estação climática, o modelo de jogo em voga, os interesses adultos em uma dada comunidade, meio social, o espaço do local de recreação, o equipamento material disponível para jogar, etc. [233]

Notaram, também, que os interesses pelo jogo se reduziam em número não apenas de acordo com a idade, mas também de acordo com a inteligência. Embora as crianças bem-dotadas apresentassem a versatilidade normal de interesse pelo jogo, eram também mais solitárias em seus jogos que a média das crianças, engajando-se mais freqüentemente em atividades de leitura que em vigorosos jogos físicos.

JOGO COMO COMPENSAÇÃO

Spencer teria sido o primeiro a mencionar o aspecto compensatório do jogo, embora o conceito tenha sido desenvolvido por Robinson [316] a partir da psicologia "profunda". Observou que uma criança frágil, rodeada por companheiros de jogo mais fortes, poderia compensar, em seu faz-de-conta, sua falta de coragem física e qualquer restrição do seu meio. Isto se relaciona com a posição de Freud de que a criança, no jogo, tenta dominar o seu meio, e também com a idéia de Adler de que no reino da imaginação a criança não mais se sente subordinada.

Os achados de Lehman e Witty indicaram que as crianças quando brincam dramaticamente com o tema escola, estão, freqüentemente, compensando um sentimento de in-

JOGO, TEATRO & PENSAMENTO

ferioridade intelectual, resultante de algum insucesso na escola real. Observaram, também, um desejo marcante na criança em ajudar seus pais e Curti [79] considerou esse desejo imitativo como uma forma de compensação direta pois, embora as crianças sejam freqüentemente estimuladas a ajudar a mãe, sua necessidade interior de fazê-lo é, na maioria das vezes, impedida.

Jane Reaney

Reaney utiliza ecleticamente todas as outras teorias do jogo, incluindo o conceito freudiano de sublimação:

> É fato comprovado que a repressão durante o primeiro período de infância é a causa de desperdício de energia e do desenvolvimento de tendências mórbidas na vida adulta. Se cada um dos instintos primitivos é uma fonte de energia, e sua vazão normal é bloqueada, a energia é então desperdiçada. É óbvio que, em muitas pessoas, uma enorme quantidade de energia física é esbanjada desse modo. Por outro lado, se o instinto primitivo é sublimado, isto é, transformado em uma forma mais elevada de expressão, essa energia é conservada e usada construtivamente. Por este motivo é que muitas pessoas acreditam que as maravilhosas realizações de arte se devem à sublimação do instinto sexual. [308]

Assim, o jogo é a ação de faz-de-conta que compensa a inabilidade da criança em expressar diretamente sua energia. E a progressiva habilidade em sublimar emoções fortes através do jogo dramático é um sinal do desenvolvimento da civilização, ou "amadurecimento":

> As crianças não podem brincar por um longo tempo em jogos de luta sem se indisporem, assim como partidas de futebol entre times pouco educados terminam, às vezes, em luta livre. Por outro lado, as equipes altamente treinadas podem tomar parte em uma feroz competição sem demonstrar ou mesmo sentir a mais leve tendência para a raiva. No caso de criança e do homem primitivo, a sublimação não é completa, enquanto que no caso da equipe treinada isso ocorre. [308]

A imitação, diz Reaney, faz o jogo dramático, e a imitação infantil dos costumes sociais significantes produz os folguedos e cantos populares em todo o mundo. Ela sugere que os jogos cooperativos permitem uma vazão dos instintos primitivos reprimidos na vida civilizada [307].

S. R. Slavson

Slavson vincula o conceito de compensação à teoria da Recreação. Considera o jogo um meio pelo qual a criança, na fantasia, tenta dominar a realidade, reduzindo tudo proporcionalmente a modelos que ela pode compreen-

PSICOLOGIA SOCIAL E TEORIAS GERAIS DO JOGO 213

der. Neste sentido, o jogo se associa à Recreação de duas maneiras:

As atividades reativas são freqüentemente escolhidas porque compensam as carências orgânicas e equilibram a monotonia emocional. A necessidade de novas experiências e estímulos variados, negados na vida diária, são compensados por um lazer superexcitante e superestimulante... Há, entretanto, um outro tipo de recreação compensatória, radicada em processos emocionais mais profundos e no inconsciente... muitas pessoas escolhem a recreação a partir da fraqueza, sentimento de inferioridade, e esforço inconscientes. Portanto, o menino que se sente inadaptado entre seus companheiros de folguedos pode se sobressair como ginasta ou jogador de beisebol... [343]

O JOGO COMO AUTO-EXPRESSÃO

Mitchell e Mason afirmaram que

... o jogo se explica pelo fato de que o indivíduo *busca a auto-expressão... todo o necessário para explicar o jogo encontra-se no fato de que (o homem) procura viver, usar suas habilidades, expressar sua personalidade. A necessidade primordial do homem é vida, auto-expressão.* [260]

Para definir isto, postularam uma série de desejos universais — não instintos mas desejos que são o resultado da experiência mais que impulsos inatos estabelecidos. São os seguintes:

1. o desejo de nova experiência — como luta, caça, curiosidade, vagueação, velocidade e criatividade;
2. o desejo de segurança — como fuga, aquisição, imitação (por medo de desaprovação social) e religião;
3. o desejo de resposta — como sociabilidade, namoro e camaradagem, amor pelos pais, grupinho de amigos e altruísmo;
4. o desejo de reconhecimento — como desejos de vitória, proficiência, liderança, exibição e fama imortal;
5. o desejo de participação — como desejos de pertencer a grupos e filiar-se a causas;
6. o desejo de beleza — como os desejos estéticos de beleza em cor, forma, som, movimento e ritmo.

Enquanto que a idéia de que o jogo é um reflexo da vida do homem pode aproximar-se do conceito de Burton de jogo como parte do processo de vida, o método de Mitchell e Mason para chegar a essa conclusão é bastante diferente. A teoria da auto-expressão enfatiza o papel proeminente das respostas aprendidas, dos hábitos e atitudes, como a principal fonte de motivação no jogo.

O fato de que o homem é naturalmente ativo, tanto física quanto mentalmente, é o que conta fundamentalmen-

214   JOGO, TEATRO & PENSAMENTO

te para o jogo em sentido geral. A forma específica que o
jogo assume depende de uma série de fatores. O organismo humano tem uma estrutura fisiológica e anatômica característica que limita sua atividade e o predispõe para
certas linhas de atividades definidas. A aptidão física do
organismo afeta o tipo de atividade ao qual se engaja a
qualquer tempo, e suas inclinações psicológicas o predispõe
a certos tipos de atividade de jogo — as necessidades fisiológicas primárias (como fome, sede e sexo) e hábitos e
atitudes adquiridas através da interação com o meio social
significam que as formas de jogo do grupo tendem a tornar-se os hábitos de jogo do indivíduo. Mitchell e Mason
consideram que o homem joga para sentir a sensação de
realização e conseqüentemente ele se dedica a atividades
nas quais pode ser bem-sucedido: se uma tentativa de jogo de parte de uma criança resulta muito difícil, ela tende
a abandoná-la. Porém:

> Quando os motivos não podem ser realizados e os desejos
> satisfeitos por uma atividade direta e aberta, o indivíduo busca
> satisfação compensatória através da imaginação, quer no jogo ima-
> ginativo ou no devaneio ou na fantasia. [260]

Portanto, o jogo compensatório é o resultado do desejo de auto-expressão quando os meios mais adequados
resultam impossíveis. Neste sentido, naturalmente, trabalho pode ser jogo, e o jogo em si tem seu objetivo próprio:

> É a presença de um objetivo ou meta que empresta significa-
> ção a uma atividade... O homem é, por natureza, um persegui-
> dor de metas. [260]

Se a labuta é uma atividade sem recompensa outra
que a mera existência, e o trabalho é esforço desempenhado visando gratificações e satisfações que são externas à
atividade, o jogo é um esforço que contém suas próprias
satisfações. Busca-se a recreação para o relaxamento, descanso, equilíbrio físico e psicológico, e fuga; o jogo, porém, é diferente, pois sugere crescimento, aperfeiçoamento
de habilidades e progressão em direção a um objetivo.

Eles estabelecem também uma abrangente classificação de jogos, de regras, divididos entre competitivos e não
competitivos:

A. COMPETITIVOS

(i)   *Competições* (1) *Entre indivíduos* — como nata-
                         ção, corridas, etc.;

          (2) *Entre grupos* — como corridas
              de revezamento, etc.

PSICOLOGIA SOCIAL E TEORIAS GERAIS DO JOGO 215

(ii)   *Jogos*

     (1) *Jogos elementares* — de organização simples, principalmente corridas, pegador e caça:
        (a) tomar posse de uma casa, base ou meta;
        (b) jogos de pegador;

     (2) *Combates pessoais* — luta romana, boxe e esgrima são jogos mais que combates;

     (3) *Jogos de equipe* — usualmente empregando uma bola:
        (a) atirar e bater: críquete, beisebol, etc.;
        (b) jogos de rede: peteca, raquetes, *squash*, voleibol, etc.;
        (c) futebol: *rugby* e similares, *hockey*, pólo, beisebol, etc.;

     (4) *Competições mentais* — xadrez, cartas, etc., que estão estreitamente aliados ao jogo social.

B. NÃO-COMPETITIVOS

(i)   *Caça*

     (1) *Física* — tiro ao alvo, pesca, armadilhas, etc.;
     (2) *Intelectual* — caça a idéias, palavras (palavras cruzadas), etc.

(ii)   *Curiosidade*

     — literalmente milhares: leitura, quebra-cabeças, etc.

(iii)   *Vagueação*

     — caminhar, equitação, andar de bicicleta, velejar, etc.

(iv)   *Criativo*

     (1) *usando objetos materiais* — artes e ofícios;
     (2) *esfera não-material* — teatro, música, poesia, estórias.

(v)   *Vicário*

     — jogos de faz-de-conta, leitura, filmes, devaneio, fantasia.

(vi)   *Imitativo*

     (1) *Jogo livre* — tentativa de aproximar-se da "maneira apropriada" de fazer as coisas;

216   JOGO, TEATRO & PENSAMENTO

(2) *Imitação simples* — todo o grupo atua, como "seguir o mestre";
(3) *Jogos de histórias* — histórias criadas a partir do conhecido com imitação de movimentos reais;
(4) *Jogos cantados e danças populares* — freqüentemente, em imitação dos hábitos e ações sociais, ou formas de galanteio;
(5) *Exercícios miméticos* — um movimento correto demonstrado por um líder que é, então, imitado pelo grupo (como, por exemplo, treinamento de natação).

(vii)   *Aquisitivo*

— coleções.

(viii)   *Social*

— da simples conversa a festas, danças e jogos de salão.

(ix)   *Estético*

(1) *Música* — ouvir, participar, compor;
(2) *Arte* — arte aplicada;
(3) *Religião* — ritual e adoração;
(4) *Apreciação da natureza*;
(5) *Atividades dramáticas* — festas pomposas rituais de sociedade e da residência (salão);
(6) *Literatura* — leitura e composição;
(7) *Jogo rítmico* — jogos cantados e danças.

Mitchell e Mason afirmam também que a experiência do jogo é a base dos processos mentais superiores. O conhecimento abstrato é fundamentado no conhecimento concreto, e o progresso do indivíduo baseia-se em seu acúmulo de experiências. A criança que guarda muitas impressões claras e vívidas tem maior capacidade de visualização e abstração. Que a experiência é o fundamento para o pensamento abstrato pode ser comprovado pela conexão original entre a maçã e a gravidade — portanto, quanto mais ampla a experiência, maior o poder de estabelecer imagens claras.

Mais adiante, reivindicam um programa de educação para o lazer. Com a natureza mutante dos padrões trabalho/lazer, há uma necessidade de educar para recreação. A educação deveria ser considerada como um processo vita-

PSICOLOGIA SOCIAL E TEORIAS GERAIS DO JOGO 217

lício, e não deveria terminar com a escolaridade formal. Tal programa de educação para o lazer deveria conter: (1) facilidades e oportunidades para aqueles com necessidade de recreação; (2) um refinamento geral de interesses através da educação adulta e, portanto, padrões aperfeiçoados para teatro, esportes, leitura, rádio e meios de comunicação de massa; (3) uma atitude consciente e construtiva quanto à recreação.

ADENDO AO CAPÍTULO 11

As mais recentes evoluções em psicologia social que têm relações diretas com o teatro estão fundamentadas no trabalho de Eric Berne e Erving Goffman.

Fundamentalmente, a análise transacional de Eric Berne é apoiada no conceito de que, em qualquer momento, um indivíduo, dentro de uma situação, pode desempenhar o papel de criança, adulto ou pai. E também, esses papéis podem se alternar sucessivamente, de momento a momento, na situação. A unidade do intercurso social é chamada transação. A pessoa, em uma transação, irá indicar que toma conhecimento da presença do outro (estímulo transacional) e a outra, de alguma maneira, irá responder a isto (resposta transacional). O estímulo ou a resposta será dada como uma criança, adulto ou pai *para* uma criança, adulto ou pai. Este é um método dramático bastante útil para analisar o desempenho diário de papéis, como demonstrou Berne em *Games People Play* (Grove, N. Y., 1964) e *Transational Analysis in Psychotherapy* (Grove, N. Y., 1961). Isto foi também examinado em termos teatrais por Arthur Wagner em vários números de *TDR — The Drama Review*.

Goffman, por sua vez, abordou inversamente o problema: ele examinou o comportamento humano em situações sociais dentro da metáfora do desempenho teatral. Demonstrou que a expressividade de um indivíduo envolve dois tipos radicalmente diferentes de signo: a expressão que ele *oferece*, que envolve símbolos verbais ou seus substitutos; e a expressão que ele *deixa escapar*, que envolve uma ampla gama de ações que se pode tratar como sintomáticas do ator. É com este último "desempenho" que Goffman trabalha intensamente, e segundo a seguinte classificação:

1. *Fachada* — como em "montar uma fachada":
   (a) *Cenário*: o local de representação, que pode variar entre o "pedaço de cenário" de um consultório médico, o "sagrado" de uma procissão real. ou o "profano" dos mascates que removem seus cenários entre as apresentações.
   (b) *Aparência*: estímulo que nos diz do estado ritual ou *status* social do atuante.
   (c) *Estilo*: estímulo que nos adverte do papel de interação que o atuante assumirá na situação imediata.

2. *Realização Dramática*. O indivíduo tipicamente introduz em sua atividade signos que dramaticamente realçam e retratam fatos confirmatórios que de outro modo permaneceriam inaparentes e obscuros. Para que suas ações sejam significantes,

218   JOGO, TEATRO & PENSAMENTO

ele mobiliza sua atividade de modo a expressar *durante a interação* aquilo que deseja transmitir. Alguns papéis — pugilistas profissionais, cirurgiões, violinistas — não apresentam dificuldades em atingir sua realização dramática, uma vez que suas atividades são excepcionalmente adaptadas à representação de seus *status*.

3. *Idealização*. É consenso que uma representação apresenta uma visão idealizada da situação. Portanto, quando um indivíduo apresenta-se diante dos outros, seu desempenho tenderá a incorporar e a exemplificar ·os valores oficialmente creditados por aquela sociedade. Em sociedades mais estratificadas, há uma idealização da camada mais alta, e certa aspiração de parte das mais baixas de alçarem-se às mais altas. A mobilidade na camada alta freqüentemente apresenta desempenhos apropriados; os esforços de movimento para cima e os esforços para prevenir movimentos de descenso são freqüentemente expressos por sacrifícios feitos para a manutenção da fachada. (Vide Erving Goffman, *The Presentation of Self in Everyday Life*, Doubleday, N. Y., 1959; *Encounters*, Bobbs-Merril, N. Y., 1961; *Strategic Interaction*, Blackwell, Oxford, 1970.)

Os trabalhos de Berne e Goffman não são os únicos estudos na área de papéis e psicologia social, mas têm sido os mais influentes nos últimos anos. Outros interessantes estudos de papéis incluem a análise de Michael Banton sobre os diferentes tipos de estrutura social em termos de papel (in *Roles*, Tavistock, Londres, 1968); e a justaposição de papéis e éticas de Dorothy Emmet in *Rules and Relations* (Mcmillan, Londres, 1966).

Mais recentemente, o *Theatricality* (Longmans, Londres, 1972), de Elizabeth Burns, relacionou esse campo com o teatro e a literatura dramática.

Quarta Parte

Teatro Pensamento e Linguagem

12. Imitação, Identificação e Teoria dos Papéis

Enquanto que os psicólogos do instinto estão preocupados com o desenvolvimento das características hereditárias, os psicólogos sociais têm ampliado todo o escopo de sua abordagem do indivíduo, considerando-o como determinado pelas forças do meio. Todos os tipos de experimentos, principalmente nos Estados Unidos, têm prosseguido neste campo, chegando mesmo a afetar os psicanalistas: Flugel, por exemplo, examina a influência consciente e inconsciente da escola, vizinhança, situações sociais locais e padrões culturais sobre o indivíduo [110].

A abordagem referente ao meio é conhecida como behaviorismo, e o aspecto específico que concerne ao comportamento do homem em uma situação de aprendizagem é conhecido como Teoria da Aprendizagem.

TEORIA DA APRENDIZAGEM

Condicionamento Clássico

Os clássicos experimentos de Pavlov com cães possibilitaram-lhe fornecer o paradigma essencial para o processo de aprendizagem. Comida (Estímulo Descondicionado) produz salivação no cachorro (Resposta Descondicionada). Se uma campainha (Estímulo Condicionado), porém, soar várias vezes antes que se apresente o ED, eventualmente, o cachorro salivará *antes* que a comida seja apresentada (Resposta Condicionada). Temos, neste caso, o paradigma:

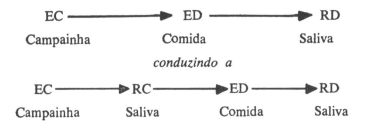

O condicionamento é, portanto, um mero tipo de aprendizagem: o animal deve transferir a resposta de ED para EC.

Aprendizagem Instrumental

Thorndike foi o primeiro a considerar o processo conhecido aprendizagem por "ensaio-e-erro", ou condicionamento "operante" ou "instrumental". Se o organismo está em uma situação onde uma variedade de respostas pode ser dada e existe alguma necessidade, ele agirá; assim, um rato faminto em uma caixa-enigma irá procurar por comida. Mas, se a resposta "correta" foi recompensada de maneira apropriada à necessidade (se o rato pressiona uma alavanca e ganha a comida como conseqüência), ele aprenderá a produzir a resposta "correta" — a incidência na resposta recompensada aumenta com cada tentativa recompensada. Desse modo:

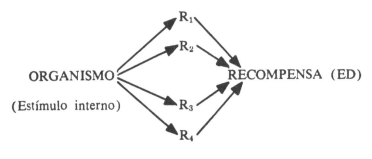

IMITAÇÃO, IDENTIFICAÇÃO E TEORIA DOS PAPÉIS 223

Recentemente, a Aprendizagem Instrumental tornou-se estreitamente associada a Skinner [340] que enfatiza o reforço: que a conexão entre uma forma de estímulo e uma resposta é fortalecida quando reforçada.

Skinner considera que o Condicionamento e a Aprendizagem Instrumental representam dois tipos diferentes de comportamento de aprendizagem: o primeiro é uma forma especializada de comportamento que tem pouca relevância para seres humanos; o segundo, porém, é a base para a maior parte do aprendizado humano. Assegura, certamente, que a resposta seja *instrumental* na obtenção da recompensa — portanto, a Aprendizagem Instrumental é mais "ativa" que o Condicionamento Clássico.

Hildegard e Marquis [172] descrevem três tipos adicionais de Aprendizagem Instrumental. O primeiro é Treinamento de Recompensa Secundário, quando um estímulo inicialmente neutro adquire o poder de reforçar o aprendizado. Por exemplo, Wolpe [391] consentia que chimpanzés colocassem ficha em uma máquina automática para obter uvas; mesmo quando as máquinas foram retiradas, eles continuaram a guardar as fichas. O segundo é Treinamento de Fuga: um estímulo desagradável poderá, eventualmente, fazer um animal aprender a produzir a resposta "correta", de modo a escapar. E, terceiro, Treinamento de Evitação: se uma campainha é acionada antes de que seja dado um choque no animal, ele aprenderá a evitar o perigo.

Evoluções

Mesmo durante os primeiros tempos do behaviorismo, havia várias abordagens. Uma das primeiras ramificações do behaviorismo watsoniano foi, por exemplo, a Teoria da Associação, de Guthrie [158], que dizia que qualquer combinação ou totalidade de estímulo, que tenha acompanhado um movimento, será seguido por esse movimento quando a combinação ocorre novamente. Tolman [360], em sua Teoria da Gestalt-Sinal, valeu-se de toda psicologia, e não apenas do behaviorismo; ele tentou lidar com o alvo-dirigido, atos completos do organismo, e considerou que o que é aprendido não é uma resposta ou movimento, mas a relações "o-que-leva-a-que".

Mais influente é o sistema dedutivo de Clark Hull [178], que origina-se mais diretamente de Watson e Thorndike. Considerava que todo comportamento é baseado em necessidades e impulsos e, conseqüentemente, todo comportamento é motivado. Há dois tipos de impulso: (1) impulsos primários, que são inatos (como fome, sede, sexo, e evitação da dor), dependem de certas condições físicas e

224 JOGO, TEATRO & PENSAMENTO

são dotes do indivíduo desde o nascimento; e (2) impulsos adquiridos ou secundários, que são aprendidos através da associação com os impulsos primários, de maneira que qualquer estímulo forte pode adquirir as características da ação iniciadora ou propulsora. O aprendizado que reduz os impulsos (redução de impulso) é gravado — e isto é reforço. Um hábito é uma resposta aprendida em considerável período de tempo, e é formado (ou aumenta em força) como uma função do reforço e na medida em que a necessidade se reduz. Os hábitos não são nunca "desaprendidos": podem apenas crescer ou permanecer os mesmos, na medida em que funcionam apenas como resultado de tentativas recompensadas.

A generalização do estímulo é agora aceita pela maioria dos teóricos da aprendizagem. Uma pessoa que responde a determinados estímulos tende a generalizar suas respostas a estímulos similares: estas serão eliciadas por qualquer estímulo similar ao original. Isto fornece a necessária flexibilidade aos hábitos e aprendizado humanos, mas a amplitude da generalização depende do grau de similaridade. Considera-se que a generalização de respostas ocorre, também, de acordo com princípios similares. Conseqüentemente, os seres humanos podem transferir experiência de uma situação a outra. Entretanto, uma resposta supergeneralizada não é reforçada e, assim, o comportamento é restringido; isto é discriminação:

... a generalização assegura respostas similares, apesar das diferenças entre os estímulos; a discriminação assegura respostas diferentes, apesar das similaridades entre os estímulos. [354]

IMITAÇÃO

A Teoria da Aprendizagem tem muito a ver com imitação, que é um fator-chave dentro do processo de jogo dramático. É também significante para a educação como um todo, pois é inerente ao processo de socialização, e a civilização moderna confia mais e mais nos modelos simbólicos que são imitados pelas crianças — instruções orais, escritas ou pictóricas, ou através de uma mescla de artifícios orais e visuais (incluindo filmes e televisão). A imitação (quer na situação formal de sala de aula quer através do jogo dramático) é de vital importância para o aprendizado.

As abordagens da imitação têm sido várias. Foi vista como um instinto inato por McDougall, Woodworth, Gabriel Tarde e outros, o que não satisfaz os behavioristas, que têm dois modos básicos de abordagem da imitação: Condicionamento e Instrumental.

IMITAÇÃO, IDENTIFICAÇÃO E TEORIA DOS PAPÉIS 225

Imitação & Condicionamento

Alguns seguem o Condicionamento pavloviano e não ultrapassam esse ponto. J. M. Baldwin disse que a imitação ocorre quando um estímulo iniciou um processo motor que tende a reproduzir o estímulo e, novamente, o processo motor:

Do ponto de vista fisiológico, temos uma atividade circular — sensório, motor; sensório, motor; e do lado psicológico, temos um círculo similar — realidade, imagem, movimento; realidade, imagem, movimento, etc. [19]

Em outras palavras, a criança imita para dar início à ação, e, então, a reação circular a mantém funcionando. E. B. Holt [174] desenvolveu a hipótese do círculo-reflexo do comportamento imitativo: quando uma criança ouve a si mesma chorar, uma associação simultânea ocorre e o círculo-reflexo se estabelece. Quando uma criança se auto-estimula, o comportamento é chamado interação; quando, porém, uma segunda pessoa é o estímulo, fala-se em imitação. F. H. Allport tem posição similar a Holt, particularmente no que concerne ao choro e ao balbucio:

Quando outras pessoas pronunciam sílabas para a criança, colocam em operação os reflexos audiovocais que a criança já fixou ao ouvir-se falar. [9]

Quando um adulto repete um balbuciar próximo ao da criança, juntamente com a demonstração daquilo a que a palavra se refere, a criança está condicionada a repetir a palavra — e isto é imitação. Esta é, em essência, a opinião de Humphrey, que a enunciou em termos de Condicionamento Clássico em 1921 [189], e também a de Gardner Murphy, em sua mais moderna abordagem biossocial:

A imitação, em seu nível mais primitivo, igualmente parece referir-se ao condicionamento; seu mecanismo é aparentemente apoiado na *resposta circular*. Algum evento ou estímulo (E) interior produz uma resposta (R); percebemos (P) a R no momento em que é produzida; todos os três eventos — E, R e P — se justapõem no tempo, de modo que cada repetição de R conduz a P e, deste, a outro R... Tendo esparramado água por um motivo qualquer, a criança de dois anos de idade continua a esparramá-la. Em uma outra ocasião, o irmão mais velho, na mesma banheira, derrama água e o irmãozinho repete o mesmo. [271]

Porém:

A imitação deliberada é algo mais complexo, envolvendo uma percepção mais aproximada do detalhe, maior integração de movimento e, acima de tudo, um direcionamento para o resultado final, como na reação retardada. [271]

O problema básico com esta teoria, como apontaram Miller e Dollard, é que deve levar em conta muitos aspec-

226   JOGO, TEATRO & PENSAMENTO

tos: não há como explicar como que um círculo-reflexo, uma vez iniciado, nunca termina. Falha também ao considerar o aparecimento de novas respostas durante uma seqüência modelo-observador.

Miller & Dollard

Miller e Dollard [259] são os teóricos clássicos da segunda abordagem da Aprendizagem por imitação. Consideram que todo comportamento humano é aprendido — adquirido, mais que inato — e segundo o seguinte paradigma:

IMPULSO→   SUGESTÃO→   RESPOSTA→   RECOMPENSA
deseja algo   percebe algo   faz algo   obtém algo

Consideram que a imitação integra o padrão de comportamento como um impulso adquirido que, uma vez gerado, atua exatamente como um impulso primário. E:

A imitação é um processo pelo qual ações "igualadas" ou similares são evocadas em duas pessoas e conectadas a sugestões apropriadas. Pode ocorrer apenas sob condições que são favoráveis ao aprendizado dessas ações. Se igualar-se, ou fazer o mesmo que os outros fazem, é regularmente recompensado, uma segunda tendência a igualar-se pode ser desenvolvida, e o processo de imitação se torna o impulso derivado da imitatividade. [259]

Distinguem três tipos de imitação: (1) igualado-dependente, no qual o líder está capacitado para ler os indícios relevantes do meio, mas o seguidor não está — este mecanismo é importante no comportamento de multidões ou quando os jovens igualam seu comportamento ao de pessoas mais velhas; (2) copiar, no qual a resposta é conduzida gradativamente a uma aproximação com o modelo, mas o sujeito deve saber quando isso ocorre de modo a que sua ação seja uma reprodução aceitável da ação-modelo; e (3) o mesmo, no qual duas pessoas realizam a mesma ação em resposta ao mesmo indício — duas pessoas tomando o mesmo ônibus tendo lido a mesma indicação.

A imitação é vital na aprendizagem de línguas. A todas as sociedades são ensinadas respostas particulares, que configuram a língua do grupo, o que influencia o aprendizado social subseqüente. O choro da criança é uma resposta a um forte estímulo e ela é recompensada com alimento. Os tons de vozes de algumas pessoas se elevam para ter um valor de recompensa, observam Miller e Dollard. Mas o primeiro contato do bebê com a língua formal é aprendendo a usar as palavras ditas pelos outros como indicações para suas respostas — o som "Não!" pode ser acompanhado de punição. Ele aprende que o gesto acompanhado pelo som é mais provavelmente recompensado. Em

IMITAÇÃO, IDENTIFICAÇÃO E TEORIA DOS PAPÉIS 227

verdade, a criança aprende a falar porque a sociedade faz o esforço valer a pena. Proporciona o treinamento conectando palavras a objetos, e ações a palavras, e palavras em seqüências de respostas-estímulo; usos gramaticais governam o modo pelo qual outras respostas aprendidas, palavras e frases são combinadas. A resposta à palavra falada como sugestão produz a palavra apropriada como resposta; esta se torna uma resposta antecipatória, revelando que a imitação tem um importante papel a desempenhar para o pensamento e raciocínio.

A função da razão é encurtar o processo de ensaio--e-erro. Respostas-sugestão são importantes para o raciocínio: uma combinação de dois pontos separados da experiência (colocar dois e dois juntos) é uma característica de raciocínio simples; grande parte do raciocínio é composto por seqüências mais longas de indicações produtoras de respostas, e estas são freqüentemente aprendidas pelo indivíduo como parte de sua cultura.

Miller e Dollard acreditam que a imitação auxilia o aprendizado: obriga o sujeito a responder à sugestão apropriada mais rapidamente do que o faria de outra maneira. Copiar é ensinar um sujeito a responder independentemente a sugestões do meio apropriadas e, neste sentido, é particularmente vital na aprendizagem de uma língua. Entretanto, Mowrer disse:

> Poderia-se dizer que Miller e Dollard não estão realmente estudando a imitação, mas simplesmente a discriminação na qual o estímulo sugestivo é fornecido pelo comportamento de outros organismos. Sua réplica seria, provavelmente, de que a imitação é "simples discriminação" do tipo recém-descrito... [269]

C. W. Valentine

Valentine não aborda a imitação a partir da Teoria da Aprendizagem, mas da psicologia puramente experimental. Ele descobriu que nem todas as respostas eram imitativas, e que a criança não imitava a todos igualmente — imita algumas pessoas e outras não — e a chave parece ser captar a atenção da criança, que deve estar interessada, então, no imitado. Ele resume a imitação de crianças pequenas como o seguinte:

2. Ações para as quais já haja uma tendência inata são imitadas prontamente nos primeiros meses de vida, por exemplo, fazer sons e sorrir.

3. Ações que não apresentam para a criança nenhum propósito perceptível e que não estão fundamentadas em impulsos instintivos, são imitadas livremente durante o período de nove e doze meses de idade.

228 JOGO, TEATRO & PENSAMENTO

4. Há, às vezes, um peroído "latente" entre o perceber a ação e a imitação dela, e, às vezes, a repetição de uma ação é necessária, antes que ocorra a imitação.

5. A imitação primária, involutária ou despropositada pode ser atribuída à monopolização da atenção, durante um momento, por alguma impressão fascinante.

6. Algumas imitações parecem servir ao propósito de auxiliar o sujeito a realizar ou entrar na experiência do imitado mais intensamente.

7. Algumas imitações são de tipo reflexo, se o termo reflexo pode ser aplicado onde a visão proporciona o estímulo único.

8. Testes experimentais aos doze meses e aos dois anos sugerem que a tendência para a imitação de qualquer ação muito interessante é bastante forte em algumas crianças.

9. O imitado é importante: por exemplo, uma criança imitará, às vezes, sua mãe, mas não outra pessoa.

10. Há evidência de que a criança pode desejar que outras pessoas integrem sua imitação. [365]

O. H. Mowrer & a Teoria de Duplo-Fator

Valentine não presta nenhum esclarecimento sobre o fenômeno da imitação, ele apenas descreve certas características imitativas. Teóricos da Aprendizagem tentaram fazê-lo, mas O. H. Mowrer considera,

... de acordo com a análise de Miller-Dollard, o único meio pelo qual um pássaro poderia aprender a dizer "Alô!" imitativamente seria *dizê-lo* enquanto observando um outro pássaro (ou pessoa?) dizendo o mesmo — e sendo recompensado. A questão é: como aprenderá o pássaro, pela primeira vez, este som altamente improvável? Uma análise de duplo-fator do processo de aprendizagem da palavra dá resposta a essa dificuldade. [268]

Os dois fatores de Mowrer são: (1) Continuidade — um pássaro fica "contente de ver" e "contente de ouvir" o treinador, e assim, a visão do treinador e os seus sons assumem um valor de recompensa secundária para o pássaro; e (2) Recompensa — se o pássaro, ao fazer sons, produzir algum semelhante ao do treinador, isto teria um valor de recompensa secundária. Portanto, a imitação é

... uma espécie de processo automático de ensaio-e-erro, no qual um organismo é dependente de um outro organismo, ou "pessoa aparentada", apenas em um sentido indireto, derivado. A resposta tornou-se "atraente" de modo que sempre que o pássaro a produz, a satisfação e o reforço serão poderosos e imediatos — e auto-administrados! — a motivação apropriada está presente. [269]

Mowrer diz que os pássaros aprendem a falar apenas quando um professor humano se torna *objeto de amor* para eles, assim reduzindo o princípio de reforço (da teoria da aprendizagem) e o da identificação (da psicanálise).

IMITAÇÃO, IDENTIFICAÇÃO E TEORIA DOS PAPÉIS 229

IDENTIFICAÇÃO

Imitação & Identificação

Devemos distinguir entre imitação e identificação. Talcott Parsons [288] disse que a imitação é o processo pelo qual itens *específicos* de cultura, fragmentos individuais de conhecimento, habilidade e comportamento simbólico são assumidos. Em certo sentido, é um atalho do aprendizado independente, embora deva ser recompensado, se se pretende que a ação aprendida seja reforçada. Mas, a imitação especificamente não implica qualquer relacionamento emocional entre o indivíduo e o modelo.

Por outro lado, a identificação implica a interiorização dos valores do modelo; implica um relacionamento emocional entre o imitador e o imitado, de modo que os padrões de valor são partilhados. Notaríamos, também, em termos de maturidade social, que a imitação é a base sobre a qual a identificação pode ser construída:

A significação social das respostas imitativas na primeira infância reside, em grande parte, em sua capacidade de estimular as interações adulto-criança. [372]

A imitação é, portanto, um dos primeiros veículos para a comunicação lúdica entre os pais e a criança, e é sobre essa empatia (a qual Sullivan descreveu tão bem) que a identificação posterior pode se desenvolver.

Nesse sentido, a imitação poderia ser um termo aceitável para os teóricos do Condicionamento ou Aprendizagem Instrumental. Mowrer, porém, acreditando que o behaviorismo clássico é insatisfatório, acrescentou a identificação ao processo de aprendizagem.

A Identificação Defensiva & Desenvolvimentista de Freud

Freud, várias vezes, distinguiu entre duas formas de identificação: a desenvolvimentista, pela qual a criança introjeta as qualidades da mãe e, eventualmente, constrói o superego; e a defensiva, onde, através do medo, ela se identifica com o agressor.

A identificação desenvolvimentista ocorre quando a mãe nutriente começa a negar recompensas que antes dava livremente; a conseqüente ameaça de perda do objeto amado, diz Freud [127], motiva, então, a criança a introjetar o comportamento e as qualidades da mãe. É esta introjeção que Melanie Klein descobre em uma idade ainda mais precoce e pela qual o superego é adquirido:

230 JOGO, TEATRO & PENSAMENTO

Em geral, os pais e autoridades imilares seguem os ditames de seus próprios superegos na educação das crianças. Quaisquer que sejam as relações que seu ego possa ter com seu superego, na educação da criança são severos e precisos. Esqueceram-se das dificuldades de suas próprias infâncias, e estão felizes de serem capazes de, por fim, identificar-se completamente com seus próprios pais, que, a seu tempo, os submeteram a idênticas severas restrições. O resultado é que o superego da criança não está, na realidade, construído em cima do modelo de seus pais, mas do superego dos pais; assume o mesmo conteúdo, torna-se veículo da tradição e de todos os antigos valores que têm sido passados, desse modo, de geração a geração. [131]

Obviamente, a identificação com os pais que gera o superego é, para Freud, biológica; mas, até onde os behavioristas admitem-no, é como um condicionamento precipitado dos pais ou outro condicionante social:

O papel que o superego assume mais tarde na vida é primeiramente desempenhado por um poder externo, pela autoridade paterna. A influência dos pais domina a criança pela concessão de provas de afeto ou ameaças de punição, o que, para a criança, significa perda de amor, e que devem também ser temidas por si. Esta ansiedade objetiva é indício da ansiedade moral que ocorre posteriormente; na medida em que o primeiro é dominante, não há necessidade de se falar em superego ou consciência. É apenas mais tarde que a situação secundária surge, quando já estamos prontos para encará-la como estado normal; as restrições externas são introjetadas, de modo que o superego assume o lugar da função paterna, e desde então observa, conduz e ameaça o ego exatamente do mesmo modo que os pais atuaram com a criança anteriormente. [131]

A identificação defensiva, por outro lado, é conseqüência, para Freud [126], do complexo de Édipo, a criança adotando as características do pai ou da mãe, dependendo de seu sexo. Neste caso, é o medo da punição mais que a perda do amor que fornece o estímulo para o menino identificar-se com o pai. É esta forma de identificação que Anna Freud considerou como um dos mecanismos de defesa do ego: ao imaginar-se como o agressor externo, a criança não tem mais motivo para temer. Ela descreve o exemplo clássico de uma menina que tinha medo do escuro e de fantasmas (estes últimos sendo o elo intermediário entre os pais e o estabelecimento do ego):

Em um dado momento, contudo, ela engendrou um artifício... atravessaria a sala, fazendo todo tipo de gestos peculiares, na medida em que avançava. Logo depois diria orgulhosamente, a seu irmãozinho o segredo de como havia superado sua ansiedade. "Não é necessário ter medo na sala", disse ela, "você faz de conta que é o fantasma que vai encontrar". Isto demonstra que seus gestos mágicos representavam os movimentos que ela imaginava que o fantasma faria. [119]

Ao personificar o agressor, a criança se transforma de pessoa ameaçada na pessoa que faz a ameaça.

IMITAÇÃO, IDENTIFICAÇÃO E TEORIA DOS PAPÉIS 231

Identificação Desenvolvimentista & Teoria da Aprendizagem

Para Mowrer, como vimos, a aprendizagem envolve tanto o condicionamento quanto os aspectos instrumentais (incluindo reforço) da Teoria da Aprendizagem, mas, a imitação — que ele admite como essencial para a aprendizagem — é calcada na identificação. Ele utiliza-a no mesmo sentido que Freud utiliza a identificação desenvolvimentista:

> As palavras, ou outros sons humanos, são inicialmente reproduzidas pelas crianças, ao que parece, porque as palavras têm sido associadas com alívio e outras satisfações e, como conseqüência, elas mesmas terminam por soar bem... Logo, no entanto, o bebê descobre que a reprodução desses sons pode ser usada não apenas para confortar, tranqüilizar e satisfazê-lo diretamente, mas também para despertar o interesse, satisfazer e controlar a mãe, o pai e os outros. [269]

Os bebês produzem inicialmente os sons para "recapturar alguns dos prazeres que seus pais haviam anteriormente propiciado", e assim:

> Em um sentido primitivo e rudimentar, estão tentando *re*-presentar a mãe, isto é, torná-la de novo presente, de um modo autista, quase mágico. Eles o fazem... com os *sons dela*. Mas então, na medida em que a criança aprende a produzir sons de palavras convencionais, o *segundo* estágio de funcionamento da palavra emerge. Agora ela articula uma palavra de significado específico que serve, literalmente, para representar a mãe, para evocar, recapturar, recriá-la; e assim o fazendo, o bebê reduz a necessidade de apoiar-se em satisfações auto-supridas, autistas. Agora, ao invés de apenas *jogar* com as palavras, a criança as faz *funcionar*. [269]

Se a identificação é, porém, uma tentativa de "re-presentar" a mãe, isto é, na realidade, uma forma fundamental de personificação, de jogo dramático. E é compreensível, pois Mowrer demonstra que o Conceito de Mediação, de P. D. Courtney [268] é central nesse aspecto: na mente da criança, a mãe torna-se o elo, o mediador, entre seus desejos e a satisfação destes, e, por essa via, ocorre a identificação desenvolvimentista. O comportamento e atributos da mãe assumem valor de recompensa secundário, e, assim, embora de um modo quase mágico, a criança institui os elementos de personificação.

Sears também considera a identificação desenvolvimentista como uma forma de evolução comportamental. Apresenta algumas etapas de desenvolvimento: (1) a criança desenvolve um impulso de dependência pelo modo afetuoso com o qual a mãe a cuida; (2) ela imita — comporta-se como — a mãe; (3) a criança é tão gratificada pela imitação que esta se torna habitual e, como conseqüência, tem as características de um sistema de motivação secundário:

232 JOGO, TEATRO & PENSAMENTO

Muitas ações simbólicas, desempenhadas pela mãe (sorrir, afagar, conversar) tornam-se recompensa secundária para a criança, e quando ela própria desempenha essas ações, recompensa a si mesma. Portanto, seu próprio desempenho de alguns tipos de comportamento de identificação é autocompensatório. Na medida em que a mãe, de fato, não a pune por tais ações, e enquanto ela continua a usar símbolos razoavelmente consistentes de amor e aprovação, esse processo continuará. [335]

Entretanto, a intensidade da identificação irá variar com o tipo específico de educação afetuosa dada à criança: se é contínua, a criança não terá oportunidade de atuar como a mãe; se é punitiva, não desejará fazê-lo. Portanto:

A presente hipótese é que um impulso secundário de identificação produz o comportamento que é uma réplica das qualidades, comportamentos de papéis e exigências dos pais. Neste sentido, é um processo ou mecanismo. Tem o efeito de transmitir os valores culturais de uma geração à seguinte, e de promover a manutenção, em uma sociedade, de pessoas apropriadamente treinadas para os papéis que compõem a sociedade. [335]

Para Sears, essencialmente, a repetida associação de imitação da criança, com recompensa direta ou auto-administrada, conduz à identificação, tornando-se um impulso adquirido, para o qual a resposta satisfatória está em atuar como outra pessoa — personificação ou jogo dramático.

Identificação Defensiva & Teoria da Aprendizagem

Enquanto Freud considerava que a criança competia com o pai pela afeição da mãe, Whiting [386, 387] observa que a rivalidade pode se desenvolver em torno de qualquer forma de recompensa, material ou social. Quanto mais a criança inveja o poder ou *status* de uma outra pessoa, em relação às recompensas das quais se sente privada, mais desejará ser (assumir o papel de) aquela pessoa. A identificação, conseqüentemente, surge através da competição com (e por medo de) o pai: mas não, como Freud considerava, no campo sexual; antes, considera Whiting, isso se processa no campo da educação, onde a criança compete com o adulto pela afeição, atenção, alimentação e cuidados.

Sumário

A Teoria da Aprendizagem, quer seja condicionamento clássico quer aprendizado instrumental, está limitada a descrever *alguns* dos mecanismos presentes no processo de aprendizagem. Os teóricos da Aprendizagem explicam, normalmente, a imitação como um reflexo-circular ou

IMITAÇÃO, IDENTIFICAÇÃO E TEORIA DOS PAPÉIS 233

discriminação, sendo que ambos são insatisfatórios, o que levou Mowrer a postular a identificação como a motivação para o aprendizado imitativo.

A imitação é o processo pelo qual certos aspectos de uma cultura são assumidos, e, com a imitação, os padrões de valor são partilhados. A identificação desenvolvimentista leva, pelo medo de perder o amor, à personificação da mãe pela criança. A identificação defensiva conduz, pelo medo da punição, à personificação do pai pela criança. A aprendizagem social depende da imitação; a imitação, porém, conduz à identificação. É assim que o processo de aprendizagem social resulta ser inerentemente dramático.

TEORIA DOS PAPÉIS

Sarbin

O desenvolvimento da teoria do papel por Sarbin apóia-se no trabalho inicial de G. H. Mead [253] e considera, essencialmente, que as ações entre as pessoas estão organizadas em papéis, e que a conduta humana é o produto da interação entre o eu e o papel.

Com Kardiner e Linton, a teoria dos papéis passa a considerar a cultura como uma organização de comportamentos aprendidos e de produtos do comportamento que são partilhados e transmitidos. Sarbin observa que todas as sociedades estão organizadas em torno de posições, e que as pessoas que ocupam essas posições desempenham ações e papéis especializados. Entretanto, os papéis que desempenham estão vinculados à posição e não à pessoa que está ocupando temporariamente essa posição.

Sarbin   fine papel como sendo:

Um papel é uma seqüência padronizada de ações ou feitos *aprendidos*, desempenhados por uma pessoa em uma situação de interação. [32]

Quanto à aquisição de papéis, o desempenho de papéis é aprendido de duas maneiras: (1) por instrução intencional, e (2) por aprendizagem acidental.

O jogo é um modo acidental de aquisição de um papel de comportamento, e Mead foi um dos primeiros a compreender a importância do jogo no aprendizado da adoção de papéis sociais. O jogo dramático em si apresenta dois resultados: (1) a aquisição de papéis, e (2) a aquisição de habilidades em papéis mutáveis. De fato, a teoria dos papéis vê a personificação imaginativa como a pedra fundamental do aprendizado social:

234 JOGO, TEATRO & PENSAMENTO

Os processos imaginativos são fundamentais para a atuação no jogo. São do mesmo modo básicos em processos encobertos, tal como a fantasia. O ensaio silencioso de papéis apropriados a posições reais ou imaginárias, e de papéis apropriados à posição do outro, fornece uma grande bagagem de experiência. Em todas as culturas, grande parte do conteúdo do comportamento imaginativo é institucionalizado na forma de contos populares, mitos e outras formas de histórias. O processo imaginativo é essencial, igualmente, para essa forma de aquisição de papéis, que tem sido variadamente chamada de identificação, introjeção, empatia, e assumir-o-papel-do-outro. Dependente da habilidade da pessoa (criança ou adulto) de se engajar em processos de *como se*, a identificação fornece numerosas vias de acesso para a aquisição de papéis. O número e os tipos de pessoas com as quais podemos nos identificar, naturalmente, acham-se limitados ao número e tipos de pessoas que estão em nosso meio e às práticas culturais. [328]

A importância da relação entre o processo imaginativo e a assunção de papel foi considerada por Mead e Moreno, sendo que ambos admitem tacitamente que a imitação se relaciona com a identificação que, através do desempenho de um papel, é, em essência, dramático.

A representação de um papel, ou personificação, inclui, dentre outros comportamentos, movimentos que envolvem o esqueleto inteiro, o desempenho de gestuação motora e verbal, postura e modo de andar, estilos de fala ou pronúncia, o uso de certos tipos de vestidos ou costumes, o uso de objetos materiais, o uso de emblemas ou ornamentações, e assim por diante.

A ativação de um papel abarca toda a mecânica do processo de desempenho do papel. E, quanto maior o número de papéis no repertório de comportamento de uma pessoa: "... 'melhor' seu ajustamento social — e o mesmo com relação ao resto". Por outro lado, a ausência de habilidades para o desempenho de papéis influencia o desenvolvimento de distúrbios paranóicos [54], enquanto

... a deficiência em desempenhar um papel significa a incapacidade de considerar-se a si mesmo como um objeto (Mead) ou identificar-se com o ponto de vista de outrem. [151]

Sarbin delineia, então, sua "Dimensão Organísmica". Na medida em que qualquer papel pode ser desempenhado com diferentes graus de envolvimento orgânico, é possível distinguir diferentes níveis de intensidade:

NÍVEL I   *Papel e Eu*
             diferenciado

                          p. ex. papel casual de consumidor no supermercado.

IMITAÇÃO, IDENTIFICAÇÃO E TEORIA DOS PAPÉIS 235

NÍVEL II — *Ator desempenhando os movimentos necessários para a caracterização do papel*

p. ex. empregado que "capricha na aparência" para impressionar o patrão.

NÍVEL III — *Ator "vivendo o papel"*

mas mantém algum contato com o papel, de modo a mudar o tempo, a intensidade, etc.

NÍVEL IV — *Motivo hipnótico*

comportamentos: catalepsia, ações compulsivas pós-hipnóticas, mudanças sensórias e motoras, etc.; mais participação do organismo respondendo através do *play-acting*.

NÍVEL V — *Histeria* (justapõe-se ao IV); afligido com disfunção orgânica

p. ex. ataques histéricos, anorexia histérica, paralisia histérica, anestesia histérica.

NÍVEL VI — *Estados estáticos*

p. ex. transes estáticos, possessão, despertar religioso, conversões, etc., desmaios de adolescentes.

NÍVEL VIII — *Papel de pessoa moribunda*

p. ex. alvo de bruxaria ou feitiçaria (às vezes, irreversível).

Com tal classificação, retornamos, claramente, ao conceito de "a máscara e a face"; ou, como o analisa Sarbin:

... o eu é o que a pessoa "é", o papel é o que a pessoa "faz". [328]

236 JOGO, TEATRO & PENSAMENTO

A maioria de nós desempenha nossos papéis nos Níveis I e II a qualquer momento, todos os dias; estamos vestindo nossas "máscaras". Esse é o desenvolvimento lógico da identificação infantil e, na verdade, é uma extensão do mesmo processo: imitamos aspectos específicos na cultura e assim chegamos a nos identificar com nossos pais: portanto, personificamos, ou representamos papéis, pelos quais nos ajustamos à sociedade.

Imitação, Identificação & Terapia dos Papéis

Vimos que, em seus primeiros trabalhos, Freud destacou a catarse como um tratamento terapêutico. Teóricos da Aprendizagem interessados na imitação, identificação e teoria dos papéis discordam disso. Bandura, Ross e Ross [21] compararam os efeitos dos modelos da vida real, da agressividade contida nos filmes e desenhos animados, com o comportamento agressivo das crianças em idade pré-escolar. Descobriram que:

A criança que observava os modelos agressivos apresentava um maior número de respostas imitativas agressivas, enquanto que tais respostas raramente apareciam tanto no grupo de modelo-não-agressivo, quanto no grupo de controle. [21]

Considera-se, portanto, que, na situação social, os padrões aprendidos de resposta à agressão são, freqüentemente, originários da observação da criança sobre seus pais ou outros modelos; no decorrer do desenvolvimento da criança, os pais normalmente lhe oferecem várias oportunidades de observar suas reações tensas e, portanto, de imitá-los. Bandura e Walters [22] consideram que uma criança, colocada diante de um modelo, responde normalmente de uma em três maneiras: (1) com uma nova resposta — exposta à agressão, ela pode repeti-la; (2) com uma resposta inibitória e desinibitória — embora não precisamente imitativa, a resposta é, sob alguns pontos de vista, similar (imitação não-específica); (3) deduzindo uma resposta — um comportamento socialmente aprovado pode ser prontamente eliciado se são fornecidos os modelos apropriados (como alguém que abandona a língua oficial, retornando ao dialeto original, em uma situação que envolve o dialeto).

Portanto, a situação terapêutica recomendada é através da assunção de um papel, mas não exatamente do modo sugerido por Moreno:

O desempenho de um papel pode ser um meio particularmente eficaz de produzir uma mudança de comportamento, uma vez que (pelo menos na maioria das situações experimentais) aquele que assume o papel aceita, dependentemente, o papel que lhe

IMITAÇÃO, IDENTIFICAÇÃO E TEORIA DOS PAPÉIS 237

foi imputado, e é, então, normalmente reforçado pela aprovação por reproduzir o comportamento do modelo. Isto é, durante o processo de desempenho de um papel, quando sua atividade anterior se torna um modelo para seu comportamento posterior, o agente pode estar recebendo reforço tanto em sua capacidade como modelo quanto em sua capacidade de observador e imitador...

Em todos os casos, contudo, o processo de aprendizagem essencial consiste na apresentação de um modelo, simbólico ou real, a cujo comportamento o observador se iguala. [22]

Nos defrontamos, conseqüentemente, com um problema crucial. A teoria terapêutica da catarse sugere que "expurgar o mal em uma estrutura legal" alivia, e que a descarga catártica da emoção pode produzir uma mudança terapêutica duradoura. (Embora tenhamos visto, na p. 81, que Freud, em seu último trabalho, não considerou este o único método terapêutico.) Por outro lado, Bandura e Walters, com um acúmulo de evidencias, podem dizer que

... as evidências dos estudos de pesquisas controladas em crianças indicam que, longe de produzir uma redução catártica da agressão, a participação direta ou vicária em atitudes agressivas dentro de um contexto permissivo mantém o comportamento em seu nível original e pode mesmo aumentá-lo. [22]

Ao atuar agressivamente, tenderá a criança a livrar-se das emoções agressivas (catarse) ou reforçar sua agressão (terapia dos papéis)? Formulado de outra maneira, o problema se torna: se as crianças usam a agressão em seu jogo, isso fará com que seu comportamento agressivo aumente ou diminua?

Não há nenhuma resposta definida para esse problema. Mas, do ponto de vista da situação educacional, pareceria que, sob certas condições, ambas as escolas de pensamento poderiam estar corretas. Crianças superinibidas, em geral, se beneficiam catarticamente com o jogo dramático. O mesmo acontece com crianças retardadas ou mentalmente deficientes; pode-se também dizer que essas crianças, se providas de um modelo anti-social, estão inclinadas a imitar, ou identificar-se com o modelo. Indubitavelmente, parece que o modelo Imitação-Identificação-Personificação é o processo pelo qual a criança se desenvolve, e, se a vida humana trabalhasse como uma calculadora, sem dúvida, todas as crianças, assistindo à agressão na televisão, ou fazendo de conta que são "bandido" em seu jogo dramático, cresceriam agressivamente. E, de fato, a terapia behaviorista, como sintetizada por Beech [25] nos faria pensar desse modo. Mas a vida não funciona com métodos tão simplistas. Algumas crianças efetivamente apresentam alívio catártico em seu jogo. E algumas crianças efetivamente aprendem a agressão através da imitação; mas, se os efeitos duradou-

238   JOGO, TEATRO & PENSAMENTO

ros são tão sérios quanto nos querem fazer crer Bandura e Walters, isso é ainda uma questão aberta à discussão. No presente estágio do conhecimento humano, essa questão deve permanecer aberta.

ADENDO AO CAPÍTULO 12

A teoria dos papéis tem sido ampliado pelo trabalho de Berne e Goffman (vide adendo ao Capítulo 11).

A questão da atuação agressiva, e em que medida esta possibilita a catarse ou aumento da agressividade, está longe de ser resolvida. Geralmente, os estudos em ciências sociais (como o *Men in Groups*, de Lionel Tiger, Nelson, 1969) negam a catarse. Entretanto, estudiosos do campo, ao que tudo indica, mais e mais ridicularizam os cientistas! A maioria das publicações sobre "como ensinar" no campo do teatro, implicitamente, aceita a catarse, e Lord Boyle, Vice-Chanceler da Universidade de Leeds, e ex-Secretário do Estado para a Educação, na Grã-Bretanha, declarou:

"Percebi a importância dessa questão, não apenas do ponto de vista convencional de que favorece a um maior número de meninos e meninas 'descobrir' a si mesmos, de um modo que é verdadeiro apenas em algumas poucas atividades, mas por uma razão mais profunda. Tenho a impressão de que um crescente número de ... adolescentes mais velhos, nas escolas, vivendo no tipo de mundo que temos hoje, preocupam-se e estão geralmente interessados não apenas com as emoções convencionais mas com as emoções mais amplas, indômitas..." (John Hodgson & Martin Banham (eds.), *Drama in Education 2: The Annual Survey*, Pitman, Londres, 1973).

Finalmente, mencionaria que o *Child Studies Through Fantasy* de Rosalind Gould (Quadrangle, N. Y., 1972) é um brilhante estudo sobre a agressão — sua genêse e dinâmica, assim como seus aspectos negativos e positivos — embora do ponto de vista psicanalítico.

13. Pensamento

Se o processo de aprendizagem social é inerentemente dramático, e através da personificação de papéis nos adequamos à sociedade, todo o processo de pensamento, em si, relaciona-se com a imaginação dramática. O pensamento, se forma ·a partir de conceitos, e os seres humanos utilizam os conceitos de duas principais maneiras: para o pensamento criativo e aprendizagem de memória. Ambos os processos utilizam o jogo dramático, abertamente, se somos crianças, e dissimuladamente, se somos adultos.

COGNIÇÃO

Conceitos

Os conceitos são idéias que agrupam ou classificam experiências — "representações que têm alguma generalidade de aplicação" [232]. Portanto, colocamos "sabiá" e "pardal" dentro da classificação "pássaros". Em teoria, um número infinito de conceitos é possível, mas, de fato, são usualmente baseados em classificações preliminares de experiência, que, de algum modo, têm sido consideradas úteis. Dessa maneira, adquirimos um repertório de conceitos: eles tendem a mudar com o avanço da idade, tornando-se mais complexos e mais lógicos. Os conceitos variam em novidade e complexidade com o indivíduo, porém, todo nós

... (tendemos) a desenvolver conceitos gradativamente, à ocasional apreensão de conceitos sem estarmos consciente do próprio conceito, ao desenvolvimento de conceitos inconsistentes assim co-

240   JOGO, TEATRO & PENSAMENTO

mo conceitos consistentes, à tendência para aprender os conceitos em uma ordem determinada e à ocorrência de variados graus de abordagens concretas e abstratas assim como uso de conceitos. [367]

Embora se conclua com freqüência que os conceitos concretos (como "pássaros" ou "caixas") são mais facilmente apreendidos do que os conceitos abstratos (como os conceitos de números), Mednick demonstrou [256] que isso não é necessariamente uma verdade: a variável parece ser o número de propriedades de estímulos percebidas pelo sujeito.

Carroll [58] distingue entre conceitos primários e secundários: (1) as representações internas de classes ou categorias de experiência pelas quais a criança, quando domina a linguagem, aprende os nomes; e (2) conceitos formados a partir de outros conceitos — são formados a partir de semelhanças parciais, nas *respostas* às sensações (portanto, a "divergência" é formada a partir de instâncias percebidas). Bruner, Goodnow e Austin [45] examinaram na prática os tipos de conceitos, apresentando aos sujeitos alguns conjuntos de desenhos, compostos de figuras e margens variáveis. Desse modo, postularam três tipos de conceitos, do mais fácil ao mais difícil: (1) Conjuntivo, no qual o critério é uma combinação especificada de atributos (neste caso, "figuras vermelhas com margens"); (2) Relacional, no qual o critério é uma relação especificada entre atributos (neste caso, "menos figuras que margens"); e (3) Disjuntivo, no qual o critério é duas ou mais combinações ou atributos alternativos quaisquer (neste caso, "tanto uma figura vermelha quanto uma com duas margens"). As pesquisas modernas demonstraram [379] que a habilidade para discriminar as instâncias positivas das negativas precede, habitualmente, a habilidade para formular o conceito em palavras; e também que a informação procedente de instâncias positivas pode ser assimilada e utilizada mais prontamente que a informação contida em instâncias negativas. Observaríamos também o que Leon Festinger chama de Dissonância Cognitiva [107], que é

... um estado de coisas que ocorre sempre que duas idéias estão em marcante conflito, como quando uma é apresentada com um fato objetivo que parece minar as nossas nutridas crenças. Festinger observa que as pessoas são fortemente motivadas a reduzir tal conflito cognitivo quer mudando suas atitudes, buscando mais informação ou reestruturando ou reintepretando a informação disponível. [58]

Conceito & Símbolo

Os conceitos estão fundados na experiência, que é assimilada pela sensação. A experiência sensória, de fato,

PENSAMENTO 241

condiciona o pensamento e todo pensamento repousa sobre ela. Conseqüentemente, Boulding pode dizer:

Trata-se de conhecimento. Conhecimento, talvez, não seja uma boa palavra para isso. Talvez, deveríamos antes dizer minha *Imagem* do mundo. Conhecimento implica validade, verdade. Eu estou falando daquilo que acredito ser verdade; meu conhecimento subjetivo. É essa Imagem que governa totalmente o meu comportamento... *A primeira proposição deste trabalho, portanto, é a de que o comportamento depende da imagem*. [35]

As imagens são criadas pela experiência sensória, e são elas a base para a conceituação. Os signos, tais como as palavras, relacionam-se com as imagens e, em alguns casos, tornam-se sinônimos delas. No momento inicial, porém, a percepção da experiência cria uma imagem que, mais tarde, torna-se associada à palavra e "se liga" nela. Desse modo, na vida adulta, ocorre freqüentemente que a imagem e a palavra que a representa parece tornar-se a mesma coisa.

Já analisamos a abordagem psicanalítica dos signos e símbolos (pp. 73-5) e observamos que todos os símbolos são imagens da experiência sensória. Mas, os métodos pelos quais uma imagem pode ser criada são vários: (1) perceptual, que vale para a maioria das imagens; (2) imagens de sonhos; (3) imagens desenvolvidas a partir de uma matriz neutra, como os sons que ouvimos, às vezes, em uma concha; (4) imagens hipnogógicas, que ocorrem quando estamos prestes a dormir; (5) imagens hipnopômpica que acorrem quando estamos prestes a acordar; (6) alucinações; e (7) imagens eidéticas, que são tão "externas" que se confundem com as impressões causadas pela percepção (como ocorreu com Blake e Goethe). O homem difere de todos os outros animais por estar livre de dependência imediata da estimulação externa; devido à natureza imagética do seu pensamento, vive em um mundo simbólico. O pensamento simbólico pode iniciar a ação e pode organizá-la, e tornar-se um fator na organização da personalidade. Analisados estruturalmente, porém, quando as relações perceptivas são representadas pelos signos — normalmente palavras, como demonstrado por Osgood na Mediação das Hipóteses [284] — a função simbólica emerge.

PENSAMENTO CRIATIVO

O Processo Criativo

O behaviorismo vê o pensamento como um cadeia de estímulos e respostas, de modo que os fatores essenciais no pensamento são hábito e experiência passados, repetição

242 JOGO, TEATRO & PENSAMENTO

mais que razão [355]. Mas, se um novo pensamento é explicado como interação de uma série de velhas idéias por ensaio-e-erro, isso não explica o pensamento genuinamente criativo.

São mais interessantes as propostas da Gestalt, nesse campo. De acordo com Wertheimer, as partes de um problema estão determinadas pela estrutura do todo, assim como o todo o é por suas partes:

1. Há *agrupamento, reorganização, estruturação,* operações de dividir em subtotais, vendo ainda esses subtotais juntos, com clara referência à figura do todo e em vista do problema específico em questão...
2. O processo começa com o desejo de alcançar a *íntima relação* de forma e tamanho. Não é a busca por apenas uma relação qualquer que pudesse conectá-las, mas da natureza de sua interdependência intrínseca..
3. Importantes relações desse tipo — sensível quanto à natureza estrutural interna da situação dada — ... têm papel preponderante aqui...
4. Há o aspecto da significação funcional das partes...
5. O processo inteiro é uma consistente linha de *pensamento.* Não se trata de uma soma de operações gradativamente agregadas. Nenhum passo é arbitrário, incompreendido em sua função. Ao contrário, cada passo é dado avaliando o todo da situação... [383]

Como analisam Getzels e Jackson [144], enquanto que a proposição da Gestalt é adequada a uma situação na qual o problema deve ser aprofundado, este não é o caso na arte ou na música, onde o pensamento criativo totalizado é considerado primeiro, e depois o artista deve tentar concretizá-lo em termos de suas partes.

Pensadores isolados têm também distinguindo pensamento criativo do não-criativo. Hadamard [162] observou que os grandes achados matemáticos foram resultado da introspecção, e esse parecer é apoiado por Koestler, que mostra [221] que grandes cientistas como Copérnico, Kepler e Galileu resistem ao "óbvio" e usam o "ilógico" para suas criações.

Vinacke [368] distingue entre pensamento realista e imaginativo: o primeiro adere à lógica e ao critério científico, e está dominado pela razão e pelos fatos; o segundo permite às tendências internas jogarem com os dados perceptivos, permite à livre experimentação fornecer hipóteses, sugestões, fantasias, imagens e comparações, e empenha-se também por metas debilmente concebidas. Os pensadores criativos alternam e mesclam estilos em seus processos de pensamento. No entanto, se o pensamento pode ser diferenciado em realista e imaginativo, a imaginação em si pode ser de dois tipos: autista, que não se refere a condições reais — como na fantasia, quimeras e devaneios, e está determinada por estímulos internos (como necessida-

PENSAMENTO 243

des, desejos e conflitos), em contraposição aos estímulos externos; e a imaginação genuína que é caracterizada pelo jogo livre, com base no estímulo externo — a imaginação diz respeito a problemas ou tarefas definidas, que atuam como um fator de controle.

Tem havido várias discussões referentes ao processo criativo utilizado por determinados artistas [145, 361]: Stephen Spender descreve sua própria preparação (registrando idéias e notas), a súbita emergência de um germe de pensamento (inspiração), e a reelaboração de material; Ben Shahn descreve o mesmo processo com o pintor — uma cadeia de idéias conectivas, respondendo à pintura e à cor, surgimento de uma imagem, e reelaboração da imagem; Henri Poincaré utiliza diferente terminologia para descrever o mesmo modelo básico no pensamento matemático criativo — trabalho consciente (reunir dados e experimentar), o trabalho inconsciente (fertilização), e a realização na prática através de habilidades. Patrick [289] conduziu investigações experimentais com artistas; seu modelo básico para o pensamento criativo foi reelaborado por investigadores subseqüentes [354], resultando no seguinte: (1) Preparação — familiarizar-se com a situação e materiais; (2) Incubação — inconscientemente, o problema começa a se definir, e fragmentos dele aparecem; (3) Iluminação — quando a meta específica é vislumbrada e o trabalho se inicia nessa direção, podendo ser influenciado pelo aprendizado anterior (é necessário uma bagagem de habilidades, hábitos e capacidades), estímulos sensórios (Freud usava charutos e Spender café e tabaco, para a concentração), fatores de receptividade, ousadia e motivação da personalidade, e a habilidade para revezar o pensamento realista com o imaginativo; (4) Verificação — ou revisão dos resultados. Entretanto, a seqüência de fatos está longe de ser constante, havendo muita sobreposição.

Criatividade & Inteligência

Getzels e Jackson [144] deram uma importante contribuição para a compreensão da criatividade e seu relacionamento com a inteligência. Suas pesquisas revelam que a criatividade é um fator tão importante quanto a inteligência para o sucesso escolar.

Freqüentemente, o verdadeiro talento não é recompensado com o "sucesso", como é comumente definido. A criança pode perfeitamente crescer para aprender que é mais sábio ser "bem-sucedido" que "talentoso", e que é mais virtuoso ser "Presidente" do que ser "honesto". O artista talentoso pode perfeitamente buscar frivolamente

244 JOGO, TEATRO & PENSAMENTO

uma platéia, enquanto o homem bem-sucedido assiste fascinado a um bangue-bangue na televisão. Getzels e Jackson questionam todo esse parecer moral: deveria a educação servir ao treinamento ou à criatividade? Eles perguntam

... se mesmo o resultado exitoso pode não ser, apesar de tudo, uma vitória pírrica, levando à submissão prematura e incondicional do jogo e da fantasia ao fatalismo e utilitarismo, uma rendição precoce que se faz sentir mais tarde na separação mais ou menos irreversível entre os processos pré-conscientes e os conscientes. [144]

Eles demonstram que os grupos altamente criativos são mais livremente estimulados, fantasiosos, temperamentais, agressivos, violentos e menos estimados por seus professores do que o grupo de elevado Q.I. As crianças mais criativas

... aparentam expressar com mais facilidade os impulsos internos, que são freqüentemente inibidos, e são mais descritivas de experiências externas, que são quase sempre negadas. O adolescente altamente criativo tem uma atitude mais lúdica — ou, poderíamos dizer, mais experimental com relação às idéias, objetos e qualidades convencionais. Mais que lidar apenas com categorias predeterminadas, como é o caso com os adolescentes de alto Q.I., tende a usar categorias que ele próprio cria. O cereal não só estala, quebra, pula, como também dobra, amolece e flutua. O creme facial não só desliza como pode também ser a prova do escorregão. A realização de uma aspiração pode significar não só o sucesso, mas pode também ser apenas uma bobagem. [144]

Possuem também uma agressividade carregada de humor — contra a escola e seus professores, seu lar e seus irmãos, e contra as formas convencionais e ideais estereotipados[1].

Os autores sugerem que é necessário uma mudança no conjunto do clima intelectual no qual nós — pais, professores e crianças — funcionamos. E, para este fim, postularam as seguintes diferenças:

1. Depois que este livro foi escrito, apareceu no *Times Educational Supplement* (10 de março, 1967, p. 809), um excelente pequeno artigo revelando que, enquanto vários estudos norte-americanos têm indicado que as crianças inteligentes e as criativas compõem grupos bastante divergentes, as recentes investigações britânicas têm questionado isso. Um desses estudos demonstra que "não há evidência de que exista qualquer grupo considerável de crianças altamente criativas, mas com nível comparativamente baixo de inteligência, que tenha obtido altas avaliações quanto ao rendimento escolar". Um outro estudo considerava que "a criatividade não deveria ser pensada como um hábito intelectual separado". É necessário estabelecer uma distinção entre o ato criativo cognitivo, que é imaginativo, e o ato intelectual cognitivo, que é a descoberta do modelo inevitável — a distinção entre compor um poema e fazer uma conta corretamente — se esses, porém, estão exemplificados por grupos divergentes, é uma questão aberta à discussão.
O crescente interesse em todo o problema da criatividade pode ser constatado na nova publicação trimestral *The Journal of Creative Behavior* (Creative Education Foundation, Buffalo).
Agradeço à Dra. Barbara M. McIntyre, da Northwestern University, Evanston, Illinois, por haver-me introduzido a um excelente livro sobre este assunto para referência: S. J. Parnes e H. F. Harding, *A Source Book for Creative Thinking* (Scribner, N. Y., 1962).

PENSAMENTO

1. Pensamento Inteligente
   (mensurável por Q.I., etc.)

   v. Pensamento Criativo

2. Independência e Desregramento

   v. Individualidade e Rebeldia

3. Retraimento mórbido
   (isolamento compulsivo)

   v. Solidão sadia (separatismo optativo)

4. Irresolução e Indecisão

   v. Senso de Ambigüidade e Habilidade para retardar a escolha

5. Lembrança e Informação

   v. Descoberta e Conhecimento

6. Percepção sensível

   v. Percepção Instintiva

7. Censura

   v. Avaliação

8. Objetivo Irrealizável
   (levando à depressão e resignação)

   v. Objetivo Difícil (levando à aspiração e empenho)

9. Informação como meta educacional
   (repetição)

   v. Conhecimento como meta educacional (descoberta)

10. Sentimentalismo com relação ao "bonitinho" e "legal", sem referência ao método intelectual

    v. Honesta apreciação do comportamento criativo na situação escolar

246 JOGO, TEATRO & PENSAMENTO

Este seria o conjunto de princípios educacionais para o encorajamento e desenvolvimento do pensamento criativo e que subjaz a toda abordagem da Educação Dramática.

Jogo & Criatividade

A idéia de que há uma relação direta entre o jogo e o processo criativo conta com muito apoio intelectual. Freud, como já vimos, considerava que a criação é "uma continuação e um substituição para o jogo infantil". Kris observou que a criatividade possui uma qualidade infantil e é um retorno aos modos de pensamento infantil, enquanto Kubie fala em "brincar" com material pré-consciente. Também Einstein sustentava esse parecer:

> As palavras ou a linguagem, como são escritas ou faladas, parecem não ter nenhum papel em meus mecanismos de pensamento. As entidades físicas que parecem servir como elementos no pensamento são certos sinais e imagens mais ou menos claros, que podem ser "voluntariamente" reproduzidos e combinados. Há, evidentemente, uma certa conexão entre esses elementos e conceitos lógicos relevantes. É claro, também, que o desejo de chegar, finalmente, a conceitos logicamente conectados é a base emocional deste jogo um tanto indefinido, com os elementos acima mencionados. Tomado, porém, de um ponto de vista psicológico, este jogo combinatório parece ser o traço essencial no pensamento produtivo — antes que haja qualquer conexão com a construção lógica em palavras ou outros tipos de signos que possam ser comunicados aos outros. [162]

O adolescente criativo joga intelectualmente pelo puro prazer de desfrutar de sua fantasia. Como dizem Getzels e Jackson:

> É quase como se os adolescentes criativos experimentassem um prazer especial na atividade intelectual lúdica por si mesma. Eles se envolvem na tarefa lúdica não para agradar ao professor, ou porque eles esperam uma avaliação melhor, mas, aparentemente, devido ao prazer intrínseco que acompanha seu uso da fantasia. Esse prazer no funcionamento imaginativo — mesmo em situações aparentemente sem propósito — se nos apresenta como reminiscência da alegria da criança pequena ao explorar o mundo e testar o seus poderes intelectuais no faz-de-conta e atuando "como se". [144]

Conseqüentemente, o desenvolvimento imaginativo na educação deveria estar calcado no jogo dramático. É este que permite o jogo livre com dados perceptivos e que permite ao livre experimento ocorrer em campos afins — dança criativa, música criativa, arte criativa e linguagem criativa.

PENSAMENTO

A Cinética & Outras Técnicas

Há uma série de métodos recentes para a avaliação do âmbito da criatividade. A validade desses "testes de criatividade" é, contudo, questionada, pois não se sabe quais inferências podem ser feitas com relação às altas contagens, e tampouco se sabe se os testes têm uma validade a longo prazo ou circunstancial.

O *brainstorming* é uma técnica para permitir ao inconsciente fluir livremente [283] de maneira que as idéias aflorem rápida e facilmente para o consciente. Contudo, Taylor e outros [353] sugeriram que essa confiança no inconsciente inibe a criativa solução de problema — e já vimos que Kubie nega que o inconsciente tenha participação na atividade criativa.

Provavelmente, o trabalho mais importante nessa área seja o *Synectics*, de W. J. J. Gordon [150]. Ele afirma que a eficiência criativa das pessoas pode ser marcadamente incrementada se os indivíduos compreenderem os processos psicológicos através dos quais operam, e, também, que o componente emocional do processo criativo é mais importante que o intelectual, e o irracional mais importante que o racional.

Gordon vincula particularmente a criatividade ao jogo:

> A teoria cinética sugere que nem todo jogo seja criativo, mas que toda criatividade contém o jogo. [150]

Gordon menciona Schiller e aceita Groos, mas vai além deles:

> A cinética sustenta que o processo de invenção técnica é o mesmo que da arte. O jogo consciente, integrado a um desejo pelo poder sobre a matéria e a um prazer em superar a resistência conduz às invenções técnicas. [150]

Antes que sejam relacionadas à prática, as invenções são simplesmente ilusões, e a motivação para colocá-las em prática é (entre outras coisas) um desejo de controlar o "modo de ser das coisas", imaginando "o modo de *não* ser das coisas". Pois:

> O jogar com aparentes irrelevâncias é usado amplamente para gerar energia para a solução de problemas, e para despertar novos pontos de vista com respeito aos problemas. O jogo gera energia porque é um prazer em si mesmo, um fim intrínseco. [150]

A pesquisa espacial moderna refere-se a um mundo no qual a gravidade não existe. Ainda:

> ... o exercício imaginativo de conceber este mundo sem gravidade é, em parte, "jogo" — criando e tentando completar um mundo de algum modo oposto ao nosso — como uma criança pode

248 JOGO, TEATRO & PENSAMENTO

criar, no meio da sala de estar, uma ponte, uma estância, ou uma batalha. Devemos observar como é difícil para o adulto médio visualizar o mundo como "ele-não-é", quão importante é essa faculdade para todas as invenções, e quais os mecanismos operacionais através dos quais isso pode ser obtido. [150]

Nesse sentido, o jogo contido no faz-de-conta da criança e na pesquisa científica pode ser controlado e disciplinado. Implica a prontidão para a manipulação dos conceitos, conjecturas técnicas e cotidianas, juntamente com o jogar com objetos e coisas aparentemente irrelevantes. É o mesmo com a linguagem:

> O jogo com palavras fortalece a linguagem e, por extensão, fortalece a percepção, assim como a maneira como são utilizados os conceitos... O jogo com a linguagem não apenas anima a metáfora, mas também implica uma oscilação entre particulares e universais. [150]

A própria irrelevância é freqüentemente criativa. Pode ser uma irrelevância de percepção, idéia ou generalidade. Pode ser um fator emocional irrelevante: tanto o objeto externo pode ser concebido como tendo autonomia, ou pode ser uma Resposta Hedonística — o cálido sentimento de "estar certo" muito antes que a racionalidade ocorra (como a intuição de Blake ou a visão de uma solução possível de Einstein). Ou pode ser um "feliz acaso", no qual o pensamento criativo "apenas ocorre".

Gordon, portanto, sugere que há dois processos básicos envolvidos na criação: (1) tornando familiar o estranho, que é um processo analítico para a compreensão do problema; e (2) tornando estranho o familiar, o que reveste de roupagem nova uma velha idéia. Este último ocorre de três maneiras: por analogia pessoal, como pensar em si mesmo como se fosse uma lata; por analogia direta, como assemelhar um órgão a uma máquina de escrever; e por analogia simbólica, que tenta determinar a implicação de uma palavra-chave (como considerar "desejo focalizado" uma implicação de "alvo"), em cujo exemplo a fantasia é encorajada. Em todos os casos, jogo e "faz-de-conta" estão envolvidos no processo criativo.

APRENDIZAGEM DE MEMÓRIA

Lembrar que "William, o Conquistador, venceu a Batalha de Hastings em 1066" ou que "12 x 12 = 144" é um ato de memória. O processo envolvido tem três fases: experiência, retenção e recordação.

PENSAMENTO 249

Primeira fase: Experienciar (Memorizar)

Confiar um fato à memória deve envolver alguma experiência ou atividade. Eu ouço uma nota; eu presencio um acontecimento; eu dirijo um carro. Meus sentidos devem ser ativados de um modo ou de outro antes que o ato de memorização possa se dar. O menino aprendendo a tabuada ou decorando um trecho de um poema irá ler e reler o item, irá recitá-lo e repeti-lo (dominá-lo). Isto não é algo simples ou passivo. Exige tempo e envolve um complexo de atividades resultantes do aprendizado anterior.

Segunda fase: Reter

Devemos reter o item que estamos tentando memorizar durante o intervalo de tempo ocupado com muitas outras atividades, talvez por dia, meses ou anos. Pouco sabemos sobre os métodos de retenção, mas as experiências são retidas provavelmente pela modificação no sistema nervoso (que podem ser de caráter estrutural, quando a retenção visa um tempo maior que apenas uns poucos minutos).

Terceira fase: Recordar (Rememorar)

Quando recordamos alguma experiência, nós, efetivamente, estamos atuando. O processo de recordação é uma atividade. Estamos reexperienciando. Se fôssemos incapazes de evocar nossa experiência original (esquecimento) isso se deveria a: (1) memorização inadequada; (2) malogro na retenção — embora isso não seja considerado um aspecto comum; e (3) esquecimento sem malogro de retenção, porque todos experimentamos a súbita recordação de um fato (geralmente anos mais tarde) que julgávamos esquecido.

Devemos observar, de passagem, que há uma correspondência entre o processo envolvido na memória e o processo envolvido na identificação e personificação imaginativas.

A memorização baseia-se na experiência sensível, sendo afetada diretamente por dois fatores: significado e repetição. James afirmou:

A maioria dos homenss tem boa memória para os fatos vinculados a suas próprias atividades. O colegial atleta que se mantém relapso frente a seus livros poderia nos surpreender com seu conhecimento sobre "recordes" em variados feitos e competições, e pode chegar a ser um dicionário ambulante de estatísticas desportivas. A razão está em que ele, constantemente, revolve essas proe-

250   JOGO, TEATRO & PENSAMENTO

zas em sua cabeça, comparando e acumulando-as. Elas compõem
para ele não apenas curiosidades, mas um sistema de conceitos
— e assim, se impõem. Da mesma maneira o comerciante recor-
da os preços, o político os discursos e votos de outros políticos,
com uma prolixidade que diverte aos de fora, mas que é facilmente explicado pela intensidade com que se dedicam a tais assuntos.
A grande memória para fatos que um Darwin ou um Spencer revelam em seus livros não é incompatível com o fato de que possuíam
um cérebro com apenas um grau mediano de capacidade de retenção fisiológica. Permita que um homem, desde cedo, na vida,
estabeleça para si a tarefa de verificar uma teoria, como por exemplo a da evolução, e os fatos breve se acumularão e se apegarão a
ele como as uvas a seus cachos. As suas relações com a teoria se
estabelecerão; e quanto mais a mente for capaz de discernir, maior
será a erudição. O teórico pode inclusive, ter uma memória um
tanto inconstante. Os fatos não aproveitáveis podem passar des-
percebidos por ele, e esquecidos em seguida. Uma ignorância quase
tão enciclpédica quanto sua erudição pode com esta coexistir
e esconder-se, por assim dizer, nas frestas de sua trama. Os que
tiveram relação com estudiosos e "sábios" logo pensarão em exemplos do tipo de a que me refiro.
    Em um sistema, todos os fatos são conectados entre si por
alguma relação de pensamento. A conseqüência é que cada fato
é retido pelo poder sugestivo combinatório de todos os outros fatos dentro do sistema, e o esquecimento é quase impossível. [196]

Um fato deve ser significativo para que seja memorizado. Todos nós já experimentamos períodos de "falta de
interesse" em guardar qualquer coisa na memória, e isto
se deve basicamente a que o material não tinha interesse,
valor ou relevância para nós. O jogo e a atividade dramática têm importância direta para nós: são coisas que realmente *queremos* fazer. A utilização deles, portanto, ajuda
consideravelmente o desenvolvimento da memória. Isto é
revelado pelo que acontece quando tentamos memorizar
algo que não apresenta nenhum interesse para nós (como
material *non sense* ou jogos de palavras desconexos): tra-
tamos de traduzir tal material para termos familiares —
relacionando-o com nossa experiência prévia. O jogo dramático é apenas um exercício desse tipo.

William James demonstrou que a memorização é mais
fácil quando o material a ser aprendido pode relacionar-se
com material que já nos é familiar. Como o material existente de Darwin compunha já um sistema de conceitos, novos fatos relacionados vieram agregar-se a ele.

Ainda que concordemos com as teorias Conexionista
ou Cognitiva, não há dúvidas de que a repetição exerce
um importante papel em nossa habilidade para a retenção.
Mas, para ser realmente eficiente, a repetição deve ser ativa, de algum modo: aquele que aprende deve fazer algo
com relação à informação — usando-a de alguma maneira. Por exemplo, ler-recitando auxilia uma memorização
mais rápida que a simples leitura, e Hunter afirma [191]

PENSAMENTO 251

que as razões disso são: (1) a necessidade de antever trechos sucessivos da lição assegura que aquele que memoriza está ativamente envolvido na tarefa e não recai em releitura desatenta; (2) deve empenhar-se na recordação do material, isto é, começar a praticar exatamente aquela atividade que é seu objetivo máximo a realizar; (3) a recitação dá àquele que memoriza um conhecimento imediato dos resultados, dando-lhe uma idéia de seu progresso, erros e dos pontos nos quais precisa se concentrar; (4) pode encorajá-lo, indicando-lhe seus progressos e estimulando-o para um progresso constante. Este é, naturalmente, um outro nível de "aprender fazendo"; o estudante está exteriorizando o material e fazendo-o "funcionar". Não apenas é mais efetivo recitar o que deve ser aprendido, ao invés de simplesmente lê-lo, mas é mesmo mais efetivo *atuá-lo* — a prova disso está em que resulta mais fácil aprender o texto de uma peça que textos de poesia lírica.

Mas, a atuação em si ilustra um outro fator importante na memorização efetiva: aprender pelo todo. A psicologia da Gestalt demonstrou que há uma tendência geral da mente de aprender as coisas em relação a outras, e que a habilidade para aprender desse modo é geralmente aceita como um sinal de comportamento inteligente. Um ator, memorizando um papel, a princípio, se familiariza com a peça como um todo; ele lê toda a peça primeiro buscando compreender os elementos básicos do enredo, construção, caracterização, e assim por diante. Chega, então, à compreensão de seu próprio papel e a relação deste com as outras personagens, com a situação, etc. No primeiro ensaio, ele "tateia" seu papel, com o texto nas mãos, agarrando-se aos traços mais salientes de seu papel. Principalmente, relaciona o que diz com o que faz: ele poderá dizer um trecho sentado e no seguinte pôr-se de pé — a relação entre a palavra e a ação é a chave do processo de memorização. Essencialmente, a compreensão e a familiaridade com o contorno do todo fornece um contexto de significado para cada uma das partes; propicia, também, uma lembrança imediata do que vem a seguir. Esse método, porém, tem suas desvantagens:

As crianças preferem, em geral, o método das partes, e os adultos despreparados se mostram freqüentemente céticos quanto às vantagens do método do todo. Com este último, requer-se muito mais tempo e trabalho antes que qualquer resultado de aprendizagem se manifeste... um estudante, com o método das partes, tem a sensação de um sucesso mais imediato... O estudante mais experimentado e informado sabe que as leituras pelo método do todo não são desperdício de tempo... Embora tenha que dedicar mais tempo trabalhando antes que os resultados se manifestem, o proveito final justificará completamente sua paciência e persistência. [217]

252 JOGO, TEATRO & PENSAMENTO

Um exemplo claro do aprendizado pelo todo é o Método Direto de aprendizagem de línguas. A criança aprende francês sendo colocada em uma série de situações organizadas para que ela "viva" ativamente (ou atue dramaticamente) a língua. Dessa maneira, ela adquire a entonação e tons emocionais da língua, assim como aprende a utilização correta da construção e vocabulário. Os resultados são mais permanentes, embora não se manifestem, necessariamente, de imediato: "compreender" não é o mesmo que "saber". Um menino pode não lembrar-se imediatamente do vocabulário por este método, mas, com a atividade contínua, a memorização pode ser mais efetiva, a longo prazo. Do mesmo modo, uma criança pode perfeitamente apreciar e entender metades e quartos quando trabalha com modelagem e pode não estar ainda preparada, ainda que por enquanto, para expressar esses conceitos em figuras em seu livro de matemática. Devido à atividade contínua do método do todo, entretanto, seu aprendizado é mais permanente.

Enquanto que a memorização é bastante auxiliada pelo significado e pela repetição, um fator importante no processo de recordar é a imagem. Quando os órgãos dos sentidos são acionados pelos estímulos apropriados, são conduzidos à percepção. Mais tarde, quando desejamos recordar a percepção "através dos olhos da nossa mente" nos dizem para imaginar, ou formar imagens. Isto é também uma atividade, não algo estático, e há diferenças consideráveis na habilidade das pessoas em compor essas imagens. A formação visual de imagens parece ser o processo mais comum e mais vívido (como quando nos recordamos de um amigo, pensando na imagem de seu rosto); em ordem de freqüência viria a formação de imagem auditiva, tátil, cinestética, gustativa, orgânica e olfativa. Embora cada um de nós utilize todos esses métodos na formação de imagens, não usamos o mesmo método para cada imagem específica (e isso pode, casualmente, criar dificuldades para professores que, com uma classe, utilizam um tipo de imagem quando alguns alunos podem necessitar o uso de outro método de formação de imagem). Uma ou duas outras diferenças individuais são importantes. É quase certo, por exemplo, que nossa habilidade na formação de imagens varie de acordo com aquilo que estamos tentando recordar: funciona melhor quando estamos tentanto recordar um objeto concreto (um rosto, uma cidade) do que idéias abstratas, argumentos ou decisões. Isto pode estar relacionado com o fato de que a conformação de imagens parece ser mais vívida com crianças que com adultos. E, também, pessoas que estão muito empenhadas, em seu cotidia-

PENSAMENTO 253

no, com o pensamento abstrato, parecem apresentar uma habilidade média inferior na formação de imagens [142], mas, há tantas exceções que isso está longe de ser uma regra.

Não há dúvidas quanto à importância da formação de imagens para o processo de rememorização. A eficácia de bons recursos visuais no ensino é uma evidência; facilita o aprendizado e fornece um referencial que pode ser recomposto em imagens posteriormente. Idéias tais como pensar no passado, no futuro, ou possíveis objetos e eventos necessitam do amparo de imagens; muitas pessoas empregam, também, imagens de palavras, números e outros símbolos no pensamento matemático ou outro tipo de pensamento abstrato:

> ... as imagens são resultado, em grande parte, das experiências fora da escola; isto é, experiências nas quais as crianças estão intensamente interessadas e das quais participam todos os seus sentidos e boa parte do movimento ativo. As crianças formam imagens como resultado do fazer coisas, e não apenas do ouvir sobre elas. Este é um dos mais fortes argumentos em favor do trabalho prático, do "aprender fazendo". Na medida em que os métodos de aprendizagem na escola se aproximem mais dos métodos de aprendizagem fora da escola, perceberemos que nossos alunos não estão memorizando apenas fatos úteis, mas estão desenvolvendo imagens e idéias que os auxiliarão a compreender um problema e a criticar uma solução. [185]

Não sabemos ao certo se a capacidade de formação de imagens pode ser incrementada, mas sabemos que a habilidade em recordar imagens pode ser estimulada por vários fatores: objetivo e interesse; freqüência com que se prolonga a recordação; a força com que a experiência original criou a imagem. Esta última, naturalmente, pode ser afetada de forma direta pelo jogo dramático: de certo modo, "viver um fato é conhecer o fato". Mas, o jogo imaginativo é calcado na formação de imagens e, assim, a freqüência de tal experiência se relaciona com a freqüência da recordação; se, como professores, dirigimos e canalizamos o jogo das crianças de modo a que se relacionem com uma experiência valiosa, as crianças recordarão imagens valiosas. Com propósito e interesse retornamos mais uma vez à motivação, que, na medida em que o jogo é um fator muito importante na atitude da criança, é a razão mais poderosa para o uso da imaginação dramática no aprendizado.

Bacon dizia que a atuação é "uma arte que fortalece a memória" [18]. Torna mais significativo o material a ser memorizado, ajudando o processo de repetição, e promovendo a memorização em profundidade, através de uma compreensão abrangente (ou aprendizagem pelo todo). E

254 JOGO, TEATRO & PENSAMENTO

mais ainda, o jogo dramático facilita a recordação de imagens que é vital no processo de rememorização.

Assim, o pensamento, pensamento criativo e aprendizagem de memória estão todos diretamente relacionados à imaginação dramática.

ADENDO AO CAPÍTULO 13

Disseram-me, com referência ao Capítulo 13, que talvez eu pudesse ter incluído um levantamento mais adequado do trabalho de Jerome Bruner, cuja influência, particularmente nos Estados Unidos, tem sido considerável. Entretanto, no contexto deste livro, Bruner realça excessivamente o cognitivo e subestima o emocional. Por essa razão, eu indicaria ao leitor o Capítulo 5 do livro de Richard M. Jones, *Fantasy and Feeling in Education* (New York University Press, 1968).

14. Pensamento e Linguagem

O desenvolvimento de conceitos, pensamento criativo e aprendizagem da memória nas crianças tem direta vinculação com o nosso estudo. Entretanto, esses tópicos estão também tão estreitamente relacionados com o desenvolvimento da linguagem e do discurso, que devemos levar em conta o todo da inter-relação do pensamento e a linguagem, antes que possamos analisar como a maturação psicolingüística é afetada pela imaginação dramática.

PSICOLINGÜÍSTICA

Linguagem & Conceito

Verificamos os grupos de conceitos ou a classificação de experiência, e sabemos que o discurso não se distingue de muitas situações de pensamento — embora não de todas. A linguagem nem sempre é associada com o conceito: os chimpanzés de Kohler resolviam problemas sem o uso da linguagem; as crianças surdas organizam e classificam as experiências da mesma maneira que as crianças com audição. Contudo, em muitos casos, há uma estreita relação entre linguagem e conceito:

... alguns dos mais importantes conceitos para a solução de problemas — conceitos de identidade, similaridade, comparação de magnitudes, posição espacial, seqüência temporal, causalidade, e outros — são codificados na estrutura léxica e gramatical da linguagem. No entanto, muitas das tarefas intelectuais podem ser desempenhadas sem o uso dos códigos lingüísticos. [58]

256   JOGO, TEATRO & PENSAMENTO

As palavras são signos sem os quais muito do pensamento abstrato seria impossível. Transmitem a informação e os conselhos das gerações passadas, são parte inerente da situação educacional, e são um dos principais fatores na solução de problemas e no desempenho de tarefas.

Embora muitos conceitos sejam adquiridos sem a utilização da linguagem, uma palavra simboliza a formação de um conceito particular. Se apresentarmos a um colegial a gravura de um canguru, lemos uma descrição dele, e indicamos a palavra "canguru", um conceito será formado. E, como há aproximadamente dez mil palavras em todas as línguas básicas, a humanidade parece haver concordado com os conceitos que devem ser simbolizados por palavras.

Nos estádios iniciais, os conceitos parecem ser formados pela criança sem o auxílio da palavra. Com a maturação e a aquisição da linguagem, o desenvolvimento dos conceitos parece estar relacionado com as palavras e ao uso da estrutura gramatical. Carroll [58] considera os seguintes os principais conceitos:

1. Formas substantivas (substantivos, pronomes, frases substantivas).
   Classificados pela experiência: objetos, pessoas, idéias, e relações cuja localização ou distribuição no espaço, real ou metaforicamente, possam ser especificados.
2. Formas adjetivas (adjetivos, frases adjetivas).
   Classificados pela experiência: qualidade ou atributos de formas substantivas, quer em base de tudo-ou-nada (presença/ausência), quer em termos de grau.
3. Formas verbais (verbos, frases verbais).
   Classificados pela experiência: eventos, relações ou estados cuja localização ou distribuição no tempo possam ser especificados.
4. Formas adverbais (advérbios, frases adverbiais).
   Classificados pela experiência: qualidades ou atributos aplicados ao adjetivo ou formas verbais, quer em base de tudo-ou-nada, quer em termos de grau.
5. Formas prepositivas (preposições, frases prepositivas).
   Classificados pela experiência: relações espacial, temporal ou lógica com as formas substantivas.
6. Conjunções.
   Classificados pela experiência: relações entre dois ou mais membros de qualquer classe (ou construção).

Na língua inglesa, a construção de sujeito/predicado é típica e simboliza a classe de experiência utilizada em situações de comunicação. Além disso, a estrutura gramatical deste tipo auxilia o pensamento para além do limite de utilização da linguagem; sua forma permite a manipu-

PENSAMENTO E LINGUAGEM 257

lação de conceitos complexos — Pensamento e Linguagem juntos tornam o Raciocínio possível, porque a habilidade para raciocinar tem por base as inferências formadas em termos de linguagem. Isto, talvez, possa ser melhor analisado na metafísica, que seguiu uma forma aristotélica até que Bertrand Russell demonstrou que esta dependia das formas gramáticais européias básicas, delineando, assim, modos diferenciados de pensamento. As seqüências de palavras usadas na estrutura gramatical de uma língua são importantes para o pensamento, e dois modernos métodos de abordagem deste problema são a "gramática de número finito de estados" e a "estrutura de frase", de Chomsky [62].

Quanto à psicologia da utilização da palavra, sabemos que algumas palavras são mais fáceis de serem aprendidas que outras. Palavras com "conteúdo" (como substantivos, verbos, adjetivos e advérbios) são mais facilmente aprendidas que palavras "funcionais" (pronomes, conjunções e preposições), que são necessárias apenas para que as palavras com "conteúdo" possam "funcionar". Psicologicamente, também a formação das palavras (morfologia) é importante. O aprendizado do plural não é apenas uma questão de imitação: Berko mostrou [29] que aprendemos regras tais como "um mel mais um mel igual a dois..." A psicologia do significado tem sido extensivamente estudada: Malinowski comparou a relação entre o pensamento e a linguagem em sociedades primitivas e civilizadas, e observou que a linguagem primitiva era um reflexo de determinada experiência em situações comunicativas específicas, enquanto que a linguagem civilizada é

... um pedaço condensado de reflexão, um registro de um fato ou pensamento. Em seus usos primitivos, a linguagem funciona como elo na atividade humana conjunta, como um fragmento do comportamento humano. É um modo de ação e não um instrumento de reflexão. [249]

Os testes de associação original de Galton indicaram que havia certas respostas comuns a palavras — acima de oitenta por cento dos entrevistados atribuíram "cadeira" como resposta a "mesa" — indicando que o grau de significação poderia ser mensurável. Conseqüentemente, Osgood pôde postular um Diferencial Semântico, que combinou o teste de associação com uma escala de avaliação, indicando uma comparação de respostas emocionais às palavras; e um Fator de Análise, que mediu o significado afetivo de acordo com a avaliação (bom/mau, limpo/sujo etc.), potência (grande/pequeno, forte/fraco, etc.) e atividade (rápido/lento, quente/frio, etc.). Com uma informação desse tipo, foi possível observar que havia algo como "sacieda-

JOGO, TEATRO & PENSAMENTO

de semântica": a repetição contínua conduz à redução na significação, o que pode ser constatado quando uma palavra é avaliada de acordo com o Diferencial Semântico antes e depois da repetição. Isto é importante para a educação porque, quando a "saciedade semântica" ocorre, o aprendizado é retardado.

A fala tem também alguma relação com a questão, pois, afinal, a linguagem nela se fundamenta. Na ciência fonética, o fonema é uma unidade mínima de som utilizada em uma determinada língua (como o *t* em *sting*"), enquanto que os alofones são variações de fonemas (como a variação do som de *t* em *sting*" e "*teem*"). Isto é importante pelo fato de os fonemas que ocorrem mais raramente em uma língua serem aprendidos mais tarde pelas crianças que a falam — em inglês, por exemplo, uma das últimas distinções fonéticas a serem aprendidas é a diferença entre *f* e o *th* surdo.

... descobrimos que na idade de 3 anos, noventa por cento ou mais das crianças podiam articular os fonemas *n, t, g, m, b, w, h, p,* e *k;* de setenta a oitenta por cento articulavam corretamente *f, ng, l, s, y;* de sessenta a sessenta e nove por cento articulavam *v, r, sh, j, ch;* enquanto que apenas dez por cento a quarenta e nove por cento articulavam corretamente *z, th* (sonoro), *th* (surdo) e *hw.* Com a idade de seis anos, os únicos sons que não eram corretamente articulados por noventa ou mais por cento das crianças eram *s, sh, th* (sonoro), *z, zh, hw,* e *ch.* [57]

Entretanto, as várias diferenças intrafonêmicas têm pouca importância lingüística: a maioria das pessoas usam as palavras como unidades fundamentais, e as subdivisões naturais destas são sílabas e não fonemas.

Behaviorismo & Linguagem

Os psicólogos behavioristas utilizaram o ato da fala como a principal parte de sua análise do aprendizado por meio de estímulo-resposta. Consideram que os princípios do condicionamento podem ser aplicados ao processo de produção e compreensão da linguagem. A fala é considerada um ato social com duas funções: produção da fala e respostas à fala. Neste sentido, assemelha-se com a engenharia da comunicação e, por essa razão, desenvolveu-se uma Teoria da Informação [258]: uma teoria da transmissão de informação que é essencialmente uma extensão da teoria matemática geral da probabilidade e que tem sido usada principalmente no campo dos sistemas eletrônicos de comunicações. O processo de comunicação é descrito como um canal de comunicação: há uma *fonte* que gera a mensagem e a *codifica;* há um destinatário, que recebe a

PENSAMENTO E LINGUAGEM

259

mensagem e a *decodifica*. De acordo com isto, os psicolingüistas podem estudar a unidade de mensagem, as regras para combinação, e os processos de aquisição e utilização do código. Os primeiros passos do homem no que se refere ao significado (a decodificar) não podem se separar do desenvolvimento da percepção. Nosso primeiro conhecimento advém de *sugestões proximais* (sensações) e, então, as *sugestões distais* (visuais, auditivas) podem antecipar sua presença — como a visão da mamadeira ou o som da mãe — e assim tornar-se signos de objetos [285]. Porém, a maioria das pesquisas behavioristas referiram-se à codificação da linguagem (a expressão verbal de idéias), de duas maneiras: o desenvolvimento de habilidades vocais — examinaremos mais adiante a linguagem e o pensamento infantil; e o desenvolvimento da codificação semântica — como se associam os significados com as habilidades vocais?

Foram feitas muitas abordagens behavioristas deste problema específico. A teoria associacionista do reflexo circular de Holt (estímulo — resposta vocal — auto-estimulação — e retorno à resposta vocal) recebeu o apoio de Piaget. A Teoria do Reforço é a mais aceita, em geral: a criança tende a aprender quaisquer respostas que sejam "reforçadas", quer pela recompensa imediata de redução de impulso, quer pela sugestão secundária indireta de eventual recompensa. A fala e o desenvolvimento da linguagem é um reforço secundário porque a linguagem dos pais adquire poderes de reforço secundário [341].

Isto se relaciona com o problema da imitação. Para Miller e Dollard (vide pp. 226-7) não existe um instinto imitativo, embora a criança aprenda a copiar nos primeiros estádios do desenvolvimento da linguagem, quando a imitação é recompensada: ela ouve a si mesma e responde vocalmente, ouve então aos outros e dá uma resposta — e, se essa imitação é recompensada, ela tende a imitar a fala dos outros. As primeiras vocalizações são emitidas de maneira não seletiva para expressar diferentes necessidades e emoções; aprender a falar, no entanto, envolve a seleção de um grupo restrito de sons apropriados a cada situação. Henle diz que

... as respostas vocais a uma situação de estímulo são, inicialmente, mais ou menos indiscriminadas. A seleção social gradativamente diferencia, do conjunto de respostas, aquelas seqüências que são aprovadas pela comunidade lingüística. Essas seqüências tornam-se cada vez mais numerosas e complexas. São os *data* do desenvolvimento lingüístico — o aumento do vocabulário e a sofisticação da estrutura da sentença. De acordo com a teoria do aprendizado instrumental, os *data* resultam de muitos processos de diferenciação pela seleção social. [170]

260 JOGO, TEATRO & PENSAMENTO

Contudo, de acordo com outros behavioristas a recompensa social é uma justificativa insuficiente para a *necessidade* de imitação da fala. Mowrer toma a famosa descrição de Cathy Hayes, em *The Ape in Our House* [168], para ilustrar esse aspecto:

> Hayes diz que a imitatividade de Viki se desenvolveu como parte de seu *jogo*, isto é, como atividade aí engajada, porque era autocompensatória mais que objetivamente instrumental. A mesma suposição se encontra na base do que chamamos teoria "autista" do aprendizado da palavra. Mas, assim como Viki, com o treinamento, logo atingiu o estágio no qual passaria a imitar sob comando, assim também as crianças alcançam estádio semelhante com respeito à imitação de palavras... estará claro que nosso parecer não limita a aprendizagem da palavra ao princípio do autismo; sustentamos que se trata apenas do mecanismo pelo qual a aquisição da palavra *principia*...
> Portanto, uma criança... primeiro reproduz a palavra em razão da satisfação indireta, autista, que a palavra propicia; *depois*, porém, a palavra pode mostrar-se eficiente de modo mais prático, na medida em que estimula os pais a novamente proporcionarem a satisfação à qual o pronunciamento original da palavra esteve associado. [269]

O jogo promove a imitação inicial, mas as imitações subseqüentes possuem um valor de recompensa secundária. E também, como vimos anteriormente (pp. 226-228), a identificação proporciona a motivação para o reforço, segundo Mowrer. Church observa o mesmo ponto: que a imitação da fala é outra versão do jogo dramático e da personificação:

> O jogo das crianças em idade pré-escolar, que é claramente imitativo, parece servir à mesma função: ao reinterpretar cenas da vida adulta, a criança pode, ainda que parcialmente, apreender e identificar-se com um estilo de vida que ela considera simultaneamente estranho, desconcertante e atrativo. Desnecessário dizer que há um componente mágico no jogo dramático da criança pequena, assim como há no desempenho de papéis das crianças mais velhas e adolescentes: em ambos os casos, porém, é uma magia que funciona. [63]

Parece que a empatia, o relacionamento emocional da criança com sua mãe, está por trás de toda comunicação; por esse meio, a criança se identifica com sua mãe. Então, após o jogo haver-lhe fornecido a imitação inicial da sua fala, a identificação fornece a recompensa para as imitações subseqüentes. A imitação é o mecanismo da fala, cuja motivação é uma forma elementar de personificação.

Psicanálise & Linguagem

A psicanálise esclareceu que a fala foi, originalmente, uma atividade muito mais concreta do que é hoje: que o tipo mais primitivo de linguagem representava ação. In-

PENSAMENTO E LINGUAGEM

dícios podem ser observados em selvagens e crianças: Freud, seguindo a Groos, notou que as crianças tratam as palavras como objetos, nos vários jogos a que se dedicam entre elas; e Frazer observou que o selvagem atribui uma significação considerável às palavras, em particular aos nomes:

> Incapaz de distinguir claramente entre palavras e coisas, o selvagem normalmente acredita que o elo entre um nome e a pessoa ou coisa denominada não é um simples arbítrio ou associação ideal, mas um vínculo real e substancial que une a ambos de tal modo que a magia pode afetar um homem, quer através de seu nome quer, igualmente, através de seu cabelo, suas unhas ou qualquer parte material de sua pessoa. De fato, o homem primitivo encara seu nome como uma porção vital de si mesmo e o cuida conseqüentemente. [116]

Vimos que contos de fadas, como *Rumpelstiltskin,* podem refletir crenças infantis semelhantes. Algumas pessoas acreditam que todas as palavras possuem originalmente qualidades motoras e perceptivas distintas, cujas raízes estão, talvez, em sons associados com movimentos motores usados em uma ação instintiva:

> A linguagem, em seu início pré-verbal, refere-se, sem dúvida, a movimentos motores naturais de corpo inteiro, o que é corroborado pelas artes da dança e teatro. A atenuação desses movimentos — de acordo com o desenvolvimento do pensamento como ação experimental — pode ser traçada através de verbalizações em canto e poesia, ancestrais de todas as formas de literatura. A fruição do som, rima e ritmo antecede o uso de palavras para significados mais abstratos, e reflete os primeiros estádios infantis de aquisição da linguagem. A imagem, ou metáfora, é um degrau intermediário no desenvolvimento do significado, e, como as comparáveis imagens de um sonho, reúne vívidas memórias sensoriais e motoras como modos de ideação primitiva. [213]

Portanto, para freudianos, o inconsciente consiste em idéias apenas, que trabalham por meio do pensamento simbólico; o consciente também consiste em idéias, e na idéia de uma palavra correspondente. O inconsciente e o pensamento abstrato estão concebidos como pólos opostos dos processos de pensamento humano.

ANTROPOLOGIA & LINGUAGEM

Integrando o conjunto global de relações do pensamento, linguagem e fala, estão as idéias propostas por antropólogos sociais. Pertence a Franz Boas a idéia original que

> ... a linguagem parece ser um dos campos de pesquisa mais instrutivos em uma investigação sobre a formação das idéias étnicas fundamentais... [34]

262 JOGO, TEATRO & PENSAMENTO

— tendo sido desenvolvida pelas Hipóteses de Sapir-Whorf. Edward Sapir concluiu que:

A linguagem é um guia para a "realidade social"... que condiciona poderosamente todo nosso pensamento sobre processos e problemas sociais. Os seres humanos... estão à mercê da linguagem específica que tornou-se o meio de expressão de sua sociedade. [250]

Para Sapir, a linguagem é uma organização simbólica criativa e completa em si mesma que não apenas se refere à experiência mas define de fato a experiência para nós. Whorf amplia isto para o conceito de que a linguagem atua como um molde para o pensamento: é uma espécie de lógica ou quadro de referência, compelindo o pensamento para categorias lingüísticas *apriorísticas*:

... o sistema lingüístico (em outras palavras, a gramática) de cada língua não é apenas um intrumento de reprodução de idéias sonoras, mas também principalmente o conformador de idéias, programa e guia para a atividade mental do indivíduo, para sua análise de impressões, para síntese de sua bagagem de conhecimentos.

Nesse sentido, a linguagem dirige a percepção dos que falam, fornecendo-lhes modos habituais para análise de experiência (isto é chamado determinismo lingüístico).

Partes da linguagem que podem ser separadas do pensamento podem ser comparadas com a natureza do pensamento e isto é feito normalmente com o vocabulário, inflexão e formação de sentança. O vocabulário reflete a percepção, e, na medida em que uma linguagem difere de outra em vocabulário, cada uma representa

... um complexo inventário de todas as idéias, interesses e ocupações que concentram as atenções da comunidade. [250]

A palavra surge de maneira diversa para pessoas usando diferentes vocabulários: o esquimó tem vários e diferentes termos para a cor da neve, ao contrário da simples palavra "branca", evidenciando que há uma relação entre o acesso aos termos lingüísticos e o processo psicológico de reconhecimento; as crianças européias e americanas distinguem tamanho, cor e forma mais tarde que as crianças de Navaho, e disso resulta uma diferença na ordem de emergência desses diferentes conceitos. Como o vocabulário, a inflexão específica de uma língua enfatiza certos aspectos da experiência mais que a outros. Assim:

O inglês se satisfaz com aquilo que para o Navaho é apenas uma afirmação vaga: "I drop it"*. O navaho precisa especificar quatro particularidades que o inglês deixa impreciso ou a ser inferido do contexto:

---

* "Deixei-o cair". (N. das T.)

PENSAMENTO E LINGUAGEM 263

1. A forma deve deixar claro se "it" é algo definido ou apenas "qualquer coisa".

2. O verbo, utilizado dessa maneira, irá variar dependendo se o objeto é redondo, ou grande, ou fluido, ou animado, etc., etc.

3. Se a ação está se processando, ou vai iniciar-se, ou está por terminar, ou se é habitualmente ou repetidamente executada.'...

4. Deve ser indicado qual controle tem o agente sobre a queda... [220]

O poder que a observação impõe ao ser humano pela inflexão de sua língua constitui um "conjunto" mental ou quadro de referência. O mesmo se aplica à gramática ou estrutura de sentença (como já vimos na p. 256). As diferenças de estrutura entre o inglês e a língua dos Hopi indicam que os de fala inglesa vêem o mundo em termos de *coisas* (entidades não-espaciais concebidas pela metáfora espacial), enquanto que o povo Hopi vê o mundo em termos de *eventos*. Assim, quando vocabulário, inflexão e elementos estruturais de uma língua são comparados com outros padrões de cultura descobrimos que há uma relação estreita. Os indivíduos de fala inglesa e os Hopis se diferenciam nas inflexões e estruturas utilizadas com respeito a tempo: os Hopis não concebem dias diferentes mas reaparecimentos sucessivos da mesma entidade, e, neste caso, a repetição é insistentemente presente; os de fala inglesa, ao contrário, enfatizam seqüência, cronologia, história, matemática e velocidade. A língua dos Navaho tem por base a ação e os verbos de ação, e descobrimos que há uma ênfase correspondente no movimento, em uma cultura que encara o universo errante, incansável, como um fluxo dinâmico. Assim:

O navaho fala em "protagonista" e "metas" (os termos são inapropriados para o navaho), não como agentes de uma ação ou aqueles sobre quem as ações são desempenhadas, a exemplo do inglês, mas como entidades vinculadas a ações já definidas em parte como pertencentes, de especial maneira, a classes de seres. [173]

O navaho vê o universo como forças eternas com as quais ele tenta manter um equilíbrio; restabelecer um doente é uma tentativa de recolocar o indivíduo ou comunidade em harmonia com o universo:

Isto é feito pela representação de um dentre uma série complexa de dramas religiosos que simbolizam, em termos altamente abstratos, os eventos, distantes na história dos Navahos, por meio dos quais os heróis da cultura estabeleceram primeiramente a harmonia entre o homem e a natureza, adequando o mundo à ocupação humana. Ao representar esses eventos, ou parte deles, a desordem atual, por uma espécie de magia simpática, é compensada e a harmonia entre homem e universo restabelecida. A pessoa enferma, então, se restabelece, ou o desastre da comunidade é alivia-

264 JOGO, TEATRO & PENSAMENTO

do, uma vez que essas desgraças foram apenas sintomas de uma relação perturbada com a natureza. [173]

E·seu drama ritual e hábitos de fala servem relativamente ao mesmo propósito:

> Como em suas atividades religiosas-curativas, o navaho se vê ajustando-se a um universo que é determinado e, portanto, em seus hábitos de fala, ele vincula os indivíduos a ações e movimentos distinguidos, não apenas como ações e movimentos, mas também em termos das entidades em ação ou movimento. A divisão da natureza em classes de entidade em ação ou movimento significa o universo que é dado; o comportamento dos seres humanos ou de qualquer ser individualizado da massa é habitualmente atribuído por designação a uma ou outra dessas divisões dadas. [173]

E, por essa razão, Whorf afirma:

> ... este "mundo de pensamento" é o microcosmo que cada homem traz dentro de si, pelo qual avalia e compreende, dentro de suas possibilidades, o macrocosmo. [388]

Vimos, porém, que Erickson disse o mesmo do jogo dramático, e a relação está em que ambos são métodos que permitem ao homem dominar o seu meio.

As mudanças de linguagem são evidências das mudanças de conceitos. Normalmente, a mudança no significado da palavra vai do prático ao abstrato, assim como o desenvolvimento indo-europeu:

> ... significados refinados e abstratos se desenvolveram abundantemente a partir de significados mais concretos. Significados do tipo "responda exatamente a (coisas ou fala)" se desenvolveram repetidamente a partir de significados como "estar a cerca de" ou "apegar-se a". Assim, "compreender", como dizemos, parece ter significado "encontrar-se perto de" ou "encontrar-se entre". [33]

A evolução clássica da língua e do conceito a partir do concreto para o abstrato é encontrada na língua grega, entre Homero e Péricles (como descrito por Havelock [170]). O vocabulário de Homero contém as sementes da abstração: um deus pode simbolizar um fenômeno natural, embora permaneça sendo um deus e não um princípio. No tempo de Hesíodo, uma cosmogonia não era uma cosmogonia — uma seqüência narrativa no tempo não é um modelo de conceitos atemporais. Os pré-socráticos buscaram alcançar a abstração exagerando palavras já existentes: assim, "cosmos", que originalmente significava tanto "ornamento para cabelo de mulher" como "ornamento para arreio de cavalo", ou "decorativamente" e "ordenadamente" (fileiras de soldados), passou a significar, com os jônicos, "ordem do mundo". Os pré-socráticos exploraram as palavras concretas tentando alcançar a abstração: Heráclito evoluiu da idéia de "um deus" para "um", e também selecionou pares de opostos como dia/noite, guerra/paz,

PENSAMENTO E LINGUAGEM

etc. Na época de Anaxágoras, a língua grega esteve perto de reconhecer temperatura, umidade e outros. Mas não foi senão com Platão e Aristóteles que a uma qualidade atribuiu-se uma palavra. Essa mesma evolução, em ambos conceito e língua, do concreto para o abstrato, é observável no comportamento das crianças e tem sido profusamente ilustrado por Piaget.

15. O Pensamento e a Linguagem das Crianças

PIAGET

Estádios de Desenvolvimento

Para Piaget, a criança percebe o mundo de maneira essencialmente diversa do adulto, e o faz diferentemente de acordo com seu estádio de desenvolvimento. Os estádios de desenvolvimento humano são vistos como o desdobramento gradual da habilidade do indivíduo em construir um modelo interno do mundo que o cerca, e engendrar manipulações desse modelo de modo a tirar conclusões sobre o passado e o futuro. Os estádios básicos do desenvolvimento de uma criança são:

I. INTELIGÊNCIA SENSÓRIO-MOTORA (0 — 2 anos)

É a evolução das ações reflexas dos recém-nascidos para uma organização relativamente coerente de ações sensório-motoras. Caracteriza-se por um completo egocentrismo (o mundo é concebido exclusivamente a partir do ponto de vista da criança) e o aprendizado se faz por reação circular, a partir da repetição, com base em ensaio-e-erro. Da imitação simples, a criança passa a imitar os modelos complexos e a efetuar a imitação diferida — reproduzindo um modelo ausente com o auxílio da memória. Seu jogo desenvolve qualidades dramáticas, é freqüentemente ritualista e simbólico. E, apenas pela experimentação de suas próprias ações a criança pode, eventualmente, ver o objeto como algo à parte.

268 JOGO, TEATRO & PENSAMENTO

2. PENSAMENTO PRÉ-CONCEITUAL (2 — 4 1/2 anos)

É a evolução da inteligência sensório-motora para uma manipulação mais interior, simbólica, da realidade. A criança é ainda egocêntrica, mas pode diferenciar o símbolo interior da realidade externa porque imagens são criadas quando imita; isso leva a criança a compreender os signos (palavras). Dessa maneira, ela faz-de-conta, representando uma coisa por outra. Brinca de jogos de construção, desenhos, compreende letras e falas. A fala é muito importante neste estádio: ela pensa em voz alta para dizer a si mesma o que fazer, pois a fala e a ação estão ligadas. Seu pensamento encontra-se no estádio de pré-conceitos, que são controlados pela ação, imagísticos e concretos; assim, ela tem dificuldade em reconhecer uma identidade estável em meio a mudanças de contexto.

> Novamente aos 2:7 [12], vendo L. em seu maiô novo, com um gorro, J. perguntou: *"Como se chama o nenê?"* Sua mãe explicou-lhe que era um traje de banho, mas J. apontou a própria L. e disse: *"Mas, qual o nome disto?"* (indicando o rosto de L.) e repetiu a questão várias vezes. Mas, assim que L. voltou a vestir-se, J. exclamou seriamente: *"É a Lucienne de novo"*, como se sua irmã houvesse mudado sua identidade ao trocar de roupa. [294]

3. PENSAMENTO INTUITIVO (4 1/2 — 7 anos)

O pensamento encontra-se ainda vinculado à ação e à percepção, e a criança faz uso do raciocínio transdutivo — vai de particular a particular. Encontra dificuldade em distinguir os vários membros de uma classe como individualidades; portanto, as aparições de diferentes insetos em momentos diferentes são interpretadas como reaparições do mesmo inseto; por exemplo: "Essa é *a* lesma".

4. OPERAÇÕES CONCRETAS (7 — 11 anos)

As ações cognitivas representativas internas passam a ser agrupadas em sistemas: surgem as classificações, assim como o agrupamento de uma classe com outra, se desenvolve a seriação e a criança organiza relações assimétricas em um sistema. O conceito de número começa a existir: uma coleção de objetos parece ser equivalente. Os conceitos de tempo e espaço, assim como o mundo material, se desenvolvem: aos oito anos de idade, a criança pode coordenar relações de ordem temporal (antes/depois) com duração (longas/curtas extensões de tempo).

Todos esses agrupamentos são dominados apenas em situações concretas; a criança trabalha indo do real ao possível, e deve superar as propriedades físicas dos objetos e

O PENSAMENTO E A LINGUAGEM DAS CRIANÇAS   269

eventos (massa, peso, comprimento, área, tempo, etc.), uma por uma.

A imitação se desenvolve: ocorre a imitação detalhada, com análise do modelo; a imitação é consciente; é refletiva — sendo usada apenas como auxílio para o preenchimento das necessidades inerentes à atividade da criança — e é assim controlada pela inteligência como um todo. O jogo simbólico declina e os jogos de regras se impõem.

5. OPERAÇÕES FORMAIS (11 + anos)

Neste estádio, a criança rompe pela primeira vez com o real: pode trabalhar com hipóteses e busca espontaneamente as leis. Envolve-se com o pensamento propositivo: as entidades de pensamento são proposições e não realidade; as hipóteses são confirmadas ou negadas, e relacionam-se, então, com o mundo externo:

> A criança começa a organizar os vários elementos do dado bruto com as técnicas concretas operacionais do período mediano da infância. Esses elementos organizados são então dispostos em forma de afirmações ou proposições, que podem ser combinadas de diferentes maneiras. Através do método de análise combinatória ela pode, então, isolar, para consideração, a totalidade das distintas combinações dessas proposições. Essas combinações são encaradas como hipóteses, algumas das quais serão confirmadas e outras rechaçadas pela investigação subseqüente. [108]

Essas divisões não são necessariamente exatas segundo a idade, mas a seqüência é invariável. As pesquisas modernas demonstraram que o progresso desenvolvimentista é o mesmo em muitas culturas [85, 148, 242, 243], embora algumas crianças alcancem cada estádio tardiamente, enquanto outras, como as crianças americanas e inglesas da atualidade, atingem-no mais cedo.

Assimilação & Acomodação

Piaget considera que herdamos um método específico de funcionamento, uma maneira de pensar. Não que herdamos *o que* pensamos, mas o *como* pensamos. Seria como se nascêssemos com um modelo básico de estrutura intelectual que nos permitisse adaptar a nosso meio. Adaptamo-nos a nosso meio pela modificação de nós mesmos, o que é feito por meio de dois mecanismos: assimilação e acomodação. Tomemos como exemplo o bebê mamando. Ele tem uma estrutura cognitiva que se relaciona com sua seqüência de ações (um *esquema*), mas vai melhorando no mamar dia-a-dia: assimila uma nova experiência a seu esquema ao introduzir novos elementos a seu comportamento anterior; assim, acomoda a experiência generalizan-

270 JOGO, TEATRO & PENSAMENTO

do-a, adaptando-a ao esquema de maneira que o próprio esquema se altera e muda — e está pronto para o estádio seguinte.

O jogo e a imitação, porém, estão diretamente vinculados ao processo de assimilação e acomodação:

> ... a imitação é uma continuação da acomodação, o jogo é uma continuação da assimilação e a inteligência uma combinação harmoniosa dos dois. [294]

Para Piaget, portanto, o jogo é assimilação da experiência nova — como a resposta aprendida para os behavioristas ou o domínio do meio para Freud. A imitação é a reprodução de modelos familiares: tendo assimilado o modelo pelo jogo, a criança, então, imita suas partes. Ela não pode imitar modelos visuais, a menos que já os tenha compreendido — brinca com eles para entendê-los. E também, embora a assimilação (através do jogo) e a acomodação (através da imitação) sejam descritas separadamente, devem ser pensadas como simultâneas.

Jogo

O jogo é desempenhado por simples assimilação, pelo puro prazer funcional. Tem prosseguimento através do exercício de atividades pelo mero prazer de dominá-la e adquirir, por esse meio, um sentimento de virtuosidade ou poder.

Piaget classifica as atividades lúdicas em três tipos: exercício, símbolo e regra. Os jogos de exercício aparecem nos primeiros meses de vida e continuam sempre que uma nova habilidade é adquirida: a criança brinca com uma série de blocos, praticando com eles ao mesmo tempo que aprende; o adulto, tendo adquirido, pela primeira vez, um rádio ou um carro, tem dificuldade em resistir à tentação de usá-los apenas pelo deleite de utilizar seus novos poderes. Este tipo de atividade lúdica tem ligação com o "pré-exercício" de Groos e, embora seja essencialmente sensório-motor, pode ser usado também para funções mais elevadas — como o jogo da criança de fazer perguntas apenas pelo prazer de fazê-las, sem interesse pelo problema ou resposta.

Em segundo lugar, os jogos simbólicos implicam a representação de um objeto ausente, uma vez que exista uma comparação entre um elemento dado e um imaginado. Envolve o faz-de-conta. A criança empurrando uma caixa e imaginando-a como se fosse um carro está simbolicamente representando o carro através da caixa, e este tipo de jogo ocorre ao final do primeiro ou começo do segundo ano de vida; não existe entre os animais. É uma forma especifi-

O PENSAMENTO E A LINGUAGEM DAS CRIANÇAS   271

camente dramática de jogo e Piaget diz que quando uma criança finge dormir ou lavar-se, está tentando usar suas capacidades livremente, reproduzindo suas próprias ações, pelo prazer de se ver fazendo-as e mostrando-as aos outros — assimilar sem ser tolhida pela necessidade de acomodar-se simultaneamente.

O terceiro tipo de jogo, jogo de regras, implica o relacionamento social, uma vez que as regras são regulamentações impostas pelo grupo e sua violação acarreta uma sanção. Ocorre apenas raramente entre as idades de 4 e 7 anos, sendo mais característico entre 7 e 11 anos, e prossegue durante o período adulto porque é a atividade lúdica do ser sociabilizado.

Os jogos de prática são os primeiros a aparecer, e são vicários; aparecem a cada nova aquisição e desaparecem após a saturação. Embora diminuam em importância com a idade, certos tipos permanecem por mais tempo porque estão vinculados a situações que ocorrem por períodos longos: jogos de luta, por exemplo, ocorrem em várias faixas etárias e em formas diversas. O jogo de prática se combina, de várias maneiras, com o jogo simbólico e o jogo de regras. O jogo simbólico declina com a idade porque a criança mais velha pode satisfazer-se brincando com as coisas reais, mas os jogos de regras prosseguem tão intensamente como antes. Essencialmente, todas as formas de jogos são tentativas do organismo humano de assimilar experiências:

> O jogo se inicia com a primeira dissociação entre assimilação e acomodação. Após haver aprendido a agarrar, balançar, atirar, etc., o que envolve tanto um esforço de acomodação a novas situações e um esforço de repetição, reprodução e generalização, que são elementos de assimilação, a criança, cedo ou tarde ... agarra pelo prazer de agarrar, balança apenas por balançar, etc. Resumindo: repete seu comportamento não por algum esforço adicional de aprender a investigar, mas pelo simples prazer de dominá-lo. [294]

Imitação

A criança aprende a imitar. Começa com uma ação reflexo-circular (em grande parte como Holt a vê): o bebê chora quando ouve os outros chorarem, e então, nos primeiros seis meses, os esquemas reflexos são ampliados — o vagido e outras vocalizações são reproduzidos com fins em si mesmos. O modelo, porém, pode ser imitado apenas se já foi assimilado em um esquema:

> Por exemplo, in obs. 12 — 14, J. não imitou a ação de abrir e fechar as mãos até que o tivesse praticado como ação isolada, apesar de que a preensão envolveu constantemente essa ação. Por outro lado, ela imitou rapidamente a ação de separar as mãos

272   JOGO, TEATRO & PENSAMENTO

e juntá-las de novo porque sempre praticou esse movimento dentro de seu campo de visão... (a criança) apenas imita movimentos completos que ela tenha observado e praticado como esquemas isolados...

Opostamente, entretanto — e esta é a segunda conclusão —, qualquer esquema praticado como tal pode dar origem à imitação, tendo-se em conta que os movimentos que a criança faz estejam dentro de seu campo de visão... Em nossa opinião, tudo depende da educação do bebê. Deixado por sua própria conta, ele emprega no estudo de suas próprias ações o tempo que dispensaria, caso contrário, para aprender toda espécie de habilidades.

Isto nos remete à consideração da imitação através do treinamento, ou pseudo-imitação... acreditamos que esse comportamento é distinto da imitação através da assimilação e acomodação diretas. Não podemos explicar a verdadeira imitação porque ela jamais perdura, a menos que o treinamento seja prolongado e constantemente sustentado. [294]

A imitação não é nunca, como o jogo, um comportamento com um fim em si mesmo. É sempre uma continuação do conhecimento, dirigido por um "desejo de superar". É a experimentação ativa, mas, ao contrário de alguns pensadores behavioristas, Piaget nunca a vê como idêntica à inteligência.

Simbolismo Cognitivo

É essencial na psicologia do desenvolvimento de Piaget o fato de que a imitação (como parte da acomodação) seja a função que mune o bebê com seu primeiro "significante", ou símbolos elementares. Esses "significantes" primitivos representam internamente para a criança o "significado" ausente, ou objeto:

O que sucede, acredita Piaget, é que com o crescimento e refinamento da capacidade de imitar a criança torna-se eventualmente capaz de tornar visíveis imitações internas assim como imitações externas. Está apta a evocar em pensamento, em oposição à execução de fato na realidade, as imitações feitas no passado. Essa imitação interna assume a forma de uma imagem, abrangentemente definida, e essa imagem se constitui no primeiro significante (o significado sendo aqui a ação, objeto ou palavra da qual a imagem é a réplica reduzida e esquemática). [108]

Seus primeiros significantes são antes privados que sociais. Os signos verbais são primeiramente difíceis de serem apreendidos e são inadequados às representações às quais se referem. E assim, a criança passa a confiar nos símbolos não-verbais e tratar as palavras como símbolos privados.

Antes dos quatro anos de idade, ocorrem inúmeros mitos espontâneos que são meio-caminho entre o simbolismo do jogo e a investigação inteligente; a criança pergunta: O que faz o sol?, ou Como são feitos os bebês?, e cria seus próprios mitos de explicação: as coisas são vistas como produtos da criação humana. Nessa idade, também, o pen-

O PENSAMENTO E A LINGUAGEM DAS CRIANÇAS 273

samento é animista — "Não há nenhum barco no lago; eles estão dormindo"; objetos inanimados são vistos como seres viventes. Ao redor dos cinco anos de idade, esse artificialismo e animismo se desenvolvem para a intuição — "Dissemos, outro dia, que a lua era feita de ar, como as nuvens... Então, como ela fica no céu? Como os balões? — o que, embora ainda imaginativo, é um estádio na evolução do pensamento simbólico. Vem, então, o estádio de fenomenismo mágico — "ela bate os pés em seu quarto, dizendo: 'Estou fazendo isso porque, se não faço, a sopa não será boa. Se eu faço, a sopa é boa'", — nessa fase, a criança abandona os pré-conceitos egocêntricos e atinge o grau de objetividade comparável à "reação ambiental" dos primeiros físicos gregos; é um estádio de transição entre os esquemas pré-conceituais de imagem e os verdadeiros conceitos operacionais.

Portanto, para Piaget, jogo e imitação são fundamentais para a evolução do pensamento, e o desenvolvimento do pensamento simbólico é similar, em sua evolução, ao do homem primitivo.

A RELAÇÃO ENTRE FALA & PENSAMENTO

Maturação

Os mecanismos de fala a linguagem se desenvolvem com a maturação. Em princípio, a criança fala em voz alta enquanto pensa: às vezes, isso é socializado — ela espera ser ouvida e influenciar seu ouvinte; mas, às vezes, é egocêntrico (Piaget considera que isso alcança seu auge ao redor dos 3-5 anos de idade) quando não é dirigida a um ouvinte e tampouco a criança espera ser ouvida. A fala egocêntrica desaparece gradativamente, dando lugar à fala socializada. Há, porém, uma posição intermediária: a fala silenciosa:

... todos os casos de movimento nos músculos da fala ao acompanhar a leitura ou outras formas de atividade mental. [93]

É interessante notar que a fala silenciosa pode também ocorrer em estádios posteriores, mas: bons leitores utilizam menos a fala silenciosa que os maus leitores; a leitura de um texto fácil conduz menos à fala silenciosa que a leitura difícil; e a leitura de um texto claro conduz menos à fala silenciosa que uma leitura confusa [93]. A fala silenciosa não é exatamente a mesma coisa que a fala interior, que é o verdadeiro significado simbólico que está por trás das palavras que estão sendo ditas:

274   JOGO, TEATRO & PENSAMENTO

A fala interior é, em grande parte, o pensar em significados puros... Sua verdadeira natureza e lugar podem ser entendidos apenas após o exame do nível seguinte de pensamento verbal, o que é ainda mais interno que a fala interior.

Esse nível é o do pensamento em si. Como já dissemos, cada pensamento cria uma conexão, preenche uma função, soluciona um problema. O fluxo do pensamento não se faz acompanhar de um desdobramento simultâneo da fala. Os dois processos não são idênticos, e não há nenhuma correspondência rígida entre as unidades de pensamento e fala... O teatro encarou o problema do pensamento que está por trás das palavras antes que a psicologia. Ao ensinar seu método de atuação, Stanislavski exigiu dos atores que descobrissem o "subtexto" de suas falas na peça. Na comédia de Griboedov, *Woe from Wit*, o herói, Chatsky, diz à heroína, que afirma nunca haver deixado de pensar nele: "Três vezes abençoado aquele que crê. A crença aquece o coração". Stanislavski interpretou isso como "Vamos parar com este assunto"; mas poderia ser interpretado também como "Não creio em você. Está dizendo isso para me consolar", ou "Não vê como isso me atormenta? Desejaria acreditar em você. Isso seria a felicidade". Cada sentença que dizemos na vida real tem uma espécie de subtexto, um pensamento oculto por trás dela. [369]

De fato, a fala interior não é necessariamente fala: é o conteúdo do pensamento que está por trás do que é dito. A evolução manifesta parte da fala egocêntrica para a fala silenciosa e desta para a fala essencialmente socializada.

Há, normalmente, uma seqüência para o desenvolvimento da fala da criança. Nos primeiros meses, ela murmura e chora, aprendendo, dessa maneira, através de reforço apropriado, o caráter comunicativo dos sons vocais. A natureza exata desse reforço é sujeito de controvérsias: Piaget e Holt pensam que o reflexo circular é a base, sendo auto-reforçador; os teóricos da Aprendizagem Social pensam que a recompensa é condicionada socialmente; Mowrer considera que é baseada na identificação. O início do processo de compreensão da linguagem se dá usualmente entre 8 e 10 meses, quando a criança apresenta as primeiras evidências de compreensão dos gestos e sons simbólicos. O aparecimento da comunicação simbólica se dá por volta do final do primeiro ano de vida (aproximadamente simultâneo ao jogo dramático). Há uma distinção gradual entre os fenômenos mais freqüentes (Lewis [239] observa que as palavras com labiais e dentais aparecem primeiro), entre palavras e frases — mas somente aos 4 ou 6 anos que aparece um controle razoável do pensamento sobre a fala.

O diagrama de McCarthy ilustra o desenvolvimento normal do comportamento da fala (vide Fig. 3).

Abordagens Soviéticas

Luria [246] considera que existe uma interdependência entre as funções do pensamento e da fala, e destaca a

O PENSAMENTO E A LINGUAGEM DAS CRIANÇAS   275

COMPORTAMENTO | IDADE EM MESES | | | | |
--- | --- | --- | --- | --- | --- | ---
 | 0 | 6 | 12 | 18 | 24 | 30
Primeiras vocalizações observadas | xxxxxx | | | | |
Primeiras reações à voz humana | xxxx | | | | |
Primero murmúrio | xxx | | | | |
Vocaliza o prazer | xxxxx | | | | |
Jogo vocal | xxx | | | | |
Vocaliza impaciência e descontentamento | | xxx | | | |
Imita sons | | xxxxxxx | | | |
Vocaliza o reconhecimento | | xx | | | |
Ouve palavras familiares | | xxx | | | |
Primeira palavra | | xxxxxxx | | | |
Sons expressivos e jargão de conversa | | | xxxxxxxxxx | | |
Obedece a comandos simples | | | xxxxxx | | |
Imita sílabas e palavras | | | xxxxxxx | | |
Segunda palavra | | | xxx | | |
Reage a "não" e "não pode" | | | xxxxxxxx | | |
Primeira articulação de mais de duas palavras | | | | xxxx | |
Nomeia objeto ou figura | | | | xxxxxxxxx | |
Compreende questões simples | | | | xx | |
Combina palavra em fala | | | | | xxxxxx |
Primeira utilização de pronomes | | | | | | xxxxx
Primeiras frases e sentenças | | | | | xxx |
Entende preposições | | | | | | xxx

Fig. 3. Tabela mostrando idade em meses nas quais itens selecionados são relatados em oito estudos principais das evoluções do bebê. [251]

importância da influência da linguagem sobre o pensamento. Piaget, ao contrário, pensa que cada nível de pensamento não corresponde, em cada estádio de evolução, à evolução da linguagem. É necessário observar que Luria, como a maioria dos psicólogos soviéticos a partir de Pavlov, destaca que a evolução depende dos fatores sociais. Luria acompanha Vygotsky ao considerar que a fala do adulto tem uma forte função formativa no desenvolvimento dos processos mentais de uma criança. As propriedades da mente são

... formadas no transcurso do relacionamento da criança com os adultos, mudando, posteriormente, em meios de organizar por si os processos mentais. [247]

276 JOGO, TEATRO & PENSAMENTO

Luria e Vygotsky consideram que as mais altas funções mentais — percepção complexa, memorização inteligente, atenção voluntária e pensamento lógico — são formadas no processo de interação da criança com seu meio social e, especificamente, com a fala do adulto. Mas, a exemplo de Piaget, Luria conclui que cada desenvolvimento específico depende do estádio prévio:

> Naturalmente, a formação da complexa atividade mental requer estrita consistência e sucessão de operações individuais: às vezes, se um único detalhe do treinamento é perdido, se um certo estádio no desenvolvimento da operação necessária não é devidamente realizado, o processo inteiro de desenvolvimento posterior se retarda, e a formação das mais altas funções mentais assume um caráter anormal. [246]

Isto permite a O'Connor e Hermelin postularem:

> ... palavras e símbolos, significando coisas e eventos, podem ser a base para a categorização que ocorre no aprendizado e que serve ao pensamento. [281]

Evidentemente, é básico para a antropologia social o conceito de que o pensamento é condicionado pela linguagem, como sustentam Whorf e Sapir:

> ... uma organização simbólica criativa, completa em si mesma, que não se refere apenas à experiência adquirida em grande parte sem sua ajuda, mas que nos define, de fato, a experiência através de sua completude formal, e devido à nossa projeção inconsciente de suas perspectivas implícitas no campo da experiência. [327]

Para Vygotsky, a função primária da fala é a comunicação. O mundo da experiência deve ser bastante simplificado de modo a ser traduzido para signos de linguagem, e somente através desses signos é que a comunicação se torna possível.

Vygotsky distinguiu o nível de desenvolvimento necessário para a linguagem verbal e escrita:

> ... a evolução da escrita não repete a história do desenvolvimento do falar. A linguagem escrita... (difere) da oral tanto em estrutura quanto em modo de funcionamento. Mesmo seu desenvolvimento mínimo requer um alto nível de abstração. É linguagem em pensamento e imagem apenas, carecendo das qualidades musicais, expressivas e entonacionais da linguagem oral. Ao aprender a escrever, a criança deve libertar-se do aspecto sensorial da linguagem e substituir palavras por imagens de palavras... É a qualidade abstrata da linguagem escrita a principal dificuldade e não o subdesenvolvimento dos músculos pequenos ou outros obstáculos mecânicos.
> ... Na conversação, cada sentença é inspirada por um motivo... Os motivos para escrever são abstratos, mais intelectualizados, distantes das necessidades imediatas. Na linguagem escrita, somos obrigados a criar a situação, a representá-la para nós mesmos. Isto exige afastamento da situação de fato. [369]

O PENSAMENTO E A LINGUAGEM DAS CRIANÇAS   277

Implicações para a Educação

Vygotsky vê a educação como uma combinação da instrução e da imitação. A imitação em si é fundamental para o aprendizado social:

> Para imitar, é necessário possuir os meios para avançar de algo conhecido para algo novo. Com auxílio, cada criança pode fazer mais do que faria por conta própria — embora sempre dentro dos limites estabelecidos pelo estádio de seu desenvolvimento. [369]

Na situação escolar, a imitação é um método primordial:

> Na aprendizagem da fala, assim como na aprendizagem das disciplinas escolares, a imitação é indispensável. O que a criança pode fazer, hoje, dentro de um esquema de cooperação, poderá fazer sozinha amanhã. [369]

Piaget concluiria que não apenas a imitação mas também o jogo encontra-se relacionado com o desenvolvimento do pensamento, e, portanto, ambos estariam relacionados com a situação de ensino. Conseqüentemente, os educadores que seguiram Piaget, e, em certa medida a Vygotsky, iriam permitir às crianças utilizarem as ações reais, que são a base do aprendizado: na aprendizagem de frações, por exemplo, as crianças cortariam um objeto real em suas partes componentes.

Se a imitação e o jogo são importantes para a educação, é evidente que o jogo dramático ou simbólico ocupa um lugar especial. Apesar de distinguir o jogo simbólico do jogo de exercício e jogo de regras, Piaget demonstrou minuciosamente que o nível simbólico ou dramático da imaginação era um elemento-chave: é isto que interioriza os objetos e que os torna significantes para o indivíduo. Em um dos experimentos de Vygotsky:

> Dois quadros idênticos foram apresentados a dois grupos de crianças pré-escolares, de mesma idade e nível de desenvolvimento. A um grupo foi solicitada a dramatização do quadro — o que indicaria seu grau de captação imediata do conteúdo; ao outro grupo foi solicitado descrever o quadro em palavras, uma tarefa que requeriria um recurso de compreensão conceitualmente mediada. Descobriu-se que os "atores" reproduziram o sentido da situação da ação representada enquanto que os "narradores" enumeraram objetos isolados. [369]

É evidente que o aprendizado através da atuação é um processo mais elementar que o processo através da linguagem; este último depende daquele.

Assim, podemos dizer que as modernas teorias da cognição e lingüística indicam que há um processo fundamental para o aprendizado: percepção, imitação e jogo, conceito. Percebemos uma ação ou um processo. Imitamos os **vários**

278 JOGO, TEATRO & PENSAMENTO

elementos dentro dele e então o descrevemos (através do jogo dramático, se somos crianças, ou por meio de palavras, se somos adultos). Esse processo culmina na formação do conceito como um todo. Isso tem grande significação para todos os estádios da educação moderna. Na sociedade ocidental moderna o processo normal é o método de aula: uma aula é pronunciada por um professor (a um grupo ou individualmente) e então o estudante atua em relação ao material dado — escreve uma composição ou, com crianças pequenas, faz um desenho. As modernas teorias de cognição revelariam que esse processo é o contrário do necessário. O estudante deveria *observar, fazer, descrever* (em ações e/ou palavras) e, então, *teorizar* sobre. Com crianças pequenas, a parte "descritiva" deveria ser atuada, com adolescentes deveria ser uma mistura de ações mímicas e palavras, e com um adulto (uma vez que a imaginação dramática interiorizou-se) seria simplesmente palavras.

Vimos assim que a imaginação dramática é parte inerente tanto do pensamento quanto do aprendizado. Ignorá-la, como alguns antigos teóricos educacionais nos fariam pensar, é fundamentar o aprendizado em premissas falsas. O paradigma básico

PERCEPÇÃO ⟶ TEORIA ⟶ DESCRIÇÃO ⟶ AÇÃO
(dramática
e/ou
lingüística)

é o método dramático de aprendizagem, e, como já vimos nas pp. 248 e ss. é o meio mais correto de retenção dos fatos.

A Educação Dramática é, por essa razão, não apenas o modo de encarar o processo educacional (uma filosofia), ou o modo de ajudar o desenvolvimento individual (uma psicologia) ou assistir o indivíduo em sua adequação ao meio (uma sociologia); é a maneira fundamental na qual o ser humano aprende — e, assim, é o mais efetivo método para todas as formas de educação.

ADENDO AO CAPÍTULO 15

Após a primeira edição deste livro, surgiu o *Language and Learning*, de James Britton (Penguin, Londres, 1970). Esta significante obra demonstra que usamos a linguagem como um meio de organizar uma representação do mundo — cada um por si — e que a representação assim criada constitui o mundo no qual operamos, as bases de todas, os prognósticos pelos quais estabele-

O PENSAMENTO E A LINGUAGEM DAS CRIANÇAS   279

cemos o curso de nossas vidas. Mostra que há diferenças entre os dois tipos de comportamento de utilização da linguagem. Como participantes, usamos a linguagem para interagir com pessoas e coisas. Como espectadores, utilizamos a linguagem para contemplar o que aconteceu, a nós ou aos outros, ou o que poderia supostamente acontecer; em outras palavras, improvisamos sobre nossa representação do mundo — e podemos fazê-lo seja para enriquecê-la ou enfeitá-la, para preencher suas lacunas e ampliar suas fronteiras, ou para enrijecer suas inconsistências. Esse livro contém valiosos dados sobre a atividade dramática e sua relação com a linguagem (pp. 142 — 49) como convém a um dos colaboradores do original trabalho "A Theory of General Education" [32]. Muito do capítulo acima teria sido reescrito, caso o livro do Dr. Britton tivesse surgido antes da primeira edição deste, e não há espaço em um breve adendo para apresentar uma crítica completa de seu trabalho, embora os seguintes aspectos devam ser considerados:

1. Enquanto é verdade que utilizamos a linguagem como meio de organizar uma representação do mundo, anteriormente à aquisição da linguagem já tínhamos organizado uma representação — embora mais emocional e menos cognitiva que a lingüística. Esta primeira representação parece ser dramática, calcada na exteriorização da imaginação, através da ação dramática que ocorre por volta dos dez meses de idade.

2. Seus dois tipos de comportamento de utilização de linguagem (como participante, como espectador) poderiam ser igualmente descritos em termos dramáticos — de fato, ele mesmo o faz, na própria utilização da nomenclatura.

Mas isto não significa negar a importância de *Language and Learning* que, desde todos os pontos de vista, é um livro fundamental.

Em uma série de ensaios publicados desde a primeira edição deste livro, desenvolvi o paradigma do aprendizado, dado neste capítulo, para uma Teoria da Imaginação (para referências, vide adendo ao Capítulo 3), como se segue:

$$\text{PERCEPÇÃO} \longrightarrow \text{IMAGEM-IMAGINAR} \longrightarrow \text{ATO} \left\{ \begin{array}{l} \text{Soar} \\ \text{Ser} \\ \text{Mover-se} \end{array} \right.$$

Parecia que a imagem é a unidade com a qual trabalhamos mentalmente, mais que com a percepção (embora a imagem se baseie na percepção); e o processo pelo qual as imagens fluem para imaginação é através da identificação/personificação. Quando externamos isso (o que começa por volta dos dez meses de idade), fazemos por "inteiro", no primeiro estádio da infância. Apenas mais tarde, chegamos a distinguir as partes desse "todo" de ação na *produção de sons, movimentação e ser*. Esse deslocamento do "todo" da ação em partes é melhor descrito se usarmos o termo "substituição", de E. H. Gombrich — na medida em que progredimos na vida, aprendemos continuamente a substituir a mais alta unidade mental por uma menor. Assim, "eu e mamãe" torna-se "eu e você", torna-se "uma pessoa e uma pessoa", torna-se "um e um" — e estamos no campo da matemática. Os mais altos níveis de abstração são vistos, portanto, como "substitutos" para os mais primitivos esquemas mentais — sendo que a parte essencial da abordagem desenvolvimentista de Piaget se refere a um esquema que se desenvolve para outro.

280 JOGO, TEATRO & PENSAMENTO

Isto tem relação com a estética. Se o ato é o substituto externo para a formação interna de imagens e, quando somos bastante jovens, cada ato é o "todo", então, o "todo" do ato muda com substitutos progressivos. O "todo" do ato pode encontrar seu substituto em *soar, mover-se* e *ser*. Considerado esteticamente, *soar* encontra seu substituto em *música, fala, palavra* e nas eventuais *artes da literatura*. Ao mesmo tempo, *mover-se* encontra seus substitutos em *dança, arte tridimensional* ("movimento congelado") e, então, o *bidimensional* (apenas compreendemos o bidimensional inicialmente através do tridimensional). Os substitutos para *ser* tornam-se, por outro lado, os *papéis* e *máscaras* que assumimos no intercâmbio social e, por outro lado, nas *artes dramáticas*.

Examinei recentemente estes aspectos em termos de planejamento e implementação de programas em escolas, colégios e universidades em *The Dramatic Curriculum* (Londres, Ontario: Faculty of Education, The University of Western Ontario, 1980). Incluí não somente os estádios de desenvolvimento dramático das crianças como também as maneiras de relacioná-los a programas específicos.

Conclusão

A imaginação dramática está no centro da criatividade *humana* e, assim sendo, deve estar no centro de qualquer forma de educação que vise o desenvolvimento das características essencialmente humanas. Que nos tenhamos debruçado amplamente sobre os campos correlatos da filosofia, psicologia, antropologia e outras disciplinas significa apenas que são uma espécie de ferramenta com a qual podemos aprender o processo humano. Tentamos apenas observar como esses variados campos do aprendizado se relacionam com o impulso dramático.

PRIMEIRA PARTE

A característica essencial do homem quando comparado com os primatas superiores é sua imaginação, que é essencialmente dramática. Ao final do primeiro ano de vida, a criança humana brinca pela primeira vez, desenvolvendo o humor e, ao fingir ser ela mesma ou outrem, personifica. Essa identificação é a qualidade básica do processo dramático, quer quando somos jovens e fingimos ser um leão ou um "mocinho" ou, quando somos mais velhos, "colocamo-nos no lugar de alguém" ou imaginamos as possibilidades inerentes de uma situação. Segue-se que a imaginação dramática, sendo parte tão importante do modo humano de viver, deve ser cultivada por todos os métodos modernos de educação.

Esta sugestão teve origem natural na principal corrente do pensamento europeu ocidental. Platão e Aristóteles iriam

282 JOGO, TEATRO & PENSAMENTO

fundamentar a educação no jogo; e, embora o idealismo de Platão banisse o teatro de sua *República*, Aristóteles mostrou que o homem aprendeu através da imitação e que o teatro "purga" o homem de emoções impuras. Embora os filósofos romanos tenham adotado o parecer de Aristóteles quanto à imitação, a primitiva Igreja medieval se opôs a todas as formas de atividade dramática. Porém, finalmente, começando por São Tomás de Aquino, a Igreja chegou a compreender o valor da atuação como forma de relaxamento e, assim, quando da Renascença, o teatro foi parte inerente da educação "para proveito e deleite". Após a recessão dramática do século XVIII, quando a educação se preocupou mais com a formação de hábitos da mente, os filósofos românticos reconduziram a educação à corrente principal do pensamento: Goethe encorajou tanto a improvisação quanto as representações na educação, e Rousseau diria que jogo e trabalho deveriam ser sinônimos. A teoria da evolução, de Darwin, demonstrou que a vida era uma evolução e que o jogo deveria ser considerado de diversas maneiras: como "energia excedente", como um instinto; e os estudos fisiológicos também propuseram diferentes visões do jogo: como recreação, relaxamento, recapitulação dos primitivos padrões culturais e como transmissão genética.

Após várias abordagens preliminares durante este século, uma filosofia da educação dramática desenvolveu-se e tornou-se a principal corrente do pensamento da Europa Ocidental. Principia com a criança enquanto criança (e não como uma miniatura do adulto, como no século XVIII) e reconhece a imaginação dramática como a qualidade humana essencial. Estimula a criança a se expressar em um contexto de movimento criativo, discurso e linguagem espontâneos, personificação e identificação; desse modo, ela pode tanto aprender quanto desenvolver-se — pode relacionar-se com seu meio e perceber a relação entre idéias. A criança passa a desenvolver as habilidades humanas para pensar e explorar, testar hipóteses e descobrir a "verdade". Nada tem realidade para o ser humano a menos que ele o realize completamente — viva-o na imaginação — atue.

Na medida em que a Educação Dramática se refere ao processo de vida, influencia grandemente disciplinas correlatas e interfere em quase todos os aspectos do aprendizado. Por essa razão é que o resto deste livro discute esses aspectos de outras disciplinas que estão diretamente relacionadas com a Educação Dramática.

CONCLUSÃO 283

SEGUNDA PARTE

O jogo dramático é um reflexo do inconsciente da criança e, assim, nos aproximamos da psicanálise. O conteúdo do jogo dramático é o pensamento simbólico inconsciente baseado na experiência. O objetivo do jogo é reproduzir em forma simbólica as experiências não solucionadas da vida e buscar soluções. A maioria dos analistas descartam a primitiva teoria da livre catarse (terapia não-diretiva) e consideram agora que a repetição é a chave: o jogo permite à criança reexperimentar os acontecimentos simbolicamente e, através da repetição, ganhar domínio sobre eles.

As origens do pensamento simbólico remontam aos primeiros meses de vida quando as fantasias do "seio bom" e do "seio mau" conduzem à identificação projetiva — a base para a identificação posterior. Então, com as fantasias de destruir a mãe, a criança renuncia à gratificação imediata e sublima seus instintos, deslocando-os por substitutos — a base para a formação de símbolo e pensamento abstratos posteriores. Há uma evolução natural do *acting-out* através da fantasia para o jogo dramático; é este último que, interiorizando-se e, por esse meio, liberando-se da ação associada, torna-se a habilidade adulta de pensar em abstrações. Essencialmente, o jogo baseia-se no relacionamento mãe-filho pois esta é a base da imitação e posteriores conquistas sócio-emocionais; e, na vida adulta, qualquer perda reflete a perda do objeto primário, recriando, dessa maneira, todas as ansiedades originais relacionadas.

De todos os vários métodos terapêuticos, é pelo Psicodrama que o indivíduo improvisa de forma teatral, de modo a recapitular problemas não-solucionados. Sua importância educacional reside em técnicas específicas que podem auxiliar não apenas problemas de ajustamento mas também aprendizagem formal e social.

Os estudos psicanalíticos levam também em consideração a estética. Enquanto Freud viu a arte como a recriação dos símbolos inconscientes na "forma de um sonho", Ernest Kris destacou o pré-consciente (o devaneio antes que o sonho). Fundamentalmente, a arte se desenvolve a partir do jogo; tanto a criança quanto o homem primitivo, a "magia" e a "onipotência de pensamento" conduzem à comunicação com os outros através da criação artística. Mas, uma vez que as experiências infantis variam, diferentes formas de arte ocorrem na vida adulta. O modo de exibicionismo particular do ator relaciona-se com sua necessidade de fazer testes de identificação, deslocando as tensões para os personagens imaginários. O dramaturgo tenta resolver o mundo como ele o vê e, freqüentemente, cria si-

284 JOGO, TEATRO & PENSAMENTO

tuações infantis através da compulsão de repetição — o que explica o constante aparecimento do tema edipiano no decorrer da história dramática. O diretor, identificando-se com sua concepção sobre os ideais de seus pais, tenta tornar-se o pai artístico, tanto de seus filhos artísticos (os atores) quanto ao "criar" a obra do dramaturgo como se fosse seu próprio filho. Os membros da platéia se identificam em seus inconscientes com alguns aspectos ou pessoa da obra dramática, exatamente como nas representações primitivas o homem fazia identificações experimentais com seu deus; nesse sentido, o teatro é "religioso" e "mágico"; mesmo em suas formas mais simples (bonecos ou circo) pode promover identificações de natureza infantil.

TERCEIRA PARTE

Em sendo uma atividade social, o teatro está intrinsecamente vinculado à natureza e às origens da sociedade. O âmbito integral do jogo dramático (do jogo ao teatro) é observável em cada sociedade civilizada. As situações da primeira fase da infância são refletidas tanto na personalidade do adulto quanto no teatro representado dentro do contexto cultural. Todos os homens em todas as sociedades possuem certos traços comuns, mas cada sociedade desenvolve suas características próprias — ou, como observam os psicanalistas, o inconsciente infantil está unido ao superego específico. Desse modo, embora haja uma semelhança básica nos dramas de "ressurreição", que vão desde os Mummers' Play ingleses à Festa da Feiticeira de Bali, há também algumas diferenças: os teatros-rituais dão a versão de cada sociedade de um tema universal. Uma cultura desenvolvida fundamenta-se no jogo: o teatro e o ritual são as versões civilizadas dos mecanismos inerentes ao jogo; tanto o jogo da criança quanto o teatro do adulto são versões das tentativas dos seres humanos de encontrar a segurança. E mais, a criança civilizada e o homem primitivo possuem certos padrões de pensamento em comum que são refletidos na atividade dramática. Há abrangentes paralelismos nas formas dramáticas e crenças religiosas do folclore, mitologia, selvagens da atualidade e crianças civilizadas.

O teatro é um importante método de comunicação dentro de uma sociedade e, conseqüentemente, o modelo cultural e a representação dramática se inter-relacionam. As origens e o desenvolvimento do jogo dramático revelam as necessidades e padrões tribais, raciais e culturais com os quais a prática dramática primitiva está associada (o teatro dos selvagens); estes têm relação com os jogos, mesmo os tradicionais, das crianças modernas. Na medida em que

CONCLUSÃO   285

o jogo e o teatro se desenvolvem, as civilizações estáveis
conduzem às representações religiosas comunais inseridas
no contexto do mito-ritual; assim, o templo se estabeleceu e a estilização do ritual tornou-se liturgia. Quando o
teatro emergiu do templo, e os limites do ritual e da liturgia se estreitaram, o teatro tornou-se mais secular, embora, individualmente, as culturas tenham se desenvolvido
de diferentes maneiras; os padres e os celebrantes tornaram-se atores e platéia; e o mito-ritual manteve-se na
comédia, como ajustamento comunal, e na tragédia, como
experiência suprema. Cada sociedade possui seus próprios
modelos dramáticos: a sociedade medieval teve muitos de
tais modelos; em nossa própria sociedade, os jogos populares e baladas, feiras e circos, carnavais e mascaradas são
todos parte de nossa herança dramática comunal própria.
Relacionados com todos os estudos dramáticos estão os
conceitos e noções de teatro que se modificaram através
dos séculos na medida em que foram sendo afetados pelas
atividades humanas; e, uma vez que a representação é
fonte de todas as formas de arte, a abordagem sociológica
deve incluir o todo da investigação estética.

Os estudos referentes aos grupos sociais afetaram a
Educação Dramática. Primeiramente, o jogo dramático das
crianças acontece em grupo e a natureza dos grupos afeta
o jogo. Em segundo lugar, a participação de uma platéia é
a diferença característica entre o teatro e outras formas de
arte. Os modelos culturais da platéia alteram materialmente a dramaturgia e a interpretação e há uma estreita
interdependência entre a natureza do edifício teatral, a platéia e a representação.

Os psicólogos sociais consideram que o jogo é o método pelo qual as crianças abordam as duras realidades da
vida adulta. Na medida em que o jogo é entrelaçado ao
processo de vida, seu conteúdo varia com a mudança do
meio. As teorias psicológicas sociais do jogo indicam que
este pode atuar como compensação, ou como meio de dominar a realidade, ao organizar o todo em modelos com-
preensíveis, ou como auto-expressão.

QUARTA PARTE

Embora os behavioristas tenham demonstrado que a
imitação é um fator-chave no aprendizado humano, esta
pode estabelecer-se apenas com base na identificação: a
empatia entre mãe e filho conduz a uma identificação com
os pais e a uma necessidade de imitar. Há dois tipos de
identificação: desenvolvimentista, pela qual as qualidades
da mãe são introjetadas e o superego é construído; e de-

286 JOGO, TEATRO & PENSAMENTO

fensiva, quando, por medo da punição, a criança se identifica com o agressor. Assim, a aprendizagem social é dramática em essência.

Os adeptos da Teoria dos Papéis vêem também a personificação imaginativa como a base para o aprendizado social. O jogo dramático capacita a criança a adquirir papéis, e a desenvolver esta habilidade na medida em que o faz; quanto maior sua habilidade, melhor sua adequação social. Em oposição à catarse, os adeptos da Teoria dos Papéis sugerem que a imitação da agressão pode conduzir a um comportamento agressivo permanente.

Os processos de pensamento criativo não são levados em conta pelo behaviorismo porque, na criatividade, a inspiração (ou intuição ou iluminação) é um fator necessário. O pensamento criativo se fundamenta no jogo, e a atividade dramática permite o livre jogo necessário com o dado perceptivo assim como a livre experimentação com os campos correlatos.

O aprendizado de memória é consideravelmente ajudado pelo jogo dramático da seguinte maneira: torna o material a ser memorizado mais significativo, auxilia o processo de repetição, propicia a memorização em profundidade através de uma compreensão abrangente, e facilita a recordação das imagens.

O desenvolvimento da fala, pensamento e linguagem estão entrelaçados. Assim como o aprendizado social, o behaviorismo não pode ser considerado para a imitação neste campo sem recorrer à identificação; através da empatia entre mãe e filho, a criança se identifica com a mãe; o jogo proporciona a recompensa para as imitações subseqüentes. A imitação é o mecanismo da fala, cuja motivação é uma forma elementar de personificação. Posteriormente, a linguagem atua como molde para o pensamento. A linguagem se desenvolve da mesma maneira que o pensamento, a partir do prático para o abstrato — como exemplificado pelas evoluções históricas e pelo crescimento das crianças modernas.

Piaget indica que o jogo dramático está diretamente relacionado ao desenvolvimento do pensamento da criança. Com qualquer estrutura cognitiva (esquema) há dois processos associados: o jogo assimila a nova experiência e, então, prossegue pelo mero prazer de domínio; a imitação, então, relaciona-se com as partes da experiência de modo a acomodá-las dentro da estrutura cognitiva — jogo para acomodar, imitação para assimilar. Embora a imitação e o jogo estejam diretamente relacionados com o processo de pensamento, e com o desenvolvimento da cognição, a imaginação dramática é um fator-chave — é ela que inte-

CONCLUSÃO

rioriza os objetos e que lhes dá significância para o indivíduo. O paradigma fundamental para o aprendizado humano é: Percepção/Ação/Descrição (dramática e/ou lingüística)/Teoria.

Educação Dramática, portanto, não implica treinar as crianças para o palco. A idéia do "teatro", na verdade, aparece apenas como método com crianças mais velhas e adultos. É, antes, um novo modo integral de encarar o processo de educação. Se o jogo dramático é tão importante fator na vida da criança como concluímos, a Educação Dramática exige que centremos nele o processo educativo. Devemos examinar todo o sistema educacional sob essa luz — os currículos, os programas, os métodos, e a filosofia sobre a qual estão fundamentados. Em todos os casos, devemos começar da atuação: com crianças pequenas, o espontâneo faz-de-conta improvisado e inerente a todas elas; com os mais velhos e adultos, a imaginação que lhes permite pensar dramaticamente — pois tanto o pensamento criativo quanto o aprendizado de memória são baseados na identificação interiorizada. A Educação Dramática nos solicita, como todos os pensadores liberais a partir de Platão nos induziriam a fazê-lo, que comecemos pela criança. E nos solicita, a exemplo de Bernard Shaw:

...se é possível mudar essa monstruosa fraude da escolarização da criança para o princípio da educação que cessa apenas no túmulo e que é uma recriação infinita de seu objetivo.

Bibliografia e Referências

1. ABERCROMBIE, M. L. J.: 'Small Groups', in FOSS, B. M. (Org.): *New Horizons in Psychology*. Penguin, 1966.
2. ABRAHAM, K.: *Selected Papers on Psychoanalysis*. Hogart, 1927.
3. ADLAND, D. E.: *Group Drama*, Longmans, 1964.
4. ADLER, Alfred: *Social Interest: A Challenge to Mankind*. Faber, 1938.
5. ADOLF, Hilen: 'The essence and origin of tragedy', *J. Aesth. & Art Criticism*, X, 1951; 122-125.
6. ALEXANDER, Franz: 'A note on Falstaff', *Psychoan. Q.*, 1933, 2; 592-606.
7. ALEXANDER, Franz: *Fundamentals of Psychology*. Allen & Unwin, 1949.
8. ALFORD, Viola: *Sword Dance ana Drama*. Merlin, 1962.
9. ALLPORT, F. H.: *Social Psychology*. Riverside, Cambridge, Mass., 1924.
10. ALTMAN, Leon L.: 'On the oral nature of acting out', *J. Am. Psychoan. Assoc.*, 1957, 5; 648-662.
11. ANAND, Mulk Raj: *The Indian Theatre*. Dobson, 1950.
12. ANDERSON, G. L. (Org.): *The Genius of the Oriental Theatre*. Mentor, 1966
13. APPLETON, L. Este: *A Comparative Study of the Play Activities of Adult Savages and Civilised Children*. Univ. of Chicago, 1910.
14. ARISTÓTELES: *Poetics*. Trad. J. Bywater. Oxford, 1920.
15. ARLINGTON, L. C.. *The Chinese Theatre from earliest times until today*. Shanghai, 1930.
16. AUNG, Maring Htin: *Burmese Drama*. O. U. P., 1947.
17. AXLINE, Virginia M.: *Play Therapy*. Houghton, Mifflin, 1947.
18. BACON, Francis: 'De Augmentis Scientiarum', in *Philosophical Works*, ed. J. M. Robertson. Routledge, 1905.
19. BALDWIN, J. M.: *Mental Development in the Child and Race*. Macmillan, 1895.
20. BALINT, Edna: 'The Therapeutic value of play in the school situation'. *The New Era*. 1952, 33, 10; 243-246.

290 JOGO, TEATRO & PENSAMENTO

21. BANDURA, A., ROSS, D., e ROSS, S. A.: 'Imitation of film-mediated agressive models', *J. Abn. Soc. Psych.*, 1963, 66; 3-11.
22. BANDURA, A. e WALTERS, R. H.: *Social Learning and Personality Development*. Holt, Rinehart & Winston, 1965.
23. BATESON, Gregory e MEAD, Margaret: *Balinese character*. New York, Academy of Sciences, 1942.
24. *Bearings of Recent Advances in Psychology on Educational Problems*. London Univ. Institute of Education. Evans, 1955.
25. BEECH, H. R.: 'Personality theories and behaviour therapy', in FOSS, B. M. (Org.): *New Horizons in Psychology*. Penguin, 1966.
26. BENDER, L. e SCHILDER, P.: 'Forms as a principle in the play of children', *J. Genet. Psychol.*, 1936, 49; 254-261.
27. BENEDICT, Ruth: *Patterns of Society*. Routledge, 1935.
28. BERGLER, Edmund: 'Psychoanalysis of writers', in RÓHEIM, Géza (Org.): *Psychoanalysis and the Social Sciences*, I. Imago, 1947.
29. BERKO, J.: 'The child's learning of English morphology', *Word*, 1958, 14; 150-177.
30. BIERSTADT, E. H.: *Three Plays of the Argentine*. N. Y., 1920.
31. BION, W. R.: *Experience in Groups*. Tavistock, 1963.
32. BLACKHAM, H. J., BRITTON, James e BURTON, E. J.: 'A theory of general education', *The Plain View*. 13, 4, 1961.
33. BLOOMFIELD, Leonard: *Language*. Allen & Unwin, 1935.
34. BOAS, Franz: 'Introduction', *Handbook of American Indian Languages*, Parte I. Washington, D. C., 1911.
35. BOULDING, K. E.: *The Image*. Univ. Michigan, 1956.
36. BOWERS, Faubion: *The Japanese Theatre*. Peter Owen, 1952.
37. BOWERS, Faubion: *Theatre in the East*. Nelson.
38. BOYCE, E. R.: *Play in the Infants' School*. Methuen, 1938.
39. BREUER, Josef e FREUD, Sigmund: *Studies in Hysteria*. Hogarth, 1936; 1ª ed. de 1895.
40. BRILL, A. A.: 'Poetry as an oral outlet', *Psa. Rev.*, 18, n.º 4, 1931.
41. BRILL, A. A.: *The Basic Writings of Sigmund Freud*. Random House, N. Y., 1938.
42. BROWN, J. A. C.: *Freud and the Post-Freudians*. Penguin, 1961.
43. BROWN, J. F.: *Psychology and the Social Order*. McGraw-Hill, N. Y., 1936.
44. BROWN, Radcliffe: *The Andaman Islanders*. O. U. P., 1933.
45. BRUNER, J., GOODNOW, J. e AUSTIN, G.: *A Study of Thinking*. Wiley, 1956.
46. BURTON, E. J.: *Teaching English Through Self-Expression*. Evans, 1949.
47. BURTON, E. J.: 'The place of drama in education today. Living, learning and sharing experience', in *Art, Science and Education*. Joint Council for Education Through Art, 1958.
48. BURTON, E. J.: *British Theatre: Its Repertory and Pratice 1100-1900*. Jenkins, 1960.
49. BURTON, E. J.: *The Student's Guide to World Theatre*. Jenkins, 1963.
50. BURTON, E. J.: *The Student's Guide to British Theatre*. Jenkins, 1964.

BIBLIOGRAFIA E REFERÊNCIAS

51. BURTON, E. J.: 'Drama as a first degree subject', Te. to circulado privativamente, 1965.
52. BURTON, E. J.: *Reality and 'Realization'. An Approach to a Philosophy.* Drama & Educational Fellowship, 1966.
53. BUYTENDIJK, F. J. J.: *Wesen und Sinn des Spiels.* Berlim, 1934.
54. CAMERON, N. e MAGARET, A.: *Behaviour Psychology.* Houghton, Mifflin, 1951.
55. CAMPBELL, D. T.: 'Distinguishing differences of perception from failures of communication in cross-cultural studies' in, NORTHROP, F. S. C. e LIVINGSTON, H. H. (Orgs.): *Crosscultural Understanding.* Harper & Row, 1964.
56. CARR, H. H.: 'The Survival of play', *Investigation Dept. Psychology and Education.* Univ. de Colorado, 1902.
57. CARROLL, John B.: 'Language development in children', in SAPORTA, Sol (Org.): *Psycholinguistics.* Holt, Rinehart, N. Y., 1961.
58. CARROLL, John B.: *Language & Thought.* Prentice-Hall, 1964.
59. CHAMBERS, E. K.: *The Medieval Stage.* O. U. P., 1903.
60. CHAMBERS, E. K.: *The English Folk Play.* Clarendon Press, 1933.
61. CHEN, Jack: *Chinese Theatre.* Dobson, 1949.
62. CHOMSKY, N.: *Syntactic Structures.* Mouton, The Hague, 1957.
63. CHURCH, Joseph: *Language & the Discovery of Reality.* Random House, N. Y., 1961.
64. CÍCERO: *De Republica.* Trad. Miller. Heinemann, 1947.
65. CIRILLI, René: *Les Prêtres Danseurs de Rome.* Geuthner, Paris, 1913, p. 114.
66. CLAPARÈDE, E.: *Psychologie de l'Enfant et Pédagogie Expérimentale.* Trad. M. Louch & H. Holman. Longmans, 1911.
67. COGGIN, Philip A.: *Drama in Education.* Thames & Hudson, 1956.
68. COHEN, J.: Analysis of psychological "fields", *Science News*, 13; 145-158.
69. COLLIER, Jeremy: *Short View of the Immorality and Profaneness of the English Stage.* 1698.
70. COOK, Caldwell: *The Play Way.* Heinemann, 1917.
71. CORNFORD, F. M.: *The Origin of Attic Comedy.* Ed. T. H. Gaster. Doubleday, 1961.
72. COURTNEY, Richard: *Drama for Youth.* Pitman, 1964.
73. COURTNEY, Richard: (Org.): *College Drama Space.* Institute of Education, London Univ., 1964.
74. COURTNEY, Richard: *Teaching Drama. A Handbook for Teachers in Schools.* Cassell, 1965.
75. COURTNEY, Richard: 'Planning the School and College Stage' *Education.* 9.4.65, 725-728; 16.4.65, 799-802; e 21.5.65, 1075.
76. COURTNEY, Richard: *The School Play.* Cassell, 1966.
77. COURTNEY, Richard: *The Drama Studio: Architecture and Equipment for Dramatic Education.* Pitman, 1967.
78. CRUTCHFIELD, R. S.: 'Conformity and character', *Am. Psych.*, 1955, 10; 191-198.
79. CURTI, M. W.: *Child Psychology.* Longmans, 1930.
80. DALRYMPLE-ALFORD, E.: 'Psycholinguistics', in FOSS, B. M. (Org.): *New Horizons in Psychology*, Penguin, 1966.
81. DAVISON, A. e FAY, J.: *Phantasy in Childhood.* Routledge, 1952.

292   JOGO, TEATRO & PENSAMENTO

82. DE MOLINA, Tirso: 'The Orchards of Toledo', in CLARK, H. Barrett: *European Theories of Drama*. Kidd, Cincinnati, 1919.
83. DE VEGA, Lope: in CHAYTOR, H. J.: *Dramatic Theory in Spain*. O. U. P., 1925.
84. DEL SORTO, J. e CORNEYTZ, P.: 'Psychodrama as expressive and projective technique', *Sociometry*, 1944, 8; 356-375.
85. DENNIS, W.: 'Piaget's questions applied to Zuni and Navaho children', *Psych. Bul.*, 1940, 37; 520.
86. DEUTSCH, F.: 'Mind, body and art', *Daedalus*, 1960, 89; 34.
87. DEWEY, John: 'Educational principles', *The Elementary School*. 1900.
88. DEWEY, John: *Art as Experience*. Minton, Balch, 1935.
89. DOBRÉE, Bonamy: *Restoration Comedy*. Oxford, 1924.
90. DOLLARD, J., et. al: *Frustration and Agression*. Routledge. 1944.
91. DURKHEIM, Émile: *Suicide*. Routledge, 1952.
92. EBBINGHAUS, H.: *Psychology: An Elementary Text*. Trad. M. Meyer. Heath, Boston, 1908.
93. EDFELD, A. W.: *Silent Speech & Silent Reading*. Almquist & Wiksell, Stockholm, 1959.
94. EDWARDS, Osman: *Japanese Plays and Play-fellows*. Heinemann, 1901.
95. EHRENZWEIG, Anton: *The Psychoanalysis of Artistic Vision and Hearing*. Julian Press, N. Y., 1953.
96. EKTEIN, R. e FRIEDMAN, Seymour: 'The function of acting out, play action and play acting', *J. Am. Psychoan. Assoc*. 1957, 5; 581-629.
97. EMPSON, William: *Seven Types of Ambiguity*. Chatto & Windus, 1930.
98. ERICKSON, Erik: 'Studies in the interpretation of play', *Genet. Psychol. Monog*. 1940, 22; 557-671.
99. ERICKSON, Erik: *Childhood and Society*. Penguin, 1965.
100. EVANS-PRITCHARD, E. E.: 'The Dance', in *The Position of Women in Primitive Societies and other essays in Social Anthropology*. Faber, 1965.
101. EVERNDEN, Stanley: 'Drama in Schools', comunicação pessoal, 1966.
102. FENICHEL, Otto: *The Psychoanalytic Theory of Neurosis*. Norton, N. Y., 1945.
103. FENICHEL, Otto: 'On acting', *Psychoan. Q.*, 15, 1946; 144-160.
104. FERENCZI, S.: 'Stages in the development of the sense of reality', in *Sex in Psychoanalysis*. Badger, Boston, 1916.
105. FESTINGER, L. A.: 'Informal social communication', *Psych. Rev*. 1950, 57; 271-282.
106. FESTINGER, L. A., SCHACHTER, S., e BACK, K.: *Social Pressures in Informal Groups*. Harper, N. Y., 1950 .
107. FESTINGER, L. A.: *A Theory of Cognitive Dissonances*. Harper, N. Y., 1957.
108. FLAVELL, J. H.: *The Developmental Psychology of Jean Piaget*. Van Nostrand, N. Y., 1963.
109. FLEMING, C. M.: 'The bearing of field theory and sociometry on children's classroom behaviour', in *Bearings of Recent Advances in Psychology on Educational Problems*. London Univ. Institute of Education; Evans, 1955.
110. FLUGEL, J. C.: *Man, Morals & Society*. Duckworth, 1945.

BIBLIOGRAFIA E REFERÊNCIAS

111. FORDHAM, Frieda: *An Introduction to Jung's Psychology.* Penguin, 1953.
112. FOULKES, S. H., e ANTHONY, E. J.: *Group Psychotherapy.* Penguin, 2ª ed. 1965.
113. FRANK, L. K.: *Projective Methods.* Thomas Springfield, Ill., 1948.
114. FRANKFORT, H., e H. A., WILSON, J. A., e JACOBSEN, T.: *The Intellectual Adventure of Ancient Man.* Univ. Chicago, 1946.
115. FRAZER, J. G.: *The Golden Bough,* 3ª ed., 12 vols. Macmillan, 1907-15.
116. FRAZER. J. G.: *Taboo and the Perils of the Soul.* Parte II de *The Golden Bough,* 3ª ed. Macmillan, 1911.
117. FRENCH, J. R. P., JR.: 'Organised and unorganised groups under fear and frustration', *Univ. Ia. Child Welf.,* 1944, 20; 299-308.
118. FREUD, Anna: 'Introduction to the techniques of child analysis', *Nerv. Ment. Dis. Monogr.* 1928, n.º 48.
119. FREUD, Anna: *The Ego and the Mechanisms of Defence.* Hogarth, 1936.
120. FREUD, Sigmund: *Totem and Taboo.* Hogarth, 1913.
121. FREUD, Sigmund: *Psycho-pathology of Everyday Life.* Benn, 1914.
122. FREUD, Sigmund: *An Outline of Psychoanalysis.* Hogarth, 1920.
123. FREUD, Sigmund: *The Ego and the Id.* Hogarth, 1922.
124. FREUD, Sigmund: *Group Psychology and the Analysis of the Ego.* Hogarth, 1922.
125. FREUD, Sigmund: *Beyond the Pleasure. Principle.* Hogarth, 1922.
126. FREUD, Sigmund: 'The dynamics of transference', *Collected Papers,* II. Hogarth, 1924.
127. FREUD, Sigmund: 'Mourning and melancholia', *Collected Papers,* IV. Hogarth, 1925.
128. FREUD, Sigmund: *Inhibition, Symptom and Anxiety.* Hogarth, 1927.
129. FREUD, Sigmund: *The Future of an Illusion.* Hogarth, 1930.
130. FREUD, Sigmund: *Civilization and Its Discontents.* Hogarth, 1930.
131. FREUD, Sigmund: *New Introductory Lectures in Psychoanalysis.* Hogarth, 1933.
132. FREUD, Sigmund: *Moses and Monotheism.* Hogarth, 1939.
133. FREUD, Sigmund: 'Psychopathetic characters on the stage (1904)', *Psychoan. Q.* 1942, 9; 459-464.
134. FREUD, Sigmund: 'Rumour', *Collected Papers,* V. Hogarth, 1950.
135. FREUD, Sigmund: 'The relation of the poet to day-dreaming (1908)', *Collected Papers,* IV, Hogarth, 1953.
136. FREUD, Sigmund: *Standard Edition of the Works of,* IV. Hogarth, 1953.
137. FREUD, Sigmund: *Standard Edition of the Works of,* VII. Hogarth, 1953.
138. FREUD, Sigmund: *The Interpretation of Dreams.* Hogarth, 1955.
139. FRIEDMAN, Joel., e GASSEL, Sylvia: 'The chorus in Sophocles', *Oedipus Tyrannus', Psychoan. Q.,* 1950, 19; n.º 2.
140. FROEBEL, F.: *The Education of Man.* 1862.
141. FROMM, Erich: *Fear of Freedom.* Routledge, 1952.

294 JOGO, TEATRO & PENSAMENTO

142. GALTON, Sir Francis: *Inquiries into Human Faculty & Its Develoment.* 1883; reed. Eugenics society, 1951.
143. GASTER, T. H.: *Thespis.* Doubleday, rev. 1961.
144. GETZELS, J. W., e JACKSON, P. W.: *Creativity and Intelligence.* Wiley, N. Y., 1962.
145. GHISELIN, B. (Org.): *The Creative Process: A Symposium.* Univ. Calif. 1952.
146. GOMME, G. L.: *Ethnology in Folklore.* (1886).
147. GOMME, Lady Alice: *Traditional Games,* I & II. Dover, N. Y., 1964.
148. GOODNOW, J.: 'A test of milieu effects with some of Piaget's tasks', *Psych. Monog.,* 1962, 76; 1-22.
149. GOPAL, Ram: *Indian Dancing.* Phoenix House, 1951.
150. GORDON, W. J. J.: *Synectics.* Harper, N. Y., 1961.
151. COUGH, H. G.: 'A sociological theory of psychotherapy', *Am. J. Sociol.* 1948, 53; 359-366.
152. GOWEN, Herbert, H.: *A History of Indian Literature from Vedic Times to the Present Day.* Appleton, N. Y., 1931.
153. GRONBECK, V.: *The Culture of the Teutons.* (1931).
154. GROOS, Karl: *The Play of Animals.* Trad. E. L. Baldwin. Heinemann, 1898.
155. GROOS, Karl: *The Play of Man.* Trad. E. L. Baldwin. Heinemann, 1901.
156. GROOS, Karl: 'Das Spiel als Katharsis', *Zeitschrift Pedagogie* (1914).
157. GUHA-THAKURTA, P.: *The Bengali Drama, its Origin and Development.* Kegan Paul, 1930.
158. GUTHRIE, E. R.: *The Psychology of Learning.* Harper, N. Y., 1935.
159. H. M. S. O.: *Handbook for Teachers in Elementary Schools.* 1937.
160. H. M. S. O.: *The Story of a School.* 1950.
161. HAAS, Robert Bartlett, e MORENO, J. L.: 'Psychodrama as a projective technique', in ANDERSON, H. H., e J. L.: *An Introduction to Projective Techniques & Other Devices for Understanding the Dynamics of Human Behaviour.* Prentice-Hall, 1951.
162. HADAMARD, J.: *The Psychology of Invention in the Mathematical Field.* Dover, N. Y., 1954.
163. HADFIELD, J. A.: *Dreams and Nightmares.* Penguin, 1954.
164. HADFIELD, J. A.: *Childhood and Adolescence.* Penguin, 1962.
165. HALL, G. Stanley: *Youth.* Appleton, N. Y., 1916.
166. HARRISON, Jane E.: *Themis.* Cambridge, 1912.
167. HAVEMEYER, L.: *The Drama of Savage Peoples.* New Haven, 1916.
168. HAYES, Cathy: The ape in our Hause. Harper, N. Y., 1951.
169. HELLERSBERG, E. F.: 'Child's growth in play therapy', *Am. J. Psychother.* 1955, 9; 484-502.
170. HENLE, Paul (Org.): *Language, Thought & Culture.* Univ. Michigan, 1958.
171. HERBERT, E. L.: 'The use of group techniques in the training of teachers', *Human Relations,* 14, n.º 3. 1961.
172. HILGARD, E. R., e MARQUIS, D. G.: *Conditioning and Learning.* Appleton, N. Y., 1940.
173. HOIJER, Harry (Org.): *Language in culture.* Univ. Chicago, 1954.
174. HOLT, E. B.: *Animal Drive.* Williams & Norgate, 1931.
175. HOMANS, George C.: *The Human Group.* Routledge, 1951.

BIBLIOGRAFIA E REFERÊNCIAS 295

176. HORÁCIO: *Art of Poetry*. Trad. T. A. Moxon. Everyman, 1934.
177. HORNEY, Karen: *New Ways in Psychoanalysis*. Norton, 1939.
178. HORNEY, Karen: *The Neurotic Personality of Our Time*. Norton, 1937.
179. HORNEY, Karen: *Our Inner Conflicts*. Norton, 1945.
180. HORNEY, Karen: *Neurosis and Human Growth*. Routledge, 1951.
181. HOURD, Marjorie L.: *The Education of the Poetic Spirit*. Heinemann, 1949.
182. HOURD, Marjorie L., e COOPER, Gertrude E.: *Coming into their Own*. Heinemann, 1959.
183. HOURD, Marjorie L.: 'Some reflections on the significarce of group work', *New Era*, nº 42, nº 1, 1961.
184. HOWARTH, Mary R.: *Child Psychotherapy*. Basic Books, 1964.
185. HUGHES, A. G., e HUGHES, E. H.: *Learning & Teaching*. 2ª ed. Longmans, 1946.
186. HUIZINGA, Johan: *Homo Ludens — a Study of the Play Element in Culture*. Beacon, Boston, 1955. [Trad. bras.: *Homo Ludens: o Jogo como elemento da cultura*. Perspectiva, São Paulo, 1980].
187. HULL, C. L.: *Principles of Behaviour*. Appleton, N. Y., 1943.
188. HULL, E. M.: *Folklore of the British Isles*. Methuen, 1928.
189. HUMPHREY, G.: 'Imitation and the conditioned reflex', *Ped. Sem.*, 1921, 28; 1-21.
190. HUNNINGHER. B.: *The Origin of the Theatre*. Hill and Wang, N. Y., 1961.
191. HUNTER, I. M. I.: *Memory*. Penguin, rev. 1964.
192. ISAACS, Susan: *Intellectual Thought in Young Children*. Routledge, 1930.
193. ISAACS, Susan: *Social Development in Young Children*. Routledge, 1933.
194. JACKSON, L., e TODD, K. M.: *Child Treatment and the Therapy of Play*. Methuen, 1946.
195. JACQUES, E.: *The Changing Culture of a Factory*. Tavistock, 1951.
196. JAMES, William: *Principles of Psychology, I*. 1891.
197. JOHNSON, Samuel: *The Ramble*. nº 156, 1751.
198. JONES, Ernest: *Hamlet and Oedipus*. Gollancz, 1949.
199. JONES, Ernest: 'Psichoanalysis and anthropology', *Essays in Applied Psycho-Analysis, II*. Hogarth, 1951.
200. JONES, Ernest: 'Psychoanalysis and Folklore', *Essays in Applied Psycho-Analysis, II*. Hogarth, 1951.
201. JONES, Ernest: *Sigmund Freud: Life and Work*. Hogarth, 1953-57.
202. JUNG, C. G.: *The Psychology of the Unconscious*. Dodd, Mead, N. Y., 1916.
203. JUNG, C. G.: *Contributions to Analytical Psychology*. Harcourt, Brace, N. Y., 1928.
204. JUNG, C. G.: *Modern Man in Search of a Soul*. Harcourt, Brace, N. Y., 1933.
205. JUNG, C. G.: *The Integration of the Personality*. Routledge, 1940.
206. JUNG, C. G.: *Introduction to a Science of Mythology*. Routledge, 1949.

296 JOGO, TEATRO & PENSAMENTO

207. JUNG, C. G.: *Psychology and Religion. (Collected Works XI).* Routledge, 1958.
208. JUNG, C. G.: *Two Essays on Analytical Psychology. (Collected Works VII).* Routledge, 1958.
209. KABUKI THEATRE. Japanese Embassy, Washington, 1954.
210. KALIDASA: *Various Works.* Trad. A. W. Ryder. (Dent).
211. KALVODOVA-SIS-VANIS: *Chinese Theatre.* Spring Books, s. d.
212. KANZER, Mark: 'Contemporary psychoanalytic views of aesthetic's, *J. Am. Psychoan. Assoc.*, 1957, 5; 514-524.
213. KANZER, Mark: 'Acting out, sublimation and reality testing', *J. Am. Psychoan. Assoc.*, 1957, 5; 663-684.
214. KARDINER, A.: *The Individual and His Society.* Columbia Univ. 1939.
215. KEITH, A. Berriedale: *The Sanskrit Drama in its Origin, Development, Theory and Practice.* Oxford, 1924.
216. KINCAID, Zoe: *Kabuki: The Popular Stage of Japan.* Macmillan, 1925.
217. KINGSLEY, H. L.: *The Nature & Conditions of Learning.* 1946.
218. KLEIN, Melanie: *The Psychoanalysis of Children.* Hogarth, 1932.
219. KLEIN, Melanie, HEIMANN, Paula, ISAACS, Susan e RIVIÈRE, Joan: *Developments in Psychoanalysis.* Hogarth, 1952.
220. KLUCKHORN, C., e LEIGHTON, D.: *The Navaho.* Cambridge, Mass., 1948.
221. KOESTLER, Arthur: *The Sleepwalkers.* Macmillan, N. Y., 1959.
222. KRETSCHMER, E.: *Physique and Character.* Kegan Paul, 1925.
223. KRIS, Ernst: 'On preconscious mental processes', *Psychoan. Q.*, 1950, 19; 542-552.
224. KRIS, Ernst: *Psychoanalytic Explorations in Art.* Allen & Unwin, 1953.
225. KUBIE, L. S.: *Neurotic Distortion of the Creative Process.* Univ. Kansas, 1958.
226. LABAN, Rudolf: *Modern Educational Dance.* Macdonald & Evans, 1948.
227. LANDAU, J. M.: *Studies in Arab Theatre and Cinema.* Univ. Pennsylvania Press, 1957.
228. LANDIS, Joseph C. (Org.): *The Dybbuk and Other Great Yiddish Play.* Bantam, 1966.
229. LAZARUS, Moritz: *Die Reize des Spiels.* Berlim, 1883.
230. LEE, Harry B.: 'The values of order and vitality in art', in RÓHEIM, Géza: *Psychoanalysis and the Social Sciences*, II. Int. Univ. Press, N. Y., 1950.
231. LEE, Joseph: *Play in Education.* Macmillan, N. Y., 1915.
232. LEEPER, R.: 'Cognition processes', in STEVENS, S. S.: *Handbook of Experimental Psychology.* Wiley, N. Y., 1951.
233. LEHMAN, Harvey C., e WITTY, Paul A.: *The Psychology of Play Activities.* Barnes, N. Y., 1927.
234. LESSER, Simon O.: *Fiction and the Unconscious.* Beacon, Boston, 1957.
235. LEVY, D.: 'Release therapy', *Am. J. Orthopsychiat.*, 1938, 9; 713-737.
236. LEWIN K.: *Principles of Topological Psychology.* McGraw-Hill, 1936.
237. LEWIN, K.: *Resolving Social Conflicts.* Harper, 1948.

BIBLIOGRAFIA E REFERÊNCIAS

238. LEWIS, J. H., e SARBIN, T. R.: 'Studies in psychosomatics: the influence of hypnotic stimulation on gastric hunger contractions', *Psychosom. Mea.*, 1943, 5; 125-131.
239. LEWIS, M. M.: *Infant Speech: A Study in the Beginnings of Language.* Humanities, N. Y., rev. 1951.
240. LINTON, Ralph: *The Cultural Background of Personality.* Routledge, 1947.
241. LOMBARD, Frank Alanson: *An Outline History of the Japanese Drama.* Allen & Unwin, 1929.
242. LOVELL, K.: 'A follow up of some aspects of the work of Piaget and Inhelder into the child's conception of space', *Bri. J. Ed. Psych.*, 1959, 29; 104-117.
243. LOVELL, K.: 'A follow up study of Inhelder and Piaget's *The Growth of Logical Thinking*', *Brit. J. Psych.*, 1961, 52.
244. LOWENFELD, Margaret: *Play in Childhood.* Gollancz, 1935.
245. LOWENFELD, Margaret: 'The World pictures of children', *Brit. J. Med. Psychol.*, 1938, 18; 65-101.
246. LURIA, A. R.: 'Dynamic approach to the mental development of the abnormal child', *J. Ment. Def. Res.*, 1958, 2; 37-52.
247. LURIA, A. R.: *The Role of Speech in the Regulation of Normal and Abnormal Behaviour.* Pergamon, 1961.
248. MALINOWSKI, B.: *Sex and Repression in Savage Society.* Kegan Paul, 1927.
249. MALINOWSKI, B.: 'The problem of meaning in primitive languages', in OGDEN, C., e RICHARDS, I. A.: *The Meaning of Meaning.* Routledge, 10ª ed., 1949.
250. MANDELBAUM, D. G. (Ed.): *Edward Sapir: Culture, Language and Personality.* Univ. Calif., 1957.
251. MCCARTHY, D.: 'Language development in children' in CARMICHAEL, L. (Ed.): *Manual of Child Psychology.* Wiley, N. Y., 1946.
252. MCDOUGALL, William: *Introduction to Social Psychology.* Methuen, 1908.
253. MEAD, George, H.: *Mind, Self and Society.* Univ. Chicago, 1934.
254. MEAD, Margaret: *Coming of Age in Samoa.* Morrow, N. Y., 1928.
255. MEAD, Margaret: *Sex and Temperament in Three Primitive Societies.* Routledge, 1935. [Trad. bras.: *Sexo e Temperamento.* 2ª ed. Perspectiva, São Paulo, 1979.]
256. MEDNICK, S. A.: *Learning.* Prentice-Hall, 1963.
257. MENZIES, I. B. P.: 'A case study in the functioning of social systems as a defence against anxiety: a report on the Nursing Service of a General Hospital', *Human Relations*, 13, nº 2, 1960.
258. MILLER, G. A.: *Language and Communication.* McGraw-Hill, N. Y., 1951.
259. MILLER, N. B., e DOLLARD, J.: *Social Learning and Imitation.* Kegan Paul, 1945.
260. MITCHELL, Elmer D., e MASON, Bernard S.: *The Theory of Play.* Barnes, N. Y.; edição revista, Ronald Press, N. Y., 1948.
261. MIYAKE, Shutaro: *Kabuki Drama.* Japan Travel Bureau, N. Y., 1948.
262. MONEY-KYRLE, T. E.: 'Varieties of group formation' in RÓHEIM, Géza: *Psichoanalysis and the Social Sciences*, II. Int. Univ. Press, N. Y., 1950.
263. MONTAIGNE: 'Customs' and 'Education of children', in *Essays.* (Dent).

JOGO, TEATRO & PENSAMENTO

264. MORENO, J. L.: *Who Shall Survive?* Trad. H. Lesage e P. H. Maucarps. Nerv. Dis. Pub. Co., 1934.
265. MORENO, J. L.: *Psychodrama,* I. Beacon House, N. Y., 1946.
266. MORENO, J. L.: *Psychodrama,* II. Beacon · House, N. Y., 1959.
267. MORRIS, Ben: 'How does a group learn to work together?' in NIBLETT, W. R.: *How and Why do we Learn?* Faber, 1965.
268. MOWRER, O. H.: *Learning Theory and Personality Dynamics.* Ronald, N. Y., 1950.
269. MOWRER, O. H.: *Learning Theory and the Symbolic Processes.* Wiley, 1960.
270. MULCASTER, Richard: *Elementarie.* 1592.
271. MURPHY, Gardner: *Personality: A Biosocial Approach to Origins & Structure.* Harper, N. Y., 1947.
272. MURRAY, Gilbert: in HARRISON, Jane E.: *Themis.* Cambridge, 1912.
273. MURRAY, Gilbert: *Aeschylus, the Creator of Tragedy.* O. U. P., 1940.
274. MURRAY, Gilbert: in GASTER, T. H.: *Thespis.* Doubleday, rev. 1961.
275. NEWTON, Robert G.: *Acting Improvised.* Nelson, 1937.
276. NICOLL, Allardyce: *Masks, Mimes and Miracles.* Harrap, 1931.
277. NICOLL, Allardyce: *The Development of the Theatre.* Harrap, 1948.
278. NICOLL, Allardyce: *History of English Drama, I-V.* Cambridge, 1923-46.
279. NICOLL, Allardyce: *Theatre and Dramatic Theory.* Harrap, 1962.
280. NUNN, Percy: *Education: Its Data and First Principles.* Arnold, 1920.
281. O'CONNOR, N., e HERMELIN, B.: *Speech & Thought in Severe Subnormality.* Pergamon, 1963.
282. ORDISH, T. F.: 'Folk Drama', *Folk-Lore, II* (p. 314 *et seq.*) e *IV* (p. 149 *et seq.*)
283. OSBORN, A. F.: *Applied Imagination.* Scribner, N. Y., 1957.
284. OSGOOD, Charles E.: *Method and Theory in Experimental Psychology.* Oxford, 1953.
285. OSGOOD, Charles E., e JENKINS, J.: 'Psycholinguistic analysis of decoding and encoding', in OSGOOD, C. E., e SEBECK, Thomas A.: *Psycholinguistic: A Survey of Theory & Research Problems.* Waverley, Baltimore, 1954.
286. OSGOOD, Charles E., e SEBECK, Thomas A.: *Psycholinguistics: A Survey of Theory and Research Problems.* Waverley, Baltimore, 1954.
287. OSGOOD, Charles E.: 'Psycholinguistics', in KOCH, Sigmund (Org.): *Psychology: A Study of a Science,* VI. McGraw-Hill, 1963.
288. PARSONS, Talcott: *The Social System.* Tavistock, 1952.
289. PATRICK, C.: *What is Creative Activity?* Philosophical Library, N. Y., 1955.
290. PATRICK, G. T. W.: *The Psychology of Relaxation.* Houghton, Mifflin, N. Y., 1916.
291. PELLER, Lili E.: 'Libidinal development as reflected in play'. *Psychoanalysis,* Spring, 1955, 3; 3-11.
292. PHILLPOTTS, B. S.: *The Elder Edda.* Cambridge, 1920.

BIBLIOGRAFIA E REFERÊNCIAS

293. PIAGET, Jean: *Language & Thought of the Child*. Harcourt, Brace, N. Y., 1926.
294. PIAGET, Jean: *Play, Dreams and Imitation in Childhood*. Trad. C. Gattegno e F. M. Hodgson. Routledge & Kegan Paul, 1962.
295. PLATÃO: *The Republic*. Trad. A. D. Lindsay. Everyman, 1935.
296. PLATÃO: *Laws*, in *Dialogues*, Trad. B. Jowett, 1892.
297. POPOVICH, James E.: 'Development of creative dramatics in the United States', in SIKS, G. B., e DUNNINGTON, H. B.: *Children's Theatre & Creative Dramatics*. Univ. Washington, Seattle, 1961.
298. PRICE-WILLIAMS, D.: 'Cross-cultural studies', in FOSS, B. M. (Org.): *New Horizons in Psychology*. Penguin, 1966.
299. PROGOFF, Ira: *Jung's Psychology and Its Social Meaning*. Routledge, 1953.
300. POUND, Ezra, e FENOLLOSA, Ernest: *The Classic Noh Theatre of Japan*. Knopf, N. Y., 1917.
301. QUERAT: *Les jeux des enfants*. Paris, 1905.
302. RABELAIS: *Gargantua and Pantagruel*. Dent.
303. RAGLAN, Lord: *The Hero*. Methuen, 1936.
304. RANK, Otto: *Trauma of Birth*. Harcourt, Brace, 1929.
305. RANK, Otto: *Will Therapy and Truth and Reality*. Knopf, 1947.
306. READ, Herbert: 'The limitations of a scientific philosophy', in *Art, Science and Education*. Joint Council for Education Through Art, 1958.
307. REANEY, M. Jane: 'The psychology of the organised group game', *Psych. Rev. Monog. Supp.* 4, 1916.
308. REANEY, M. Jane: *The Place of Play in Education*. Methuen, 1927.
309. REICH, Wilhelm: *Character Analysis*. Organs Institute, N. Y., 1945.
310. REIK, Theodor: *Masochism in Modern Man*. Grove Press, N. Y., 1957.
311. REIK, Theodor: *A Psychologist Looks at Love*. Rinehart, N. Y.
312. RIESMAN, David: *The Lonely Crowd*. Yale Univ., 1953. [Trad. bras.: *A Multidão Solitária*. Perspectiva, São Paulo, 1971.]
313. RICHARDSON, J. E.: 'An experiment in group methods of teaching English composition', *Studies in Social Psychology of Adolescence*. Routledge, 1951.
314. RICHARDSON, J. E.: 'Teacher-pupil relationship as explored and rehearsed in an experimental tutorial group', *New Era*, 44, nos 6 & 7, 1963.
315. RIVERS, W. H. R.: *Conflict and Dream*. Routledge.
316. ROBINSON, E. S.: 'The compensatory function of make-believe play', *Psych. rev.*, 1920; 429-439.
317. RÓHEIM, Géza: 'Psychoanalysis of primitive cultural types', *Int. J. Psa.*, 1932, 13; 197.
318. RÓHEIM, Géza: *The Riddle of the Sphinx*. Hogarth, 1934.
319. RÓHEIM, Géza: 'Psychoanalysis and anthropology', *Psychoanalysis and the Social Sciences*, I. Imago, 1947.
320. RÓHEIM, Géza: 'Psychoanalysis and anthropology', in LORAND, Sandor: *Psycho-Analysis Today*. Allen and Unwin, 1948.
321. RÓHEIM, Géza: *Origin and Function of Culture*.

300 JOGO, TEATRO & PENSAMENTO

322. RÓHEIM, Géza: 'The Oedipus Complex, Magic and Culture', *Psychoanalysis and the Social Sciences, II*. Int. Univ. Press, 1950.
323. ROTH, Henry Ling: *The Natives of Sarawak and British North Borneo*. Londres, 1896.
324. ROUSSEAU, Jean-Jacques: *Emile*. Trad. Foxley. Everyman.
325. SABATHCHANDRA, E. R.: *The Sinhalese Folk Play and the Modern Stage*. Ceylon Univ. Press, 1953.
326. SACHS, Hanns: *The Creative Unconscious*. Sci-Art, Cambridge, Mass., 1942.
327. SAPIR, E.: 'Conceptual categories in primitive language', *Science*, 1931, 5; 578.
328. SARBIN, Theodore R.: 'Role Theory', in LINDZEY, Gardner: *Handbook of Social Psychology*, L. Addison-Wesley, Cambridge, Mass., 1954.
329. SCHILLER, Friedrich: *Essays, Aesthetical and Philosophical*. Bell, 1875.
330. SCHNEIDER, Daniel E.: *The Psychoanalyst and the Artist*. Int. Univ. Press, N. Y., 1950.
331. SCHUYLER, Montgomery: *A Bibliography of the Sanskrit Drama, with an Introductory Sketch of the Dramatic Literature of India*. Univ. Columbia Indo-Iranian Series, n⁰ 3, N. Y., 1906.
332. SCHWARTZ, Emanuel K.: 'A psychoanalytic study of the fairy tale', *Am. J. Psychother.*, 10, 1956; 740-762.
333. SCOTT, A. C.: *The Classical Theare of China*. Allen and Unwin, 1957.
334. SCOTT, A. C.: *The Kabuki Theatre of Japan*. Allen and Unwin, 1955.
335. SEARS, R. R.: 'Identification as a form of behavioural development', in HARRIS, D. B.: *The Concept of Development*. Univ. Minnesota, 1957.
336. SEASHORE, Carl: *Psychology in Daly Life*. Appleton, N. Y., 1916.
337. SEGAL, Hanna: *Introduction to the Work of Melanie Klein*. Heinemann, 1946.
338. SHELDON, W. H.: *et al: The Varieties of Human Physique*. Harper, 1940.
339. SIKS, Geraldine Brain, e DUNNINGTON, Hazel Brain: *Children's Theatre & Creative Dramatics*. Univ. Washington, Seattle, 1961.
340. SKINNER, B. F.: *The Behaviour of Organisms*. Appleton, N. Y., 1938.
341. SKINNER, B. F.: *Verbal Behaviour*. Appleton, N. Y., 1957.
342. SLADE, Peter: *Child Drama*. U. L. P., 1954.
343. SLAVSON, S. R.: *Recreation and the Total Personality*. Association Press, N. Y., 1948.
344. SOLOMON, Joseph C.: 'Therapeutic use of play', in ANDERSON H. H., e G. L.: *An Introduction to Projective Techniques & Other Devices for Understanding the Dynamics of Human Behaviour*. Prentice-Hall, N. Y., 1951.
345. SOUTHERN, Richard: *The Seven Ages of the Theatre*. Faber, 1962.
346. SPENCE, Lewis: *Myth and Ritual in Dance, Game, and Rhyme*. Watts, 1947.
347. SPENCER, Herbert: *The Principles of Psychology*. Appleton, N. Y., 1873.
348. SPROTT, W. H.: *Human Groups*. Penguin, 1958.
349. STEKEL, Wilhelm: *Autobiography*. Liveright, N. Y., 1950.

BIBLIOGRAFIA E REFERÊNCIAS

350. SULLIVAN, H. S.: *Conceptions of Modern Psychiatry*. White, Washington, 1947.
351. SUTTIE, Ian: *The Origins of Love and Hate*. Penguin, 1935.
352. TARACHOW, Sidney: 'Circuses and clowns', in RÓHEIM, Géza: *Psychoanalysis and the Social Sciences, III*. Int. Univ. Press, 1951.
353. TAYLOR, D. W., BERRY, P. C., e BLOCK, C. H.: 'Does group participation when using brainstorming facilitate or inhibit creative thinking?', *Yale Univ. Industr. Admin. Psych. Tech. Rep.*, 1957.
354. THOMSON, Robert: *The Psychology of Thinking*. Penguin, 1959.
355. THORNDIKE, E. L.: *Psychology of Arithmetic*. (Macmillan, 1922).
356. TIDDY, A.: *The Mummers' Play*. O. U. P. 1923.
357. TILLE, A.: *Yule and Christmas*. Londres, 1899.
358. TINBERGEN, N.: *The Study of Instinct*. O. U. P. 1951.
359. TOLKIEN, J. R. R.: *Tree and Leaf*. Allen and Unwin, 1964.
360. TOLMAN, E. C.: *Purposive Behaviour in Animals and Men*. Century, N. Y., 1932.
361. THOMAS, Vincent (Org.): *Creativity in the Arts*. Prentice-Hall, 1964.
362. TYLOR, E.: *Primitive Culture, II*. Murray, 1871.
363. TYSON, Moya: 'Creativity, in FOSS, B. M. (Org.): *New Horizons in Psychology*. Penguin, 1966.
364. URENA, P. H.: *Literary Currents in Hispanic America*. Harvard U. P., 1945.
365. VALENTINE, C. W.: 'The psychology of imitation with special reference to early childhood', *Brit. J. Psych.* 1930, 2; 105-132.
366. VERISSIMO, E.: *Brazilian Literature—an Outline*. Macmillan, N. Y., 1945.
367. VINACKE, W. E.: 'The investigation of concept formation', *Psych. Bul.*, 1951, 48; I-31.
368. VINACKE, W. E.: *The Psychology of Thinking*. McGraw-Hill, N. Y., 1952.
369. VYGOTSKY, L. S.: *Thought & Language*. Trad. E. Hanfmann & G. Vakar. Wiley, 1962.
370. WALDER, Robert: 'The psychoanalytic theory of play', trad. Sara A. Bonnet., *Psychoan. Q.*, 1933, 2; 208-224.
371. WALEY, Arthur: *The No Plays of Japan*. Allen & Unwin, 1922.
372. WALTERS, R. H., e PARKE, R. D., in LIPSITT, L. P., e SPIKER, C. C.: *Advances in Child Development and Behaviour, II*. Academic Press, 1965.
373. WANGH, Martin: 'The scope of the contribution of psychoanalysis to the biography of the artist', *J. Am. Psychoan. Assoc.*, 1957, 5; 564-575.
374. WARD, Winifred: *Creative Dramatics*. Appleton, N. Y., 1930.
375. WARD, Winifred: *Stories to Dramatics*. Children's Theatre Press, 1952.
376. WARD, Winifred: 'Let's Pretend', *Junior League Magazine*, LX Feb. 1953.
377. WARD, Winifred: *Playmaking with Children*. Appleton, N. Y., 2ª ed. 1957.
378. WARD, Winifred: 'Creative dramatics in Elementary and Junior High schools', in SIKS, G. B., e DUNNINGTON,

302 JOGO, TEATRO & PENSAMENTO

H. B.: *Children's Theatre & Creative Dramatics.* Univ. Washington, Seattle, 1961.
379. WATSON, P. C.: 'Reasoning', in FOSS, B. M. (Org.): *New Horizons in Psychology.* Penguin, 1966.
380. WATTS, A. F.: *The Language and Mental Development of Children.* Harrap, 1944.
381. WEISSMAN, Philip: *Creativity in the Theatre.* Basic Books, 1965.
382. WELSFORD: *The Masque.* Cambridge, 1927.
383. WERTHEIMER, M.: *Productive Thinking.* Harper, 1954.
384. WEXBERG, Erwin: *Individual Psycholog.* Cosmopolitan, N. Y., 1929.
385. WHITE, R., e LIPPIT, R.: 'Leader behaviour and member reaction in three "social climates" ' in CARTWRIGHT, D., e ZANDER, A.: *Group Dynamics.* Tavistock, 1960.
386. WHITING, J. W. M.: 'Sorcery, sin and the superego', in JONES, M. R.: *Nebraska Symposium on Motivation.* Univ. Nba., 1959.
387. WHITING, J. W. M.: 'Resource mediation and learning by identification' in ISCOE, I., e STEVENSON, H. W. (Orgs.): *Personality Development in Children.* Univ. Texas, 1960.
388. WHORF, B. L.: *Collected Papers in Metalinguistics.* Dept. of State, Washington D.C., 1952.
389. WICKHAM, Glynne: *Early English Stages,* I. Routledge, 1959.
390. WILES, John e GARRARD, Alan: *Leap to Life.* Chatto & Windus, rev. 1965.
391. WOLPE, J. B.: 'Effectiveness of token rewards for chimpanzees', *Comparative Psych. Mon.,* 12, n⁰ 5.
392. WOLTMAN, Adolf G.: 'The use of puppetry as a projective method in therapy', in ANDERSON, H. H., e G. L. (Orgs.): *An Introduction to Projective Methods and Other Devices for Understanding the Dynamics of Human Behaviour.* Prentice-Hall, N. Y., 1951.
393. WOLTMAN, Adolf G.: 'Concepts play therapy techniques', *Am. J. Orthopsychiat.,* 1955, 25; 771-783.
394. WOOD, Walter: *Children's Play and its Place in Education.* Kegan Paul, 1913.
395. YAJNIK, R. K.: *The Indian Theatre: Its Origins and Later Development under European Influence, with special reference to Western India.* Allen & Unwin, 1934.
396. TORK, Eleanor Chase: 'Values to children from creative dramatics', in SIKS, G. B., e DUNNINGTON, H. B.: *Children's Theatre & Creative Dramatics.* Univ. Washington, Seattle, 1961.
397. ZIMMER, Heinrich: *The King and the Corpse.* Bollinger Series, XI Pantheon, N. Y., 1948.
398. ZUCKER, A. E.: *The Chinese Theatre.* Jarrolds, 1925.
399. ZUNG, Cecilia S. L.: *Secrets of the Chinese Drama.* Harrap, 1937.
400. WAY, Brian: *Development Through Drama.* Longmans, 1967. Surgiu quando o presente volume estava sendo impresso. Uma obra de grande valor, amplia a abordagem do "drama infantil" em vários aspectos, em particular: (a) o conceito de que o desenvolvimento da personalidade é não linear (p. 11 *et seq.*), que se relaciona com a filosofia de Marshall McLuhan; e (b) alguns valiosos comentários sobre a conexão entre o ritmo, emoção e lógica (pp. 112-17).

TEATRO NA ESTUDOS

João Caetano
Décio de Almeida Prado (E011)

Mestres do Teatro I
John Gassner (E036)

Mestres do Teatro II
John Gassner (E048)

Artaud e o Teatro
Alain Virmaux (E058)

Improvisação para o Teatro
Viola Spolin (E062)

Jogo, Teatro & Pensamento
Richard Courtney (E076)

Teatro: Leste & Oeste
Leonard C. Pronko (E080)

Uma Atriz: Cacilda Becker
N. Fernandes e Maria T. Vargas (orgs.) (E086)

TBC: Crônica de um Sonho
Alberto Guzik (E090)

Os Processos Criativos de Robert Wilson
Luiz Roberto Galizia (E091)

Nelson Rodrigues: Dramaturgia e Encenações
Sábato Magaldi (E098)

José de Alencar e o Teatro
João Roberto Faria (E100)

Sobre o Trabalho do Ator
Mauro Meiches e Silvia Fernandes (E103)

Arthur de Azevedo: A Palavra e o Riso
Antonio Martins (E107)

O Texto no Teatro
Sábato Magaldi (E111)

Teatro da Militância
Silvana García (E113)

Brecht: Um Jogo de Aprendizagem
Ingrid D. Koudela (E117)

O Ator no Século XX
Odette Aslan (E119)

Zeami: Cena e Pensamento Nô
Sakae M. Giroux (E122)

Um Teatro da Mulher
Elza Cunha de Vincenzo (E127)

Concerto Barroco às Óperas do Judeu
Francisco Maciel Silveira (E131)

Os Teatros Bunraku e Kabuki: Uma Visada Barroca
Darci Kusano (E133)

O Teatro Realista no Brasil: 1855-1865
João Roberto Faria (E136)

Antunes Filho e a Dimensão Utópica
Sebastião Milaré (E140)

O Truque e a Alma
Angelo Maria Ripellino (E145)

A Procura da Lucidez em Artaud
Vera Lúcia Felício (E148)

Memória e Invenção: Gerald Thomas em Cena
Silvia Fernandes (E149)

O Inspetor Geral de Gógol/Meyerhold
Arlete Cavaliere (E151)

O Teatro de Heiner Müller
Ruth C. de Oliveira Röhl (E152)

Falando de Shakespeare
Barbara Heliodora (E155)

Moderna Dramaturgia Brasileira
Sábato Magaldi (E159)

Work in Progress na Cena Contemporânea
Renato Cohen (E162)

Stanislávski, Meierhold e Cia
J. Guinsburg (E170)

Apresentação do Teatro Brasileiro Moderno
Décio de Almeida Prado (E172)

Da Cena em Cena
J. Guinsburg (E175)

O Ator Compositor
Matteo Bonfitto (E177)

Ruggero Jacobbi
Berenice Raulino (E182)

Papel do Corpo no Corpo do Ator
Sônia Machado Azevedo (E184)

O Teatro em Progresso
Décio de Almeida Prado (E185)

Édipo em Tebas
Bernard Knox (E186)

Depois do Espetáculo
Sábato Magaldi (E192)

Em Busca da Brasilidade
Claudia Braga (E194)

A Análise dos Espetáculos
Patrice Pavis (E196)

As Máscaras Mutáveis do Buda Dourado
Mark Olsen (E207)

Caos / Dramaturgia
Rubens Rewald (E213)

Para Ler o Teatro
Anne Ubersfeld (E217)

Entre o Mediterrâneo e o Atlântico
Maria Lúcia de S. B. Pupo (E220)

Teatro da Natureza
Marta Metzler (E226)

Margem e Centro
Ana Lúcia Vieira de Andrade (E227)

Ibsen e o Novo Sujeito da Modernidade
Tereza Menezes (E229)

Teatro Sempre
Sábato Magaldi (E232)

O Ator como Xamã
Gilberto Icle (E233)

A Terra de Cinzas e Diamantes
Eugenio Barba (E236)

A Ostra e a Pérola
Adriana Dantas de Mariz (E237)

A Crítca de um Teatro Crítico
Rosangela Patriota (E240)

O Teatro no Cruzamento de Culturas
Patrice Pavis (E247)

Eisenstein Ultrateatral
Vanessa Teixeira de Oliveira (E249)

Teatro em Foco
Sábato Magaldi (E252)

A Arte do Ator entre os Séculos XVI e XVIII
Ana Portich (E254)

A Gargalhada de Ulisses
Cleise Furtado Mendes (E258)

A Cena em Ensaios
Béatrice Picon-Vallin (E260)

O Teatro da Morte
Tadeusz Kantor (E262)

Escritura Política no Texto Teatral
Hans-Thies Lehmann (E263)

Na Cena do Dr. Dapertutto
Maria Thais (E267)

A Cinética do Invisível
Matteo Bonfitto (E268)

Luigi Pirandello: Um Teatro para Marta Abba
Martha Ribeiro (E275)

Teatralidades Contemporâneas
Sílvia Fernandes (E277)

Conversas sobre a Formação do Ator
Jacques Lassalle e Jean-Loup Rivière (E278)

A Encenação Contemporânea
Patrice Pavis (E279)

As Redes dos Oprimidos
Tristan Castro-Pozo (E283)

O Espaço da Tragédia
Gilson Motta (E290)

A Cena Contaminada
José Tonezzi (E291)

A Gênese da Vertigem
Antonio Ararújo (E294)

*A Fragmentação da Personagem
no Texto Teatral*
Maria Lúcia Levy Candeias (E297)

*Alquimistas do Palco: Os Laboratórios Teatrais
na Europa*
Mirella Schino (E299)

*Palavras Praticadas:O Percurso Artístico de
Jerzy Grotowski, 1959-1974*
Tatiana Motta Lima (E300)

*Persona Performática: Alteridade e Experiência
na Obra de Renato Cohen*
Ana Goldenstein Carvalhaes (E301)

Como Parar de Atuar
Harold Guskin (E303)

*Metalinguagem e Teatro: A Obra de Jorge
Andrade*
Catarina Sant Anna (E304)

Função Estética da Luz
Roberto Gill Camargo (E307)

A Poética de Sem Lugar
Gisela Dória (E311)

Entre o Ator e o Performer
Matteo Bonfitto (E316)

Ritmo e Dinâmica no Espetáculo Teatral)
Jacyan Castilho (E320)

A Voz Articulada Pelo Coração
Meran Vargens (E321)

Beckett e a Implosão da Cena
Luiz Marfuz (E322)

Teorias da Recepção
Claudio Cajaiba (E323)

Este livro foi impresso na cidade de Cotia,
nas oficinas da Meta Brasil, para a Editora Perspectiva.